## 河西区人民政府



## 政协河西区委员会



## 中共河西区纪律检查委员会<br>河西区监察委员会

## 民主党派



## 人民团体

## 法　　治

## 军　事



## 街道和社区建设

## 区域经济

## 经济管理

## 城市建设与管理

## 财政·税务

## 统计资料



## 人　　物



## 附　　录



## 索　　引

河西年鉴
2018

# 特　载

# 中共河西区委常委会 2017 年工作报告

（2018 年 1 月 5 日中国共产党天津市河西区第十一届委员会第六次全体会议通过）

区第十一次党代会以来，区委常委会高举习近平新时代中国特色社会主义思想伟大旗帜，全面贯彻落实党的十八大和十八届三中、四中、五中、六中全会精神，认真学习宣传贯彻党的十九大精神，以习近平总书记对天津工作提出的“三个着力”重要要求为元为纲，认真贯彻落实市第十一次党代会精神，紧紧围绕“建设天津市中心活动区、创新驱动先行区、和谐优质生活区，高水平打造全市经济社会发展首善之区”的目标，团结带领全区广大党员干部群众，坚持稳中求进工作总基调，主动应对经济发展新常态，以深化改革为引领，以创新驱动为动力，积极融入“一带一路”建设、京津冀协同发展等重大国家战略，统筹推进“五位一体”总体布局、协调推进“四个全面”战略布局在河西的实施，解放思想，创新竞进，忠诚担当，推动新一届区委各项工作实现良好开局，首善之区建设迈出坚实步伐。

2017年是实施“十三五”规划的重要一年，是推进供给侧结构性改革的深化之年。这一年，我们党召开了第十九次全国代表大会，这是一次具有历史性、划时代、里程碑意义的大会。区委常委会把学习宣传贯彻落实党的十九大精神作为首要政治任务，集中力量、全力以赴，努力推动大会精神在河西生动实践。我们高水平完成全运村筹备运行保障各项任务，以优异成绩迎接党的十九大胜利召开。紧紧围绕“温馨全运村、圆梦全运会”的办村目标，坚持“管理规范、服务周到、运行安全”的工作原则，站位于全局，创新运行管理机构，成立全运村村委会，组建14个内设机构和近万人服务保障团队，健全完善管理体系，严格执行“五个责任制”，把“支部建在村里”，为各项工作顺利推进提供坚强组织保障；致力于品质，投入资金9.05亿元，打好“迎全运百日会战”，实施市容环境综合整治、社区环境治理、生态环境综合治理、全运村及周边综合提升等十项重点工程，营造出整洁有序、清新靓丽的城区形象；专注于精细，提供星级标准的住宿餐饮服务，全时全程的安保医疗服务，精彩纷呈的文化休闲服务，天津特色的商业旅游服务，绿色便捷的交通出行服务，让全运村成为八方来宾在津期间的温馨家园。开村期间，举全区之力实现全运村高标准、高质量、高水平运行，27天内接待运动员、技术官员、媒体记者约15000人，实现了“零事故、零差错、零投诉”的全运村历史最好成绩，受到中央领导同志和市委、市政府主要领导充分肯定，收到来自各代表团、专项运动队、技术官员、媒体记者的感谢信281封、锦旗12面、感谢卡380张。全运村筹备运行的全过程中，全区党员干部弘扬践行许党许国、报党报国的忠诚精神，勇于突破、竞进有为的创新精神，精益求精、止于至善的工匠精神，不怕牺牲、苦干实干的奉献精神，以实际行动诠释“全运精神”，以优异成绩向全国乃至全世界展示了天津形象、河西风采，为全运会圆满成功作出了应有贡献。我们迅速兴起学习宣传党的十九大精神热潮，凝聚起全区党员干部群众共识共为。坚持把学习宣传党的十九大精神作为头等大事，第一时间召开区委常委会扩大会议、全区领导干部大会，领导干部先学一步、深学一层，切实铸牢坚定不移维护核心、矢志不渝捍卫权威的坚定决心；印发《中共河西区委关于迅速兴起学习宣传贯彻党的十九大精神热潮的通知》，成立区级宣讲团，深入各街道、各领域、各行业、各系统开展宣讲近2000场，扎实推动党的十九大精神进企业、进机关、进校园、进社区、进军营、进网络，确保大会精神家喻户晓、人人皆知；举办全区处级干部学习贯彻党的十九大精神专题培训班，邀请中央党校和市委党校知名教授作专题辅导，努力使大会精神入脑入心、学深学透，营造了动起来、热起来、实起来的良好态势，激发起广大党员干部群众为实现伟大梦想而竭力奋斗的澎湃热情。我们认真贯彻落实党的十九大精神，科学谋划新时代河西发展蓝图。深刻领会党的十九大提出的新论断、新特点、新目标和新要求，紧密结合市第十一次党代会和市委十一届二次全会精神，在研究制定了《关于深入贯彻落实市第十一次党代会精神加快建设全市经济社会发展首善之区的实施意见》基础上，立足当前、着眼长远，召开区委十一届五次全会，审议通过《关于深入学习贯彻落实党的十九大精神在“五个现代化天津”建设新征程中高水平打造首善之区的实施意见》，指导河西未来发展的顶层设计和战略规划更加科学完善，确保党的十九大精神在河西落地生根、开花结果。

在全区聚精会神、一心一意谋发展的同时，我们也经受了考验。12月1日城市大厦发生重大火灾事故，造成10人死亡，5人轻伤。血的教训令我们深感痛心惋惜，更愧疚自责。事故发生后，我们严格按照鸿忠书记批示精神和讲话要求，怀着对人民群众的真挚感情和对逝者的悲痛心情，全力做好人员救治、善后处置、隐患排查等各项工作，给生者以慰励，还逝者以告慰，涉事企业和逝者家属均对党和政府善后处置工作表示满意和感谢。我们以“消防隐患猛于火”为警为鉴，深刻反思、举一反三，认真贯彻落实全市安全生产工作会议精神，坚持用明天的眼光看待今天的问题，深刻吸取事故教训，绷紧安全这根弦，由区级领导带队，组织区安监、消防、街道等30余家单位，对全区各领域安全隐患开展拉网式、地毯式排查，做到无盲区、无死角、全覆盖，全部隐患均在整改期限内完成整改，确保全区整体形势安全稳定。

过去的一年，在市委的坚强领导和方方面面的大力支持下，区委常委会团结带领全区广大党员干部群众，传承弘扬优良传统，总结吸取经验教训，积极应对风险挑战，潜心研究形势任务，坚持向问题叫板、用行动说话、拿结果证明，推动全区经济社会发展和党的建设各项事业不断向前发展，主要做了以下工作。

**一、构建现代化经济体系，质量效益实现新突破**

面对经济下行压力，始终保持战略定力，深入学习领会习近平新时代中国特色社会主义经济思想，牢牢把握发展第一要务，抓住经济建设不放松，以新发展理念为引领，坚持质量第一、效益优先，发力供给侧结构性改革，推动经济结构持续优化，实现经济质量效益双提升。预计实现地区生产总值810亿元，一般公共预算收入59.6亿元，全社会固定资产投资190亿元。

1. 创新驱动助推发展动能转换。把创新作为引领发展的第一动力，制定《河西区关于深入推进供给侧结构性改革的实施意见》，以创新驱动促进结构调整、产业升级，现代服务业为主体、战略新兴产业为引领、先进制造业为支撑的新型产业体系正逐渐形成。陈塘国家自主创新示范区加快建设，园区新增注册企业842家，实现销售收入326.07亿元，谋划打造的“设计之都”列入市党代会报告，获评“国家火炬天津陈塘工程设计特色产业基地”，完成“北方设计联盟”实体和网站注册，联盟展厅建成并投入使用，40家联盟成员企业营业收入418亿元，税收14.59亿元，展现强劲发展势头。南京理工大学北方研究院“三无五融合”机制不断深化，建立新能源研发中心和智能装备研发中心，产业化平台建设持续推进，激光、新能源、新材料等产业不断壮大，我区发展实体经济的“再工业化”进程加快。新增规模超亿元科技型企业9家，总数达73家；新增股份制改造科技型企业8家；25家企业首次通过国家级高新技术企业认定，总数达80家；全区有效发明专利突破千件，获批国家知识产权试点城区。建立德国马格德堡市海外人才工作站，市政工程华北设计研究总院等36家企业入选市“千企万人”支持计划，2人入选市“千人计划”，2人入选国务院政府特贴专家，全区人才队伍不断壮大。

2. 融入京津冀协同发展成效显著。紧密围绕中央对天津“一基地三区”定位要求，加大北京非首都资源承接力度，出台《河西区落实市委、市政府“一基地三区”建设实施意见的行动方案》《河西区聘请招商顾问的实施办法》，新引进京冀企业141家，总投资额100.72亿元，北京大学文化艺术中心、汇雅商业中心建设稳步推进。做大做强友谊路金融服务聚集区，新引进太平洋证券天津分公司、支付宝（中国）网络技术有限公司天津分公司等各类金融机构15家，其中总部或地区总部级金融机构5家，助力我市打造“金融创新运营示范区”动力更足。完成“小白楼航运服务集聚区”商标注册，与市国际货运代理协会签署战略合作协议，引进上海骏海国际货运代理有限公司等企业设立地区总部，全区航运货代企业总数达850家，高端发展态势日益明显，助力我市打造“北方国际航运核心区”能力持续提升。

3. 市场主体活力得到有效激发。深入开展“双万双服”活动，问题解决率、满意率达100%。加大国有企业监管力度，完成9家区属低效运营企业退市工作，积极推动风味食廊管理委员会“事改企”，国有企业混改稳步推进。研究制定《河西区关于大力推进民营经济发展的意见》，新增民营企业3397家，新增注册资金106.23亿元，全区民营市场主体达到50709家，其中民营企业23336家，注册资本849.51亿元，实现增加值188亿元，民营经济市场活力不断增强。推动新一轮中小企业创新转型，4家企业获得市“专精特新”产品认定。完善支持企业上市挂牌政策体系，新增上市挂牌企业8家。

4. 区域发展后劲持续增强。加大招商引资力度，引进天津国耀明医医疗管理有限公司等优势企业10家，引进特斯拉汽车销售服务（天津）有限公司等外资企业7家，天津权健足球俱乐部有限责任公司、天津一甲机电设备安装工程有限公司转入我区经营，全年国内招商引资实际到位额154亿元，实际利用外资额1.63亿美元。积极推进解放南路以东、海河上游后五公里天钢柳林等重点地区、重点项目开发建设，新八大里各项目建设进度加快，平安泰达国际金融中心等7个项目开工建设，全年实现开工面积540万平方米，竣工面积164万平方米。楼宇经济持续发展，全年盘活空置资源27万平方米，楼宇内新注册企业2000家，楼宇经济实现留区税收40亿元，年创留区税收1000万元以上楼宇40座，金融、航运、设计、文化等特色楼宇产业聚集度不断提升。大力发展商贸服务业，推动电商产业发展，组织“激情全运·乐购津城”大型购物节，举办“天津首届津菜文化节”，有力推动产业融合、拓展消费空间。推进权责清单、职责清单制度建设，扎实做好动态管理，政府职能和审批事项进一步明确；持续提升审批效率，探索“多证合一”和“多项合一”改革，试行审批要件“容缺后补”，“互联网+审批服务”扎实推进，营商环境更加优越。

## 二、坚持以人民为中心，民计民生得到新改善

始终把人民群众的事当作天大的事，坚持

兜底线、补短板、惠民生，精心组织实施20项民心工程，解决好人民群众最关心最直接最现实的利益问题，河西百姓获得感、幸福感不断提升。

1. *社会保障底线切实筑牢*。以创业带动就业，新增就业4万人，城镇登记失业率保持在3.6%以下，零就业家庭动态为零。足额兑现增加群众收入的政策措施，预计居民人均可支配收入增长8.5%。进一步调整低保标准，拓宽救助范围，全面开展“救急难”工作，累计支出救助资金近1.2亿元，困难群众生活得到托底保障。出资14亿元用于购买保障性住房，纯皓家园、龙瀚南园项目主体竣工，为困难群众实现住有所居奠定坚实基础。实施老旧小区及远年住房三年改造，首批57个小区、270.44万平方米改造任务完成。医疗卫生养老综合服务设施开工建设，扩大居家养老覆盖面，多层次养老服务体系不断健全。扎实开展红十字会工作。残疾人生活得到进一步保障和改善。

2. *社会事业整体协调发展*。坚持首善教育标准，加大载体建设力度，新四中建设扎实推进，四幼分园等一批优质公办载体投入使用；深化教育领域综合改革，大力推进联合学区、集团化办学，与新华中学合作在全运村地区建立第二新华中学，开办中心小学·梅苑学校，有效解决周边居民上学难问题；社区早教中心新址投入使用，职业教育、特殊教育、社区教育进一步加强，支持和规范社会力量兴办教育，推动教育优质均衡发展，教育教学质量稳居全市前列。公立医院改革扎实推进，平均药占比同比下降41.2%，百姓就医负担进一步减轻；医疗卫生服务资源调整持续优化，整合提升康复医院等二级医院；河西医院复诊势头良好，健康管理中心正式运营；稳步开展医联体建设，推进区域卫生信息平台建设，家庭医生服务签约达30余万人，助力分级诊疗制度落地落实；医养结合服务模式不断拓展延伸；“天津市河西区肿瘤防治示范区”项目顺利推进；计划生育、爱国卫生工作平稳推进。借全运会契机，优化完善百姓身边健身设施，广泛开展群众性体育活动，推动群众体育、竞技体育进一步协调发展。

3. *社区发展底气更足*。坚持软、硬件建设共同推进，高水平通过“全国社区治理和服务创新实验区”中期评估，创建美丽社区26个、精品小区8个，新增独立300平方米以上社区办公服务设施9处，面向全市公开招聘社区工作者385名，精简合并社区工作事务104项，足额兑现社区服务群众专项经费、社区党员活动经费及社区工作者待遇，进一步规范管理考核、加强表彰激励，社区治理能力和服务居民水平得到显著提升。设立旧楼区提升改造维修养护专项资金，有效破解旧楼区维保难题，旧楼区长效管理考核连续三年全市第一。加强物业公司进出管理，完成98个小区物业服务等级考评检查，物业管理服务水平进一步增强。

4. *对口帮扶迈出新的步伐*。以高度的政治责任感做好东西部扶贫协作和对口支援，成立区对口帮扶领导小组，区委主要领导同志带队赴庄浪县、卓尼县实地调研，按照“长短结合，远近相接”工作思路，分别与两县签署扶贫协作框架协议，制定对口扶贫四年（2017—2020年）行动计划。坚持“精细与精准相结合”，探索毕业生“师范化”、开展电商培训，助力当地破解教师资源缺乏、“市场排斥”等难题，在卓尼实施“复明工程”，为56名白内障患者带来光明。坚持“扶志与扶智相结合”，设立人才就业服务站，已有34名困难家庭子女在津实现就业，完成851人次卓尼县乡村干部赴河西考察和当地培训工作，选派2名副处级干部赴两县挂职副县长，教育、卫生等领域人才技术支撑力度持续加大。坚持“输血与造血相结合”，建立对口帮扶专项资金，积极推动当地旅游、中草药种植、羊业养殖等产业发展，助力当地品牌推广，举办“甘肃·平凉‘金果红牛旅游’走进天津系列推介活动”，促成签订农畜产品销售协议额13.04亿元，惠及167村、1万余农户。

**三、着力涵养城市文明，城区品质取得新提升**

突出迎接、宣传、贯彻党的十九大这条主线，加强党对意识形态工作的领导，持续加强理想信念教育，推动文化改革和文化繁荣，城市发展内涵积淀更加深厚。

1. 社会主义核心价值观教育深入推进。积极培育和践行社会主义核心价值观，持续深化中国特色社会主义理论和“中国梦”宣传教育，围绕宣传贯彻党的十九大精神、党的十八届六中全会精神等重大主题，举办“当代学者大讲堂”，充分利用区、街、社区三级宣讲网络和基层党校、市民学校、社区文化中心、道德讲堂等阵地作用，开展宣传宣讲1000余场，受众20余万人次。牢牢把握意识形态工作的领导权主动权，落实区委意识形态工作责任制实施细则，加大网络意识形态安全工作力度，完善区街两级网信工作体系，提升科学化、规范化、制度化水平，网络舆论环境得到有效净化。

2. 文化软实力持续增强。巩固国家公共文化服务体系示范区创建成果，深入实施文化惠民工程，整合市级十大院团、市级文化场馆等区内公共文化资源开展公共文化服务，开展“文化365·快乐在河西”主题系列文化惠民活动1000余场，惠及群众超20万人次，天津市西洋器乐大赛、西岸文化惠民广场演出季、西岸社区文化擂台赛等系列文化活动常态化运作，“牢记教诲，让好书伴我一生”主题读书活动深入开展。文物和非物质文化遗产保护工作扎实推进。文化市场综合执法改革持续深化。落实“天津市繁荣演出市场专项资金”申报工作，加强文化产业示范园区、基地管理，推动文化产业健康发展。新档案馆投入使用，结束了全区27年档案不能集中的历史。荣膺“2017中国年度文化影响力城市”。

3. 城区文明程度不断提升。文明城区建设十大工程深入实施，扎实推进“迎全运·做文明有礼河西人”城市文明综合提升工程，举办“我们的节日”系列主题活动，开展“绿色出游 文明相伴”河西区文明旅游宣传月。广泛开展诚信宣传教育，抓实文明单位、文明社区等文明创建活动，举办“空中道德讲堂”“网上道德讲堂”共计200余场，1人入选中国好人榜，4个单位跻身第五届全国文明单位行列；6人入选城市文明榜样，7户家庭被评为天津市文明家庭，39个单位获评天津市文明单位，22个社区被授予天津市文明社区称号。志愿服务活动深入开展，建立“一站一册”“一队一档”工作机制，深化“1+1+1”助老、“社区活力空间”等常态化志愿服务品牌活动，全区注册志愿者达13.2万人，开展志愿服务活动4500余次。未成年人思想道德建设深入推进，打造“五爱”教育阵地101个，组织开展活动万余场次。蝉联第五届全国文明城区荣誉称号。

**四、打造和谐优质环境，城市建设管理获得新成就**

牢固树立“绿水青山就是金山银山”理念，始终把生态文明建设放在重要位置，深入实施“美丽天津·一号工程”，持续加强城市修补、生态修复，高水平做好城市建设管理，城区宜居宜业水平持续提升。

1. 城市建设日臻完善。编制我区新一轮总体城市设计。深化运用“依法按程序、组合拳+群众工作”方法，完成海地路片、新会道片、岩峰路片等6个片区5.89万平方米棚户区改造任务。特别是历时八年、“六启六止”的小海地小二楼拆迁工作在四个月内全面告捷，圆满完成3142户拆迁任务，不但有效改善了群众居住条件，更凝聚形成了“担当作为、攻坚克难”的小二楼精神，为河西发展积累了宝贵精神财富和发展后劲。陈塘自主创新示范区栖塘佳苑和美塘佳苑项目竣工。实施一批道路交通、市政设施、公用配套建设，紫江道等道路实现开工，解放南路39号地公交场站竣工，完成145条市政道路改造养护和12.2万平方米甬路改造。投入1.2亿元，完成南昌路综合提升改造，地区服务效能全面提升。

2. 城市管理水平稳步提高。接收解放南路地区起步区，成立太湖路街道办事处。河西区市容环境管理三年行动如期收官，城市管理精细化、科学化、长效化水平进一步提高。对19条道路、500栋居民楼、150万平方米实施街景立面整修，实施违法建设专项治理五年行动，拆除陈塘铁路支线、延水道沿线等区域违建21.29万平方米，提升绿化面积112.9万平方米，综合执法依法行政能力水平不断提高，道路巡查管控不断强化，有力维护全区良好市容环境和公共秩序。充分发挥防汛应急指挥平台作用，圆满完成安全度汛任务。全力做好清融雪工作。

3. 城区生态环境切实好转。全力配合中央环保督察，督察组转交的34批、387件信访件办理工作取得阶段性成果，全部通过验收；天津市环境保护突出问题整改组转交的290件信访件全部完成。认真落实大气污染防治和市容环境网格化管理工作，从严落实“五控”措施，施工扬尘控制实现“六个百分之百”全覆盖，严厉查处“散乱污”企业，投入6369万元治理家用、商用散煤，实施煤改电2484户，集中供热补建8109户、31.6万平方米，秋冬季空气质量比去年同期有了明显改善，PM2.5年均浓度同比下降9.9%。加大水污染防治力度，强化对海河河西段等6条河道监管，全面落实河长制，区域水环境质量位居全市前列。编制完成土壤污染治理与修复规划。加强生态区域保护，落实主体功能区规划，完成2017年度永久性保护生态区域考核。

**五、打造共建共享格局，社会治理能力得到新提高**

牢固树立“大安全”观，坚持“没事当有事抓、小事当大事办、远事当近事做”，着力提高社会治理社会化、法治化、智能化、专业化水平，有力维护和谐稳定。

1. 安全生产形势警钟长鸣。贯彻落实《安全天津建设纲要》，突出抓好危险化学品、建筑施工、道路交通、特种设备、食品药品等重点领域安全隐患排查整改。坚持“党政同责、一岗双责、齐抓共管”，按照三级管理要求，推进安全生产隐患排查治理体系建设，进行风险分级管控。14个街道全部配齐安全生产监督管理专职人员。开展安全生产大检查大排查大整治，共排查点位8.3万余个次，查出并整改安全隐患3万余项，检查特种设备1137台、使用单位320家次。

2. 平安河西建设深入推进。加强物防技防人防建设，新建监控探头3690个，强化4G图传视频指挥、云防预警等信息化系统运用，提高案件高发社区治安巡防队员招录和巡逻防控力度，刑事、治安警情同比分别下降43.4%、40.2%，各类刑事治安案件发案率创历史新低。深入开展清查清缴非法枪支弹药专项行动和严重精神障碍患者等重点群体服务管理工作。成功破获刑事案件1452起，命案破案率100%。坚决打击闹访缠访、蓄意滋事行为，处置非访事件5694起，涉及人员1.8万余人次，刑事、行政处罚10人，及时消除不良社会影响。建立区、街(局)、社区三级平安志愿者组织管理体系，以“河西大姐”为代表的平安志愿者队伍不断发展充实壮大，志愿者总数达到13000余名。我区被评为全国社会治安综合治理先进区，荣获全国社会治安综合治理“长安杯”。

3. 社会稳定局面持续巩固。牢记“稳定是第一责任”，落实“战区制、主官上”，强化“三道防线”防控，圆满完成十九大、全运会等28次重大活动、敏感节点的维稳安保任务，实现“零进京”“零非访”目标，有力维护社会和谐稳定，得到市委高度肯定。坚持区级领导接访下访，打造“阳光信访”“法治信访”，将涉法涉诉、行政程序类事项从信访件中剥离，依法、及时、就地解决群众合理诉求，共计受理信访问题6586件次，化解信访积案87件。强化人民调解、司法调解、行政调解综合运用，全年共调解各类矛盾纠纷3108件，调解成功率98.7%。落实“谁执法、谁普法”普法责任制，“七五”普法工作扎实推进。机要保密工作切实加强。

## 六、坚持党对一切工作领导，党的领导核心作用得到新加强

坚持全面从严治党和经济社会发展力度相统一，自觉承担好、坚决落实好“两个责任”，真管真严、敢管敢严、长管长严，坚决肃清黄兴国恶劣影响，推动党的建设全面进步、全面加强，为河西发展提供坚强保证。

1. *政治思想建设进一步加强*。把党的政治建设摆在首位，研究制定《中共天津市河西区委关于牢固树立“四个意识”坚决贯彻落实党中央精神和市委决策部署的意见》《中共天津市河西区委关于落实全面从严治党主体责任和监督责任的意见》等制度性文件，坚决维护党中央权威和集中统一领导。突出抓好理论武装，以中央政治局集体学习为表率和标杆，高标准抓好两级中心组学习，分3期举办全区处级领导干部学习贯彻党的十八届六中全会精神专题研讨班，进一步提升领导干部政治素质和党性修养，维护核心、捍卫核心的思想根基持续筑牢。坚决落实中央推进“两学一做”学习教育常态化制度化的决策和市委要求，扎实开展“维护核心、铸就忠诚、担当作为、抓实支部”主题教育实践活动这一“规定动作”，超前谋划启动“牢记党的宗旨、增强‘四个意识’，争做廉洁有为好干部”主题活动这一“自选动作”，与迎全运、小二楼拆迁等全区重点任务结合起来，让党建工作有抓手、能落实，全区党员干部“四个意识”进一步增强，干事创业的强大气场已然形成。

2. *干部队伍建设进一步强化*。坚持好干部标准，严格落实《党政领导干部选拔任用工作条例》，真正把忠诚干净担当的优秀干部选出来、用起来，共提拔和转任重要岗位处级干部93人，交流处级干部82人，“为担当者担当、为干事者撑腰、让有为者有位”的用人导向更加鲜明。坚持严管就是厚爱，严格落实领导干部个人有关事项报告等制度，开展干部学历学位真实性比对排查，推进管理监督干部常态化、长效化、日常化，共计提醒干部31人、诫勉谈话6人、取消处级领导干部考察对象资格1人。建立临沂、嘉兴党性教育基地，组织开展党建系列专题培训班等多个班次，培训各级干部1000余人次。

3. *基层党建基础进一步巩固*。制定《关于全面加强城市基层党建工作的实施意见》，统筹推进街道社区、国有企业、卫生计生系统、中小学等领域党建标准化规范化建设，进一步打牢基层基础、巩固执政根基。建立基层党建工作巡查制度，每半年对区委直属党（工）委进行一次集中巡查，通报问题96个，对区委直属党（工）委主要负责同志进行约谈，对民主生活会质量不高的10个单位进行通报批评，其中3个责令重开，推动责任逐级传导压实。启动区级党群服务中心规划建设，推动陈塘园区1200平方米党群服务中心建设，建立楼宇党群服务中心9个，基层载体建设积极推进。抓实“两新”组织覆盖，面向社会公开招聘社区和“两新”组织专职党务工作者259名，调整充实党建指导员队伍，非公企业党组织单独组建率较去年提高25%，民办学校等领域社会组织党组织单独组建率提高30%。抓实基层支部，严格落实“三会一课”等制度，持续深化“五好党支部”创建，到期应换届的152个党组织已全部完成换届。实施“百千万·固堡垒”工程，进百家门、知千家事、暖万人心，以实际行动听民意、惠民生、解民忧。完善党组织和党员基础信息库，创新

管理智能化模式，处置不合格党员5名，党员教育管理水平显著提升。

4. *政治生态环境进一步改善。*抓住“人事因制”，全力做好市委第三巡视组专题“机动式”巡视反馈的24项问题整改，确保件件有着落、事事有回音。把纪律规矩挺在前面，运用“四种形态”处置干部285人，严把第一关口抓早抓小，运用第一种形态处理175人。坚持“四位一体”工作机制，查纠违反中央八项规定精神和“四风”问题45人，其中党政纪处分27人，公开通报曝光6人。巩固深化党风廉政建设和反腐败工作成果，率先完成四级信访举报平台建设，紧扣“六项纪律”，严查群众身边腐败问题，开展扶贫领域监督执纪问责专项治理，处置问题线索269件，立案121件，同比增长77.9%，党政纪处分112人。以肃清黄兴国恶劣影响为切入点，明确6方面27项工作任务，细化78项具体举措，坚决铲除圈子文化、好人主义滋生土壤，对13名党员干部给予党政纪处分。开展不作为不担当问题专项治理，查处问题108起、处理142人、通报曝光53人，实现问责一人、曝光一个、警醒一片。制定《十一届河西区委巡察工作规划(2017—2021年)》，完成2轮常规和2轮专项巡察，覆盖28个单位，在破解“地域小、人头熟、监督难”问题上形成河西特色思路、经验做法。有序推进监察体制改革试点工作。

5. *民主政治水平进一步提升。*召开专门会议，听取区人大常委会、区政府、区政协、区人民法院、区人民检察院党组工作汇报，对做好工作提出指导性意见。充分发挥总揽全局、协调各方的领导核心作用，支持区人大及其常委会依法行使职权，制定《河西区关于健全人大讨论决定重大事项制度、政府重大决策出台前向区人大报告的实施意见》，监督实效有力增强；支持区政协认真履行政治协商、民主监督、参政议政职能，研究出台《关于加强和改进人民政协民主监督工作的实施意见》，推动协商议政质量进一步提高。全力支持“一府两院”独立负责、步调一致地开展工作；与各民主党派、工商联和人民团体工作的联系制度进一步完善，民族、宗教、侨务、对台工作扎实开展；积极推进工会、共青团、妇联改革，着力增“三性”、去“四化”，工人阶级主力军、青年生力军、妇女半边天的作用充分发挥。加强党管武装和国防后备力量建设，国防教育活动创新开展，征兵任务高质量完成。深入贯彻市委关于军队退役人员安置和保障工作“20条意见”，谋划实施好我区“24条”措施，区、街、居三级复退军人联络服务站建设取得成效，得到市委、市政府高度肯定。拓展深化“双拥共建”，圆满完成双拥模范城中期考核评比。落实“两个待遇”，老干部工作有序推进。

一年来，区委常委会高度重视并切实加强自身建设，召开区委十一届二次全会审议通过《中共天津市河西区委员会常务委员会议事决策规则》等制度文件，要求各位区委常委同志带头严遵党章党规、严守纪律规矩、密切联系群众、深入调查研究、狠抓工作落实。*坚持正确政治方向，做信念坚定、对党忠诚的表率之率，*坚定不移拥护核心、捍卫核心，及时传达学习、坚决贯彻落实中央精神和市委决策部署，确保政令畅通。*坚持从全局和战略层面谋划工作，做视野开阔、理念先进的表率之率，*持续深化对国情、市情、区情的认识把握，善于学习引进消化吸收再创新，从更高层面精准谋划河西未来的发展方向。*坚持以新应新、以新赢新，做解放思想、改革创新的表率之率，*坚定不移高举改革开放旗帜，勇于挑最重的担子、啃最硬的骨头，以新一轮思想解放推动新一轮改革发展。*坚持践行为民情怀，做为民务实、干事创业的表率之率，*以民苦民痛为工作失职，谋民生之利、解民生之忧、破民生之难，让人民群众有更多获得感、幸福感、安全感。坚持民主集中制，做凝心聚力、共谋发展的表率之率，把民主基础上的集中和集中指导下的民主有机结合，不断提高“多谋善断”“说了算、定了干”的能力，保证区委的决策正确和有效实施。坚持廉洁从政，做秉公用权、干净干事的表率之率，带头落实中央八项规定和《准则》《条例》等党规党纪要求，严肃党内政治生活，自觉接受法律监督、组织监督、舆论监督和群众监督，永葆清廉政治本色。

需经一番寒彻骨，方得梅花扑鼻香。一年来取得的成绩，是在习近平新时代中国特色社会主义思想英明指引下，在市委坚强领导下，全区各部门、各单位和广大党员干部群众心系大局、团结一心、不畏艰难、开拓进取、苦干实干的结果，区委常委会向同志们的辛勤劳动和艰苦付出表示衷心感谢！

一年来，我们踏雄关、破楼兰，在推进各项工作中不断摸索创新，积累了宝贵经验，并从中得到了有益启示：一是，坚决维护核心、捍卫核心，就能保证方向正确，从容应对各种风险挑战。党的十八大以来，党和国家事业取得的历史性成就、发生的历史性变革，最重要、最根本的原因在于有习近平总书记这个核心掌舵领航，这是我们的信心所在、力量所在、依靠所在。理想信念坚定方可不忘初心前行，对党绝对忠诚、坚决维护核心，矢志不渝沿着习近平新时代中国特色社会主义思想指引的道路，就会有不为任何风险所惧的勇气，就会有不被任何艰难所困的勇力，就能迎接新时代、踏上新征程、展现新作为。二是，坚持人民至上、人民为本，就能凝聚民心民力，不断厚植党的执政根基。永远与人民群众同呼吸、共命运、心连心，想在一起、干在一起，紧紧抓住群众最关心最直接最现实的利益问题，就会让心同群众的心贴得更紧，让工作同群众的期盼扣得更紧，让改革发展成果与人民对美好生活的需要结合得更紧，就能真正回答好“为什么人”的问题，就能真正赢得群众的普遍支持，团结带领百万河西人民一道为事业拼搏、为理想奋斗。三是，敢于担当作为、攻坚克难，就能破解各类难题，攻克前进路上瓶颈难关。以担当精神肩责负任，以勇者之气冲关破隘，危机来临从容应对、主动作为，难题当前自加压力、愈战愈勇，定能扫清建设“新三区”道路上的一切障碍，冲破打造首善之区征程中的艰难险阻，定会打赢一场场攻坚战，夺取一个个新胜利。四是，始终团结奋进、万众一心，就能凝聚集体力量，形成干事创业强大合力。以人心之齐移动泰山，以拾柴之众烧旺火焰，全体党员干部同心同向、搭台补台，全区广大群众勠力同心、齐心协力，凝众心、汇众智、聚众力，一个拳头打出去，一根竿子插到底，必将实现描绘的蓝图，必将完成既定的任务，必将取得理想的成绩。五是，持续正风肃纪、从严治党，就能净化党风政风，实现政治生态向好向上。坚持作风过硬、强化监督执纪、用好“四种形态”，坚决整治“四风”，织密制度笼子，挥动巡察利剑，纠正一切损害群众利益的行为，就能持续营造风清气正政治生态，就能不断巩固压倒性态势、夺取压倒性胜利，就能为改革发展各项事业提供坚强政治保证。

在总结成绩的同时，区委常委会也分析了存在的问题和不足，体现在三个方面：一是适应新时代新变化的思想还不够解放。面对新时代下的新形势新任务，存在惯性思维和路径依赖，本领恐慌、知识恐慌、能力恐慌意识不够强，对改革发展中出现的新情况缺少有效破解手段，对新时代大城市社会治理缺乏深入思考和主动进位，解决城市管理难题、安全隐患痼疾的招法不多、效果不好。二是整体发展存在不平衡不充分的问题。发展的不平衡主要表现为：抓发展与抓安全力度不平衡，安全发展理念树得不牢，没有真正落实习近平总书记“生命至上、安全第一”重要思想，没有真正做到

"隐患就是事故，事故就要处理"，没有真正地怀着对人民群众最真挚的感情绷紧安全这根弦，在"精、准、实、细、严"上说得多、做得少，问题反馈处理机制不够完善、专业设施配备不齐不优、基层安监力量专业化水平相对较低，对照"铁面、铁规、铁腕、铁心"的要求，责任落实不到位，督促问责不到位，没有真正形成高压态势；经济、民生领域内部不平衡，实体经济与金融产业不平衡，高端产业与低端产业发展不平衡；优质教育资源分布不均，养老服务设施难以满足老龄化服务需求；区域不平衡，存在"西强东弱"的现象，高楼大厦背后依然存在老旧片区、棚户区；群体不平衡，不同社会群体在共享发展成果方面有差距，低收入群体和弱势群体的权益需要进一步保障。发展的不充分主要表现：发展方式转变不够充分，法治建设推进不够充分，精神文明提升不够充分，社会事业发展不够充分，生态环境改善不够充分，体制机制改革不够充分。三是全面从严治党依然任重道远。实事求是、勇于批评、敢于战斗的党内政治环境氛围还没有完全形成，自觉接受监督、主动监督他人的习惯没有真正养成，"四风"改头换面、"转入地下"问题不容忽视，纪律规矩执行还不够严肃，干部管理监督还不够严格，对违规违纪案例认识还不够深刻，比如，在全面从严治党越往后越严的大背景下，仍出现办公室超标、违规发放津补贴等问题，基层支部民主生活会缺乏战斗性、社区党员组织生活参与率低仍不同程度存在。上述问题，既与不同时期的机遇环境、谋篇布局、取势轻重有关，也和党员干部的招法思路、能力本领、作风状态密切相关，我们必须引起高度重视，始终坚持稳中求进工作总基调，坚持新发展理念，切实找准问题、扭住关键、理清思路、精准施策、补齐短板，有效化解各种矛盾和风险，努力把河西的事情干得更好。

# 河西区人民代表大会常务委员会工作报告

## ——2018年1月10日在河西区第十七届人民代表大会第三次会议上

### 2017年主要工作回顾

2017年是区十七届人大常委会的开局之年。在区委领导下，区人大常委会高举习近平新时代中国特色社会主义思想伟大旗帜，全面贯彻落实党的十八大和十八届三中、四中、五中、六中全会精神，认真学习宣传贯彻党的十九大精神，以习近平总书记对天津工作提出的“三个着力”重要要求为元为纲，认真落实市区委决策部署，坚持党的领导、人民当家作主、依法治国有机统一，紧密围绕全区工作大局，紧紧依靠人大代表，依法履职，积极作为，较好完成区十七届人大一次会议确定的各项任务，各方面工作取得新进展。

### 一、切实强化法治保障，在促进依法行政和公正司法上主动作为

依法行政、公正司法，是维护社会公平正义、让人民群众有更多获得感的重要保证。常委会强化对行政机关和司法机关工作监督，一年来，听取和审议专项工作报告3项，开展执法检查7次，备案审查规范性文件34件，积极营造良好法治环境。

*着力维护社会公平正义。*常委会坚持把真监督、真支持“一府两院”依法行政、公正司法作为法律监督的重点，听取平安河西建设工作汇报，深入银河国际购物中心、友谊路新业广场、公安河西分局天塔派出所实地视察消防安全、食品安全和社区治安管控系统，查看智慧型社区感知网络建设情况，提出加强智能安全防护体系建设，推广智慧社区建设经验等建议，推动法治河西、平安河西建设向纵深发展。组织代表旁听民事诉讼案件庭审，深入区人民法院立案和诉服中心、执行指挥中心，区人民检察院警示教育基地、侦查指挥中心，对区人民法院解决执行难和区人民检察院查办和预防职务犯罪工作进行视察，积极推进司法体制改革、提升司法公信力。

*依法规范开展执法检查。*常委会将开展执法检查作为推进依法治区的有效途径，制定区人大常委会执法检查办法，进一步推动法律法规贯彻实施。聚焦社会关切，组织开展消费者权益保护法、食品安全法和产品质量法实施情况执法检查，深入假冒伪劣商品集中销毁现场、珠江茗都茶城、唐宋府酒楼开展监督检查，提出意见建议。优化就业质量，深入区公共就业服务中心和劳动人事争议仲裁院开展就业促进法执法检查，监督政府相关部门提升创业就业环境，保障劳动者合法权利。关注儿童成长，组织开展天津市学前教育条例执法检查，深入十六幼分园、华兰国际幼稚园，重点检查经费保障、幼儿园布局规划、安全管理等政府职责落实情况，支持促进学前教育事业健康发展。重视环境保护，深入九龙路垃圾转运站，实地检查固体废物污染防治法贯彻实施情况，倡导节约环保的生产和生活方式。维护网络安全，深入公安河西分局网络安全保卫支队和挂甲寺派出所，开展网络安全法和全国人大关于加强网络信息保护的决定执法检查，提出强化关键信息基础设施保护，落实网络安全等级保护制度等意见建议。加强市区联动，配合市人大对档案法、天津市档案管理条例、反家庭暴力法

和华侨权益保护法贯彻实施情况开展视察调研，督促问题整改与完善制度并举，取得良好效果。

*加强基层立法征询工作。*健全立法征询工作机制，设立大营门街和挂甲寺街基层立法征询联系点，聘任13名立法征询顾问，完成《天津市促进科技成果转化条例》等8部法律和地方性法规的征询意见，提高立法征询工作水平。

*公正办理群众来信来访。*常委会坚持把做好人民群众来信来访作为倾听社情民意、增强监督实效的重要途径，及时转办市人大交办件、人大代表和人民群众来信来访件，一年来，共接待来信来访105件，做到件件有答复，有效化解社会矛盾纠纷，维护群众合法权益，促进社会和谐稳定。

**二、坚持以人民为中心，在推动经济发展和保障民生上履职尽责**

常委会紧紧围绕全区发展稳定大局和人民群众普遍关注的热点问题，坚持正确监督、有效监督，全年共听取和审议专项工作报告11项，听取专项工作汇报9项，组织开展12次工作视察、11次专题调研，积极推动区委重大决策部署落地生效，依法维护和保障人民群众的根本利益。

*加强财政经济工作监督。*面对宏观环境复杂、经济下行压力加大的形势，常委会认真听取和审议国民经济和社会发展计划执行情况、2016年区级决算、2017年预算执行和调整及审计工作报告，督促有关部门主动适应经济发展新常态，加快经济结构调整，积极培育新的经济增长动力，确保经济发展调速不减势、量增质更优。听取北方设计之都建设、融入京津冀协同发展、国有企业改革、楼宇经济等工作情况汇报，组织人大代表深入实地进行视察，提出积极实施创新驱动发展战略，以陈塘自主创新示范区建设为龙头，发挥“北方设计联盟”作用，推动南理工北方研究院项目成果转化，抓好重点项目建设和招商引资，提高国有资本运营效率等建议。加强预算审查监督网络系统建设，组织人大代表深入区财政局、审计局等部门开展调查研究，协调系统建设工作，高效建成预算联网监督系统，实现国库集中支付系统与预算执行、税收收入征管系统及预算单位财务软件大数据联接；同时注重调研成果转化，制定具体实施意见，为增强人大预算审查监督的实效性，奠定坚实基础。

*加强民生保障工作监督。*民生是人民幸福之基，社会和谐之本，常委会高度重视全国社区治理和服务创新实验区创建工作，组织人大代表深入惠阳里等8个社区开展调查研究，听取建立太湖路街道办事处及实验区创建工作汇报，提出积极探索社区治理和服务创新途径，加强社区公共服务综合信息平台建设，提升社区工作效能等建议。助力河西教育发展，常委会听取教育重点工程建设，幼儿园、小学招生工作情况汇报，组织人大代表深入天津四中新校区和中心小学梅苑学校进行视察，实地监督幼儿园、小升初网上报名工作，提出科学规划教育空间布局、盘活教育资源，补齐学前教育、特殊教育、职业教育短板等建议。促进公共文化事业发展，常委会组织人大代表视察“西岸文 e”数字文化平台和微型图书馆建设情况，听取专项工作汇报，提出加强公共文化资源整合、实现全区数字资源与文化服务共享、打造河西特色文化品牌等建议。着力改善民生福祉，常委会听取20项民心工程建设情况汇报，组织全体人大代表深入创智东园、区档案馆、宾水北里精品社区、桂发祥美食广场等12个重点项目现场，开展集中视察检查，提出建设性意见39条，现场协调解决中心小学梅苑学校暖气不热问题，监督促进民心工程高质量完成。

*加强城市治理工作监督。*着力改善生态环境质量，打造优质宜居城区环境，常委会听取和审议我区2016年度环境质量状况和环境保护目标完成情况报告，提出加强环保领域科技攻

关，扎实推进联动执法、协同治理医疗垃圾污染等意见。全力支持和保障迎全运市容环境综合整治百日会战、海地小二楼拆迁、全运村筹备运行保障等全区重点工作，常委会听取专项工作汇报，组织人大代表深入微山路、金地菜市场和全运村，查看立面整修、街景绿化工程和全运村建设情况，提出加大城市环境综合整治力度，提升城市管理水平等意见建议，营造共迎全运、共建美丽河西的良好氛围。推动“美丽天津•一号工程”，开展“四清一绿”行动和市容环境管理三年行动任务落实，组织人大代表视察华山里社区公园、小二楼拆迁地绿化工程、南昌路提升改造及环湖东里社区排水设施改造现场，检查重点工程任务完成情况，提出加强排水管网养护、提升城市绿化管理水平、建设海绵城市等建议。

加强审议意见办理监督。认真落实审议意见书暂行办法，监督促进“一府两院”改进工作，主任会议定期听取审议意见书落实情况，组织人大代表跟踪开展专题调研和专项工作视察，积极推进审议意见的落实。常委会书面审议区政府关于我区环境质量状况和环境保护目标完成情况、2016年区级决算审议意见书落实情况报告，要求政府及相关部门制定有效举措，加快整改落实，同时进行满意度测评，进一步增强监督工作的刚性和深度。

## 三、坚决贯彻区委决策，在决定重大事项和人事任免上同心同向

常委会围绕全区重点工作和社会重大关切，认真行使重大事项决定权和人事任免权，确保区委重大决策部署通过法定程序成为全区人民的共同意志。

坚持重大事项谋划在前。认真贯彻落实《河西区关于健全人大讨论决定重大事项制度、政府重大决策出台前向区人大报告的实施意见》，紧扣全区迎全运百日会战、全运村筹备运行保障重点工作，常委会作出关于在全体人大代表中开展“建设美丽河西•服务全运盛会”活动决定，充分发挥人大代表模范带头作用。认真贯彻监督法、预算法有关规定，依法批准区政府对城投公司增加注册资本金的议案，并作出决定；批准区级预算调整方案，并作出决议，要求政府及有关部门加强财政预算管理，优化财政支出结构，严格资金使用监管，提高使用效率，充分发挥财政资金在稳增长、调结构、惠民生、防风险中的重要作用。

依法行使人事任免权。坚持党管干部和依法任免相结合，根据主任会议和“一府两院”的提请，全年共任免4名副区长、46名区人民政府组成人员、8名区人大常委会内设机构工作人员和3名区人民检察院工作人员。认真贯彻落实《天津市实施宪法宣誓制度办法》，制定实施细则，举行6次宪法宣誓仪式，组织46名国家工作人员进行宪法宣誓。开展多种形式“国家宪法日”宣传活动，弘扬宪法精神，强化宪法意识。

## 四、发挥代表主体作用，在健全保障机制和履职管理上探索实践

常委会充分尊重代表主体地位，认真听取人大代表和人民群众意见建议，注重完善代表工作机制，抓好代表履职平台建设，为执行代表职务提供阵地保障。

夯实代表履职基础。组织新一届人大代表初任培训，采取集中学习、专题讲座、区情介绍、座谈交流等形式，重点围绕学习宣传贯彻党的十九大精神、人民代表大会制度理论以及代表法、代表履职知识等内容，开展集中宣讲和专题培训，拓宽代表思路，明确履职要求，强化责任担当，提升业务素质和依法履职能力。

增强代表活动实效。坚持代表统一活动日制度，组织开展“服务全运会•代表作表率”代表统一活动日活动，促进代表充分发挥知情参政、桥梁纽带和模范带头作用。制定关于加强人大代表密切联系群众的办法，坚持每季度组

织代表开展深入选区接待选民、为选民服务活动，全年共接待选民4200余人次，为选民办实事290余件。自觉接受选民监督，组织115名代表向原选区选民报告履职情况，密切人大代表与人民群众的联系。

*强化代表履职服务*。加强代表之家、代表联系选民接待站建设，在越秀路街和柳林街代表接待站召开代表工作中期推动会和学习观摩座谈会，通过现场学习观摩、交流经验，统一标准，进一步规范13个代表之家和96个人大代表联系选民接待站建设，为代表密切联系群众创造良好条件。制定区人大代表闭会期间履职监督办法，建立健全代表履职工作台账，加强代表履职情况考评和履职监督管理，激发代表依法履职的自觉性和主动性。

*发挥街道工委作用*。组建新一届人大街道工作委员会，召开工作会议，总结交流经验，部署工作任务。制定人大街道工委工作办法，坚持每月组织召开人大各街道工委工作例会，开展学习研讨、相互沟通情况，指导开展各具特色的代表活动，充分发挥人大街道工委组织、协调和服务职能。

*加强代表建议督办*。修订完善代表议案及代表建议、批评和意见办理工作办法，通过走访代表建议办理部门，发放代表建议办理征询意见表，实地察看桂江里社区底商污水跑冒、树木遮挡监控探头、中小学足球教学纳入体育课建议落实情况等方式，加大代表建议督办力度，区十七届人大一次会议87件代表建议和闭会期间32件代表建议已全部办复，推动解决天赋里社区48户居民31年无房产证及环湖中路、龙海公寓部分地区无路灯等群众关注的难点问题。

*组织好市代表活动*。协助市人大做好河西团市人大代表的学习培训、专题调研、会前视察、议案和建议督办等工作，圆满举行区十七届人大二次会议，依法选举河西区出席天津市第十七届人民代表大会代表61名。

**五、提升依法履职能力，在加强自身建设和夯实基础上突显实效**

常委会主动适应人大工作创新发展的新形势新任务要求，切实加强和改进自身建设，不断提升把握全局、服务大局的能力和水平。

*加强思想政治建设*。坚持常委会前集中学习制度，认真学习宣传贯彻党的十八届六中全会、党的十九大和市区委全会精神，邀请十九大代表袁滨渤同志结合参会感受宣讲党的十九大精神，深化学习效果、打牢思想政治根基。区委书记贾凤山同志为新一届常委会组成人员讲授履职第一课，进一步强化新形势下依法履职行权的责任感和使命感。夯实履职基础，邀请专家学者讲授民法总则、预算法等法律法规和“七五”普法、经济工作等相关知识，举办新一届常委会组成人员履职培训班，系统学习宪法法律、人大制度理论和人大业务知识，提高集体行权能力和议政水平。

*积极推进制度建设*。常委会作出关于加强区人大常委会自身建设的决定，修订区人大常委会、主任会议事规则，明确常委会组成人员、主任会议成员在理论学习、调查研究、联系群众、出席会议和审议发言等方面的职责。制定常委会实行审议意见书暂行办法，规范工作程序，提高审议质量，推进制度化、规范化建设。

*持续强化作风建设*。常委会组成人员带头深入天津光电集团、中交一航院等重点企业和代表单位走访服务，主动参与迎全运百日会战、小二楼拆迁、全运村筹备运行保障、安全维稳等全区重点工作，定期深入街道社区指导工作，帮助群众解决实际问题。紧密围绕全区中心工作和重点任务、围绕人民群众关注的热点难点问题，深入开展调查研究，积极想实招、谋实策、出实力；强化常委会前专题调研，规范调研程序、注重调研深度和广度，推进审议工作务实高效、更具针对性。

*不断加强机关建设。*建立新一届常委会各工作委员会，支持工委依法履行监督职责，充分发挥工委作用。加强机关规范化建设，制定完善财务管理、固定资产管理等20余项管理制度，规范工作流程，提高精细化管理水平。严格落实党风廉政建设制度规定，加强机关干部勤政廉政教育，积极推进廉洁机关建设。抓好干部队伍建设，强化干部考核管理，开展“提高业务能力·勇于担当干事”系列学习研讨，营造用心想事、善于谋事、专心干事的浓厚氛围。积极宣传人大制度理论、区人大及其常委会依法履职实践和人大代表履职风采，全年在《天津人大》及各类媒体刊发稿件190余件，编发人大信息34期，区人大常委会获得全市人大系统信息工作先进单位称号。

**六、全面加强党的建设，在强化政治担当和筑牢根基上忠诚践行**

常委会不断加强和改进党的建设，全面贯彻落实新时代党的建设总要求，充分发挥党总揽全局、协调各方的领导核心作用，自觉把党的领导贯穿人大依法履职全过程、各方面。

*坚持和加强党的全面领导。*常委会始终把坚持党的领导、人民当家作主、依法治国有机统一，作为推进人大工作的根本保证和政治遵循，牢固树立政治意识、大局意识、核心意识、看齐意识，坚持在全体代表特别是常委会组成人员中积极宣传党的政治主张，坚决维护党中央权威和集中统一领导，自觉在思想上政治上行动上同以习近平同志为核心的党中央保持高度一致。认真贯彻区委关于进一步加强人大工作的意见和常委会党组向区委请示报告制度，及时报告依法行使职权涉及的重大问题和重要事项，做到思想同心、目标同向、工作同力，增强坚持党对人大工作绝对领导的自觉性和坚定性。

*充分发挥党组领导核心作用。*常委会党组坚定政治立场，维护政治原则，强化政治担当，充分发挥把方向、管大局、保落实的重要作用，确保中央和市区委决策部署落到实处。制定常委会党组工作规则，进一步提高党组会议质量和效率。认真贯彻执行民主集中制和“三重一大”集体决策制度，坚持集体行权，民主议事，汇聚集体智慧和力量，把党的主张和区委决策部署，通过法定程序成为区人大及其常委会决定、决议和全区人民的自觉行动，保证区级国家机关职能作用的充分发挥。

*严格落实全面从严治党要求。*认真落实全面从严治党主体责任，严明党的政治纪律和政治规矩，层层落实管党治党政治责任。坚持学习党章和《关于新形势下党内政治生活的若干准则》《中国共产党党内监督条例》等党规党纪，集体参观“利剑高悬 警钟长鸣”警示教育主题展，自觉知敬畏、存戒惧、守底线。严肃党内政治生活，坚持问题导向，坚决肃清黄兴国恶劣影响，持续开展不作为不担当问题专项整治工作，对照市委巡视三组专题巡视反馈意见，查摆存在问题，高质量开好专题讨论会和专题民主生活会，确保整改落实见底到位、取得实效。

*持续加强机关党支部建设。*深入开展“维护核心、铸就忠诚、担当作为、抓实支部”主题教育实践活动和“牢记党的宗旨、增强‘四个意识’，争做廉洁有为好干部”主题活动，组织庆祝建党96周年等特色主题党日活动，积极推进“两学一做”学习教育常态化制度化。扎实开展“五好党支部”创建工作，严格坚持“三会一课”制度，持续加强党员思想政治教育，建立机关党员活动室，健全党建工作台账，做到各项活动扎实有效。认真落实基层党建巡查反馈意见，深化整改落实，切实把思想政治工作、从严教育管理党员工作落实到支部。

过去一年取得的成绩，是在区委正确领导下，区人大常委会组成人员和全体人大代表共同努力的结果，是“一府两院”主动接受监督，合力担当作为的结果，是广大人民群众及社会各界鼎力支持的结果。在此，我代表区人大常委会向大家表示衷心的感谢和诚挚的敬意！

我们也清醒认识到，与新时代新目标新任务的要求，与人民群众对美好生活的期盼，与代表们履职实践需要相比，常委会工作还有不少差距：常委会议的审议质量有待提高，监督实效有待增强；人大代表履职服务平台建设有待加快，代表履职管理和监督工作需要进一步加强。我们将认真听取各位代表和各方面意见，自觉接受人民群众的监督，求真务实、真抓实干，积极推动区人大及其常委会各项工作创新竞进。

## 2018年主要任务

2018年是迈向新时代、踏上新征程、开创各项工作新局面的重要一年。区人大常委会要在区委领导下，全面贯彻党的十九大精神，以习近平新时代中国特色社会主义思想为指引，以“三个着力”重要要求为元为纲，认真贯彻落实市第十一次党代会，市委十一届二次、三次全会和区委十一届六次全会决策部署，坚持党的领导、人民当家作主、依法治国有机统一，按照“围绕中心真监督，突出重点真支持，依法行权重实效，创新竞进上水平”的工作思路，紧紧依靠人大代表，严格依法履行职责，为推进天津市中心活动区、创新驱动先行区、和谐优质生活区建设，高水平打造全市经济社会发展首善之区作出积极贡献。

*一是着力提高法律监督水平，全面推进民主法治建设。*深化依法治区实践，加强司法工作监督，听取和审议关于深化司法体制改革、“七五”普法中期推动、侦查监督工作情况报告，听取监察体制改革情况汇报，推进法治河西建设，促进严格执法、公正司法、全民守法落到实处。组织开展安全生产法、大气污染防治法等法律法规贯彻实施情况执法检查，监督推进问题整改和任务落实，积极回应社会关切。组织新任命国家工作人员宪法宣誓仪式，开展“国家宪法日”宣传教育活动。发挥基层立法联系点作用，做好市人大立法征询和调研论证工作。听取规范性文件备案审查工作情况汇报，制定工作流程，提高规范化水平。完善信访督办制度，建立信访信息数据库，认真做好人民群众来信来访工作，维护社会和谐稳定。

*二是着力增强工作监督实效，全力服从服务工作大局。*按照高质量发展的要求，以提高经济运行质量为重点，听取和审议区十三五规划纲要实施中期评估，计划、预算和审计工作报告，听取陈塘自主创新示范区建设、国有资产管理、民营经济发展等工作情况汇报，制定预算审查监督网络系统管理暂行办法，运用预算监督网络系统，强化对所有预算部门单位、全部预算资金以及财政收入的分析预警和审查监督。制定视察和调研工作实施办法，聚焦人民群众对美好生活的需要，综合运用多种监督方式，加大对教育、文化、卫生、养老服务、社会保障、环境保护、棚户区改造等群众高度关注热点问题的监督，支持促进“一府一委两院”把各项工作任务落到实处。依法行使重大事项决定权和人事任免权，修订关于行使重大事项决定权的规定，依法做好国家机关工作人员任免工作。

*三是着力做好服务保障工作，充分发挥代表主体作用。*加强代表履职学习培训，丰富学习内容，拓宽培训形式，全面提升代表履职水平。认真落实人大代表密切联系群众工作办法，坚持开展主题突出、形式多样的代表统一活动日活动。按照“六有”“四好”“三上墙”的建设标准，加强代表之家、代表联系选民接待站建设，畅通社情民意反映渠道。加强人大街道工委建设和闭会期间人大代表履职监督管理，充分发挥人大街道工委和人大代表作用。强化代表议案，代表建议、批评和意见督办工作，积

极稳妥推进代表建议和办理结果公开，推动代表提出的问题依法得到解决。认真做好市、区人大代表集中视察、专题调研等服务保障工作，切实保障代表依法履职尽责。

*四是着力加强常委会自身建设，提升依法履职能力素养。*深入学习贯彻落实党的十九大精神，坚持用习近平新时代中国特色社会主义思想武装头脑、指导实践、推动工作。全面贯彻落实新时代党的建设总要求，把牢党的政治建设“总方向”，拧紧思想建设“总开关”，严格履行管党治党责任，确保党中央和市区委决策部署在区人大及其常委会落地生效。深入贯彻中央八项规定实施细则精神，制定力戒形式主义、官僚主义，持之以恒改进作风的具体举措，切实改进会风文风，深化调查研究工作，密切与人大代表和人民群众的广泛联系，积极帮助群众解难题、办实事。加快机关信息化建设，建好代表履职服务平台。加强干部队伍建设，深入开展“不忘初心、牢记使命”主题教育，坚定理想信念，强化纪律规矩，从严考核管理，全面提高机关干部综合素质和机关服务保障能力，努力使区人大及其常委会成为全面担负起宪法法律赋予的各项职责的工作机关，成为同人民群众保持密切联系的代表机关。

中国特色社会主义新时代，赋予我们全体人大代表更高的政治担当、使命担当和责任担当，让我们在区委的坚强领导下，主动投身新时代、践行新思想、勇担新使命，团结带领全区人民，凝心聚力、担当干事、锐意进取、创新竞进，履行新职责、展现新作为、作出新成绩，努力实现人民群众对美好生活的新期盼，为全面加强民主法治建设，加快建设美丽河西、首善之区而努力奋斗！

# 政府工作报告

## ——2018年1月9日在河西区第十七届人民代表大会第三次会议上

### 2017年主要工作回顾

过去一年，区政府在市委、市政府和区委的领导下，高举习近平新时代中国特色社会主义思想伟大旗帜，全面贯彻党的十八大和十八届三中、四中、五中、六中全会精神，认真学习宣传贯彻党的十九大精神，以习近平总书记对天津工作提出的“三个着力”重要要求为元为纲，认真贯彻落实市第十一次党代会精神，紧紧围绕建设天津市中心活动区、创新驱动先行区、和谐优质生活区，高水平打造经济社会发展首善之区的目标，坚持稳中求进工作总基调，主动适应经济发展新常态，积极融入“一带一路”倡议、京津冀协同发展等重大国家战略，扎实推进“五位一体”总体布局、“四个全面”战略布局在河西的实施，解放思想、创新竞进、忠诚担当，各项工作取得显著成绩。

**一、聚焦创新驱动、提质增效，区域经济实现新发展**

在经济下行压力持续加大的背景下，始终保持战略定力，坚决贯彻落实中央宏观经济政策和我市部署要求，把提高发展质量放在首位，坚持质量第一、效益优先和绿色发展，深化供给侧结构性改革，全面落实“三去一降一补”任务，主要经济指标位居中心城区前列，实现区域经济平稳运行并走向良性发展轨道，为下一步持续健康发展积蓄了后劲、奠定了基础。全年预计实现地区生产总值810亿元，一般公共预算收入59.6亿元，全社会固定资产投资190亿元，居民人均可支配收入增长8.5%。

*现代服务业加快集聚。*大力提升服务业发展水平，服务业增加值占地区生产总值比重达95%以上。金融业集聚优势继续巩固，新引进太平洋证券天津分公司等金融机构15家，其中总部或地区总部级金融机构5家，金融业增加值占地区生产总值比重达50%以上。加快小白楼航运服务集聚区建设，完善相关扶持政策，引进上海骏海国际货运代理有限公司等企业设立地区总部，全区航运货代企业总数达850家。促进商贸、旅游、文化、体育融合发展，举办“激情全运·乐购津城”大型购物节、“天津首届津菜文化节”，消费市场保持活跃。

*创新驱动深入实施。*加快陈塘自主创新示范区建设，新注册企业842家，园区企业实现销售收入326.07亿元。“北方设计之都”建设升至全市战略，建成北方设计联盟展示体验中心，联盟会员单位达40家，实现营业收入418亿元，税收14.59亿元，获评国家火炬天津陈塘工程设计特色产业基地。南京理工大学北方研究院“三无五融合”机制不断深化，激光、新能源、新材料等产业不断壮大。全区规模超亿元科技企业达73家，国家级高新技术企业达80家。有效发明专利突破1000件，我区被确定为国家知识产权试点城区。建立德国马格德堡市海外人才工作站，36家企业入选市“千企万人”支持计划，2人入选市“千人计划”。科学研究和技术服务业加快发展，成为我区经济发展重要力量。

*发展后劲持续增强。*主动融入京津冀协同发展重大战略，积极承接北京非首都功能，引进京冀企业141家，引进支付宝天津分公司、福中集团北方总部等优质企业10家，完成国内

招商引资实际到位额154亿元，实际利用外资1.63亿美元。市、区两级投入扶持资金2033万元，提升改造28座商务楼宇公共设施，新盘活空置楼宇资源27万平方米，楼宇内新增企业2000家，其中异地经营企业转入110家，平均入驻率达85%以上，形成金融、航运、设计等特色楼宇45座。楼宇经济实现留区税收40亿元，年创留区税收超千万元楼宇40座，其中超亿元楼宇7座。

市场活力有效释放。深入开展“双万双服”活动，帮助企业解决问题392个，解决率、满意率达100%。区财政支出扶持企业发展资金1.09亿元，依据政策为企业减免税收18.7亿元，促进科技型中小企业“小长大”“小变强”，新增限额以上企业65家。制定《河西区关于大力推进民营经济发展的意见》及配套政策，明确114条适用于民营经济发展政策措施，民营经济发展环境更加优化，新增民营企业3397家、个体工商户3816户，民营市场主体总数超过5万家。积极推动国有企业混合所有制改革，促进国有企业提质增效和国有资产保值增值，完成9家低效运营企业退市，区管国有企业资产总额达352亿元、所有者权益79亿元。完善支持企业上市挂牌政策体系，新增上市挂牌企业8家。

**二、紧扣民生脉搏、百姓福祉，公共服务水平获得新提升**

坚持以人民为中心的发展思想，加大“衣食住行、业教保医”服务力度，开展20项民心工程，民生领域投入资金57.77亿元，办成一批惠民实事，人民群众获得感、幸福感、安全感显著增强。

教育事业全面发展。深化教育综合改革，公办幼儿园网上报名、初中免试就近入学政策平稳实施，制定学前教育“一对一互助”三年计划，开办中心小学·梅苑学校，在全运村地区建立第二新华中学，中小学学区化管理和集团化办学机制进一步完善。优质教育资源覆盖面持续扩大，16所学校高水平通过第三轮义务教育学校现代化标准建设评估，四幼、六幼、八幼分园及新社区早教中心投入使用。开展幼儿园规范办园行为专项督导检查，制定民办托幼点管理办法，5所幼儿园被评为市级示范幼儿园。职业教育、特殊教育、民办教育、社区教育均衡协调发展。我区蝉联全国和谐德育实验区，成为首批全国中小学校责任督学挂牌督导创新区，教育教学质量稳居全市前列。

医疗服务持续改善。深化公立医院改革，免费实施基本公共卫生服务20类85项，取消药品加成，平均药占比同比下降41.2%，群众就医负担进一步减轻。推进优质医疗资源联动，与医大二院等三甲医院建立医联体，家庭医生服务签约30余万人。河西医院平稳运行，各项诊疗功能逐步完善，健康管理中心投入运营。中医医院综合诊疗区完成建设，基层国医堂配设比例达100%。医疗卫生养老综合服务设施开工建设。投入财政资金9133万元，实施河西医院、康复医院、柳林医院提升改造。积极推动肿瘤防治示范项目，为8000人开展肿瘤筛查。国家基本公共卫生服务项目考核位居全国前列。

社会保障更加有力。新增就业4万人，城镇登记失业率控制在3.6%以内，零就业家庭保持动态为零。开展全民参保登记调查，参保人数计划完成率达100%。累计支出资金1.2亿元，开展低保慈善救助。提高居家养老服务补贴标准，提升改造养老机构11家，1310人享受居家养老政府购买服务。全面落实住房保障政策，为1501户中低收入家庭提供租房补贴，为1222户办理公共租赁住房，审批经济适用房2906户。落实我市关于军队退役人员安置和保障工作“20条意见”，制定我区“24条措施”，设立专项帮扶基金，建立三级联络服务站159个，服务站工作经验在全市推广。

美丽社区成效显著。全面推进全国社区治理和服务创新实验区建设工作，顺利通过民政部中期评估。投入9846万元，新增独立“300平方米”社区办公服务设施9处，打造宾水北里等精品小区8个，创建市级美丽社区26个，总数达98个。加强旧楼区维护和管理，旧楼区长效管理考核连续三年全市第一，被评为2017年天津市旧楼区长效管理工作示范区。加强社区规范化建设，开展OSM现场管理系统试点，精简合并社区工作事务104项，招聘社区工作者385名。引导社会专业组织参与社区治理，举办扶老助残、扶贫助困、社区公益和专业社工服务项目160个。发展社区商业，云江新苑菜市场投入运营。采取政府补贴方式，更新投放便民早餐车233辆，群众吃早点难问题得到有效缓解。

**三、推进文明创建、文化惠民，城区魅力得到新彰显**

巩固拓展“两个创建”成果，深入实施文明城区建设十大工程，不断完善公共文化服务体系，文化体育事业繁荣发展，城区文明程度显著提升。

*文明建设取得实效。*以优异成绩通过全国文明城区测评复审。大力培育和践行社会主义核心价值观，扎实推进“迎全运·做文明有礼河西人”城市文明综合提升工程，4个单位跻身第五届全国文明单位行列，上海道小学被评为第一届全国文明校园，39个单位获评天津市文明单位，22个社区被授予天津市文明社区称号。弘扬“崇善、包容、互助、和谐”社区精神，邻居节、读书节等社区睦邻文化活动深入人心。充分发挥市民学校等阵地作用，大力开展思想道德宣传教育，1人获得全国道德模范提名奖，1人入选中国好人榜，36人入选天津好人榜，建成未成年人“五爱”教育阵地101个。开展志愿服务活动4500余次，全区注册志愿者达13.2万人，“金剪刀”志愿服务队荣获全国志愿服务“四个100”先进典型称号。

*文化服务更加惠民。*深入实施文化惠民工程，依托市级十大院团、市级文化场馆等资源，以“文化365·快乐在河西”为主题，举办文化惠民系列活动1000余场，惠及群众20余万人次。西岸文化惠民广场演出季、西岸社区文化擂台赛、全运村系列文化演出等活动各具特色，西岸文化品牌影响力日益扩大。区图书馆、少年儿童图书馆被评为一级馆。新河西档案馆投入使用，馆舍建设水平全市领先。制定文化产业发展专项资金管理办法，扶持文化企业4家。河西区荣膺“2017中国年度文化影响力城市”。

*体育事业蓬勃发展。*设立3亿元体育事业发展基金，保障体育事业和产业全面发展。举全区之力，高标准、高质量、高水平完成第十三届全运会全运村筹备运行保障任务。全运村运行27天，接待运动员、技术官员、媒体记者1.5万人，均创历届之最，实现零差错、零投诉、零事故的历史最好成绩，受到国家领导、市委市政府充分肯定和社会各界一致好评，向全国乃至全世界展示了天津形象、河西风采。新建提升社区健身园33处，建成绿色健身优秀站点10个。“迎全运·河西在行动”全民健身系列活动精彩纷呈，成功举办全运会火炬传递和舞龙比赛。加强足球后备人才基地建设，5所学校被评为全国青少年足球特色学校，我区被评为全国青少年足球试点区。少年儿童业余体校被评为国家高水平体育后备人才基地。

**四、注重建管并举、提升品质，城市治理迈出新步伐**

坚持绿色发展，统筹协调城市规划、建设和管理，实施“美丽天津·一号工程”和城市综合整治，城区环境品质和治理能力全面提升。

*城区改造加快推进。*完成新一轮总体城市设计及6个专项规划编制。推进棚户区改造，区财政投入14亿元购买安置住房，纯皓家园、龙瀚南园保障性住房项目主体竣工，完成造纸厂宿舍等6片、5.89万平方米改造任务。仅用4个月时间，完成历时八年、“六启六止”的小海地

小二楼剩余3142户拆迁，群众居住环境彻底改善，凝聚形成了“担当作为、攻坚克难”的小二楼精神。实施老旧小区及远年住房改造，完成首批57个小区、270万平方米，启动第二批45个小区、242万平方米，累计6.35万户居民受益。新八大里各项目建设进度加快，平安泰达国际金融中心等7个项目开工建设，实现开工540万平方米、竣工164万平方米。

生态建设全面加强。投入资金2.1亿元，深入推进“四清一绿”行动，区域环境质量明显改善。持续抓好中央环保督察反馈意见整改落实，中央环保督察387件和市整改办290件举报案件全部办结。启动秋冬季大气污染综合治理攻坚行动，完成2家“散乱污”企业“两断三清”、5家挥发性有机物企业治理，3114家餐饮企业安装环保净化设施。投入资金6369万元，治理家用商用散煤，实施煤改电2484户，集中供热补建8109户、31.6万平方米，共10593户群众受益。全区184条道路实现机扫水洗全覆盖，111处工地和60个裸露地块全部落实“六个百分之百”，启动重污染天气应急措施11次，PM2.5年均浓度同比下降9.9%，秋冬季空气质量比去年同期明显改善。全面推行河长制，水环境质量考核居全市前列。

管理水平大幅提升。成立太湖路街道办事处，加强解放南路地区起步区管理。投入资金9.05亿元，实施“迎全运百日会战”十项工程，完成市容环境管理三年行动，新建提升道路绿化、街心游园绿化112.9万平方米，实施19条道路、500栋居民楼、150万平方米街景立面整修，集中清理各类垃圾杂物5万吨。新建换热站4座，改造5座供热站旧管网。提升改造市政道路51条，新建补建路灯517具，拆除美化烟囱11座。投入资金1.2亿元，实施南昌路地区综合整治，地区环境面貌焕然一新，服务功能全面提升。实施违法建设专项治理行动，清理微山路沿线和中石油桥地区“顽疾”，拆除洞庭路沿线、铁路陈塘支线保护区内违法建设，拆违21.57万平方米，清理“僵尸车”911辆，有效解决一大批历史遗留问题，城市管理科学化、精细化、长效化水平不断提高。

**五、坚持依法治区、安全发展，民主法治建设开创新局面**

深化法治河西建设，着力提升社会治理水平，公共安全体系进一步完善，社会更加和谐稳定。

民主政治稳步推进。自觉接受区人大及其常委会的法律监督、工作监督，认真执行区人大及其常委会各项决定、决议。自觉接受区政协的民主监督，广泛听取政协委员和社会各界意见。受理办复人大代表建议83件、政协提案94件，解决率均达90%以上。深化“两评三会一公开”制度，探索形成“N+3+6”社区事务民主议事工作模式，社区全部制定居民公约。完善政府常务会学法和领导干部法治能力考查测试制度，依法行政能力进一步提升。落实“七五”普法规划，社会法治氛围更加浓厚。

安全建设持续加强。投入资金6830万元，深入开展安全河西建设。坚持“隐患就是事故、事故就要处理”理念，全面开展安全生产隐患大排查大检查大整治，排查点位8.3万余个次，整改安全隐患3万余项，顺利通过国务院两次安全生产大督查。启动消防二级指挥中心建设，建成144个社区微型消防站，完成安德公寓等17个小区、53栋高层建筑消防设施改造。对417台老旧居民住宅电梯进行安全评估，更新维修72台。建成房屋管理指挥中心和综合业务二期平台，房屋安全管理得到加强。食品安全形势稳中向好。着力提升治安防控水平，建立“情指一体化”作战中心、“河西力量”人力情报系统，探索环湖南里智慧社区建设，全区新建监控探头3690个，初步形成信息化立体化治安防控体系，入室盗窃等发案率同比下降71%。我区被评为全国社会治安综合治理先进区，荣获全国社会治安综合治理"长安杯"。

社会环境和谐稳定。严格按程序做好"信、访、网、电"办理，受理信访问题6586件次，受理率达100%。坚持领导干部接访下访、包片包案制度，累计接待信访群众72批106人次，妥善化解历史积案87件。加强社区矫正，刑满释放人员衔接管控、安置帮教、扶持救助工作有效落实。巩固发展人民调解组织网络，调解各类纠纷3108件，调解成功率达98.7%。加强应急管理，有效处置一批突发事件。防范和处置非法集资案件工作取得突破。圆满完成全国"两会"、第十三届全运会等重大活动的安保和维稳任务，重大时间节点期间实现"零进京""零非访"。

**六、加快转变职能、改进作风，政府自身建设取得新成效**

牢固树立"四个意识"，坚持从严治政，严格落实全面从严治党主体责任和"一岗双责"，持续加强作风纪律建设，服务效率和质量进一步提升，发展环境更加优化。

党风廉政建设全面加强。迅速兴起学习宣传贯彻党的十九大精神热潮，习近平新时代中国特色社会主义思想已经转化为广大党员干部的共识共为。扎实开展"维护核心、铸就忠诚、担当作为、抓实支部"主题教育实践活动，推进"两学一做"学习教育常态化制度化，党员干部"四个意识"不断增强。层层开展警示教育，注重运用"四种形态"，强化监督执纪问责，党员干部更加知敬畏、明底线、守规矩。坚持问题导向，市委巡视三组专题"机动式"巡视11项反馈意见全部整改见底到位。聚焦重点领域，深入开展不作为不担当专项治理和作风纪律专项整治，严肃查处侵害群众利益的不正之风和腐败问题，查纠违反中央八项规定精神和"四风"问题32起。坚持惩治腐败无禁区、全覆盖、零容忍，反腐败斗争压倒性态势已经形成。加强干部队伍建设，严格落实考录、培训、考核等制度，干部队伍素质能力显著增强。

行政服务效能明显提升。完善政府议事规则，制定"三重一大"事项决策工作实施意见，政府工作更加民主科学规范。全面推行政府法律顾问制度，部门和单位聘请法律顾问覆盖率达100%。开展行政执法"三项制度"试点工作，"9+X"行政执法职权实现全覆盖、全过程监督。推进权责清单、职责清单动态管理，调整部门行政职权69项。建立社区公共服务综合信息平台，138项服务事项在4个试点街道实现"一门式"受理。公开政府信息2400余条，政务公开标准化、规范化水平显著提升。投入资金6636万元，建设12个信息化项目，加强"互联网+政务服务"平台建设，信息技术在城市管理、安全监管、社会事业和民生保障等领域应用不断强化。

重点领域改革持续深化。加快"放管服"改革，"减证便民"等31项重点改革任务顺利推进。开展"互联网+审批服务"，探索行政许可"多证合一、多项合一"，试行审批要件"容缺后补"，推行无假日审批服务，全部许可事项开通网上办理，企业登记"一照一码一章一票"一天办结。推进机构改革，机构设置更加合理，履行职能更加顺畅。综合执法队伍管理变街域为片区，执法更加规范高效。完成预算管理控制体系建设，加强财政支出动态监管，盘活结余结转资金。完成联网审计中心提升改造和信息化集成项目，公共资金、国有资产和国有资源实现审计全覆盖。

深入开展与甘肃省平凉市庄浪县、甘南州卓尼县对口帮扶，财政支援资金1600万元。国防教育动员和国防后备力量建设得到加强。高质量完成全国海洋经济调查。民族宗教、残疾人、妇女儿童、人防、侨务、对台、保密、红十字、地方志等各项工作都取得了新成绩。

过去一年是我区发展进程中极不平凡的一年，大事多、要事多、难事多，全区广大干部群众团结一致、拼搏进取、担当作为、干事创业，以“咬定青山不放松”的毅力和“不破楼兰终不还”的决心，打赢了全运村筹备运营、中央环保督察、国务院第四次大督察、小二楼拆迁、百日会战、文明城区测评复审等一系列苦仗硬仗，解决了历史和现实的许多难题，办成了许多大事，成绩有目共睹，也来之不易，这是市委、市政府和区委科学决策、正确领导的结果，是区人大、区政协监督、帮助的结果，是驻区单位、驻区部队及社会各界关心、支持的结果，是全区上下齐心协力、团结奋斗的结果。在此，我代表河西区人民政府，向大家表示崇高的敬意和衷心的感谢！

在肯定成绩的同时，我们也清醒地认识到，工作中还存在差距和不足，主要表现在：一是发展质量和效益还不高，经济结构相对单一，科技服务业等新兴产业拉动作用还不明显，民营经济发展不活跃不充分，经济增长压力较大。二是城市建设管理水平还需不断提升，大气污染防治形势严峻，棚户区和旧楼区改造任务重、压力大。三是社会治理能力还需进一步提高，社会各种矛盾交织叠加，影响社会和谐的因素增多，社会治理基础还不牢固，工作机制不完善。四是民生领域还存在短板和弱项，公共服务资源配置不够均衡，存在“西强东弱”问题。五是作风转变还不到位，纪律规矩执行还不够严肃，干部管理监督还不够严格，不敢为、不想为、不会为问题仍然存在，对改革发展中出现的新情况新问题缺少有效破解招法。对于这些问题，我们要高度重视，采取有力措施加以解决。

“12·1”重大火灾事故，教训十分惨痛，我们深感痛心。事故发生后，区委、区政府迅速成立专门工作组，协调处置伤员救治、安置救助等善后工作。同时，立即启动新一轮安全事故隐患大排查大整治行动，彻底整改各类安全隐患，坚决防止类似事故发生。这起重大事故，暴露出我区安全生产形势十分严峻，在安全生产、城市管理方面依然存在认识不足、落实不够、监管不到位等突出问题。消防隐患猛于火，我们一定要深刻汲取教训，痛定思痛、举一反三，牢固树立安全发展理念，将其作为底线、红线、生命线，以重拳狠手和务实举措，确保人民群众生命财产安全和社会安全稳定。

## 2018 年主要工作任务

2018年是贯彻党的十九大精神的开局之年，是改革开放40周年，是决胜全面建成小康社会、实施“十三五”规划承上启下的关键一年，也是建设现代化天津和美丽河西、首善之区的重要一年。2018年政府工作的总体思路是：全面贯彻党的十九大精神和中央经济工作会议决策部署，以习近平新时代中国特色社会主义思想为指引，以“三个着力”重要要求为元为纲，认真贯彻落实市第十一次党代会以及市委十一届二次、三次全会精神，按照区委十一届六次全会要求，坚持稳中求进工作总基调，紧扣我国社会主要矛盾变化，坚定践行新发展理念，坚持以人民为中心的发展思想，坚定不移推动高质量发展，坚决打好防范化解重大风险、精准脱贫、污染防治的攻坚战，扎实推进“五位一体”总体布局和“四个全面”战略布局在河西的实施，努力建设天津市中心活动区、创新驱动先行区、和谐优质生活区，为高水平打造全市经济社会发展首善之区打下坚实基础。

主要目标是：地区生产总值增长5%；服务业增加值占地区生产总值比重保持95%以上；一般公共预算收入增长5%；全社会固定资产投资100亿元；居民人均可支配收入与经济发展同步增长；万元GDP能耗降低率、主要污染物排放总量减排完成率控制在市考核指标内。

主要工作任务是：

### 一、进一步提升经济发展质量和效益

围绕推动高质量发展，深度融入京津冀协同发展战略，以供给侧结构性改革为主线，加

快转变发展方式、优化经济结构、转换增长动力，促进经济持续健康发展。

*促进高端产业发展*。坚持提升传统服务业和培育新兴服务业并举，加快构建多业支撑的“首善”服务经济体系。助力金融创新运营示范区建设，高标准建设友谊路金融服务聚集区、新八大里商务商业区，鼓励传统金融机构积极拓展业务，大力发展科技金融、普惠金融、股权投资基金等新金融业态，新增10家以上金融机构，金融业增加值占地区生产总值比重保持50%以上。稳妥推进投贷联动试点工作，提升金融对实体经济输血能力。完善金融监管体系，坚决防范系统性金融风险。深化“研发总部+生产基地”模式，加快构建完整产业链条，助力总部型企业聚集发展。推进小白楼航运服务集聚区建设，大力发展航运上下游业态，新引进50家以上航运物流企业。加大电商企业培育引进力度，引导商贸企业转型升级。

*增强科技创新能力*。落实各项扶持政策，高水平推动国家科技型中小企业评价工作，推行科技创新券制度，促进大众创业、万众创新上水平，新增4家规模超亿元科技企业，新认定10家以上国家级高新技术企业。推进陈塘自主创新示范区建设，加快园区土地收储、整理和出让，新注册700家企业，园区企业实现销售收入370亿元，进一步提升核心产业规模、效益和竞争力。加快打造“北方设计之都”，高标准建设北方国际设计中心、北方创意设计产业园，完善北方设计联盟协作机制和服务平台，拓展联盟企业产业链、价值链，会员单位力争达到60家。深化南京理工大学北方研究院建设，建立研究院备选产业化项目池，筹建南京理工大学北方研究生院，引进3D金属打印、无人驾驶等项目。深化国家知识产权试点城区建设，稳步提高专利申请总量和质量。深入开展质量提升行动，推动我区企业发展进入质量时代。

*提升招商引资质量*。紧紧抓住疏解非首都功能机遇，围绕总部型企业、金融创新、大数据、人工智能等领域开展精准招商。加强与德龙集团、阳光印网等企业对接，推动中国建筑设计研究院、中国石油工程建设公司等设计类企业加快入驻。完成国内招商引资实际到位额100亿元，实际利用外资到位额7000万美元，引进100家以上京冀企业。提升楼宇经济质量效益，用好市、区两级专项资金，扶持20座楼宇硬件改造和软件提升，盘活空置楼宇资源27万平方米，新增注册企业2200家，留区税收1000万元以上楼宇达到45座。

*激发市场主体活力*。强化“产业第一、企业家老大”理念，全面落实“津八条”和各项政策措施，完善上下联动、部门协同帮扶机制，营造亲商、敬商、安商、利商良好环境，构建亲清新型政商关系。实施民营大企业培育工程、新一轮中小企业创新转型行动计划，加快培育“专精特新”技术企业，全年培训1000人次民营企业经理和管理人才，新增民营企业2000家。按照“一二三”总体思路，积极推进国有企业混合所有制改革，稳步实施分类改革，完善现代企业制度，健全公司法人治理结构，实现10家低效、僵尸、空壳企业退市出清。探索国有企业战略性重组，完善国有资产管理体制，加强国有资产出租、出借及处置收入管理，确保国有资产保值增值。加大企业股改和上市挂牌力度，新增上市挂牌企业5家以上。完成全国第四次经济普查。

**二、进一步保障和改善民生**

牢固树立为民情怀，优先保障民生投入，补齐民生短板，持续实施20项民心工程，优化基本公共服务资源布局，不断满足人民日益增长的美好生活需要。

*办好人民满意教育*。深化教育综合改革，积极应对中高考制度改革，科学推进课程体系建设。深化学区化管理，完善学区管理制度及评估标准。深化集团化办学模式，做实做强实

验中学、新华中学、北师大天津附中办学集团，逐步改善河西教育北密南疏东弱的不均衡现状。优化教育资源布局，新四中、第二新华中学投入使用，接收新八大里、解放南路起步区等9处配套教育载体，推动北师大天津附中办学集团小学建设、师大二附小渌水道校区改扩建和原海地小学落地重修，提升改造培杰中学和9所幼儿园。继续推进义务教育学校现代化标准建设，确保19所学校通过市级评估验收。完善教师交流轮岗制度，打造高素质教师队伍。高水平建设职业教育育人体系，成立特殊教育资源中心，做好民办教育三级检查和年检评估工作，评选星级社区终身学习服务中心。

提高人民健康水平。深化医药卫生体制改革，有效降低公立医院药占比，探索按病种付费试点，出院患者临床路径管理比例达到70%。继续深化医联体建设，重点推进河西医院与市胸科医院等三级医院建设紧密型医联体，吸引三级医院医师到基层医疗卫生机构多点执业。加快推进医疗卫生养老综合服务设施建设，康复医院、柳林医院完成提升改造，河西医院主体投入使用。深化家庭医生签约服务工作。大力推广基层中医药适宜技术。在4个试点街道开展肺癌、乳腺癌联合筛查。加强社会办医机构管理。继续创建慢性病综合防控示范区。

健全社会保障体系。以创业带动就业，新增就业4万人，城镇失业登记率控制在3.6%以内。持续扩大社会保险覆盖面，着力实现居民参保全覆盖。落实住房保障政策，做好“三种补贴”“三种住房”分配发放，最大限度改善住房困难家庭居住条件。加强低保和社会救助，开展“爱心成就梦想”等10余个慈善救助项目，绝不让一家一户过不去、过不好。提升养老服务水平，加快建设多层次养老服务体系，鼓励社会组织、餐饮单位、配餐企业开展老年人助餐服务，新建5处老年人配就餐点。高标准做好军队退役人员工作，退役军人权益保障历史遗留问题实现清零。

共建共享美丽社区。持续推进社区治理和服务创新，确保通过国家考核验收。继续推动独立“300平方米”社区办公服务设施建设，建成2个精品小区，创建15个市级美丽社区。做好社区居民委员会换届选举工作。巩固旧楼区长效管理成果，确保旧楼区长效管理考核位居全市前列。围绕规范化、标准化、精细化、品质化管理目标，实施社区微修复、微提升、微改造工程。新增2家菜市场、20个早餐供应点，更好满足居民生活需要。

**三、进一步增强文化软实力**

以社会主义核心价值观为引领，广泛开展理想信念教育，深化文明城区建设，大力实施文化惠民工程，努力建设文化强区。

抓好新时代精神文明建设。深化中国特色社会主义和中国梦宣传教育，积极培育践行社会主义核心价值观。启动文明河西魅力街区三年行动，打造首批魅力街区，推进文明城区建设常态化。深入实施公民道德建设工程，加强社会公德、职业道德、家庭美德、个人品德建设，开展道德模范评选表彰，推进志愿服务制度化建设，做大做强社区睦邻文化品牌，开展移风易俗、弘扬时代新风行动，在全社会形成崇德向善、见贤思齐、德行天下的浓厚氛围。

提升公共文化服务水平。高水平通过国家公共文化服务体系示范区复检、天津市现代公共文化体系建设验收。完善“10分钟公共文化服务圈”，改造提升街道综合文化服务中心和社区文体活动室，新梅江文体中心投入使用。高水平开展“文化365·快乐在河西”主题文化惠民活动，举办天津市“西岸之声”合唱艺术展演闭幕式暨京津冀三地合唱艺术展演。推广全民阅读，举办2018天津西岸图书节。建设河西城市记忆馆，成立文物保护所。用足用好文化产业扶持资金，打造文化创意街区。

增强体育事业整体实力。发挥全运品牌效

应，提高竞技体育水平，确保在天津市第十四届运动会中实现运动成绩和精神文明双丰收。推动游泳馆、体育馆、体育场建设，更新提升30处社区健身园，建成10个绿色健身优秀站点。探索校园体育设施向社会合理有序开放，加快体育人才校园培养，促进排球等传统优势项目再发展。广泛开展假日体育、广场体育、公园体育等全民健身特色活动，形成全民健身、全民参与的浓厚氛围。

## 四、进一步加强城市建设管理

牢固树立绿水青山就是金山银山理念，大力推进生态文明建设，实施城市综合整治，推动城市管理向城市治理转变，持续改善城区环境面貌。

提升城区载体功能。完善文化中心周边、解放南路及海河后五公里等重点区域城市设计，编制社区公共服务设施布局专项规划。推动卫星雅苑等24个项目加快建设、名郡大厦等6个项目主体竣工，实现开工520万平方米、竣工120万平方米。推进棚户区改造，启动科技大学平房片等片区房屋征收，完成10.01万平方米改造任务。适时启动地铁11号线沿线站点房屋征收。启动安江里地块、龙瀚三四期地块项目建设。完成226个小区、651.5万平方米老旧小区及远年住房改造。加强市政基础设施建设管理，养护维修12.3万平方米道路，疏通100万延米管道，掏挖35.8万座次各型井。加强街域房屋管理中心建设，实行房屋全域化管理，全面提高社区物业管理水平。

加强生态环境保护。深入推进“四清一绿”行动，坚决打赢秋冬季大气污染综合治理攻坚行动，确保PM2.5平均浓度低于70微克／立方米，同比改善率达到30%以上。全面加强扬尘管控，严格落实“六个百分之百”要求，裸露空地全部实现密目网苫盖。持续开展“散乱污”和挥发性有机物污染企业排查治理，实现重点企业治理全覆盖。严控移动源污染排放，实施全过程监管。加强餐饮油烟污染治理，确保餐饮企业全部安装环保净化设备并正常使用。推进燃气锅炉低氮改造试点工作。妥善应对重污染天气。持续抓好环保督察转办案件整改落实。编制土壤污染防治工作方案和修复规划，加快污染土壤修复。落实河长制，针对“六河八湖”持续开展水环境排查治理，不断改善水环境质量。

深化城市综合整治。启动南昌路二期“城市双修”示范项目，实施古海道、双水道等解放南路地区海绵城市试点项目建设，完成37个小区、4条市政道路共47万平方米改造。实施友谊南路等20条道路、儿童公园等5个公园和谊景村等8个居住区，共20万平方米绿化提升工程，进一步提升城区绿色生态文化艺术水平。开展市容环境、社区环境卫生集中清整，清除各类垃圾杂物和卫生死角。加强道路水洗压尘、扫保清洁，确保以克论净考核居全市前列。提升改造九龙路、资水道垃圾转运站，推动解放南路起步区等区域环卫服务市场化管理。推进违法建设专项治理行动，对新增违法建设坚持零容忍、零存在，对历史存量违法建设坚持从严查处。创建15个节水型小区、单位。打造集防汛应急指挥、市政设施应急处置等功能于一体的现代化大市政管理平台，实现紧急突发事件快速响应、高效处理。深化城市精细化、规范化管理，成立区域管理机构，探索跨街域、大面积地区集中管理模式。全面提升市文化中心及周边地区管理水平。

## 五、进一步推进民主法治和社会治理

大力发展社会主义民主，促进社会公平正义，打造共建共治共享的社会治理格局，使人民获得感、幸福感、安全感更加充实、更有保障、更可持续。

深入推进民主政治。认真贯彻执行区人大及其常委会决议，自觉接受区人大及其常委会的法律监督、工作监督。支持政协委员参政议政，自觉接受区政协的民主监督。认真办理人大代表建议、政协提案，不断提高办理质量。主动加强与民主党派、工商联、人民团体和社会各界的沟通联系，广开言路，提高民主决策水平。深入推进法治政府建设，依法全面履行政府职能。深入实施“七五”普法规划，广泛开展群众性法治文化活动。继续深化“两评三会一公开”制度，促进群众在社区治理、基层公共事务和公益事业中依法自我管理、自我服务、自我教育、自我监督。

全力建设安全河西。牢固树立安全发展理念，以“铁面、铁规、铁腕、铁心”狠抓各项安全整治，坚决消除一切安全隐患。深入贯彻落实安全生产法，持续开展安全生产隐患大排查大整治，坚持立整立改，对重点隐患全程跟踪、挂牌督办、彻底整改。全面落实国务院消防安全责任制实施办法，强化各行业各部门各单位责任，推动消防安全重点单位落实“六加一”措施，加快消防二级指挥中心建设，购置高层建筑灭火救援器材和防护装备，继续对高层建筑消防设施及电梯进行安全隐患排查和维修更新，确保使用安全。加强消防安全宣传培训，营造全民学消防、全民讲安全的良好氛围。建成河西区食品检测中心，创建国家食品安全示范城区，保障人民群众舌尖上的安全。深化平安河西、平安社区建设，推进区、街、社区三级综治中心建设，推动雪亮工程，实施全区公共安全视频监控系统建设联网，持续开展缉枪治爆、扫黄禁赌和打击“盗抢骗”专项行动，推进反恐综合信息网和情报预警体系建设，充实壮大以“河西大姐”为代表的平安志愿者队伍，严密防范和坚决打击暴恐活动，巩固“无传销区”成果，不断增强人民群众安全感。

加强和创新社会治理。坚持领导干部接访下访、包片包案等制度，发挥“两代表一委员”和律师、群众代表作用，全力化解信访积案。落实人户分离刑满释放人员“双列管”制度，鼓励引导支持社会单位、社会组织参与帮教刑满释放人员、社区服刑人员，预防和减少重新违法犯罪。建立律师服务中心，开展便民服务活动，扩大法律援助覆盖面。坚决打击违法违规金融活动，及时化解和处置非法集资案件。加强社区治理体系建设，推动社会治理重心向基层下移，发挥社会组织作用，实现政府治理和社会调节、居民自治良性互动。强化应急管理，提升应急处置能力。

**六、进一步打造为民务实清廉政府**

坚持党对一切工作的领导，加快转变政府职能，提升管理服务效能，增强政府公信力和执行力，努力建设人民满意的服务型政府。

把党的政治建设摆在首位。坚定不移维护以习近平同志为核心的党中央权威和集中统一领导，牢固树立“四个意识”，坚决贯彻落实中央大政方针、市委市政府和区委各项决策部署，确保政令畅通。严格落实全面从严治党主体责任，严肃党内政治生活，增强党内政治生活的政治性、时代性、原则性、战斗性。认真开展“不忘初心、牢记使命”主题教育，推进“两学一做”学习教育常态化制度化。严格履行“一岗双责”，强化权力监督制约，坚持无禁区、全覆盖、零容忍，始终保持惩治腐败高压态势，构建不敢腐不能腐不想腐的长效机制。巩固拓展落实中央八项规定精神成果，坚决纠正形式主义、官僚主义新表现，深化不作为不担当问题专项治理，始终用全面从严治党的力度治庸治懒治无为。加强干部队伍建设，大力培养选拔清廉为官、事业有为干部。

把提升行政效能作为重点。认真落实民主集中制，严格执行重大事项决策规则程序，不断提高决策科学性、民主性。全面落实行政执法“三项制度”试点，实现监督全方位、无死角。健全权责清单、职责清单制度建设，加强清单动态管理。完成基层政务公开标准化规范化试点工作，实现决策、执行、管理、服务、结果全过程公开。加强财政投资评审和政府采购管理，确保资金使用安全，提高资金使用效益。推进联网实时审计，加强对重点工程、项目、资金跟踪审计，实现预算执行和经济责任审计全覆盖。强化绩效管理，加大政府督查力度，推动重大决策部署有效落实。推进智慧河西建设，加强顶层设计，完善设施，整合资源，促进信息互通共享。深入开展“互联网+”行动，让更多市民享受信息化的方便与快捷。

把各项改革任务落到实处。推动“放管服”改革各项任务落地见效，做实“互联网+政务服务”平台，在全部街道实行138项公共服务事项“一门式”受理，让百姓少跑腿、数据多跑路。继续推进“互联网+审批服务”，试行承诺审批制，提供预审批服务，全面推行集中受理、接办分离、内部循环审批，拓展“多项合一、多证合一”审批覆盖面，做到“一表式审批”“一单式服务”。加强诚信体系建设，推进“双随机一公开”工作，加大联合惩戒力度。进一步理顺城市管理体制机制，着力破解“多头管理”难题，推动城市管理提质提效。深化承担行政职能和生产经营类事业单位改革，实现政事分开、事企分开、管办分离。

深化与甘肃省平凉市崆峒区、庄浪县和甘南州卓尼县扶贫协作，在产业、教育、电商、旅游、劳务就业等领域，开展精准对接、精准帮扶。加大国防教育动员和国防后备力量建设力度，积极开展双拥共建，持续推进军地军民融合发展。出版《河西区志（1979-2010）》。扎实做好民族宗教、残疾人、妇女儿童、人防、侨务、对台、保密、档案、红十字等各项工作。

新时代要有新气象，新征程要有新作为。展望未来，河西发展空间广阔、潜力巨大、前景美好，我们有信心、有能力将百万河西人民对美好生活的向往付诸实践、变成现实。让我们更加紧密地团结在以习近平为核心的党中央周围，高举习近平新时代中国特色社会主义思想伟大旗帜，不忘初心、牢记使命，锐意进取、埋头苦干，以永不懈怠的精神状态和只争朝夕的拼搏劲头，为建设美丽河西、首善之区和决胜全面建成小康社会而努力奋斗！

# 中国人民政治协商会议河西区第十三届委员会常务委员会工作报告

## ——在政协河西区第十四届委员会第一次会议上

### 过去五年工作的回顾

河西区政协十三届委员会任期的五年，是河西区认真贯彻落实中共十八大和市第十次党代会、区第十次党代会精神，向着美丽河西和首善之区目标奋力前行、取得显著成效的五年，也是河西区民主政治建设全面推进、人民政协事业深入发展的五年。在中共河西区委领导下，区政协高举爱国主义、社会主义旗帜，牢牢把握团结民主两大主题，坚持“围绕中心、服务大局、咨政建言、凝心聚力”的工作思路，紧紧围绕全区发展履行政治协商、民主监督、参政议政职能，着力在强化学习中把握方向深化共识，在履行职能中服务大局助推发展，在推进协商民主中凝聚合力增进团结，在加强自身建设中改进作风提升能力，各项工作实现了新发展，以积极的履职成果为河西经济社会发展做出了新的贡献。

**一、坚持把思想建设摆在首要位置，不断巩固共同思想政治基础**

常委会坚持以科学理论引领事业发展，以中华民族伟大复兴的中国梦凝聚各界共识，以党的路线方针政策统一思想行动，不断夯实团结奋斗的共同思想政治基础。

*坚持党的领导，把握政治方向。*始终把坚持党的领导作为政协履行职能的根本原则，坚决与以习近平为核心的党中央保持高度一致，增强政治意识、大局意识、核心意识、看齐意识，确保党的路线方针政策在政协得到全面贯彻落实。认真落实中共河西区委决策部署，坚持每年向区委汇报工作，重大问题和事项及时主动向区委请示。协助区委召开政协工作会议，深入贯彻落实区委《关于进一步加强新形势下人民政协工作的意见》和《关于加强社会主义协商民主建设的意见》的部署要求，准确把握新时期政协工作特点要求，把“懂政协、会协商、善议政”落到实处。发挥政协党组领导核心作用，积极引导政协委员和政协机关中的共产党员增强政治责任感，争当合作共事、发扬民主、求真务实、廉洁奉公和联系群众的模范。

*强化学习引领，增进政治共识。*坚持把凝聚共识作为思想政治建设的重点，弘扬自我学习、自我教育的优良传统，深入学习贯彻中共十八大和十八届三中、四中、五中、六中全会精神，深入学习贯彻习近平总书记系列重要讲话精神，进一步增进对中国特色社会主义的道路自信、理论自信、制度自信、文化自信。通过培训班、专题辅导、集中研讨等形式，抓好政协常委、政协委员、机关干部等不同层面的理论学习，深刻领会贯彻区第十次党代会精神和区委的重大决策部署，自觉把工作着力点放在事关全区经济社会发展的战略性、前瞻性重大问题上，把委员和各界人士的智慧力量凝聚到区委区政府工作的大局和群众关注的热点上。五年来，共举办全体委员培训班5次，常委读书班5次，专题辅导报告会7场，委员讲堂16期，政协委员的政治责任感和历史使命感不断增强。

*结合重大活动，凝聚思想认同。*以重大纪念日为契机，开展形式多样、富有政协特色的主题教育活动，举办纪念新中国和人民政协成立65周年“西岸翰墨情”书法美术作品展，开展

“追溯历史，缅怀英烈”纪念抗战胜利70周年红色歌曲进军营和文史教育进校园进社区活动，举办“丹青绘伟业，翰墨抒情怀”庆祝中国共产党成立95周年书画笔会，召开纪念孙中山诞辰150周年座谈会，大力宣传中国共产党领导的中国革命、建设、改革的伟大成就，引导委员和各界人士增强对中国特色社会主义的思想认同，自觉投入建设河西的生动实践。

**二、坚持把服务大局作为第一要务，助力经济社会科学发展**

积极发挥区政协的政治协商、民主监督、参政议政职能，围绕中心建言献策、服务大局主动担当，为建设美丽河西、首善之区做出了重要贡献。

*围绕全区大局，共谋河西发展大计。*抓住事关河西经济社会发展的重大问题，进行全方位、多层次、宽领域的协商议政。召开5次全体会议，协商讨论全区“十三五”规划、年度政府工作报告及其他相关报告。召开14次议政性专题常委会议和主席会议，围绕创建全国文明城区、建设美丽河西首善之区、打造宜居生态河西等全局性、前瞻性课题，开展调研协商活动，为区委区政府完善相关政策、改进工作发挥了重要作用。向区委区政府报送建议案16篇，调研成果186篇，区委区政府领导批示政协委员调研建议48次，许多意见建议转化为党政决策。召开“为创建文明城区建言献策”专题协商会，提出建设美丽社区、加强社区心理健康服务、规范志愿服务、开设道德讲堂、关注未成年人思想道德教育等建议，得到区委、区政府重视和采纳，为河西区成功创建全国文明城区做出贡献。

*聚焦创新驱动，助力经济转型升级。*紧扣创新转型发展重点领域的难点问题，开展专项调研，围绕建设国际商务城区、金融创新发展、实施创新驱动战略等专题，组织学习、调研、视察活动，先后召开“构建现代服务体系，推进国际商务城区建设”、“大力实施互联网＋行动，推进互联网与经济社会融合发展”、“落实改革措施，加快民营经济发展”等6次专题协商座谈会，提出建设金融创新运营示范区、为民营企业转型升级提供精细化服务、加速推进互联网产业发展、建设智慧河西等调研建议，有效推动相关工作。连续五年开展“促发展、惠民生、上水平”活动，走访服务企业界委员210人次，会同有关部门协调解决委员企业发展融资、用工用地、技术转化、产品推广等实际问题。针对企业发展中的共性问题，召开科技型企业发展协商座谈会、科技创新政策咨询会，有力支持了企业创新发展，共帮扶7家企业完成股改和上市工作。发挥政协资源优势招商引资，引进企业或项目83个，引资额3.94亿元。

*充分发挥优势，助推社会事业发展。*围绕社会事业和社会治理领域的重点工作，开展调研、议政献策。服务文化繁荣发展，针对提高公共文化服务水平、打造西岸文化品牌、发展文化产业、保护历史文化资源等课题深入调研，考察重点文艺院团和文化项目，召开“建设多元文化城区，促进河西文化大发展大繁荣”、“发展文化产业，推进文化园区建设”等专题协商会议，就完善文化产业扶持政策、发展文化创意产业、公共文化对位供给等提出建议。挖掘整理河西老工厂、老街道、老医院和人民公园的相关文史资料，编辑出版“记忆河西”文史系列丛书4册。关注城市管理，围绕城市市容环境管理中的难点问题开展调研，深入社区听取各方面意见，提出建立市容环境管理标准体系、推进环境作业市场化、优化老旧社区环境秩序、提高综合执法水平、扩大社会参与等建议，为宜居生态和谐城区建设建言献策。围绕法治河西建设开展专项调研，从推进法治政府建设、完善司法权力运行机制、深化全民普法、建设法治街道等层面提出意见建议，为推进依法治区各项任务落实献计献策。活跃有序组织对口

和界别协商，为促进各项工作开展贡献力量。

**三、坚持把促进社会和谐作为重要责任，扎实做好新形势下群众工作**

牢记履职为民宗旨，着力加强和改进政协群众工作，协助推进民生问题解决，发挥了协调关系、汇聚力量、促进和谐的重要作用，有力践行了人民政协为人民的理念。

*围绕联系群众，完善工作机制。*制定《区政协关于加强联系委员联系群众工作的意见》，完善了政协委员联系社区群众、联系界别群众的工作机制。搭建委员进社区活动载体，围绕“走基层、知民情、献爱心”开展9次进社区活动，通过召开民情恳谈会、现场咨询、入户走访等多种形式，了解群众诉求，收集社情民意，征集提案线索，拓宽委员服务基层、联系群众的渠道。在全区设立13个政协委员街道社区活动组和27个委员联络站，促进委员联系群众常态化。开办委员社区讲堂，发挥委员专长宣传政策、传播文化、解疑释惑，受到居民普遍欢迎。五年来，政协委员坚持进社区听民声办实事，协调有关部门解决公共设施改造、小区环境清整、噪音扰民等实际问题196件。

*关注群众期待，深入调研献策。*坚持把保障和改善民生作为履职的重要内容，每年围绕社会事业发展、促进社会和谐相关议题召开专题协商会议，就群众普遍关注的社会保障、养老服务、医疗卫生、市容环境、物业管理、食品安全、义务教育均衡发展等课题，开展调研视察，提出对策建议。针对“上学难”、“看病难”、“养老难”、“停车难”等焦点问题，开展专项调研视察和提案促办，形成了一批操作性较强的调研成果。五年来，围绕保障和改善民生开展专项课题调研视察24次，召开提升养老服务水平、促进义务教育均衡发展等专题协商会、座谈会12次，形成调研成果83篇。《关于加强和完善商品房住宅小区物业管理》《高层建筑消防安全不容忽视》等调研成果在市政协有关会议发言，为促进相关问题解决发挥了作用。

*服务困难群众，促进民生改善。*坚持走基层进社区，围绕送文化助新风、送卫生助健康、送政策助创业、送科技助转型、送法律助平安、送温暖助和谐，开展系列为民办实事活动。以“走进重点工程”“情系一线职工”“关爱社区保洁员”“暑期送清凉”等为主题，开展走访慰问、体检义诊、文化讲座等形式多样的特色服务活动。编发《社情民意反映》，通过社情民意信息直通车，促进报刊亭管理、挂甲禅寺取暖收费、南京路50号高层住宅用电等一批难题的解决。建立政协委员爱心帮扶基金，委员和社会各界累计捐款96万元，开展菜单式帮扶救助活动，向200名残疾人赠送轮椅，为千名单亲母亲购买安康保险，助学百名中小学生，慰问环卫职工和社区保洁员4700人次，帮扶社区困难群众502人次。委员为四川雅安抗震、天津8·12事故救灾定向捐助140余万元资金和大量物资。

**四、坚持突出民主监督特色，积极探索民主监督的有效途径**

聚焦区委区政府重要决策部署和群众普遍关注的热点问题，以问题为导向履行民主监督职能，着力在监督中参与服务、在参与服务中监督，积极助推党政工作大局和民生福祉增进。

*重视提案工作，发挥监督主渠道作用。*健全提案工作机构，成立提案办公室。完善提案工作制度，抓好提案征集、审查、立案、交办、督办各环节工作。建立区长和主席双领衔督办重点提案、专项视察集中督办同类提案、专题协商会现场督办民生提案等工作机制，不断深化提案办理协商。五年来，共立案提案580件，召开提案办理协商会40次，实现委员提案办复率100%，解决率90.4%，提案质量和办理实效不断提升。区长和主席双领衔督办重点提案，监督推进旧楼区改造、为学生减负教师减压、建立社区老年食堂等重点民生问题的解决。

*强化委员视察，助推重点工作落实。*充分

发挥视察监督作用，坚持每年围绕经济发展、文化建设、城市管理、民生改善等领域重点工程、重点项目建设，组织全委集中视察，召开座谈会，听取相关工作情况通报，发现和反映问题，提出意见建议，推动重点工作的改进和落实。以专委会为依托，开展经常性监督视察活动，围绕小微企业发展、众创空间建设、保障房建设、旧楼区改造、示范校建设、食品安全监管、社区卫生中心建设、社区服务设施建设、医养结合养老等专题，开展专项考察视察，提出解决问题的意见建议，民主监督的实效不断提高。

拓宽监督渠道，引导委员履行监督职能。建立统一选派特邀监督员制度，向司法机关、政府部门、窗口单位选派112名政协委员担任特邀监督员，提升了民主监督的组织化程度。制定《关于加强和完善特邀监督员工作的意见》《聘任特邀监督员的暂行办法》，加强特邀监督员队伍建设，推进委员规范有效履行监督职能。五年来，组织委员参与房屋征收、教育招生、道德模范评选等社会关注度高的重点工作监督301人次，为维护群众切身利益监督建言，为促进依法行政进行监督服务。

**五、坚持把增进团结作为工作着力点，不断形成共谋发展的强大合力**

牢牢把握团结和民主两大主题，不断加强政协工作中的多党合作建设，广泛调动方方面面的积极性，为凝聚人心、协调关系、促进和谐做了卓有成效的工作。

搭建参政舞台，发挥各党派团体的重要作用。坚持走访联系党派团体制度，通过会议座谈、经常性走访等方式，征求意见建议，共同研究政协工作中的重要事项。为党派团体发挥作用提供舞台，重视安排党派团体在政协会议活动上发表意见，参与全区决策部署及重要问题的协商，重点督办民主党派和工商联集体提案，支持党派团体通过政协会议、重要活动及撰写提案、反映社情民意等途径参政议政。组织开展联合调研、视察活动，为党派团体知情明政、建言献策提供条件。五年来，各党派团体提出集体提案66件，提交调研成果56篇。各党派团体发挥优势，积极参与政协组织的各类服务群众、奉献社会的实践活动，赢得社会各界的认同。

深化团结联谊，促进各方面关系的和谐。利用传统节庆日开展书画影展、座谈交流、参观学访等活动，丰富委员联谊和对外交往，增强政协的凝聚力向心力。积极推进政协文化建设，举办主题文化交流联谊活动28场，促进各界交流联系。加强政协民族宗教工作，开展宗教场所管理、清真食品安全等专题调研，经常性联系走访民族宗教界人士，参加民族节庆活动，每年为民族宗教界人士体检，促进民族和谐与宗教和睦。密切与港澳台侨界人士的联系，坚持每年举办港澳台侨界人士中秋茶话会、元宵节联谊会，激发港澳台侨同胞热爱家乡、回报河西的热情。注重发挥历届委员作用，开展考察、联谊活动，支持历届委员为河西发展和政协工作献计出力。开展学访考察活动，密切与天津市各区及各地政协组织的交流协作。

突出界别优势，扩大各界群众的有序政治参与。制定实施年度协商计划，积极探索拓展协商平台，丰富协商形式，不断扩大协商议政参与面。设立17个界别活动组，每年开展“界别活动月”活动，加强与界别群众的沟通联系，畅通政情民意，着力拓展界别参政议政途径。邀请社区群众列席政协全会，促进各界群众愿望充分表达。搭建基层社区协商平台，开展“协商民主在基层”主题活动，促进党政部门、政协委员与社区群众三方协商互动，围绕提升社区服务质量、加强社区环境管理等专题，召开民情调研座谈会，协调解决实际问题，浓厚了基层社区的民主氛围。

**六、坚持把自身建设作为重要保障，努力提**

升政协工作科学化水平

主动适应新形势新任务，以委员服务管理、专委会和社区活动组建设、对外宣传和机关建设为重点，着力强基固本，推进人民政协在服务大局的同时实现自身科学发展。

*加强服务管理，提升委员履职能力。*重视委员联络工作，通过主席接待日、主席信箱、委员约谈等方式，共走访接待委员512人次，及时了解委员建议，帮助解决实际问题。制定《关于加强委员管理的有关规定》，完善委员履职管理和评价机制，建立委员基本信息库和履职情况数据库，从加强学习、认真履职、热心公益等不同层面，科学评价委员履职成效。坚持为委员订阅《人民政协报》《中国政协》，适时编发学习资料，召开区情通报会，组织开展形式多样的履职活动，积极为委员发挥作用创造条件、提供舞台。扎实开展“忠实履职，奉献河西”等主题实践活动，引导委员在河西经济社会发展进程中建功立业、多做贡献。五年来，共宣传表彰政协活动先进个人387人次，评选“四好委员”119名，评选优秀提案71份，有力激发了委员履职积极性。

*加强专委会和社区活动组建设，增强工作活力。*推进专委会制度建设，修订《专门委员会通则》，调整充实专委会组成人员，定期召开专委会主任联席会议，更好发挥专委会基础作用。健全对口联系工作机制，扎实开展调查研究、对口协商等经常性工作，专委会工作活力和实效不断增强。发挥街道社区活动组贴近群众的平台优势，引导委员积极参与社区活动，开展创建“五化型”社区活动组工作，推进政协街道社区活动组规范化建设。五年来，各街道社区活动组和联络站贴近实际、贴近群众，开展丰富多彩的为民服务活动，千余人次委员走进社区，履职为民，有力推进政协工作向基层社区的延伸。

*加强理论研究与宣传工作，扩大社会影响。*切实发挥理论研究对政协工作的推动作用，深刻领会中共十八大以来中共中央对人民政协事业的新部署新要求，围绕“发挥协商民主重要渠道作用”、“人民政协与群众工作”等专题，开展政协理论和实践问题的研究，编辑《十三届政协理论与实践研究文集》，以理论创新推动实践探索。加强政协宣传工作，五年来，以政协重大活动、重要履职成果和委员先进事迹为主要内容，在《人民政协报》《天津政协》等国家和市级新闻媒体刊发工作稿件131篇，扩大了政协工作的社会影响力。重视信息工作，在市政协《值班日报》刊发信息515条，编发《河西政协信息》、《情况交流》等工作简报204期，反映工作成果，促进工作交流。加强河西政协网站建设，宣传政协工作、传播委员声音的针对性有效性不断提高。

*加强政协机关建设，提升服务效能。*按照区委要求，扎实开展党的群众路线教育实践活动、“三严三实”专题教育、“两学一做”学习教育，坚持每年围绕一个主题加强机关干部队伍建设，在抓好日常理论武装，提高思想政治素质和业务能力的同时，着力严明纪律规矩，全面强化作风建设。制定完善了政协会议、经常性工作、自身建设等方面工作制度38项，修订机关学习、考勤、财务、车辆等管理制度18项，推进履行职能的制度化规范化程序化。坚持从日常管理抓起，从流程管理做起，实现用制度管人管事，机关工作更加严谨高效、规范有序。

区十三届政协工作取得的成绩，是坚持中国共产党领导的多党合作和政治协商制度的结果，是中共河西区委正确领导和市政协有力指导的结果，是区人大、区政府大力支持和全区各单位各部门及社会各界积极配合的结果，是政协各参加单位、全体政协委员和机关全体同志共同努力的结果。在此，我代表区十三届政协常委会对大家表示衷心的感谢！

回顾五年来的实践，我们清醒地认识到，

与新形势新任务的要求、与广大政协委员和各界人士的期望相比，工作中还存在差距和不足，主要是：在规范协商机制，推进协商民主广泛、多层、制度化上需要加大力度；在丰富监督形式，提升民主监督成效上需要深入探索；在密切与委员和各界联系，发挥委员主体作用上有待进一步提升；在创新工作方式，提高政协机关服务水平上还需继续努力。这些问题，要在今后工作中认真研究解决。

## 过去五年的履职体会

一是必须坚持党的领导，确保政协事业正确发展方向。坚持党的领导，是人民政协履行职能发挥作用的根本前提。五年来，我们坚定不移地贯彻执行中央和市、区委关于政协工作的方针政策，自觉将政协工作置于区委的统一领导之下，坚持重大工作主动报告，重要事项及时反映，邀请区委、区政府领导参加政协重要会议和重大活动，始终做到同区委保持方向一致、目标一致、工作一致。

二是必须坚持围绕大局，全力助推河西改革发展。围绕中心、服务大局是人民政协履行职能的重要原则。五年来，我们始终坚持把政协工作放到全区工作大局中去谋划和推进，自觉选择推动科学发展、全面深化改革中的重大问题和群众最为关切的问题，深入调查研究，广泛凝心聚智，努力做到党委政府工作推进到哪里，政协工作就跟进到哪里，增强了工作的针对性和实效性。

三是必须坚持履职为民，维护人民群众根本利益。履职为民是人民政协发挥作用的内在要求。五年来，我们牢固树立人民政协为人民的理念，坚持把维护和实现群众利益作为出发点和落脚点，完善政协组织、政协委员联系群众的工作机制，深入实际了解情况，围绕民生调研献策，积极协助党委政府做好政策宣传、解疑释惑工作，做到了情为民所系，言为民所建，利为民所谋。

四是必须坚持团结民主主题，彰显政协工作独特优势。凝聚力量是人民政协发挥作用的永恒主题。五年来，我们坚持履职和团结凝聚人心并重、和推进民主建设并重，突出团结、民主、和谐精神，体现协商、监督、合作、参与于一体，充分发挥各民主党派和各族各界代表人士的作用，不断扩大团结面，增强包容性，积极促进和谐共事，为河西经济社会发展凝聚强大合力。

五是必须坚持传承创新，推动政协事业不断实现新的发展。解放思想、开拓创新是推动人民政协事业发展的强大动力。五年来，我们在传承历届政协好经验好做法的基础上，大胆探索符合时代特征、政协特点、河西特色的新方法新载体，以思路创新、方法创新和机制创新有力推动工作创新，同时把实践证明行之有效的各种新办法新措施，及时固化为制度规范，转化为长效机制，不断提升履职科学化水平，推动我区政协事业在新的起点上不断向更高水平发展。

## 对十四届政协工作的建议

新的历史时期，河西区踏上全力打造天津市经济社会发展首善之区的新征程。人民政协肩负承前启后、继往开来的重要使命。我们要牢牢把握人民政协性质定位，深入贯彻市委政协工作会议精神，紧扣中央和市、区委重大决策部署，围绕区第十一次党代会确定的目标任务，认真履行政治协商、民主监督、参政议政职能，为推动河西区全面建成高质量小康社会做出新的更大贡献。

**一、坚持以习近平总书记系列重要讲话精神为统领，把握正确政治方向**

按照中央和市、区委的要求，适应新形势新任务的需要，广泛开展主题鲜明、形式多样的学习活动，组织和推动广大委员认真学习贯彻习近平总书记系列重要讲话精神，认真贯彻落实中共中央对政协工作的一系列新部署新要求，牢牢把握正确的政治方向，在思想上、政治上、行动上同以习近平为核心的党中央保持高度一致，切实把中央和市、区委精神与政协履行职能的工作实践结合起来，确保人民政协事业始终沿着正确的政治方向继续前进。

**二、紧紧围绕“十三五”规划实施，推进协商民主广泛深入开展**

把围绕中心、服务大局作为履行职能的重要原则，围绕我区“十三五”规划实施中综合性、全局性、前瞻性的重大问题，紧扣打造全市经济社会发展首善之区的目标任务，充分发挥政协优势，深入调研视察，广泛协商议政，通过广集民智增强议政建言的水平，通过科学论证提高献计出力的成效。充分发挥人民政协作为协商民主重要渠道作用，进一步完善政治协商、民主监督、参政议政制度和工作机制，深入开展专题协商、对口协商、界别协商、提案办理协商，不断丰富协商民主形式，增强协商民主实效，推进协商民主更加广泛、多层、制度化发展。

**三、持续关注民计民生，积极促进民生改善社会和谐**

始终坚持民生为先，围绕办好人民满意的教育、实现更高质量的就业、增加居民收入、提高健康水平、社会保障体系建设、加强和创新社会治理等问题，开展调研视察，多做联系、服务群众的工作，多提顺民意、解民忧的有效建议，倾力服务民生改善。发挥做好群众工作的独特优势，广泛开展政协委员进基层、进社区活动，认真收集和反映社情民意，多做协调关系、凝聚人心的工作。要多办惠民利民的实事，动员社会各界参与，开展服务群众活动，更好发挥人民政协服务人民的作用。坚持民生问题导向，开展监督性履职活动，促进相关工作改进和民生改善。

**四、牢牢把握团结民主两大主题，不断巩固和扩大爱国统一战线**

充分发挥政协包容性强、联系面广、人才聚集的优势，不断拓展各民主党派在区政协参政议政的平台，充分发挥党派团体在人民政协中的重要作用。全面贯彻党和国家的民族政策和宗教工作方针，发挥民族宗教界人士的积极作用，推进我区民族团结、宗教和睦、社会和谐。加强与新社会阶层人士的联系，疏通利益诉求渠道，引导他们自觉承担社会责任，积极投身河西建设。加强与港澳台侨界人士的联系，拓宽交流合作平台，为促进河西发展贡献智慧力量。

**五、注重探索创新，不断提升自身建设水平**

按照政协“五位一体”自身建设的要求，进一步深化党派合作，突出界别特色，发挥委员作用，加强专委会、社区活动组和机关建设。完善履职活动组织方式，加强政协制度化、规范化、程序化建设，不断提高履职水平。坚持以理论创新推动工作创新，不断探索履行职能的新思路、新途径、新方法，进一步增强政协工作的活力，推进我区人民政协事业持续发展。

新一届区政协的工作征程已经开启，宏伟蓝图鼓舞人心，伟大事业催人奋进。让我们高举爱国主义、社会主义旗帜，紧密团结在以习近平同志为核心的党中央周围，在中共河西区委领导下，群策群力，锐意进取，开拓创新，奋发有为，为谱写河西发展新篇章而努力奋斗！

# 专　记

# 河西区开展“维护核心、铸就忠诚、担当作为、抓实支部”主题教育实践活动 推进“两学一做”学习教育常态化制度化情况报告

2017年年初以来，河西区深入学习领会习近平总书记重要指示精神，认真贯彻中央、市委决策部署，在全区各级党组织和广大党员干部中深入开展“维护核心、铸就忠诚、担当作为、抓实支部”主题教育实践活动推进“两学一做”学习教育常态化制度化，深化拓展“真学”和“实做”，推动“两学一做”融入日常、抓在经常，为建设全市经济社会发展首善之区提供坚强的组织保证。

## 一、总体情况

2017年5月，市委推进“两学一做”学习教育常态化制度化工作部署会后，区委高度重视、立即行动，成立区“维护核心、铸就忠诚、担当作为、抓实支部”主题教育实践活动领导小组，全力抓好组织，推进各项工作。全区各级党组织从严组织推动、层层压实责任、加强宣传引导。截至2017年12月底，全区各级党组织宣讲党的十九大精神2899次，开展集中学习21408次，组织培训基层党支部书记10347人次，各级党组织书记讲党课5661次。

## 二、主要做法

1. 切实强化组织领导。一是坚持提前谋划。在年初，启动“牢记党的宗旨、增强‘四个意识’，争做廉洁有为好干部”主题活动，组织专题学习讨论，召开履行全面从严治党主体责任、第一责任人责任座谈汇报会，开展不作为不担当专项治理，引导党员干部在经济社会发展的中心工作和小海地小二楼拆迁工作、迎全运百日会战等重点工程中作贡献，在全区营造干事创业的浓厚氛围。二是认真研究部署。紧紧围绕习近平总书记重要指示精神和中央、市委要求，深入研究贯彻落实措施，召开街道、委局、社区党员干部三个不同层面的座谈会，统一思想、凝聚共识，研究制定河西区《实施意见》。区委、区人大、区政府、区政协主要领导人积极参加班子和所在支部学习讨论，带头深入分管部门讲党课、搞宣讲，给予具体指导。区委学习教育领导小组各成员单位分工负责、协调联动，有力推动各项工作开展落实。三是层层压实责任。坚持向实处用力、向基层延伸，将开展“维护核心、铸就忠诚、担当作为、抓实支部”主题教育实践活动推进“两学一做”学习教育常态化制度化作为年度党（工）委、党组书记向区委述职重要内容，推动各级党组织逐级明示承诺，层层传导压力。在2017年6月和2018年1月，分两次开展党建工作巡查，通过查阅档案、个别访谈、现场问答等方法，重点对各基层党组织推进“两学一做”学习教育常态化制度化情况进行检查，指出存在问题、制作责任清单、明确整改时限。

2. 坚持不懈读原著学原文悟原理。认真组织开展专题学习讨论，切实增强“四个意识”，坚决维护以习近平为核心的党中央权威和集中统一。在党的十九大胜利召开后，举办党的十九大精神专题培训研讨班，深入解读习近平新时代中国特色社会主义思想和党的十九大精神。召开组织系统深入学习宣传贯彻党的十九大精神部署会，向全区党员和入党积极分子发放新修订的党章和党的十九大报告，编印学习资料汇编，采取集中讲座、交流座谈等多种形

式，推动党的十九大精神向社区、国企、卫计系统、中小学校、“两新”组织拓展延伸，在各基层党组织落地生根、开花结果。及时跟进学习党中央治国理政新理念新思想新战略，深刻理解并践行习近平总书记“7·26”重要讲话的丰富内涵、精神实质和实践要求，集中组织观看电视专题片《梁家河的故事》，认真学习《习近平的七年知青岁月》，将学习优秀共产党员廖俊波和黄大年的先进事迹与河西区“争做廉洁有为好干部”主题活动有效融合，充分挖掘身边先进典型的先进事迹，全面掀起“比学赶超”热潮。深入学习贯彻市第十一次党代会精神，通过报告会、研讨会、座谈会等多种形式，把会议精神及时准确传达到每个基层党支部和每名党员，迅速把全区广大党员干部群众的思想认识行动统一到市第十一次党代会精神上来，以市第十一次党代会精神引领河西各项事业更好更快发展，在天津全面建成高质量小康社会、建设社会主义现代化大都市的进程中，干在实处，走在前列。

3. 肃清黄兴国恶劣影响，进一步净化政治生态。一是举办学习党的十八届六中全会精神专题培训研讨班，深入解读全会精神和《中国共产党廉洁自律准则》《中国共产党纪律处分条例》，推动全会精神进教材进课堂进头脑，以实际行动向以习近平为核心的党中央看齐。二是开展牢固树立“四个意识”主题宣讲活动，由各级党组织书记进行宣讲，讲清维护核心、铸就忠诚、担当作为、抓实支部的重大意义和政治要求，讲清黄兴国恶劣影响的本质，引导党员干部坚定政治信仰、站稳政治立场、保持政治定力。三是组织开展警示教育，层层召开党员干部警示教育会，以黄兴国等人为反面教材，通过涉案人员现身说纪、观看警示片以案释纪、阅读忏悔录反省明纪，使党员干部受到教育和警醒。四是开展净化政治生态专题讨论，通过剖析黄兴国等人思想滑坡、政治蜕变、生活腐化的轨迹，汲取深刻教训，廓清思想迷雾，深挖病灶根源，明确努力方向。五是持续整治圈子文化和好人主义，恪守政治纪律和政治规矩，坚决铲圈子、平山头，真刀真枪见真章，严到点、严到份、严到位，促进河西区政治生态山清水秀、风清弊绝。

4. 推进落实基层党建重点任务，抓实基层支部的情况。持续深化“五好党支部”创建，树立党的一切工作到支部的鲜明导向。严格落实“三会一课”纪实报告检查、主题党日、党员档案等制度。认真召开专题民主生活会和组织生活会，认真查摆、深入分析存在的问题，提出整改措施，逐项抓好落实。区委牢固树立“整改不力是失职，不抓整改是渎职”意识，组织召开多次区委常委会进行专题研究，认真落实市委巡视整改要求，压实主体责任，坚持目标不变、力度不减，注重举一反三、抓常抓长，确保高质量完成各项整改任务，营造风清气正的政治生态环境。

5. 坚持学做结合，发挥党组织战斗堡垒作用和党员先锋模范作用。深入贯彻落实市委城市基层党建工作会议精神，大力实施“百千万·固堡垒”工程，进百家门、知千家事、暖万人心，深入开展社区大走访活动，以实际行动听民意、惠民生、解民忧。今年以来，慰问困难党员、老党员5447人，建立帮扶对子628个，为党员和基层党组织解决实际问题432个，实施党员志愿服务、扶贫助困、社区公益服务项目160余个，以党建工作有形有力助推精准服务居民有为有效。各级党组织积极搭建“做”的载体，全区8300余名在职党员到社区报道，广泛开展承诺践诺、设岗定责、挂牌上岗等活动。坚持把“支部建在连上”，在小二楼拆迁、全运村运行等攻难题、破瓶颈、惠民生的实践中，党组织和党员敢担当、敢负责、敢啃硬骨头的精神得到检验。全区党员干部群众7万人次参与社区环境治理和文明城区创建，大力弘扬“宗善、包容、互助、和谐”的河西社区精神，厚植文明城区主流价值，全面推升城区品质。党建工作成为城区发展的“红色引擎”。

三、取得成效

1. 奠定思想基础。推动“两学一做”学习教育常态化制度化，不断强化基层党员队伍的党性教育和理论武装，不断夯实广大党员尊崇党章、遵守党规的思想基础，不断增强“四个意识”，为全区广大党员干部的奠定坚实的思想基础。通过各种形式学习党章党规，增强全区广大党员干部的党员意识和组织认同感，提高党员遵守党章党规的自觉性，提升党员政治荣誉感和归属感，形成在党言党、在党为党、在党忧党、在党护党的良好氛围。深入学习习近平总书记系列重要讲话的核心思想、时代背景、思想精髓、理论渊源和实践基础，用讲话精神武装全党，使全区广大党员干部更加紧密地团结在区委周围，为实现我区综合实力全面增强、城区功能全面提升、社会环境全面优化、人民生活全面改善、党的建设全面加强提供坚实保障。

2. 筑牢组织基础。以做合格党员为落脚点抓好党员队伍建设，以基层党组织为重点抓手，落实“三会一课”等组织制度，加强支部各项组织建设，全面加强全区基层党组织的凝聚力、战斗力，筑牢党团结有力的组织基础，全区各级党组织充分履行职能、发挥核心作用，党员领导干部忠诚干净担当，充分发挥出表率作用和模范带头作用。通过强化基层党支部的政治功能，把思想政治工作落到支部，把从严教育管理党员落到支部，把志愿服务工作落到支部，使基层党支部“真正成为教育党员的学校、团结群众的核心、攻坚克难的堡垒”，有力筑牢河西区打造全市经济社会发展首善之区的组织基础。

3. 夯实制度基础。贯穿“两学一做”学习教育的制度建设构建起党的建设基础制度体系，为全区党的先进性和纯洁性建设的常态化提供制度保障。一是在学习教育过程中贯彻落实“三会一课”、组织生活会、民主生活会等学习教育制度，把思想政治工作落实到实处，增强党的思想建设的实效性，提升广大党员干部对相关制度的执行力。二是通过探索、健全相关制度，如主题党日活动制度、党员志愿服务制度、民主评议党员制度、党员联系群众制度等，保证党员队伍的先进性，使党员干部发挥先锋模范作用常态化长效化，有效推动党员管理制度不断完善。三是为使全面从严治党通过制度体系落实到基层，提升执政能力和治理水平提供制度支撑，全区各级党组织大力推动党的建设与中心工作深度融合，建立解决基层党建难题的制度化渠道，搭建新的党建工作平台，激活基层党建工作制度创新的内生动力。

（区委组织部提供）

# 坚守政治责任　坚持首善标准
# 以河西之为 打造温馨全运村 助力精彩全运会

第十三届全运会全运村位于河西区东南部，东起林海路、西至梅林路、南抵南兴路、北达渌水道，规划用地面积32万平方米，居住建筑面积64万平方米，配套公建7.5万平方米，单体建筑81栋，提供使用客房4241套、床位约18000张、底商16000平方米和临建餐厅25100平方米。从8月15日开村运行，至9月10日上午11时顺利闭村，共计运行27天，接待运动员、技术官员、媒体记者约15000人，规模之大、运行时间之长、集中入住人数之多，均创历届之最。香港特别行政区行政长官林郑月娥访问全运村后评价：全运村环境优美、食宿条件很好，香港运动员很满意；新疆马术队维吾尔族、汉族运动员在感谢信上专门画了一个竖起大拇指的手，饱含深情地写下感谢辞，并庄重写下“中华人民共和国万岁”；短短27天，各代表团、专项运动队、技术官员、媒体记者的281封感谢信、12面锦旗、380张感谢卡，承载了各界对全运村的肯定和褒奖。

**一、筹办工作具体做法**

河西区始终把办好全运村作为重大政治任务，认真学习贯彻习近平总书记关于体育工作的重要指示精神，贯彻落实中央和市委、市政府决策部署，以“温馨全运村、圆梦全运会”为办村目标，以“管理规范、服务周到、运行安全”为工作原则，高标准、高质量、高水平推进全运村筹备运行，以全方位的优质服务让每位入住客人宾至如归，充分体现天津特色、彰显天津魅力。

1. *星级标准的住宿餐饮服务*。招标外聘10家优秀酒店服务商，为入住人员提供人本化服务，房内放置《全运村指南》温馨提示单、服务电话清单和展现“90后”语言风格的留言卡，便于个性化服务需求沟通；组建专门物业保障团队，提供村内外设施设备维护维修、园区卫生、景观养护等物业服务，当天问题当天解决。组建专门食品安全监管团队，严把源头关和流程关，确保餐厅食品供应安全；食谱经专家科学评定，7天一循环，涵盖“八大菜系”，融合西餐特色菜品；“三村”餐厅每天供餐18小时，设有相对独立的少数民族用餐区，为穆斯林代表欢度“古尔邦节”，累计提供早、中、晚、夜四餐40余万餐次。研究制定《全运村运动员热餐预定流程》，累计提供4710人次场馆送餐服务、1337人次带餐服务。

2. *全时全程的安保医疗服务*。制定“三道防线一个封闭区”安保方案，组建治安、交警、武警、消防、特警等1100余人安保团队，安装562组视频监控探头，对全村实施24小时防控，对餐厅、文化广场、停车场等重点部位全天候值守；设置10个安检出入口，引入人脸识别系统对敏感人员进行有效筛查，极大提高安检准确率和通过效率。组委会选派市第三中心医院、市120急救中心、区医疗卫生系统96名业务骨干，组建医疗急救、康复保健等5个保障工作团队，村内设置1个医疗中心、2个医疗站和1个村委会医务室，开设内科、外科、检验科、妇科、口腔科、五官科等医疗科室，提供24小时医护服务保障；第三中心医院设立全运村病患绿色通道，做到无缝隙、全程封闭的专业医疗服务；赛会期间，“三村”累计接诊患者2100人次。

3. *精彩纷呈的文化休闲服务*。住宿房间配置《全运村指南》，每日编印《全运村报》，为入住来宾搭建起了解全运村相关动态和服务信息的平台。设立“三村”书吧，提供休闲茶艺、古琴表演、艺术品欣赏、茶点小吃等服务；设立文化驿站，举办“剪纸艺术展”“国际青年美术展”等休闲文化活动，集中展示食品类、传统手工技艺类、民间美术类非物质文化遗产项目，累计接待万余人次；举办曲艺天津—相声大会相声专场演出、国际青年音乐会、东方茉莉音乐会等文化广场演出活动，为入住来宾提供丰富多彩的休闲娱乐空间。设立志愿者之家，提供动感VR、津派面塑、古法造纸等体验服务，派发生日贺卡、生日祝福，受到大家普遍欢迎。

4. 天津特色的商业旅游服务。河西区组织来自全国乃至世界各地的媒体记者，在忙碌之余品尝纯正的津味美食，欣赏天津的美丽风光，领略九河下梢的独特魅力。村内开设包括超市、服装洗涤、咖啡茶座、美容美发、全运特许商品及土特产品经营等40余个以展示、零售、交流互动为特色的优质商业服务项目，满足入住来宾个性化、多样化需求。置身村内民俗文化、品牌展示的商业服务站点，每位来宾在切身感受津味文化、美食和传统技艺中，留下美好而难忘的天津记忆。

5. 绿色便捷的交通服务。全运村周边设有公共交通站点。村外增设社会停车场，满足入住来宾接送车辆临时停靠需求。“三村”主要出入路口设星级出租车队排队等候。村内30辆电瓶车往来各村之间，累计行驶总里程50195公里，载客180447人次；配置共享单车850辆，并提供交通引导服务，实现村内交通出行绿色环保、舒适便捷。

## 二、筹办工作创新点

广泛借鉴奥运村、青运村以及往届全运村先进经验，结合实际情况，积极探索、努力创新，成功打造温馨全运村。

1. 站位于全局，层层压责任，切实加强对全运村筹备运行的统筹领导，为各项工作顺利推进提供坚强组织保障。本届全运会打破往届由主办城市分管市领导牵头全运村筹备惯例，由作为属地的河西区全权负责。河西区立足全市一盘棋的全局高度，创新运行管理机构，成立全运村村委会，区委主要领导任村长主责担当，16位区级领导任副村长各负其责；组建“一办十三中心”共14个内设机构，聘请首席技术专家全程指导，组建餐饮、住宿、安保等9支、7200余人服务保障团队。制定村长办公会议、村务专题会议、首席专家业务指导会议、内设机构部务会议和联络员会议“五个会议制度”；开村期间，每日召开“班前会”“零点会议”，实现集中领导、统一指挥、整体联动。成立全运村临时党委和各内设机构临时党支部，党员佩戴党徽上岗，开展“我是全运村服务员，我为党旗添光彩”等系列主题活动，创建党员先锋示范岗和党员模范示范区，使党建成为助推各项工作的红色引擎。

2. 致力于品质，啃下硬骨头，着力推进区域市容环境综合整治，营造出整洁靓丽、清新亮眼的城区形象。抓住全运会难得机遇和重要舞台，将城市综合整治特别是全运村周边地区提升美化作为重中之重，启动“迎全运百日会战”，对迎宾路线、社区里巷实施提升改造，区级领导同志带领全区党员干部参加义务劳动，清运杂物2万吨，拆除违建21万平方米；完成500栋居民楼、140万平方米街景立面整修，完成18条道路改造，提升绿化面积近50万平方米，市容环境水平显著提升。牢固树立以人民为中心发展思想，贯彻落实全市“市区棚户区改造‘三年清零’”部署要求，用4个月时间完成小海地小二楼3142户拆迁任务，在原地块实施绿化29.2万平方米，实现全运村周边亮化、绿化、净化、美化。对南昌路地区开展专项整治，整修涉及11条道路、13个自然小区、5处商业中心，整治面积达23.487万平方米，将老旧街区打造成崭新名片。

3. 专注于精细，下足真功夫，扎实完成好全运村服务保障各项任务，让全运村成为八方来宾在津期间的温馨家园。将服务作为核心使命贯穿全运村筹办始终，坚持问题导向，对10家住宿服务商项目经理、客房领班和服务员进行集中培训，持续强化提升岗位职责、服务理念、服务技能、接待礼仪，规范、统一服务标准。主动换位思考，首次在全运村房间内配备高清电视、全自动洗衣机等生活设施，实现无线网络和有线网络全覆盖。国务院足球综合改革领导小组办公室常务副主任、中国足协副主席李毓敏评价技术官员村，“非常周到的服务、非常舒适的居住条件、非常可口的餐饮”；国家体育总局原宣传司副司长、资深媒体工作者温文，通过在媒体村的入住体验，评价本届全运村服务不但超过往届，甚至超过奥运村标准。

**三、筹办工作经验体会**

回顾走过的艰辛历程，顶住重任压力、经受挫折磨炼，汇聚凝练出宝贵的精神财富和可资借鉴的工作经验。全运村能够得到入住来宾的充分肯定，主要得益于以下几方面。

1. 得益于坚强有力的组织领导。中央和市委、市政府领导同志的高度重视、正确领导，是做好工作的根本底气。筹备期间，中共中央政治局委员、国务院副总理刘延东同志，国务委员、公安部部长郭声琨同志亲临现场，对做好全运村工作作出重要指示。市委书记李鸿忠、市长王东峰等领导同志多次现场督战，提出明确要求、作出具体指导；组委会各相关领导积极帮助协调解决难题，打通了关键环节和困难症结，为顺利推进工作提供了坚强保障。

2. 得益于勇于攻坚的担当作为。全体工作人员的辛勤付出和无私奉献，是干事成事的决定因素。筹备期间，坚持“没事当有事抓、小事当大事办、远事当近事做”，采用“工作穷尽法”，梳理重点专项工作200余项，每项工作明确“五个一”工作标准，逐项销号、抓好落实；组织开展各中心内部及跨中心工作对接，先后开展3次桌面推演，2次共计8000人次带人实战演练，对每个环节细心梳理、精心打磨。全体干部全力以赴、拼搏奉献，加班加点、搭台补台，以敢担当能担当善担当的有力作为，保障了全运村的安全平稳、协调有序运行。

3. 得益于宾至如归的服务理念。坚持服从服务大局，以来宾需求为导向，不断拓展服务领域、延伸服务层次。8月15日，在各项工作准备就绪、运动员入住在即的情况下，收到运动员村将打破常规以代表团为单位入住的紧急通知，河西区立即行动、克服困难，与相关部门积极对接、果断处置，连夜调整住房分配方案，确保各代表团顺利入住，实现全运村史上的重大变革。面对开幕式阴雨连绵的情况，迅速应对，临时准备大量姜糖水，让雨中归来的各位来宾感受到浓浓暖意。以迎接来宾入住的热情和标准开展离村服务，安排专人带队24小时值守，为离村客人搬运行李、温馨话别，特别帮助深夜离村客人搬运行李至村口大巴车，周到细致的服务得到入住来宾的广泛赞许。

4. 得益于高效统一的协调配合。组委会各部室、市直各部门和兄弟区的鼎力支持与大力帮助，是攻坚克难的强大动力。河西区与市农委、市市场监管委紧密协作，严把食品源头关、流程关，有效保障了从农田到餐桌各环节的安全；与市卫计委密切配合，延伸医疗服务，开通绿色通道，提供了优质医疗保障；与市台办、市侨办、市外事办、市民宗办等部门积极对接，对港澳地区、少数民族地区代表团及华人华侨运动员给予特殊慰问、贴心服务；与市建委、市旅游局、旅游集团、城投集团以及水电气热等部门通力合作，扎实做好酒店服务、生活保障等工作；与市文广局、团市委、市属五所高校共同努力，为“三村”提供高水平的文化休闲活动和高质量志愿服务。

（全运会组委会全运村部）

河西年鉴
2018

# 大 事 记

# 大事记

## 1月

**10日** 召开中共天津市河西区第十一届委员会第二次全体会议，区领导李学义、陈勇、李丽君、高鹏、孙占军、刘惠杰、严维真参加。

**11日** 河西区与武汉东湖高新集团股份有限公司签署战略合作协议，共同推进陈塘自主创新示范区产业项目开发建设。副市长孙文魁、市政协副主席王治平和市投资促进办公室主任孙虎军、河西区区长李学义、副区长孙占军等市、区领导出席。

**同日** 友谊路街谊景村社区荣获国务院侨务办公室国内司颁发的“2016年度全国社区侨务工作明星社区”称号。

**18日** 召开河西区纪委十一届三次全体会议，区领导李学义、高鹏、孙占军、刘惠杰、严维真参加。

**20日** 河西区与国药控股天津有限公司、天津光电集团有限公司签约。带动大健康产业发展，全面推进健康河西建设。

**22日** 召开河西区人大、政府联席会，区领导李学义、陈勇、高鹏、孙占军、刘惠杰、严维真参加。

**同日** 举办河西区西岸（挂甲寺地区）“喜迎全运文明参与，我们在行动”文化庙会，副区长李丽君参加。

**24日** 启动2017年“红十字博爱送万家”系列活动，投入救助款17万余元，通过各街道、社区救助困难家庭达700余户。

## 2月

**3日** 举办河西区牢记党的宗旨、增强“四个意识”、争做廉洁有为好干部专题活动暨“迎全运百日会战”动员会，区领导李学义、赵年伏、李丽君、高鹏、孙占军、刘惠杰、严维真参加。

**7日** 召开“迎全运百日会战”社区环境治理工程动员部署会，副区长高鹏参加。

**8日** 召开河西区“双万双服”暨2017年20项民心工程动员部署会。

**15日** 副市长李树起带领市有关部门负责人到河西区调研推动楼宇经济发展工作。区领导李学义、刘惠杰陪同调研。

**22日** 召开区委十一届三次全会。

**23日** 召开区长、政协主席联席会。

**27日** 举行政府法制特约咨询专家及兼职政府法律顾问聘任仪式，区领导李学义、陈勇、李丽君、孙占军、严维真出席。

**28日** 天津市安全委员会办公室、河东区安全委员会办公室组成市督查互查组对河西区开展安全生产隐患大排查大整治工作情况进行督查互查。

**同日** 举行河西区工商业联合会（商会）第十二次代表大会暨促进河西区非公经济发展工作会议开、闭幕式，副区长严维真参加。

## 3月

**1日** 举办“迎全运做文明有礼河西人”河西区2017年学雷锋志愿服务主题活动，副区长高鹏参加。

**3日** 举办纪念“三八”国际妇女节107周年大会，区领导李丽君、严维真参加。

**16日** 召开河西区总工会第六届委员会第十一次全委（扩大）会议，副区长李丽君参加。

**17日** 河西区与甘肃省平凉市庄浪县签订扶贫协作框架协议。

**22日** 河西区成为首批全国中小学校责任督学挂牌督导创新区。

**23日** 召开河西区大气污染防治工作暨迎接中央环保督察专题会议，区领导李学义、高鹏、孙占军参加。

**24日** 微山路中学被评为“全国第四批民族团结进步示范单位”。

**25—26日** 河西区党政代表团赴甘肃省甘南州卓尼县考察调研。两区县签订东西部扶贫协作框架协议。

**26日** 小海地小二楼拆迁签约工作再启动。

**29日** 河西区易遨（天津）网络技术股份有限公司成功登陆新三板。

**同日** 全市做好军队退役人员有关工作暨军队退役人员三级服务联络站建设现场会在河西区召开。与会同志现场查看越秀路街、挂甲寺街前程里社区军队退役人员三级服务联络站。

**30日** 市政协主席臧献甫来区调研，到友谊路街谊景村社区就基层党建工作进行察看。区领导贾凤山、李学义、贺亦农、肖仲慧、陈冰、邢德惠等陪同。

**同日** 举行区政府组成人员集体宪法宣誓和颁发任命书仪式，区领导李学义、陈勇、李丽君、高鹏、孙占军、刘惠杰参加。

## 4月

**6日** 召开河西区委网络安全和信息化领导小组第一次会议暨河西区2017年网信工作会议，区领导李学义、赵年伏参加。

**10日** 国务院副秘书长、国家信访局局长舒晓琴一行到挂甲寺街前程里社区调研指导信访工作。区领导贾凤山、韩琳、陈冰、赵年伏陪同调研。

**同日** 国家卫生计生委家庭司司长王海东带领家庭司和国家健康智能网络促进办公室相关人员，对河西区马场街社区卫生服务中心医养结合病房进行视察。

**19日** 马场街举办“书韵飘香·幸福马场”第六届读书节活动，副区长高鹏参加。

**21日** 市环境保护自查自纠专项督查组到河西区指导工作。

**同日** 召开楼宇经济提质增效三年行动计划中期推动会，区领导贾凤山、陈冰、孙占军、刘惠杰、刘庆荣出席会议。

**27日** 举行河西肿瘤防治示范区启动开幕式，副区长李丽君参加。“天津市2017年常见恶性肿瘤早诊早治项目”“天津市河西区肿瘤防治示范区项目”在天津市肿瘤医院正式启动。

**同日** 召开河西区2017年庆祝“五一”国际劳动节表彰大会，副区长李丽君参加。

## 5月

**2日** 召开大气污染防治调度会暨迎接中央环保督察工作部署会，区领导李学义、陈勇参加。

**同日** 召开中共天津市河西区第十一届委员会第四次全体会议，区领导李学义、陈勇、高鹏、孙占军、刘惠杰参加。

**5日** 召开卫生与健康工作会议，市卫生计生委党委书记、主任王建国，区领导贾凤山、李学义、贺亦农、肖仲慧、杨志庆、李丽君出席会议。

**9日** 举办“纪念‘五八’世界红十字日暨‘爱心联盟，奉献社会’河西区全民公益行动”，副区长李丽君参加。

**同日** 召开河西区第七届魅力母亲评选表彰会，副区长李丽君参加。

**11日** 国家卫计委考核河西区基本公共卫生服务项目。

**15日** 开展防范非法集资主题宣传活动暨打击和防范经济犯罪宣传日活动，区领导赵年伏、刘惠杰参加。

**16日** 举办河西区第二届“社工节”暨创建全国社区治理和服务创新实验区优秀社工风采展示会，副区长高鹏参加。

**同日** 举行天津市第三届科普微视频大赛启动仪式暨2017年天津市全民科学素质电视大赛河西区总决赛（科技周开幕式），副区长孙占军参加。

**18日** 中央环保督察组到河西区进行检查。

**同日** 河西区与权健青少年足球俱乐部签署战略合作协议，区领导李学义、陈勇、李丽君出席。

**同日** 举行共建小白楼航运服务集聚区推介会。区政府与市国际货运代理协会签订合作协议。

**19日** 举行公安河西分局英模宣讲会，副区长赵年伏参加。

**31日** 举办河西区第十三届快乐宝贝游戏活动暨河西区社区早教中心新址落成仪式，副区长李丽君参加。

## 6月

**2日** 区司法局获“全国维护妇女儿童权益”先进集体称号。

**6日** 召开公仆走进直播间“迎全运·聚焦城市管理”特别节目，常务副区长陈勇参加。

**8日** 开展2017年防汛演练。

**9日** 举办河西区纪念“六五”世界环境日主题宣传活动，副区长李丽君参加。

**12日** 举行“志愿迎全运　悦动在河西”全运村志愿者誓师大会暨青年体育节启动仪式。团市委副书记王凤，区领导贺亦农、孙占军出席活动。

**同日** 启动家庭医生签约服务。组建由家庭医生、社区护士、公卫医师组成的家庭医生团队，制定相关配套文件，实行团队签约，签约优先覆盖老年人、高血压患者、糖尿病患者等重点人群。

**13日** 开展交通安全宣传活动。

**16日** 举行“安全生产月”宣传咨询日活动，副区长孙占军参加。

**21日** 河西区成为全市首个获批“国家知识产权试点城区”的中心城区。试点主题为“专利申请质量提升”，试点期从2017年4月至2020年4月。

## 7月

**3日** 启动2017年食品安全宣传周活动。以“尚德守法　共治共享食品安全”为主题，针对食品企业诚信体系进行宣传。

**11日** 召开河西区“当代学者大讲堂”暨两级党委中心组专题学习，区领导李学义、孙占军参加。

**13日** 区教育局与天津市新华中学合作办学签约仪式在全运村村委会举行。市教委主任王璟、市教委副主任孙惠玲，区领导贾凤山、李学义、肖仲慧、陈勇、陈冰、李丽君出席。

**18日** 举办2017年“法律进军营”暨庆祝

建军90周年活动，副区长赵年伏参加。

20日　举行第十三届全运会全运村开村新闻发布会。

同日　创建全国社区治理和服务创新实验区中期评估迎检，副区长高鹏参加

21日　召开河西区践行监督执纪“四种形态”暨党风廉政警示教育大会，区领导陈勇、李丽君、刘惠杰参加。

同日　河西区被命名为全国青少年校园足球试点区。实验中学、梧桐中学、梧桐小学、南湖小学、珠江道小学被命名为“全国青少年校园足球特色学校”。

28日　举行第十三届全运会誓师动员大会。

31日　召开河西区领导干部会议。查看南昌路整修现场、小海地小二楼拆迁现场及全运村。

## 8月

3日　召开河西区卫生应急技能竞赛活动总结表彰会，副区长李丽君参加。

9日　举行全运会火炬传递活动。全运会组委会副主任、市委常委、教育工委书记程丽华出席，点燃第一支火炬。区委书记贾凤山，区委副书记、区长李学义分别在起跑仪式、庆祝活动上致辞。

10日　举办全运朋友圈暨第二届天津都市旅游文化节，副区长刘惠杰参加。

14日　市委书记李鸿忠，市委副书记、市长王东峰带队检查全运村服务保障工作，深入安保指挥中心、志愿者之家、医疗服务站、运动员文化驿站、运动员村餐厅，现场召开全运会筹办有关工作会议，听取全运村开村准备、医疗保障、文化活动安排等情况汇报，对河西区推进全运村周边环境综合整治和全运村开村准备各项工作给予充分肯定。

18日　太湖路街道党工委、办事处成立，举行揭牌仪式。

22日　第十三届全运会全运村正式开村。

同日　曲江、珠江公园残疾人门球场改造工程完工。

28日　国务院食品安全委员会第六督查组副组长、公安部治安管理局副局长张佐良一行到全运村，督导检查食品安全保障工作。常务副区长陈勇、副区长孙占军、天津市市场监管委副主任何福等陪同。

31日　北师大天津附中办学集团揭牌。

## 9月

12日　由民政部副部长宫蒲光为组长的国务院安委会安全生产大检查第5综合督查组，对天津博物馆、银河国际购物中心2家驻文化中心单位进行安全生产大检查综合督查考核。副市长何树山，区领导李学义、孙占军以及市、区相关部门主要负责人全程陪同检查。

14日　举行河西区欢送新兵入伍大会，区领导李学义、高鹏参加。

15日　召开家用散煤治理“煤改电”工程电力启动暨协调对接会。

20日　挂甲禅寺召开重建20周年慰问座谈会，市宗教局副局长袁绍峰，区领导李学义、苏智、李耀进出席。

21日　举行河西区文物保护工作联席会，副区长李丽君参加。

同日　组织电暖气厂家为柳林街金海湾社区八一里平房安装电暖器设备，在全市率先开展电暖气入户安装工作。

27日　中央维稳安保工作督查组到区督导检查十九大安全保卫工作。中央综治委副主任、中央政法委副秘书长、中央综治办主任陈训秋一行先后深入谊景村社区、市文化中心、太湖

路派出所，考察社区综治中心建设、社会力量动员、“河西力量”APP平台运行等情况。

**28日** 举办河西区残疾人趣味运动会暨第二届残疾人运动会，副区长李丽君参加。

## 10月

**12日** 天塔街举行第19届“邻居节”活动。中国社会工作联合会副会长王国英，区领导李耀进、杨志庆、孟华、高鹏及各街道代表、社区居民、驻街单位代表500余人参加活动。

**13日** 市人大常委会副主任散襄军一行16人到微山路中学视察民族文化教育发展情况，视察内地新疆班教育及学生生活情况。区领导贾凤山、李学义、苏智、孟华、于有香、李丽君陪同。

**同日** 召开区第十四届政协第四次常委会暨“进一步存进民营经济发展，提高帮扶精准率”专题协商会，副区长严维真参加

**17日** 举行消防安全宣传活动日，副区长赵年伏参加。

**18日** 全区各部门、各街道组织收看十九大开幕会。

**19日** 完成城市家用散煤治理工作。

**20日** 召开河西区地方志编修委员会全体会议，副区长李丽君参加。

**30日** 召开全区领导干部大会，传达学习党的十九大精神，传达学习市委常委会扩大会议、全市领导干部大会精神和鸿忠书记讲话要求，安排部署全区学习贯彻落实工作。

## 11月

**1日** 区领导贺亦农、刘惠杰陪同亚布力中国企业家论坛30余位企业家代表参观河西区规划展厅、南京理工大学北方研究院、北方设计联盟展厅，在陈塘科技商务区服务中心进行座谈。

**2日** 完成河长制公示牌设立工作。河长制公示牌包括河湖概况、河长姓名、河长职责、管护目标、监督电话等内容。在区内6条河道及8个景观湖设立30块“河长制”公示牌。

**3日** 举办甘肃平凉金果节系列活动，区领导李丽君、刘惠杰参加。

**7日** 区市容和园林委组织清融雪演练。区长李学义、市市容委副巡视员王春霞等进行视察指导。

**9日** 召开中共天津市河西区第十一届委员会第五次全体会议。

**10日** 召开第十三届全运会全运村工作总结会。

**同日** 举办河西区2017年度“119”消防宣传月活动，区长李学义参加。

**同日** 桃园地区第16届安居节开幕。

**14日** 河西区蝉联全国文明城区称号。

**21日** 举办“新时代的红色之力”学习贯彻党的十九大精神党建工作汇报展示推动活动，区领导肖仲慧、李丽君出席。

**24日** 开展2017年度造血干细胞捐献志愿者血样采集活动。区领导李丽君、王宝奎到活动现场看望参加血样采集的志愿者。

**同日** 马场街“打造阅读马场，营造书香社区”项目被中国成人教育协会评为“2017年终身学习品牌项目”。

**27日** 全区领导干部学习贯彻党的十九大精神专题培训班开班。对全区553名处级干部进行集中轮训

**30日** 举行环湖医院医联体签约仪式，副区长李丽君参加。

## 12月

**1日** 2017天津规划论坛暨“链城·恋城”

主题展在陈塘科技商务区举办。

**4日** 举行区政府组成部门新任职副处级领导干部和新入职公务员宪法宣誓仪式，区长李学义参加。

**11日** 召开新一轮安全事故隐患大排查大整治突出隐患协调会，传达全市安全生产工作会议精神。

**13日** 市人大常委会副主任散襄军到天塔街调研指导工作，区领导李学义、苏智、赵年伏陪同调研。

**15日** 就《政府工作报告》召开人大代表、政协委员征求意见座谈会，区长李学义参加。

**25日** 举行“同心·河西教育—河西区民主党派与社区教育终身学习联合体项目”启动仪式，副区长李丽君参加。

**26日** 福中集团北方区域总部顺利落户河西区。成立电商、金融、大健康、智慧城市等板块7家子公司。

**27日** 副市长孙文魁、市政府副秘书长穆怀国一行到天塔街五一阳光社区皓日园，就如何进一步发挥党组织在社区管理中的领导核心作用开展调研。区领导李学义、高鹏陪同调研。

**同日** 市反恐办会同河西区反恐办在银河国际购物中心开展以“要我反恐，我要反恐”为主题的宣传活动。

**29日** 举行河西区深化国家监察体制改革试点转隶人员大会。

（区方志办）

河西年鉴
2018

# 综　　述

# 区情概览

**【地理位置与行政区划】** 河西区地处天津市东南部。东临海河与河东区相望，西迄卫津南路、卫津河与南开区、西青区交界，南沿双林农场引水河与津南区毗邻，北抵徐州道、马场道、津河与和平区接壤，区域面积42.21平方公里。河西区人民政府驻绍兴道4号。2017年，区内建有大营门街、桃园街、下瓦房街、马场街、越秀路街、挂甲寺街、尖山街、天塔街、友谊路街、陈塘庄街、东海街、柳林街、梅江街、太湖路街14个街道，147个社区居委会。

**【自然环境与资源】** 河西区属海积冲积平原区，因新生代地质构造下沉，海洋、河流、湖泊搬运堆积、人为改造等诸多作用而形成。地面组成物质以砂质粘土、粘土为主。因地势低平，排水不畅，地下水位较高，浅层地下水多为咸水，土壤含盐量较高。河西区属于暖温带半湿润大陆季风型气候，夏季受海洋之惠，冬季受内陆补偿。区境陆栖脊椎动物在生物地理区划中，属“古北界、东北亚界、华北区”范畴，以“古北界”成分为主。常见的野生动物主要是鸟类、鱼类、昆虫、爬行类、两栖类及少数哺乳类。辖域植物资源非常丰富，有十字花科、蔷薇科等。土壤类型主要有河流相、湖泊相的砂质粘土、粉质粘土和粘土。流经区境的河流有海河、卫津河、津河、复兴河、长泰引河、双林引水河、四化河等。

**【人口与民族】** 2017年，河西区常住人口98.92万人，户籍人口82.21万人，其中男性40.00万人，女性42.21万人。出生人口数6765人，出生率7.05‰；死亡人口数4616人，死亡率4.81‰；人口自然增长率2.24‰。河西区以汉族为主。2017年，全区有少数民族44个，28771人，占全区人口总数的3.49%。

**【政治建设】** 2017年，河西区切实在学懂弄通做实习近平新时代中国特色社会主义思想和党的十九大精神上下功夫，成立宣讲团，举办专题培训班，全区组织宣讲近2000场；研究制定深入学习贯彻落实党的十九大精神的实施意见，推动党的十九大精神在河西扎实实践。深入开展“维护核心、铸就忠诚、担当作为、抓实支部”主题教育实践活动，开展“牢记党的宗旨、增强‘四个意识’，争做廉洁有为好干部”主题活动，扎实推进“两学一做”学习教育常态化制度化。制定坚决贯彻落实党中央精神和市委决策部署的意见等重要制度性文件，持续筑牢“四个意识”，始终同以习近平同志为核心的党中央保持高度一致。严格落实民主集中制，高质量召开2016年度落实市委专题“机动式”巡视整改专题民主生活会，党内政治生活的政治性、时代性、原则性、战斗性切实增强。坚持20字好干部标准，提拔和转任重要岗位处级干部93人，交流处级干部82人，“为担当者担当，为干事者撑腰，让有为者有位”的用人导向更加鲜明。全力做好市委第三巡视组专题“机动式”巡视反馈问题整改，完成2轮常规、2轮专项巡察；持续肃清黄兴国恶劣影响，坚决铲除圈子文化、好人主义滋生土壤，开展不作为不担当问题专项治理，运用“四种形态”处置干部285人，政治生态持续向好。制定《关于全面加强城市基层党建工作的实施意见》，建立基层党建工作巡查制度，基层党组织战斗堡垒作用得到充分发挥。扎实推进监察体制改革试点工作，人员转隶全部到位。制定《河西区关于健全人大讨论决定重大事项制度、政府重大决策出台前向区人大报告的实施意见》，人大监督实效切实提升；出台《关于加强和改进人民政协民主监督工作的实施意见》，协商议政质量进一步提高；爱国统一战线持续巩固发展壮大，工会、共青团、妇联等群团组织改革深入推进，推动高质量发展的整体合力全面增强。

**【经济建设】** 2017年，河西区地区生产总值849.82亿元；一般公共预算收入59.6亿元；全社会固定资产投资206.09亿元；居民人均可支配收入增长8.5%。服务业增加值占地区生产总值比重达95%以上。引进金融机构15家，其中总部或地区总部级金融机构5家，金融业增加值占地区生产总值比重达50%以上。引进航运物流企业设立地区总部，全区航运货代企业总数达850家。加快陈塘自主创新示范区建设，新注册企业842家，园区企业实现销售收入326.07亿元。北方设计联盟会员单位达40家，实现营业收入418亿元，税收14.59亿元。全区规模超亿元科技企业达73家，国家级高新技术企业达80家。有效发明专利突破1000件，被确定为国家知识产权试点城区。主动融入京津冀协同发展战略，引进京冀企业141家，引进优质企业10家，完成国内招商引资实际到位额154亿元，实际利用外资1.63亿美元。提升改造28座商务楼宇公共设施，新盘活空置楼宇资源27万平方米，楼宇内新增企业2000家，其中异地经营企业转入110家，平均入驻率达85%以上，形成金融、航运、设计等特色楼宇45座。年创留区税收超千万元楼宇40座，其中超亿元楼宇7座。新增民营企业3397家、个体工商户3816户，民营市场主体总数超过5万家。积极推动国有企业混合所有制改革，完成9家低效运营企业退市。完善支持企业上市挂牌政策体系，新增上市挂牌企业8家。

**【城市建设】** 2017年，河西区完成新一轮总体城市设计及6个专项规划编制。推进棚户区改造，纯皓家园、龙瀚南园保障性住房项目主体竣工，完成造纸厂宿舍等6片、5.89万平方米改造任务和小海地小二楼剩余3142户拆迁。实施老旧小区及远年住房改造，完成首批57个小区、270万平方米，启动第二批45个小区、242万平方米。新八大里建设进度加快，平安泰达国际金融中心等7个项目开工建设，实现开工540万平方米、竣工164万平方米。深入推进“四清一绿”行动，中央环保督察387件和市整改办290件举报案件全部办结。启动秋冬季大气污染综合治理攻坚行动，完成2家“散乱污”企业“两断三清”、5家挥发性有机物企业治理，3114家餐饮企业安装环保净化设施。治理家用商用散煤，实施煤改电2484户，集中供热补建8109户。全区184条道路实现机扫水洗全覆盖，111处工地和60个裸露地块全部落实“六个百分之百”，启动重污染天气应急措施11次，PM2.5年均浓度同比下降9.9%。全面推行河长制，水环境质量持续稳定。投入资金9.05亿元，实施“迎全运百日会战”十项工程，完成市容环境管理三年行动，新建提升道路绿化、街心游园绿化112.9万平方米，实施19条道路、500栋居民楼、150万平方米街景立面整修，集中清理各类垃圾杂物5万吨。提升改造市政道路51条，新建补建路灯517具，拆除美化烟囱11座。拆除微山路沿线和中石油桥地区等各类违法建设21.57万平方米。

**【社会建设】** 2017年，河西区精心实施20项民心工程。开办中心小学·梅苑学校，建立第二新华中学，16所学校通过第三轮义务教育学校现代化标准建设评估。蝉联全国和谐德育实验区，成为首批全国中小学校责任督学挂牌督导创新区。免费实施基本公共卫生服务20类85项，取消药品加成。与医大二院等三甲医院建立医联体，家庭医生服务签约30余万人。医疗卫生养老综合服务设施开工建设。实施河西医院、康复医院、柳林医院提升改造。新增就业4万人，城镇登记失业率控制在3.6%以内。提高居家养老服务补贴标准，提升改造养老机构11家。市级美丽社区总数达98个。被评为2017年市旧楼区长效管理工作示范区。通过全国文明城区测评复审。4个单位跻身第五届全国文明单位行列，39个单位获评天津市文明单位，22个社区被授予天津市文明社区称号。举办文化惠民系列活动1000余场，惠及群众20余万人次。荣膺“2017中国年度文化影响力城市”。高标准、高质量、高水平完成第十三届全运会全运村筹备运行保障任务。深入开展安全生产隐患大排查大检查大整治，排查点位8.3万余个次，整改安全隐患3万余项，通过国务院两次安全生产大督查。建立“情指一体化”作战中心，新建监控探头3690个，入室盗窃等发案率同比下降71%。被评为全国社会治安综合治理先进区，荣获全国社会治安综合治理“长安杯”。

（区志办）

# 河西区组织机构及负责人

——截至2017年12月31日

## 中国共产党河西区委员会

书　记：贾凤山

副书记：李学义、贺亦农

常　委：贾凤山　李学义　贺亦农　肖仲慧　陈勇（任职至9月）　杜威（12月任职）　韩琳　张楠　杨志庆　陈冰　邹朝阳

政法委书记：韩琳

组织部部长：肖仲慧

宣传部部长：杨志庆

区委办公室主任：陈冰

统战部部长：邹朝阳

两新工委书记：张珉

编办主任：李宗兰（任职至12月）　徐海燕（12月任职）

文明办主任：王英（任职至2月）　臧大伟（3月任职）

网信办主任：王英（2月任职）

台办主任：关珊

综治办主任：郝晨梅

区委研究室主任：陈德安（任职至3月）　李青春（9月任职）

区委区级机关工委书记：郑文才（任职至1月）　李雁（1月任职，任职至12月）　肖仲慧（12月任职）

老干部局局长：杨景龙

防范办主任：苑春光

保密局局长：史连新

党史研究室主任：于凤英（任职至2月）　于国顺（3月任职）

档案局局长：燕　玲

区委党校副校长（正处级、主持工作）：
寇嘉荣（任职至9月）
张立军（9月任职）
新闻中心主任：陈林
国资委党委书记：季刚
建委党委书记：杨阳
市容园林委党委书记：支学昆
教育局党委书记：谢丽津
文化局党委书记：刘义民（任职至8月）
高文红（8月任职）
卫计委党委书记：刘辉
民政局党委书记：赵坚（2月任职）
房管局党委书记：董义忠
综合执法局党委书记：孙伟民

## 河西区人大常委会

主　任：苏智
副主任：张忠汉（任职至9月）　孟华　于有香
纪立新　边海（兼）
秘书长：杨玉芬
办公室主任：薛崇禄（任职至1月）
刘冠强（1月任职）
代表联工作室主任：吴海涛（任职至1月）
米景晨（1月任职）
财经工委主任：屠强
研究室主任：米景晨（任职至1月）
刘中敬（3月任职）
教卫工委主任：陈立鸿
内司工委主任：吕洪伟
城建工委主任：荆永福（任职至3月）
李颖（3月任职）
法制室主任：徐国麟

## 河西区人民政府

区　长：李学义
副区长：陈勇（任职至9月）　赵年伏　李丽君
高鹏　孙占军（任职至9月）
刘惠杰　严维真（兼）
区政府办公室主任：孙占军（任职至1月）
薛崇禄（1月任职）
民宗办主任：齐娟娟
金融办党组书记、主任：刘庆荣（任职至1月）
李长军（3月任职）
法制办党组书记、主任：王玉
区委信访办主任，
区政府信访办党组书记、主任：尹立洪
人防办党组书记、主任：何春
科委党组书记：蔡宁（任职至12月）
刘冠强（12月任职）
科委主任：蔡宁
统计局党组书记、局长：夷珮群
体育局局长：沙元军
民企局党组书记、局长：白洪魁
发改委党组书记：金鹏（任职至12月）
蔡宁（12月任职）
发改委主任：金鹏
商贸旅游局党组书记、局长：王瑜
投资促进局党组书记、局长：韩金波
行政审批局党组书记、局长：张弘
安监局党组书记、局长：于洋
环保局党组书记、局长：李晓柏（任职至3月）
王高峰（3月任职）
人力社保局党组书记、局长：
纪立新（任职至1月）
李宗兰（1月任职）
公务员局局长：纪立新（任职至1月）
李宗兰（1月任职）
司法局党组书记、局长：徐海燕
审计局党组书记、局长：陈丁
财政局党组书记、局长：李龙
国资委主任：季刚
建委主任：杨阳
市容园林委主任：卢伟
教育局局长：郝奎刚（3月任职）

文化局局长：高文红(任职至8月)宋杨(9月任职)
卫计委主任：刘辉(任职至1月)张秀荣(3月任职)
民政局局长：赵坚(任职至2月)李晓柏(2月任职)
房管局局长：杨彦杰（任职至9月）
郭金琦（9月任职）
综合执法局局长：张立军（任职至9月）
孙艳（9月任职）
陈塘科技商务区党工委书记、管委会主任：
龚科家(任职至3月)王中鹏(3月任职)
文化中心主任：刘俊波（任职至7月）
王万春（7月任职）
楼宇办党组书记、主任：孙宝元

## 政协河西区委员会

主　席：李耀进
副主席：邢德惠　吴兴东　刘惠庆　毛英
刘庆荣　王宝奎（兼）　吴晓红（兼）
于同群（兼）
秘书长：杨玉芬
副秘书长、办公室主任：肖云强
研究室主任：张宏伟
专门委员会第一办公室主任：韩宁（2月任职）
专门委员会第二办公室主任：赵旭(任职至2月)
于凤英(2月任职)
委员联络室主任：王卫荣
提案办主任：谢斌（1月任职）

## 中共河西区纪律检查委员会

书　记：张楠
副书记：刘坚　韩丽　马红刚

## 武装部　公检法

武装部政委：殷玉清
武装部部长：马哲
公安河西分局局长：赵年伏
法院院长：李川
检察院检察长：韩东

## 人民团体

总工会党组书记、主席：邹朝阳（3月任职）
共青团党组书记、书记：刘宗锦
妇联党组书记、主席：杨琳
工商联主席：刘庆荣（1月任职）
工商联党组书记、常务副主席：刘锐(2月任职)
残联党组书记、理事长：刘冠强（任职至1月）
郑文才（1月任职）
红十字会会长：韩宁（任职至3月）
王宝奎（3月任职）
文联主席：怀远

## 街道

大营门街道党工委书记：李军
大营门街道办事处主任：冯子亮
桃园街道党工委书记：王万春（任职至7月）
胡振兰（7月任职）
桃园街道办事处主任：闵泉利（任职至3月）
赵珉（3月任职）
下瓦房街道党工委书记：胡振兰（任职至7月）
杨彦杰（9月任职）
下瓦房街道办事处主任：白增红（任职至3月）
佟景山（3月任职）
马场街道党工委书记：邵元界
马场街道办事处主任：朱蓉（任职至3月）
龚科家（3月任职）
越秀路街道党工委书记：郭金琦（任职至9月）
寇嘉荣（9月任职）
越秀路街道办事处主任：赵金力
挂甲寺街道党工委书记：李雁（任职至1月）
闵泉利（3月任职）
挂甲寺街道办事处主任：周兴毅
尖山街道党工委书记：张健
尖山街道办事处主任：张辰
天塔街道党工委书记：郝晨梅（任职至2月）
朱蓉（3月任职）

天塔街道办事处主任：高翔
友谊路街道党工委书记：郭寅（3月任职）
友谊路街道办事处主任：郭寅（任职至3月）
郑从贵（3月任职）
梅江街道党工委书记：王树钧
梅江街道办事处主任：李颖（任职至3月）
韩淑霞（3月任职）
陈塘庄街道党工委书记：谢斌（任职至1月）
刘海江（3月任职）
陈塘庄街道办事处主任：刘海江（任职至3月）
荆永福（3月任职）
东海街道党工委书记：冯清彪
东海街道办事处主任：魏秀革
柳林街道党工委书记：张爱民（任职至1月）
白增红（3月任职）
柳林街道办事处主任：向江英
太湖路街道党工委书记：刘义民（8月任职）
太湖路街道办事处主任：王瑞麟（9月任职）

## 公司

南楼集团党总支书记、董事长：
窦凯（任职至8月）
南楼集团党总支副书记、总经理：刘凤林
煤建河西公司党支部书记：唐强
煤建河西公司经理：王战君
桂发祥集团党委书记、董事长：
李辉忠(任职至8月)窦凯(8月任职)
风味食廊管委会党支部书记：于凤梅
风味食廊管委会主任：马守玉
国投公司党支部书记、董事长：
刘志刚(董事长12月任职)
国投公司总经理：张平（董事长任职至12月）
西京公司党支部书记、董事长：徐嘉欢
西京公司经理：张凯
河西城市基础设施投资有限公司
党支部书记、董事长：王晨
河西城市基础设施投资有限公司总经理：
绳学民
河西房产开发公司党总支书记、董事长：
李国樑
河西房产开发公司党总支副书记、总经理：
雷忠民
陈塘园区建设投资有限公司董事长：
王中鹏(任职至3月)常青(3月任职)

（区委组织部提供）

# 中共河西区委员会

# 中国共产党河西区委员会

**【概况】** 2017年，中国共产党天津市河西区委员会(简称：河西区委)下设：办公室、组织部、宣传部、政法委、统一战线工作部、研究室、巡察工作办公室、网络安全和信息化领导小组办公室、台湾工作办公室、党史研究室、区级机关工委、老干部局、档案局、机构编制委员会办公室、保密委员会办公室、防范和处理邪教问题领导小组办公室16个工作部门。

2017年，河西区委围绕“建设天津市中心活动区、创新驱动先行区、和谐优质生活区，高水平打造全市经济社会发展首善之区”的目标，团结带领全区广大党员干部群众，坚持稳中求进工作总基调，主动应对经济发展新常态，以深化改革为引领，以创新驱动为动力，积极融入“一带一路”建设、京津冀协同发展等重大国家战略，统筹推进“五位一体”总体布局、协调推进“四个全面”战略布局在河西的实施，解放思想，创新竞进，忠诚担当，推动新一届区委各项工作实现良好开局，首善之区建设迈出坚实步伐。将迎接、学习、宣传、贯彻党的十九大作为工作主线，重点抓全运村筹备运行保障；兴起学习宣传党的十九大精神热潮，凝聚起全区党员干部群众共识共为；贯彻落实党的十九大精神，科学谋划新时代发展蓝图。牢牢把握发展第一要务，以习近平新时代中国特色社会主义经济思想为引领，着力构建现代化经济体系，大力推进创新驱动发展，促进发展动能转换，有效激发市场主体活力，持续增强区域发展后劲，经济发展质量和效益取得新突破。全年实现区域生产总值849.82亿元，完成一般公共预算收入59.6亿元，完成全社会固定资产投资206.09亿元。坚持以人民为中心，精心组织实施20项民心工程，社会保障底线切实筑牢，社会事业整体协调发展，社区发展底气更足，对口帮扶迈出新的步伐，民计民生得到新改善。着力涵养城市文明，社会主义核心价值观教育深入推进，城区文化软实力持续增强，文明程度不断提升。牢固树立“绿水青山就是金山银山”理念，始终把生态文明建设放在重要位置，深入实施“美丽天津·一号工程”，持续加强城市修补、生态修复，城市建设日臻完善，城市管理水平稳步提高，城区生态环境切实好转，城市建设管理获得新成就。牢固树立“大安全”观，坚持“没事当有事抓、小事当大事办、远事当近事做”，妥善处置“12·1”重大火灾事故，平安河西建设深入推进，社会稳定局面持续巩固，社会治理能力得到新提高。坚持党对一切工作的领导，政治思想建设进一步加强，干部队伍建设进一步强化，基层党建基础进一步巩固，政治生态环境进一步改善，民主政治水平进一步提高，党的领导核心作用得到切实加强。

# 重要会议

**【区委全会】** 2017年1月10日，召开区委十一届二次全会，会议由区委常委会主持。区委书记贾凤山指出，要用心学习领会习近平总书记思想宝库“党建篇”和“经济发展篇”的深刻内涵，强化“四个意识”，进一步增强贯彻中央精神和市委、区委决策部署的自觉性、坚定性。切实用好严肃党内政治生活“传家宝”，加强党内监督，以全面从严治党营造全区政治生态的绿水青山。坚持“稳中求进”总基调，放眼全局、落脚河西，在全市发展大局中履行河西之责、展现河西之为。会议审议通过《中共天津市河西区委员会工作规则》等5个文件和会议决议，审议通过建立太湖路街道办事处的有关事宜。区委副书记、区长李学义部署全年各项工作；区委副书记贺亦农就《中共天津市河西区委员会工作规则》等5个文件作说明；副区长高鹏就建立太湖路街道办事处有关事宜作说明。

2月22日，召开区委十一届三次全会，会议由区委常委会主持。区委书记贾凤山出席讲话，做好推荐提名天津市出席党的十九大代表候选人初步人选工作是全区一项重要政治任务，要切实加强组织领导，严肃纪律、严格程序、严守规矩、严把关口，确保圆满完成推荐提名工作。区委常委、区委组织部部长肖仲慧对推荐提名天津市出席党的十九大代表候选人初步人选推荐提名情况作说明。会议审议推荐人选名单，以投票方式确定推荐提名天津市出席党的十九大代表候选人初步人选。

5月2日，召开区委十一届四次全会，会议由区委常委会主持。区委书记贾凤山出席并讲话，贾凤山指出，选出好代表是开好市第十一次党代会的重要基础，要切实加强组织领导，严肃纪律、严格程序、严守规矩、严把关口，确保圆满完成代表选举工作。区委常委、区委组织部部长肖仲慧作《关于河西区出席天津市第十一次党代表大会代表候选人初步人选名单的情况说明》。会议投票确定河西区出席天津市第十一次党代会代表候选人预备人选，审议通过《中国共产党天津市河西区代表会议选举出席天津市第十一次党代表大会代表选举办法》等3个文件。

11月9日，召开区委十一届五次全会，会议由区委常委会主持。区委书记贾凤山指出，要更加紧密地团结在以习近平为核心的党中央周围，更高举起习近平新时代中国特色社会主义思想伟大旗帜，全面贯彻落实党的十九大精神，落实市委十一届二次全会精神，以善作善成的实效为人民造福，用创新发展的崭新答卷为明天铺路，高水平打造全市经济社会发展首善之区。区委副书记、区长李学义传达市委十一届二次全会精神。会议审议通过《关于深入学习贯彻落实党的十九大精神在“五个现代化天津”建设新征程中高水平打造首善之区的实施意见》和《中国共产党天津市河西区第十一届委员会第五次全体会议关于深入学习宣传贯彻党的十九大精神的决议》。全体会议前，区委委员、区委候补委员集体重温入党誓词。

**【常委会扩大会议】** 2017年5月27日，召开区委常委会扩大会议暨区委理论学习中心组专题学习会。区委书记贾凤山出席并讲话，贾凤山指出，要充分认识市第十一次党代会取得的重要成果和重大意义，把深入学习贯彻党代会精神作为全区首要政治任务。要准确把握党代会为河西发展带来的新形势、新机遇，切实在服从服务全局中抓好一域，在新起点肩负起首善之区特殊使命。各级领导干部要带头强化政治意识，推动深化改革和工作落实，以首善之区精神状态推动市第十一次党代会精神在河西落地生根开花结果，以昂扬的精神风貌和优异成绩迎接党的十九大胜利召开。

6月21日，召开区委常委会扩大会议暨区委理论中心组集体学习，区委书记贾凤山主持，传达学习全国党外知识分子统战工作座谈会精神，围绕中央有关生态环境问题督查处理情况通报、市委巡视问题整改以及市纪委十一届一次全会精神等专题进行学习。会议指出，要迅速把全区广大党员干部群众思想认识行动统一到中央精神和市委部署上来，推动经济社会健康可持续发展，全面落实管党治党主体责任和监督责任，以优异成绩迎接党的十九大和第十三届全运会胜利召开。区领导李学义、苏智、李耀进、贺亦农、肖仲慧、李丽君、于同群作交流发言，其他区领导以学习体会形式作书面交流。

8月1日，召开区委常委会扩大会议。传达学习习近平总书记在省部级主要领导干部专题研讨班上的重要讲话精神；传达学习中央第一环境保护督察组督察天津情况反馈会会议精神；研究全区环境污染治理工作等3个文件。区委书记贾凤山主持并讲话，贾凤山指出，深入学习贯彻习近平总书记“7•26”重要讲话精神，是当前和今后一个时期重大政治任务。要结合区情和自身工作实际认真领会，切实用讲话精神统一思想，指导实践，推动工作。要担当作为，精准施策，坚决打赢环保整治攻坚战。要以反面典型为警为鉴为戒，营造风清弊绝政治生态。

9月12日，召开区委常委会扩大会议暨区委理论学习中心组学习，推动部署全国文明城区复审工作，做好全运村运行情况总结。区委书记贾凤山主持会议并讲话，贾凤山强调，要深入学习领会习近平总书记系列重要讲话精神，强化政治意识，提高政治站位，发扬“全运精神”，以担当实干工作成果推动在“后全运时期”综合可持续发展，以良好城区面貌迎接文明城区复审，助力城市综合治理再上新台阶。

10月11日，召开区委常委会扩大会议，深入学习习近平总书记重要指示精神，贯彻落实全市维稳领导小组会议精神，对全区党的十九大期间维稳安保工作进行再动员、再部署。区委书记贾凤山强调，要深入排查、妥善处理各类矛盾问题，全力抓好安全生产工作，确保维稳安保工作各项任务落到实处，为党的十九大胜利召开营造安全稳定环境。

10月27日，召开区委常委会扩大会议。传达学习党的十九大精神、习近平总书记在党的十九大闭幕会上的重要讲话和在十九届中共中央政治局常委同中外记者见面时的重要讲话精神；传达学习市委常委会扩大会议和全市领导干部大会精神；部署学习宣传贯彻落实党的十九大精神工作。党的十九大代表、区委书记贾凤山主持，贾凤山强调，要高举习近平新时代中国特色社会主义思想的伟大旗帜，深入学习、深刻领会、全面准确把握党的十九大提出的一系列新的重要思想、重要观点、重大判断、重大举措，落实中央部署和市委要求，要坚持首善标准，持续在“学、讲、研、宣、干”上下功夫，在全区迅速兴起学习宣传贯彻落实党的十九大精神的热潮，确保十九大精神落地生根、开花结果。

11月15日，召开区委常委会扩大会议暨区委理论学习中心组集体学习。区委书记贾凤山主持会议，传达学习《中共中央政治局关于加强和维护党中央集中统一领导的若干规定》《中共中央政治局贯彻落实中央八项规定实施细则》和市纪委、市委组织部《关于在市人大政府政协领导班子换届工作中加强换届风气监督工作的实施方案》。贾凤山指出，要坚决维护党中央集中统一领导，在思想上、政治上、行动上与以习近平同志为核心的党中央保持高度一致；要在全区集中传达学习，广泛开展党的十九大精神宣讲，让习近平新时代中国特色社会主义思想入脑入心；要仔细对照中央的若干规定和实施细则，用心领会新布局、新思路、新招法，结合实际对现有制度规定进行修订完善，研究贯彻落实的具体举措，以实际行动推进全面从严治党的制度化进程；要狠抓落实，严格贯彻执行中央八项规定精神，大兴学习之风、调查研究之风、狠抓落实之风，以钉钉子精神把作风建设引向深入；要把配合落实市人大政府政协领导班子换届工作作为重要政治任务，讲政治、顾大局、守纪律，营造风清气正政治生态，保障换届工作圆满顺利完成。

12月26日，召开区委常委会扩大会议暨区委理论学习中心组专题学习，传达学习《天津市县以上党和国家机关党员领导干部民主生活会实施细则》。会议认为，党的十九大以来，以习近平为核心的党中央高度重视全面从严治党、制度治党、依规治党，对规范民主生活会工作、健全民主生活会制度提出一系列新要求。区委书记贾凤山强调，要强化“一盘棋”思想，铆足干劲、担当作为，扎实做好首善之区建设工作；精心准备民主生活会，广泛开展谈心交流、征求意见，及时反省和发现自身短板不足；落实“一岗双责”，强化层层推动，形成一级带动一级、一级指导一级生动局面。

**【区委书记专题会议】** 2017年6月24日，召开区委书记专题会议。听取十一届区委第一轮巡察工作总体情况汇报。区委书记贾凤山充分肯定巡察工作成效，贾凤山指出，要用心做好巡察反馈和问题整改，加强“回头看”，对整改不力的严肃追责，形成更大震慑。要突出巡察监督政治作用，创新巡察工作方式方法，强化成果综合运用，加强巡察队伍建设，坚决完成区委巡察全覆盖目标，推动巡察向纵深发展。

8月22日，召开区委书记专题会议。听取区委巡察办、巡察组关于十一届区委第一次“机动式”专项巡察情况汇报。区委书记贾凤山强调，全面从严治党是一个长期过程，要持续用力，深化政治巡察，完善巡察工作制度，推进巡察工作全覆盖。要学思践悟，持续提升自身素质，用足用好巡察成果，确保河西政治生态风清气正。

**【全运村会议】** 2017年8月8日，召开综合实战演练问题整改工作汇报会。首席技术专家、上海体育学院教授刘清早进行业务指导。全运村村长、区委书记贾凤山听取演练问题整改工作情况汇报，强调要坚持问题导向，加强协同配合，严守纪律规矩，按照时间节点和工作要求，迅速将整改措施和做法落实到行动上，为全运村正式开村运行奠定基础。

8月13日，召开全运村誓师动员大会。全运会组委会副主任兼秘书长、副市长曹小红对河西区全运会筹备工作给予肯定，希望全体工作人员增强信心、一鼓作气、再接再厉，以高度政治责任感落实政治任务，以精益求精态度做好服务。全运村村长、区委书记贾凤山作动员讲话。全运村首席技术专家、上海体育学院教授刘清早应邀参加。组委会常务副秘书长殷向杰，副秘书长李克敏、马政，区领导李学义、陈勇、杨志庆、陈冰、于有香、李丽君、孙占军、刘惠杰、刘惠庆、王宝奎、于同群参加。

8月22日，第十三届全运会全运村正式开村。副市长孙文魁宣布“中华人民共和国第十三届运动会全运村开村”。全运村村长、区委书记贾凤山致欢迎词，表示将秉持“温馨全运村，圆梦全运会”办村目标，全力以赴，精益求精，营造安全、舒适、温馨生活环境，提供热情、周到、便捷优质服务，向党和人民、向入住宾朋交上一份满意答卷。全运村首席技术专家、上海体育学院教授刘清早出席。

8月23日，召开全运村运行管理工作推动会。全运村村长、区委书记贾凤山在讲话中说，要提高政治站位，坚持问题导向，压实工作责任，以更严标准和更实作风，全力打造组织有序、保障有力、温馨祥和、富有特色的一流全运村，以优异成绩向党的十九大献礼。

11月10日，召开第十三届全运会全运村工作总结会。集中观看专题片《河西之为，点亮全运村》，向突出贡献单位、个人代表颁发证书，向工作人员代表颁发纪念证。全运会组委会副主任、副市长孙文魁对全运村工作给予肯定，向所有工作人员表示祝贺和感谢。他强调，要深入学习贯彻落实党的十九大精神，坚持以人民为中心，弘扬“全运精神”，忠诚担当作为，进一步总结全运村工作经验成果，做好“后全运时期”各项工作。全运村村长、区委书记贾凤山表示，将全面贯彻党的十九大精神，不忘初心，牢记使命，创新竞进，埋头苦干，坚持重点打造全面推进，以首善标准、首善担当、首善作为推动“后全运时期”河西全面提升，为“五个现代化”天津建设作出更大贡献。全运村常务副村长、区委副书记、区长李学义主持会议。天津市城投集团总经理陈勇，河东区委常委、区纪委书记孙占军特邀出席，组委会副秘书长马政，区领导苏智、李耀进等出席。

**【十届区委第二轮巡察工作情况汇报会】** 2017年1月11日，召开十届区委第二轮巡察工作情况汇报会，区委书记贾凤山出席会议并讲话，充分肯定区委巡察办和各巡察组的工作成效，指出，各部门要坚持问题导向，延伸巡察触角，全面推进政治巡察向基层延伸、向深度开掘；结合第二轮巡察工作结果，认真梳理党建薄弱环节和共性问题，列出问题清单、制订整改方案、细化整改措施，有计划、有步骤地分类抓好落实；加强整改监管，强化落实推动，确保巡察结果落地有声。区委巡察工作领导小组汇报第二轮巡察工作总体情况。

**【开展读书活动座谈会】** 2017年1月18日，在谊景村社区召开“牢记教诲，让好书伴我一生”落实习近平总书记指示开展读书活动座谈会。区委书记贾凤山参观社区党员之家，贾凤山指出，要讲政治、守大德，读书修身，坚定理想信念。要讲自觉、善思考，读书明志，坚持有恒积学。要讲传承、悟大道，读书达理，坚守知行合一。贾凤山强调，全区广大党员干部，特别是领导干部要深入贯彻落实习近平总书记重要指示精神，爱读书、多读书、读好书，为建设学习型政党、学习型社会发挥示范作用。

**【“迎全运百日会战”动员会】** 2017年2月3日，召开“牢记党的宗旨、增强‘四个意识’，争做廉洁有为好干部”主题活动暨“迎全运百日会战”动员会，区委书记贾凤山出席并讲话，贾凤山强调，践行廉洁有为内涵要求，必须坚持政治立身，对党绝对忠诚；以人民为中心，努力增进民生福祉；紧跟时代步伐，全面提升能力水平；勇于担当担责，确保决策部署落地生根；以打好迎全运百日攻坚战为契机，坚持思想统一、步调一致，问题导向、科学用力，任务到岗、责任到人，以环境优美、服务优良、安全有序、文明河西的城市形象迎接第十三届全运会召开，向党的十九大和市第十一次党代会献礼。区委副书记、区长李学义就迎全运百日会战活动作部署。区委常委、区委组织部部长肖仲慧就“牢记党的宗旨、增强‘四个意识’，争做廉洁有为好干部”主题活动进行部署。

**【“双万双服”活动暨民心工程动员部署会议】** 2017年2月8日，召开“双万双服”活动暨2017年20项民心工程动员部署会议。区委书记贾凤山出席并讲话，贾凤山指出，要牢固树立狠抓落实的责任意识，以担当诠释对党忠诚，用工作成效体现讲政治“知行合一”。要围绕超前规划布局产业，完善政策支撑扶持体系，最大限度创造产业集聚空间、实现业态控制，广泛借鉴先进经验，细化全区“双万双服”帮扶举措。要全面提升能力水平，掌握抓落实方式方法，狠抓督查考核，推动各项工作有力有序有效开展。区委副书记、区长李学义就“双万双服”和民心工程活动开展作具体部署。区委副书记贺亦农主持。区委常委、常务副区长陈勇作说明。

**【十一届区委第一轮巡察工作动员部署会暨推动会】** 2017年2月22日，召开十一届区委第一轮巡察工作动员部署会暨巡察工作推动会，区委书记贾凤山出席并讲话，贾凤山强调，要深刻认识巡察监督重要意义，加大巡察力度，创新巡察方法，健全巡察机制，建强巡察机构，充分发挥巡察震慑作用和治本功能。被巡察党组织要自觉接受监督，与巡察组共同完成好巡察任务，营造风清气正政治生态。区委常委、区纪委书记张楠总结十届区委巡察工作。

**【专项治理工作部署推动会】** 2017年2月22日，召开不作为不担当问题专项治理工作部署推动会，区委书记贾凤山出席并讲话，贾凤山强调，牢固树立“四个意识”，坚决落实政治责任，把思想和行动统一到中央要求和市委决策部署上来。瞄准靶心发力，运用综合措施，切实做到“严、紧、硬”。加强组织领导，坚守责任担当，确保取得实效。区委副书记贺亦农主持。区委常委、区委组织部部长肖仲慧传达市不作为不担当问题专项治理工作部署推动会精神。区委常委、区纪委书记张楠部署专项治理工作。

**【区工商联第十二次代表大会暨促进非公经济发展工作会议】** 2017年2月28日，召开区工商联第十二次代表大会暨促进非公经济发展工作会议，区委书记贾凤山出席并讲话，贾凤山指出，要坚持党的领导，把牢工商联正确发展方向；注重团结引导，促进非公经济人士健康成长；助力企业成长，促进非公有制经济健康发展；加强自身建设，提升服务发展能力水平。会议听取审议区工商联第十一届执委会工作报告，选举产生区工商联十二届领导机构。市工商联党组书记刘道刚出席。

**【“迎全运百日会战”城市综合整治工作中期推动会】** 2017年3月28日，召开“迎全运百日会战”城市综合整治工作中期推动会，区委书记贾凤山出席并讲话，指出要加强组织领导，落实责任担当，按照计划推进各项重点工程。要坚持问题导向，狠抓整改落实，全面打赢迎全运百日会战。要多做多干多沟通，带动更多百姓参与，形成共迎全运、共建美丽河西良好氛围。要结合“牢记党的宗旨、增强‘四个意识’，争做廉洁有为好干部”主题活动，锻造一支过硬干部队伍。区委副书记、区长李学义就深入推进迎全运百日会战作动员部署。会议实地查看全运村周边改造情况，听取10项工程指挥部工作汇报。区领导苏智、陈勇、陈冰、孟华、纪立新、赵年伏、李丽君、高鹏、孙占军、刘惠庆、韩东进行点评。

**【全市做好军队退役人员有关工作暨三级服务联络站建设现场会】** 2017年3月29日，全市做好军队退役人员有关工作暨军队退役人员三级服务联络站建设现场会在河西区召开，市委书记李鸿忠出席并讲话，李鸿忠指出，市委、市政府决定在河西区召开现场会，就是要通过实地观摩、交流经验、相互促进，推动更加扎实地做好工作。要深入学习贯彻习近平总书记关于做好军队退役人员工作重要指示精神，提高政治站位，增强责任心，坚持从理念入手，强调思维方法，重落实、有招法，以新应新、以新应变，切实把服务军队退役人员工作做深做细做实。市委副书记、市长王东峰主持，市领导段春华、于秋军出席，赵飞、孙文魁作工作部署。与会同志现场查看越秀路街、挂甲寺街前程里社区军队退役人员三级服务联络站，河西区、滨海新区、武清区、蓟州区主要负责人作发言。

**【履行全面从严治党主体责任、第一责任人责任座谈汇报会】** 2017年4月13日，召开“学习贯彻党的十八届六中全会精神 履行全面从严治党主体责任、第一责任人责任”座谈汇报会，区委书记贾凤山主持并讲话，贾凤山指出，要深化思想认识，坚持政治立身，坚定不移维护党中央权威、向党中央看齐，拥护核心、捍卫核心。要与在思想上政治上行动上以习近平同志为核心的党中央保持高度一致，切实增强“四个意识”，保证中央精神和市委部署安排在区内政令畅通。要拧紧思想认识“总开关”，抓好从严管理干部“定盘星”，把好选人用人“风向标”，用好严肃党内政治生活“传家宝”，以履行好全面从严治党第一责任作为经济社会发展的“助推器”。全区13个街道以及区级机关工委、各委办局党组书记作汇报。

**【美丽社区工作部署会】** 2017年4月27日，召开全国社区治理和服务创新实验区中期评估迎检暨2017年美丽社区工作部署会，区委书记贾凤山出席并讲话，贾凤山指出，要站在协调推进“四个全面”战略布局高度，把握社区治理和服务创新重要意义。要准确把握实验区创建关键环节，全面推进社区治理体系和治理能力现代化进程。要扎实做好美丽社区创建工作，在推进社区治理和服务创新具体实践中彰显首善之区作为。会上，区领导为全区22个第四批市级美丽社区授牌。区委常委、常务副区长陈勇主持会议。副区长高鹏就实验区创建中期评估迎检和美丽社区创建做动员部署。区人社局、团区委、柳林街、大营门街负责同志发言。

**【中共河西区代表会议】** 2017年5月3日，召开中共河西区代表会议，选举产生河西区出席天津市第十一次党代会的22名代表。区委书记贾凤山主持会议并讲话，贾凤山指出，天津市第十一次党代会是全市共产党员和广大群众政治生活中的一件大事，希望当选代表牢固树立“四个意识”，强化责任，牢记使命，始终与人民群众同呼吸、共命运，忠实履行党代表的神圣职责，切实肩负起全区各级党组织和广大党员重托，努力为全市、全区经济社会发展贡献力量。区第十一次党代会代表参加会议。会前，与会人员集中观看警示教育片。

**【中央环保督察整改落实工作部署会】** 2017年5月7日，召开关于进一步做好中央环保督察整改落实工作部署会，区委书记贾凤山出席并讲话，贾凤山指出，要正视环保问题，强化职责，把整改工作作为一项重要政治任务，抓紧抓实抓细抓好、一抓到底。在具体工作中勇于担当干事，做到基础一定要牢，工作一定要实，管理一定要严，处理一定要快，处罚一定要狠，整体一定要协同，努力实现标本兼治，确保工作取得实效。区委常委、常务副区长陈勇对下一步工作作部署。

**【推进“两学一做”学习教育常态化制度化工作部署会】** 2017年5月10日，召开推进“两学一做”学习教育常态化制度化工作部署会，区委书记贾凤山出席并讲话，贾凤山指出，“两学一做”学习教育是新形势下加强党内经常性教育的成功实践，必须提高政治站位，深化真学真做，夯实基层基础，加强组织领导，以开展“维护核心、铸就忠诚、担当作为、抓实支部”主题教育实践活动实效，迎接党的十九大和市第十一次党代会胜利召开。区委副书记贺亦农主持。区委常委、区委组织部部长肖仲慧就开展主题教育实践活动、推进“两学一做”学习教育常态化制度化进行部署。

**【中央环保督察问题整改落实工作推动会】** 2017年5月28日，召开中央环保督察问题整改落实工作推动会。区委书记贾凤山带队，检查芜湖道拆违和餐饮整治、古海道菜市场周边环境整治等现场。贾凤山指出，要迅速贯彻落实市第十一次党代会精神，确保环保问题信访举报件整改到位，后续管理持续跟进。要总结城市管理经验，建立环境治理长效机制，真正解决各类环境问题，推动生态文明建设再上新水平。

**【贯彻落实市第十一次党代会精神部署会】** 2017年6月6日，召开高举旗帜、维护核心、忠诚担当、创新竞进以实际行动贯彻落实市第十一次党代会精神部署会。区委书记贾凤山出席并讲话，贾凤山指出，要统一思想、提高认识，以更高政治站位深刻领会市第十一次党代会精神，忠诚担当、主动作为，振奋精神、真抓实干，以有力作为推动各项任务落到实处，以重点突破带动全区工作取得新进展。区委副书记、区长李学义总结“迎全运百日会战”城市综合整治工作成果，对下一阶段重点工作进行部署。区委组织部、区委宣传部等12个单位负责同志作发言。

**【巡视整改专题民主生活会征求意见座谈会】** 2017年7月7日，区委常委会召开落实市委专题“机动式”巡视整改专题民主生活会征求意见座谈会，征求13个街道党工委书记和社区党委书记代表对区委班子及区委领导同志的意见建议。区委书记贾凤山表示，开好区委常委会专题民主生活会，是推进“两学一做”学习教育常态化制度化的重要内容，对于深入学习贯彻习近平总书记系列重要讲话精神、党的十八届六中全会精神，认真落实市、区第十一次党代会精神，加强区委常委会自身建设，推进全面从严治党向纵深发展具有十分重要意义。会后，区委常委会将全面梳理征求到的意见建议，切实抓好整改落实，更好地服务首善之区建设。区委常委、区委宣传部部长杨志庆主持。

**【常委会专题民主生活会】** 2017年7月13日，区委常委会召开专题民主生活会。区委书记贾凤山通报2016年度民主生活会整改措施落实进展情况和本次专题民主生活会征求意见情况，代表班子围绕谋划河西区发展、严肃党内政治生活、压实“两个责任”、践行宗旨意识、努力担当作为等5个方面，查找差距不足，分析产生原因，提出整改措施。区委常委依次对照检查自身存在问题，开展批评和自我批评。贾凤山强调，要坚持不懈狠抓问题整改，坚定不移营造良好政治生态，全力以赴做好下半年各项工作。区人大常委会主任苏智、区政协主席李耀进列席。

**【领导干部会议】** 2017年7月31日，召开河西区领导干部会议。查看南昌路整修现场、小海地小二楼拆迁现场及全运村。区委书记贾凤山在讲话中指出，上半年全区干部忠诚担当不服输，小二楼拆迁工作全面告捷，经济社会发展迈上新台阶。要提高政治站位，坚持问题导向，重点突破，抢抓先机，主动作为，以“两学一做”学习教育常态化制度化为引领，凝聚团结奋进、干事创业强大气场，全力推动各项工作再上新水平，以优异成绩迎接党的十九大胜利召开。区委副书记、区长李学义全面总结上半年工作，部署下半年各项任务。区人大常委会主任苏智、区政协主席李耀进讲话。区委副书记贺亦农主持。

**【全国文明城区复审迎检工作部署会】** 2017年8月21日，召开全国文明城区复审迎检工作部署会暨文明委扩大会议。市委宣传部副部长、市文明办主任于景森出席，对区创文工作给予充分肯定。区委书记贾凤山指出，要高度重视，全面进入临战状态；坚持最高标准，进一步整改提升；把握工作节奏，把迎检工作与全运会工作相结合，确保顺利通过复审。区委副书记、区长李学义主持会议，并对复审迎检工作进行部署。

**【“美丽天津·一号工程”工作推动会】** 2017年8月21日，召开“美丽天津·一号工程”工作推动会，传达学习全市大气污染综合治理暨“美丽天津•一号工程”领导小组第十二次会议精神。区委书记贾凤山指出，要持续抓好中央环保督察反馈意见整改落实，坚决打好大气污染综合治理攻坚战，坚持全面推进水土污染防治行动，采取有力有效措施，全面提升全区环境质量和水平。

**【全国文明城区建设专项推动会】** 2017年9月5日，召开全国文明城区建设专项推动会，通报全区全国文明城区建设复审工作的准备情况，并就下一步工作内容和工作难点进行说明。区委书记贾凤山出席并讲话，他指出，要强化政治意识，提高政治站位，在原有工作的基础上，全力冲刺打好这场硬仗，不辜负市委市政府厚望，向广大河西人民交上一份满意答卷，确保全国文明城区复审成功。

**【教师节座谈会】** 2017年9月7日，召开2017年教师节座谈会。区委书记贾凤山指出，要以黄大年同志为榜样，把握正确方向，打好学生德智体发展基础，当好学生成长“引路人”；打造人民满意教育队伍，建设首善教育；关心爱护教师，营造尊师重教良好氛围。副区长李丽君主持会议。

**【秋冬季大气污染综合治理攻坚行动工作部署会】** 2017年9月12日，召开秋冬季大气污染综合治理攻坚行动工作部署会。区委书记贾凤山出席并讲话，贾凤山指出，要充分认清秋冬季大气污染防治严峻形势，做到责任落实到位、考核问责到位、协调配合到位、宣传动员到位，以铁的决心、铁的手腕、铁的措施推进大气污染防治，推动全区空气环境质量持续改善。区委副书记、区长李学义部署秋冬季大气污染综合治理工作。市驻区督办检查组副组长刘在青列席。

**【领导干部大会】** 2017年10月30日，召开全区领导干部大会，传达学习党的十九大精神，传达学习市委常委会扩大会议、全市领导干部大会精神和鸿忠书记讲话要求，安排部署全区学习贯彻落实工作。党的十九大代表、区委书记贾凤山强调，要深刻领会党的十九大精神实质，筑牢“四个意识”，永葆对党绝对忠诚，坚决捍卫以习近平同志为核心的党中央权威；要以党的十九大精神为指引，做好长远规划、谋划未来工作，奋力推进首善之区各项事业蓬勃发展，谱写社会主义现代化新征程的河西篇章；要把握关键环节，迅速兴起热潮，持续深入学、持续广泛讲、持续用心研、持续精心宣、持续奋斗干，推动党的十九大精神落地生根、开花结果。区级领导同志和区级离退休老同志出席。党的十九大代表、市四十二中校长袁滨渤应邀出席。

**【促进企业发展工作会议】** 2017年11月26日，召开促进企业发展工作会议，市内外150余家优秀企业和企业家代表汇聚一堂、共谋发展。区委书记贾凤山出席并讲话，他表示，河西区将坚决贯彻落实党的十九大精神，牢固树立“产业第一、企业家老大”理念，把握好与企业间的“亲”“清”关系，建立常态化联系制度，以重商亲商的浓厚氛围、一流的硬件设施和完善的服务保障，为企业提供发展沃土。

**【城市基层党建工作会议】** 2017年12月1日，召开城市基层党建工作会议，深入学习贯彻党的十九大精神，以习近平新时代中国特色社会主义思想为指导，认真贯彻落实全国城市基层党建工作经验交流座谈会和市委城市基层党的建设工作会议精神，总结交流经验，分析形势任务，对全面加强城市基层党建工作进行动员部署。区委副书记贺亦农出席并讲话，他指出，要深刻把握新时代城市基层党建面临的新情况新变化新要求，切实增强抓好城市基层党建工作的思想自觉和行动自觉；聚焦重点任务，全面夯实基础，探索党建引领基层治理的有效路径；坚决扛起管党治党政治责任，以更大担当作为推进各项部署要求落地落实。

**【新一轮安全事故隐患大排查大整治协调会】** 2017年12月11日，召开新一轮安全事故隐患大排查大整治突出隐患协调会，传达全市安全生产工作会议精神，区民政局、区卫计委、区教育局、区房管局等11个部门汇报安全事故隐患排查整治工作进展情况，突出隐患问题解决措施及下一步工作计划。区委书记贾凤山指出，要牢固树立“隐患就是事故，事故就要处理”理念，发现问题立即整改；坚持问题导向，借助专业力量开展高标准、全覆盖排查；坚持疏堵结合，制定重难点问题解决方案，全程督促监管，严肃处理问责；坚持“软”“硬”兼施，既要加强教育、宣传、管理，又要开展专项治理，严厉打击违法行为；构建长效管理机制，以“铁面、铁规、铁腕、铁心”，上下联动、齐抓共管、协同配合，推动本轮安全事故隐患排查整治工作落到实处，向纵深方向持续发展。

**【民主协商会】** 2017年12月22日，召开区委民主协商会，就《中共河西区委常委会2017年工作报告》《中共河西区委常委会2018年工作要点》专题听取各民主党派、工商联、无党派人士代表意见和建议。区委书记贾凤山表示，区委将充分吸纳所提意见建议，一如既往做好统战工作，希望各民主党派、工商联和无党派人士牢固树立政治意识、大局意识，把思想和行动统一到中央部署上来，按照市委、区委要求，认真总结2017年工作，结合十九大精神，规划好2018年工作，在工作机制上再创新，在重点工作上再发力，不断提高履职水平，为河西发展献计出力。

# 主要工作与活动

**【党的十九大精神宣讲】** 2017年10月27日，党的十九大代表、区委书记贾凤山深入谊景村社区宣讲，围绕十九大报告提出的新论断、新特点、新目标、新要求，结合全区发展实际，与社区党员开展学习交流。贾凤山指出，深入学习宣传贯彻党的十九大精神，是当前和今后一个时期首要的政治任务，要更加紧密地团结在以习近平为核心的党中央周围，践行以人民为中心的发展思想，把党的十九大精神迅速传达给基层党员群众，凝聚力量，推动各项工作落实。

11月3日，市“一家带百家，共学十九大”首场主题学习实践活动在河西举办，党的十九大代表、市妇联主席戴蕴，党的十九大代表、区委书记贾凤山出席最美家庭社区宣讲会，创新宣讲形式，引导广大妇女及家庭深入领会十九大报告精神，以实际行动把最美家庭精神传播出去，把美好家风发扬光大。戴蕴与市最美家庭十九大宣讲团成员深入柳林街龙天园社区入户宣讲。市妇联副主席梁春早，区领导陈冰参加。

11月8日，区委书记贾凤山深入企业、社区宣讲，在桂发祥十八街麻花食品股份有限公司，回答企业职工关于传承传统文化、创新发展、做大做强企业等问题，要求认真学习贯彻党的十九大精神，进一步找准奋斗目标和发展定位，弘扬劳模精神和工匠精神，凝聚智慧力量，提升企业发展水平。

11月8日，区委书记贾凤山深入陈塘庄街双山新苑社区，慰问社区老党员，向社区居民赠送党的十九大相关书籍。

11月12日，区委书记贾凤山深入龙瀚东园不动产登记手续办理现场，为房管系统党员干部宣讲党的十九大精神，贾凤山指出，党的十九大为新时期房地产管理工作指明方向，要坚持以人民为中心，强化市场监管，确保房地产市场稳定健康发展。

11月13日，区委书记贾凤山深入区文化中心文化社团宣讲党的十九大精神，与文化系统党员干部研究未来河西区文化事业产业发展方向和规划路径，贾凤山指出，要深入学习贯彻党的十九大精神，多渠道拓宽群众文化视野，培养群众文化自觉意识，增强文化自信和文化获得感。

11月13日，区委书记贾凤山深入区审计局，结合区内典型事例解读党的十九大报告，贾凤山强调，要在学懂弄通做实上下功夫，深度参与“四个全面”战略布局在基层实施，牢固树立以人民为中心审计观念，严格执法，敢于碰硬，做好审计工作转型升级，充分发挥审计在党和国家监督体系中的作用。

11月14日，区委书记贾凤山深入河北商会宣讲党的十九大精神，为河北省企业家代表深入解读党的十九大精神，分享现场盛况与见闻感受，希望企业家们深入学习贯彻党的十九大精神，弘扬企业家精神，发挥企业家作用。贾凤山表示，河西区将坚决贯彻落实党的十九大精神，牢固树立“产业第一、企业家老大”理念，对企业家敢亲真清、热情坦荡，建立与企业家常态化联系制度，为企业提供发展的沃土，同时欢迎更多河北省优质企业落户河西区，为推进京津冀协同发展战略作出更大贡献。

11月14日，区委书记贾凤山深入武警天津市总队河西支队，与官兵交流讨论，希望驻区部队官兵能够深入贯彻习近平强军思想，坚持党对人民军队绝对领导，深刻把握党的十九大对国防和军队建设提出的“三步走”战略目标，提升能力素质，为国防和军队现代化建设以及河西经济社会发展作出新的更大贡献。

11月15日，区委书记贾凤山为老干部宣讲党的十九大精神，深入区委老干部局，与离退休干部党支部书记、老干部理论学习组成员、区关工委领导成员、街道关工委常务副主任以及专兼职干部，分享大会盛况与参会体会。贾凤山强调，要始终把老干部工作摆在重要位置，着力在落实好老干部政治待遇、发挥好老干部积极作用、开展好老干部健康活动和解决好老干部实际困难上下功夫，希望老干部充分发挥政治优势、经验优势，带头学习宣传贯彻好党的十九大精神，为高水平打造首善之区作出新贡献。

11月28日，区委书记贾凤山到第四十二中学宣讲党的十九大精神。党的十九大代表、第四十二中学校长袁滨渤及奥运冠军魏秋月参加。围绕党的十九大报告提出的新要求新部署，结合河西区首善教育、体育教育等工作开展座谈。贾凤山指出，党的十九大做出的一系列重大部署，是续写中国特色社会主义新篇章的宣言书、指南针、路线图和动员令。要深入学习贯彻党的十九大精神，发展好群众体育，抓载体、抓项目、补短板、强基础，推动学校体育教育事业加快发展。要加大名师培养力度，优化教师队伍建设，打造优质人文课程。要紧紧瞄准人民群众对美好生活的需要，优先发展教育事业，把体育强国战略落到实处，奋力谱写新时代首善之区建设新篇章。区领导陈冰、李丽君参加。

11月29日，区委书记贾凤山向党外人士宣讲党的十九大精神，表示，多党合作的政治协商制度是习近平新时代中国特色社会主义思想的重要组成部分，河西区将全面落实党的十九大精神，不忘合作初心，支持民主党派参政履职，希望各民主党派坚定不移维护以习近平同志为核心的中共中央权威和集中统一领导，提高政治站位，加强政治建设、队伍建设和基层建设，不断开创党派工作新局面，为全面建成小康社会凝聚力量。区委常委、区委办公室主任陈冰，区委常委、区委统战部部长邹朝阳出席。各民主党派区委会和新的社会阶层代表人士等共40余人参加。

12月8日，区委书记贾凤山为区人大代表宣讲党的十九大精神，围绕大会主题、主要成果介绍盛况，着重阐述中国特色社会主义进入新时代、新时代中国特色社会主义民主政治下的人民代表大会制度等内容。贾凤山指出，要坚持党的领导、人民当家作主、依法治国有机统一，进一步提高政治站位，密切与群众联系，增强全局大局观念，保持昂扬的精神、务实的作风，以实际能力和工作业绩比上下、较高低、见长短，不断开创自身工作的新局面，以人大团队的正能量共同汇聚起加快建设首善之区的强大气场。区人大常委会主任苏智主持会议，区政协主席李耀进、区委副书记贺亦农等区领导及区级离退休老同志出席会议。

**【全运会活动】** 2017年6月11日，副市长孙文魁带队到区调研，查看全运村及周边重点迎宾线、联络线道路环境，充分肯定全运村周边环境综合整治和拆迁工作效果，指出，要把办好全运会作为当前重要政治任务，全力做好各项筹备服务工作，全面实施全运村及比赛场馆周边环境整治，高标准高品质建设好各个场馆、各条道路，展现整洁靓丽市容环境。区委书记贾凤山表示，将进一步加大综合整治力度，自我加压、铆足干劲，以环境优美、服务优良、安全有序、文明和谐城市形象迎接第十三届全运会召开。区领导李学义、陈勇、陈冰、纪立新参加。

7月15日，市领导到全运村视察调研。市委常委、常务副市长段春华，副市长曹小红、孙文魁一行视察全运村周边市容环境、公交场站、公共停车场及“三村”整体建设进展情况，听取全运村部运行管理和服务保障工作汇报，对筹备工作给予充分肯定。段春华指出，全运村各项筹备工作已进入冲刺阶段，全体人员要高度重视，精心组织，协同配合，注重细节，在精心、精细、精准上下功夫，高标准、高质量做好全运村服务保障工作。区领导贾凤山、李学义、陈勇、陈冰陪同。

7月22日，副市长孙文魁到全运村调研。检查全运村道路设施及运动员村、媒体村餐厅，对全运村设施建设及防汛工作予以肯定，指出，要高度重视防汛工作，完善防汛应急预案，认真细致排查隐患，及时科学调度，确保安全度汛。市建委总工程师吴冬粤，区委常委、常务副区长、全运村执行副村长陈勇陪同。

7月23日，公安部党委副书记、副部长黄明深入全运村调研安保工作。实地检查全运村安保作战沙盘、运动员村餐厅、安保指挥中心，听取关于利用科技化手段设置三道过滤网、一个核心区等安保工作开展情况汇报，并就进一步细化科技手段应用、强化密集人群管理、防范安全事故等工作提出具体意见。市委常委、市委政法委书记赵飞参加，区领导贾凤山、李学义等陪同。

8月5日，副市长曹小红一行视察全运村综合实战演练情况，实地查看运动员村志愿者之家、文化驿站、运动员餐厅、卫生医疗中心，指出，要弘扬志愿精神，更生动展示天津特色文化，确保运动员饮食安全、营养丰富，为全体村民健康保驾护航。

8月9日，举行全运会火炬传递活动。全运会组委会副主任、市委常委、教育工委书记程丽华出席，点燃第一支火炬，赠送“中华人民共和国第十三届运动会火炬传递纪念证书”。区委书记贾凤山，区委副书记、区长李学义分别在起跑仪式、庆祝活动上致辞。35名火炬手参与火炬传递。区领导苏智、陈勇、陈冰、李丽君参加。

8月14日，市委书记李鸿忠，市委副书记、市长王东峰带队检查全运村服务保障工作，深入安保指挥中心、志愿者之家、医疗服务站、运动员文化驿站、运动员村餐厅，现场召开全运会筹办有关工作会议，听取全运村开村准备、医疗保障、文化活动安排等情况汇报，对河西区推进全运村周边环境综合整治和全运村开村准备各项工作给予充分肯定。李鸿忠指出，全运村开村在即，要抓紧完善相关流程，加强各项服务保障，严密落实安保防控措施，提供安全便利出行，确保食品安全卫生，完善医疗救治服务，展现一流工作水准和服务水平。市领导段春华、程丽华、陈浙闽、李毅、曹小红参加。

8月27日，香港特别行政区行政长官林郑月娥参观访问全运村，参观运动员村文化驿站、餐厅，看望慰问香港特别行政区代表团运动员、教练员，对河西区提供的热情周到服务表示赞许，并预祝全运会圆满成功。全运村村长、区委书记贾凤山介绍河西经济社会发展、全运村建设及运动员村餐厅情况，赠送《河西画册》，表示将提供最优质服务，祝愿香港体育健儿在全运会上取得佳绩。

8月29日，国家体育总局局长苟仲文访问全运村。看望慰问陕西、甘肃等12个代表团运动员、教练员，参观兴奋剂检查站、志愿者之家、运动员村餐厅及文化驿站，感谢河西区为全运村及全运会成功举办所作贡献，勉励运动员再接再厉、勇攀高峰，在赛场取得佳绩。国家体育总局副局长杨树安、李颖川，全运会组委会秘书长、副市长曹小红参加。

9月4日，团中央书记处书记尹冬梅慰问全运村志愿者。参观全运村服务中心、运动员村文化驿站，深入一线保障服务岗位，了解志愿服务工作开展情况，充分肯定全运村及志愿者服务工作。全运村村长、区委书记贾凤山介绍全运村建设及运行情况。团市委书记王峰，团市委副书记王凤，区领导李学义、陈冰陪同。

9月6日，市委常委、市委政法委书记赵飞检查全运村安保工作。深入安保指挥中心，了解村内安保部署及轮班值守情况，对安保运行状况给予充分肯定，要求继续发扬政治责任感和使命感，以最高工作标准和饱满精神状态，在全运村工作收尾阶段想全、想细、想万一，确保全运会安全圆满收官。市委政法委副书记祖文光，市公安局局长董家禄，区领导韩琳、赵年伏陪同。

9月8日至9日，全运村举办“温馨全运感恩有你”欢乐嘉年华。活动以“温馨全运、感恩有你”为主题，设置温馨送别、活力快闪、爱心捐赠等版块，以全运村名义，感谢所有参与运动员和体育界人士。全运村首席技术专家刘清早和全运村村长、区委书记贾凤山，全运村常务副村长、区委副书记、区长李学义，区领导苏智、李耀进等参加。

**【“两学一做”学习教育常态化制度化】** 2017年6月12日，召开学习贯彻市第十一次党代会精神主题宣讲报告会暨“维护核心、铸就忠诚、担当作为、抓实支部”主题党课。区委书记贾凤山主讲，贾凤山指出，学习好、宣传好、贯彻好市第十一次党代会精神，是当前和今后一个时期重要政治任务。要求全区突出政治站位，坚持首善标准，强化责任担当，用实际行动贯彻落实市第十一次党代会精神，为实现全面建成高质量小康社会、建设社会主义现代化大都市目标任务贡献力量，以优异成绩迎接党的十九大胜利召开。

6月28日，区委常委会举行开展“维护核心、铸就忠诚、担当作为、抓实支部”主题教育实践活动推进“两学一做”学习教育常态化制度化专题讨论会。区委书记贾凤山主持并讲话，贾凤山强调，开展主题教育实践活动，是推动“两学一做”学习教育常态化制度化的重要举措，关键在于落实。要坚持政治立身，筑牢对党绝对忠诚政治品格，在思想上政治上行动上同以习近平同志为核心的党中央保持高度一致，把践行“四个意识”融入血液。要带头加强学习、查找差距、整改问题，确保全市主题教育实践活动和河西区主题活动扎实有效深入开展，以学习教育新成效推动首善之区各项事业蓬勃发展。区领导李学义、苏智、李耀进、贺亦农作重点发言。会上，4名基层优秀党员代表受邀参加，畅谈体会感悟，并进行互动交流。

9月28日，区委常委会举行开展“维护核心、铸就忠诚、担当作为、抓实支部”主题教育实践活动推进“两学一做”学习教育常态化制度化专题讨论会。深入学习贯彻习近平总书记系列重要讲话精神特别是“7•26”重要讲话精神，集中观看电视专题片《梁家河的故事》，传达市委常委会专题讨论会精神。区委书记贾凤山主持并讲话，贾凤山强调，要坚持加强党性锻炼，以人民为中心，担当拼搏进取，以坚定理想信念、真挚为民情怀、新的有力作为诠释对党绝对忠诚，以优异成绩迎接党的十九大胜利召开。区委副书记、区长李学义，区政协主席李耀进，区委副书记贺亦农等与会领导，重点围绕“坚持‘四个服从’，以坚毅如铁的信念诠释对党绝对忠诚”逐一发言。

12月22日，区委理论学习中心组集体学习暨区委常委会开展“维护核心、铸就忠诚、担当作为、抓实支部”主题教育实践活动推进“两学一做”学习教育常态化制度化专题讨论召开。将现场作为课堂，深入珠江影院和龙博花园社区开展集体学习，实地查看安全隐患排查和地下空间治理情况。区委书记贾凤山强调，深入贯彻落实党的十九大精神，必须始终坚持以人民为中心发展思想，把人民群众安居乐业放在首位，牢固树立“隐患就是事故、事故就要处理”观念，以安全工作成果检验驰而不息纠治“四风”成效；深挖细查真改，健全体制机制，疏堵结合、标本兼治，确保隐患整改见底见效，不断增强人民群众安全感。

**【领导调研】** 2017年2月8日，市人大常委会主任肖怀远带队到区调研。深入桂发祥麻花饮食集团有限公司，听取区“一府两院”和市人大代表意见，研究提出贯彻落实《天津市人民代表大会代表建议、批评和意见工作条例》的措施要求。肖怀远指出，全体人大代表要带头落实好《中国共产党纪律处分条例》（简称：《条例》）规定，深入基层开展调查研究，提出高质量建议和意见。要把《条例》规定要求落实到代表建议办理工作全过程，完善制度机制，改进工作方法。要开展多种形式宣传教育和专题培训，营造条例有效实施良好氛围。市人大常委会副主任张俊滨、副主任兼秘书长杨福刚参加。区领导贾凤山、苏智、陈冰、孟华、于有香陪同。

3月14日，国务院联合调研组到河西区调研。国务院法制办副主任甘藏春一行深入友谊路街市场监管所、区行政许可中心，听取河西区关于市场监管领域综合执法改革的意见建议，对河西区相关工作表示肯定。区委书记贾凤山表示，将以此次调研为契机，积极探索市场监管领域综合行政执法改革新路径，进一步整合相关部门执法职责和队伍，提升监管效能，营造公平有序市场竞争环境和安全放心市场消费环境。区领导陈勇、孙占军陪同。

3月21日，市委书记李鸿忠暗访抽查区军队退役人员联络服务站工作情况。先后深入越秀路街军队退役人员联络服务站、挂甲寺街前程里社区军队退役人员联络服务工作室，了解站室工作情况，与办理信息登记转业退休人员攀谈。李鸿忠充分肯定河西区军队退役人员相关工作，李鸿忠强调，要站在巩固党的执政地位和国家长治久安高度，以新理念新思路新方法做好新形势下军队退役人员工作，主动服务、真情服务，从政治上思想上生活上给予更多关心关怀，确保思想教育到位、安置措施到位、优抚优待到位、服务管理到位，切实把党中央的温暖送到心坎上。同时要求在全市推广河西区经验做法，各层面联动，确保取得更大成效。区领导贾凤山、陈冰陪同。

3月28日，市政协副主席李文喜带队到区调研。深入桂发祥集团，就“老字号”企业发展进行调研，实地查看十八街麻花文化馆和示范生产车间，听取相关工作介绍，要求努力扶植企业做好老字号挖掘宣传工作，为传承保护老字号提供有力支持，让桂发祥影响力在所有消费者心目中生根发芽，使这张城市“名片”更加闪亮。区领导贾凤山、陈勇、陈冰、刘惠庆陪同。

3月30日，市政协主席臧献甫到区调研。实地察看友谊路街谊景村社区基层党建工作情况和南京理工大学北方研究院智能制造科技园科技创新项目发展情况，就市第十一次党代会报告议题开展座谈。臧献甫强调，河西区要提高政治站位，深刻认识开好市第十一次党代会重大意义，认真总结五年来发展成就、经验和不足，自觉担负起历史赋予的光荣使命，抢抓机遇，改革创新，为美丽天津建设作出积极更大贡献。区委书记贾凤山汇报河西区有关工作，就起草好市党代会报告提出建议。区领导李学义、贺亦农、肖仲慧、陈冰、邢德惠陪同调研。

4月10日，国务院副秘书长、国家信访局局长舒晓琴到区调研复退军人三级服务站工作。先后深入挂甲寺街前程里社区、越秀路街、区民政局，了解复退军人到联络服务站登记情况，听取入户走访和开展服务工作汇报。舒晓琴充分肯定河西区复退军人有关工作并指出，要增强为民情怀，妥善处理好复退军人就业安置方面存在的问题，不断增强荣誉感、归属感、认同感，努力构建和谐稳定社会秩序。市委常委、副市长赵飞参加调研。区领导贾凤山、韩琳、陈冰、赵年伏、高鹏陪同调研。

5月10日，团中央书记处书记尹冬梅一行深入前程里社区，调研活力空间阵地建设情况，充分肯定志愿服务工作成绩。区委书记贾凤山介绍河西区活力空间工作基本情况，表示将积极发挥主导作用，充分挖掘区内资源，壮大特色品牌优势，促进活力空间不断完善，获得长足发展。团市委书记王峰、团市委副书记王凤，区领导贺亦农陪同。

5月15日，市委常委、常务副市长段春华检查指导环保督察整改落实工作。先后到台儿庄南路、国美电器大沽南路店、九龙路垃圾转运站等点位，查看中央环保督察组转办问题整改情况，听取关于环境保护重点任务落实情况汇报。段春华指出，要把开展环保督察整改落实工作作为重要政治任务和民心工程，进一步夯实责任，全面排查环境污染源和风险点，迅速整改督办督察组转办和群众反映问题，以点带面、举一反三，从源头上健全体制机制、完善制度办法，推动环保工作常态化、制度化和长效化。区领导贾凤山、陈勇、陈冰陪同。

6月16日，市人大常委会副主任崔津渡带队到区开展“一法一例”集中检查。深入友谊路街谊景村社区，查看综合服务大厅、复退军人服务站、党员之家、城市书吧等场所，听取社区贯彻实施《中华人民共和国就业促进法》和《天津市就业促进条例》工作情况汇报。对河西区社区党建成效、为民服务职能履行及综合服务功能发挥给予肯定，对社区贯彻实施“一法一例”、促进社区就业工作做法成效给予认可。区领导贾凤山、李学义、苏智、陈勇、陈冰、于有香陪同。

6月22日，市人大常委会副主任张俊滨带队到区调研指导基层人大工作。深入越秀路街人大代表之家，了解街道“站”“家”建设情况，对推进代表履职做法成效给予充分肯定。张俊滨指出，要进一步规范人大工作程序、注重环节沟通、倾听选民心声、解决百姓需求，真正把人大代表为人民的工作做实做好。要切实提高代表政治站位和履职能力，充分借助人大代表接待站等现代化工作平台载体，做好调研、走访等实践工作，为全市重点工作作出新的更大贡献。区委书记贾凤山介绍全区经济社会发展情况和近期重点工作。区领导苏智、陈冰、孟华陪同。

7月7日，市委常委、市委组织部部长盛茂林到区调研。深入谊城公寓社区、银河文化社团、区文化中心、北方设计联盟展示中心、南京理工大学北方研究院，考察经济社会发展、党建工作情况。盛茂林指出，要充分发挥社区党组织作用，创新联系服务群众方式方法，把社区建成居民之家。要深入推进共驻共建，在职党员干部要积极参与社区建设，形成社区治理强大合力。要加强非公经济组织和社会组织党建工作，把党的组织建在商务楼宇、广场公园、文化团队上，保证各类组织始终在党的领导下开展活动。区领导贾凤山、贺亦农、肖仲慧、陈冰陪同。

7月22日，中央党校副校长甄占民一行到区委党校调研。实地考察党校教育教学、特色培训场所。区委书记、区委党校校长贾凤山介绍贯彻落实中央《关于加强和改进新形势下党校工作的实施意见》和市委相关要求，强化区委对党校工作领导情况。甄占民充分肯定河西区工作，对中国共产党思想理论资源数据库天津中心给予高度评价，希望河西区继续加强和改进党校建设，以理论教育和党性教育为重点，更好地用科学理论武装头脑，指导实践，推动工作。市委党校副校长赵晓呼，区领导陈冰陪同。

9月22日，市委常委、常务副市长段春华考察南昌路地区环保督察整改落实情况。现场查看道路铺装、园林绿化及周边社区环境整治和沿街商铺立面整修等情况，对全区以迎全运为契机开展的环境综合整治工作成果给予肯定。段春华指出，要保持良好工作态势，巩固好已有环境整治成果，继续完善道路周边软硬件设施，提升市容环境水平。区委书记贾凤山表示，河西区将全力做好环保督察问题整改落实，加快改善城区环境面貌建设步伐，以清新整洁、大气靓丽市容市貌迎接党的十九大胜利召开。

9月27日，中央维稳安保工作督查组到区督导检查十九大安全保卫工作。中央综治委副主任、中央政法委副秘书长、中央综治办主任陈训秋一行先后深入谊景村社区、市文化中心、太湖路派出所，考察社区综治中心建设、社会力量动员、“河西力量”APP平台运行等情况。陈训秋强调，党的十九大期间维稳安保工作是压倒一切的政治任务，要进一步把思想和行动统一到中央精神上来，居安思危、知危图安，以坚定意志、必胜信念、顽强作风、过硬措施，扎实做好维稳安保工作，努力为党的十九大顺利召开营造和谐稳定社会环境。市委常委、市委宣传部部长陈浙闽，副市长孙文魁参加。区领导贾凤山、李学义、韩琳、陈冰、赵年伏陪同。

10月5日，市委督查组到区督查党的十九大维稳安保工作。市委督查一组组长、市委政法委专职副书记祖文光一行深入越秀路街，听取河西区十九大前夕维稳工作开展情况，要求，要进一步提高政治站位，把握区域特点，做好重点领域安保问题防范，加强薄弱环节监督管理，高度重视公共安全，确保第一时间发现问题、处置问题，为党的十九大胜利召开营造安全稳定政治社会环境。区委书记贾凤山表示，将按照市委部署和督查组要求，立足河西之特，继续加大投入力度，全力以赴做好维稳安保工作。

10月12日，全国人大常委会副委员长、民建中央主席陈昌智到区调研。充分肯定河西区近年来经济社会发展取得的显著成绩，要求民建河西区委会进一步加强自身建设。区委书记贾凤山表示，河西区将认真学习习近平总书记关于统一战线的新理论新思想新战略，全面贯彻落实中央统战工作会议精神和市委关于统战工作决策部署，始终把加强统战工作作为重大政治任务，从制度建设、经费保障上，全力为民主党派发展提供支持，努力提高民主党派参政议政的质量和水平。市人大常委会副秘书长杨蔚东，民建市委会主委李文海，区领导苏智、邹朝阳陪同。

10月13日，市委巡视工作领导小组到区调研巡察工作。市委巡视工作办公室主任、正局级巡视专员刘志强一行查阅巡察文档资料，对河西区巡察工作给予高度评价。区委书记贾凤山介绍区委在履行巡察工作主体责任方面思路和做法，贾凤山表示，将全面落实鸿忠书记在全市巡视巡察工作座谈会上讲话精神，进一步担起主体责任，创新工作方法，深化政治巡察，推动巡察工作更好开展。区委常委、区纪委书记、区委巡察工作领导小组组长张楠汇报河西区巡察工作创新举措及取得成效。

10月24日，市人大常委会副主任散襄军到区档案馆调研，了解新档案馆投入使用情况，参观档案查阅服务中心、信息化机房、智能库房等设施设备，对新档案馆建设给予肯定。散襄军指出，要围绕党的十九大精神学习宣传，开展纪念活动，唱响档案工作服务政治大局主旋律；继续发扬档案人责任感和使命感，以最高标准和最佳精神状态，严把质量关，加强档案服务，培养专门人才，按时做好档案接收整理工作，确保档案工作平稳有序快速发展。市档案局局长方昀，区领导李学义、苏智、陈冰陪同。

11月2日，市委常委、市委政法委书记赵飞到区调研，深入友谊路街谊景村社区，考察平安社区及平安志愿者队伍建设情况。赵飞指出，要以党的十九大精神为指引，认真对照梳理，找准新方位、明确新使命；加强平安志愿者建设，进一步完善制度，创新发展方向，精心打造平安志愿服务品牌，为区域发展创造良好社会环境。区委书记贾凤山表示，将全面贯彻落实党的十九大精神，加强创新社会治理，加大人财物保障力度，强化群防群治，推动河西安全稳定工作再上新台阶。市委政法委副书记、市综治办主任李清参加。市内6区综治办主任、河西区平安志愿者代表参加。

12月13日，市人大常委会副主任散襄军一行到区调研指导工作。深入天塔街综治指挥中心，听取社会治安防控和智慧社区建设汇报，调研运用信息化手段推进社区平安建设情况，围绕如何加强社会防控体系推进平安天津建设工作召开座谈会。散襄军指出，要以十九大精神为指引，牢固树立以人民为中心发展思想，抓好社会治安防控薄弱环节，加强警防、人防、技防三网建设，推广扩大信息化防控工作覆盖面，提高社会治理和服务水平；继续打造业务精湛、思想坚定、作风过硬的公安干警队伍，为实现天津市“五个现代化天津”建设奋斗目标和美丽天津建设提供坚强保障。区领导李学义、苏智、赵年伏陪同。

**【交流活动】** 2017年5月10日，“长三角”地区企业代表团到区考察洽谈。区委书记贾凤山、市政府驻上海办事处主任冯嘉强出席。贾凤山表示将不断完善投资政策，积极搭建平台，为企业提供优质、高效、便利服务，希望企业家多关注河西、了解河西，到河西投资兴业，与河西区共谋长远发展。代表团一行观看河西区功能介绍宣传片，介绍企业发展情况和投资意向。区领导陈勇、高鹏、孙占军、刘惠杰参加。

7月13日，长春市南关区党政代表团到区开展对口合作交流。区委书记贾凤山对南关区区委书记谢志敏，区委副书记、区长杨大勇一行表示欢迎。贾凤山表示，河西区将本着思路清晰、目标明确、举措具体的合作战略，积极谋划推进一批对接项目落地，促进产城融合协作发展。希望双方在谋求合作共赢发展中，相互支持配合，发挥各自优势，促进两地经济社会更好更快发展。谢志敏表示，将抓住机遇，从河西区汲取营养，促进自身工作，与河西共谋更好更大发展。区领导陈冰、孙占军、刘惠杰参加。

7月15日，国药控股医疗投资管理有限公

司董事长魏玉林一行到区参观座谈。就推动河西区医疗健康产业多元化发展，全面提升区域医疗健康综合服务水平等内容进行探讨。区委书记贾凤山表示，河西区将一如既往营造公平公正市场环境，希望双方进一步加强医疗领域合作交流，深度挖掘优质资源，探索创新模式，加快医疗改革步伐，推动河西医疗健康产业加快发展，让更多优质资源惠及广大群众。区领导李学义、陈冰、李丽君参加。

11月10日，中交天津航道局有限公司党委书记、董事长钟文炜一行参观河西区北方设计联盟展示体验中心，赠送亚洲最大挖泥船“天鲲号”模型，表示将投身北方设计联盟建设之中。区委书记贾凤山希望航道局继续发挥引领示范带动作用，促进科技人才流动，实现科技创新聚合效应，为加快建设“北方设计之都”贡献力量。区领导李学义介绍全区经济社会发展情况和北方设计联盟建设情况。

12月4日，西藏昌都市委组织部到友谊路街学访。深入谊城公寓社区，实地参观育文里、育学里小区改造成果，听取小区党建廉政文化墙、文化体育广场、宣传展板等情况介绍，详细了解“党员微课”等特色党建项目，就美丽社区、精品社区建设问题展开交流探讨，互通互学，创新区域特色活动。

**【对口支援工作】** 2017年2月27日，河西区与甘肃省平凉市党政代表团开展东西部扶贫协作和对口帮扶工作座谈会，区委书记贾凤山出席并讲话，贾凤山表示将坚决贯彻党中央、国务院决策部署，落实精准扶贫、精准脱贫方略，结合区情和庄浪县情，不断创新完善对口帮扶工作机制和政策措施，有效对接双方资源优势，着力凝聚帮扶合力，持续合作共同发展，全力协助庄浪县打赢脱贫攻坚战，谱写东西部扶贫协作新篇章。平凉市委副书记王大睿对河西区党政代表团先行赴庄浪县开展帮扶调研表示感谢。区委副书记贺亦农介绍河西区情况。区领导陈冰、刘惠杰出席。

3月17日，河西区与甘肃省平凉市庄浪县签订扶贫协作框架协议。平凉市委书记郑亚军率党政代表团一行到市、区文化中心，了解全区文化惠民、科技创新等方面经验成果。区委书记贾凤山出席签约仪式，对代表团一行表示欢迎，祝贺两地友好结亲，贾凤山指出，将按照“长短结合、远近相接”原则实施精准扶贫，因地制宜给予庄浪县长期帮扶。按照“近期脱贫、长远富裕”目标，注重区域协作，稳步推进各项扶持措施，共同打好脱贫攻坚战。

3月22日至24日，河西区党政代表团赴甘肃省平凉市庄浪县考察调研。走访项目点位，认真听取产业情况介绍。区委书记贾凤山指出，要一心一意为庄浪县亲人解难题、办实事，第一时间了解结缘地区需求，针对性开展帮扶，在真帮、实帮行动中，体现河西人主动作为、精干高效、务实奋进工作作风。贾凤山表示，将围绕精准扶贫要求，认真梳理产业化发展思路，制定完善对口帮扶计划，帮助庄浪人民更早、更快、更好实现精准脱贫，与庄浪地区一道全面实现小康社会。平凉市领导王大睿、毛文平、李富君、禹文长等陪同调研。

3月25至26日，河西区党政代表团赴甘肃省甘南州卓尼县考察调研。区委书记贾凤山指出，要学习分析、摸清搞透卓尼县情和自身特点，做好两地优势整合对接，深化精准扶贫方案和举措。要以决战决胜坚定信心打赢精准扶贫、精准脱贫战役。要用扎实举措和有力行动深化东西部协作，全力以赴帮助受援地区早日实现全面小康。两区县签订东西部扶贫协作框架协议。

11月3日，举办平凉“金果红牛”农特产品对接洽谈会。平凉市委书记郭承录欢迎更多企业到平凉投资兴业，建立特色农产品生产、加工和经销合作关系，让平凉“金果”“红牛”走上天津人民饭桌。区委书记贾凤山祝愿推介活动取得圆满成功。现场平凉市企业与全国37家企业签订苹果、红牛、核桃等销售协议，总金额达13.04亿元。

11月3日，召开甘肃·平凉“金果红牛旅游”走进天津旅游推介洽谈会。平凉市和河西区对各自旅游资源进行推介宣传，共同观看两地旅游宣传片、《我在崆峒等你》、天津传统快板和相声等地方特色文艺节目，现场签订旅游合作协议150份。平凉市委副书记、市长王奋彦，区领导贺亦农、刘惠杰出席。

11月3日，举行“我从平凉来”创意推介晚会。平凉市委书记郭承录对平凉人文景点、农业产品及美食文化等进行介绍。区委书记贾凤山表示，河西与平凉有一家亲的情谊，将不断探索新模式，促进平凉金果、红牛等农产品走出国门、走向世界，带动平凉百姓共同富裕。平凉市委副书记、市长王奋彦，区领导苏智、李耀进、贺亦农、肖仲慧、陈冰、李丽君、刘惠杰出席。

11月4日，举办甘肃·平凉“金果红牛旅游”走进天津活动。天津市副市长赵海山出席主展馆开馆仪式及庄浪县农副产品直销窗口揭牌仪式，参观桂发祥食品广场平凉农特产品及旅游展厅，了解庄浪县农副产品直销店情况。平凉市委书记郭承录对天津市给予平凉扶贫攻坚和经济社会发展的大力支持表示感谢。区委书记贾凤山在致辞中表示，将认真贯彻习近平总书记在东西部扶贫协作座谈会上重要讲话精神和有关重要要求，将精准扶贫精准脱贫放在帮扶首位，加大对接力度，深化扶贫协作关系，共同打赢脱贫攻坚战。

11月7日，甘肃省平凉市党政代表团到谊景村社区学访。实地查看社区环境、“数字社区智慧友谊”服务平台、社区综合服务大厅、学雷锋志愿服务示范站、城市书吧等场所，了解区域化党建工作机构及党建项目运作情况，就社区党建、社区治理等方面进行交流研讨。

**【武汉东湖高新集团落户河西区】** 2017年1月11日，河西区与武汉东湖高新集团股份有限公司签署战略合作协议，共同推进陈塘自主创新示范区产业项目开发建设。副市长孙文魁、市政协副主席王治平出席签约仪式。湖北省联合发展投资有限公司、武汉东湖高新集团等企业负责人和市投促办主任孙虎军，区领导李学义、孙占军参加。

**【国药控股天津有限公司、天津光电集团有限公司签约仪式】** 2017年1月20日，河西区与国药控股天津有限公司、天津光电集团有限公司签约。区委书记贾凤山出席签约仪式，贾凤山表示，将深入实施创新驱动战略，切实提升经济发展质量效益，加强三方战略合作，带动大健康产业发展，全面推进健康河西建设。两家公司负责人出席并讲话。

**【开展“双万双服”帮扶民营企业活动】** 2017年2月7日，区委书记贾凤山带队到民营企业开展“双万双服”帮扶活动。先后到天津天复精密器件制造有限公司和东文高压电源（天津）股份有限公司两家民营企业走访调研，了解企业需求，帮助企业解决实际困难。贾凤山对民营企业为河西区作出的贡献表示感谢，贾凤山指出，各部门要不遗余力助推民营企业发展，不断提升帮扶企业的综合能力和服务效能，以创新的思维模式、创新的招法举措为企业提供更多有针对性的帮扶，扶持民营企业成长壮大。

**【“迎全运，文明家庭在行动”启动仪式】** 2017年2月24日，河西区承办“家风耀中华”社区巡展暨“迎全运，文明家庭在行动”启动仪式。市委宣传部副部长、市文明办主任于景森，市妇联主席戴蕴、副主席梁春早，区委书记贾凤山、区委副书记贺亦农出席。与会者参观“家风耀中华”巡展，在“家风靓西岸”分展馆和越秀路街“最美家庭家风故事会”现场，聆听家风故事。

**【“迎全运　做文明有礼河西人”学雷锋志愿服务主题活动】** 2017年3月1日，举办“迎全运　做文明有礼河西人”学雷锋志愿服务主题活动。区委书记贾凤山对志愿者长期社会志愿关怀表示感谢，鼓励他们增强服务意识，提升服务能力，为全运会提供细致周到服务，用志愿服务精神讲好天津故事、打造“河西名片”。会上，与会领导向优秀志愿者及团队代表颁奖，为“迎全运学雷锋服务直属队”授旗。

**【新一届区人民政府组成人员集体宪法宣誓】** 2017年3月30日，举行新一届区人民政府组成人员集体宪法宣誓仪式。区委书记贾凤山出席并讲话，贾凤山指出，要突出政治站位，把牢正确政治方向，认真履行党要管党从严治党政治责任。要树立法治思维，提升依法履职能力，做带头学法、守法、用法的模范。要认真履职尽责，切实担当作为，做廉洁有为好干部。

**【天津市科技型企业创新发展现场推动会】** 2017年5月17日，天津市科技型企业创新发展现场推动会在区召开。副市长何树山一行调研南京理工大学北方研究院、东文高压电源（天津）有限公司，区委书记贾凤山陪同。何树山充分肯定河西区推动科技型企业创新发展经验做法，并指出，要认真贯彻落实市委、市政府决策部署，坚持实施创新驱动发展战略，推动创新型城市建设。要加快自主创新示范区建设，打造一批科技创新平台载体，吸引更多海内外科技成果落地转化。要落实全市“双万双服”活动要求，结合科技型企业发展实际，深入开展干部与企业“一对一”帮扶。市科委主任戴永康通报全市一季度科技型企业发展情况，对下一阶段工作进行部署。

**【权健青少年足球俱乐部战略合作协议签约仪式】** 2017年5月18日，河西区与权健青少年足球俱乐部签署战略合作协议。市体育局局长李克敏出席，充分肯定河西区关注青少年校园足球规划建设做法。区委书记贾凤山表示，河西区将持续关注和大力支持足球后备人才培养规划，积极为足球新苗搭建平台、提供渠道，让每一个爱运动的孩子都能得到全面发展，为天津足球、中国足球的美好未来贡献力量。权健集团董事长、天津权健足球俱乐部总经理束昱辉，区领导李学义、陈冰、李丽君，市足协秘书长崇勇出席。

**【共建小白楼航运服务集聚区推介会】** 2017年5月18日，举行共建小白楼航运服务集聚区推介会。市商务委主任张爱国出席，肯定河西区航运物流产业现阶段建设成果。区委书记贾凤山表示，将增强首位意识和责任担当，与企业家一道，共建高品质小白楼航运服务集聚区，实现企业成长与地区经济发展双丰收。会上，区政府与市国际货运代理协会签订合作协议。

**【全市少年儿童喜迎十九大歌咏大会】** 2017年6月24日，举办全市少年儿童喜迎十九大歌咏大会。市委常委、市委教育工委书记程丽华，市委常委、市委宣传部部长陈浙闽，老同志邢军、苟利军出席。区委书记贾凤山，区委副书记贺亦农，区委常委、区委宣传部部长杨志庆参加。来自河西区教育系统等市内六区中小学校的近千名同学演唱《闪闪的红星》《没有共产党就没有新中国》《少年中国梦》等爱国爱党歌曲，展现全市少年儿童热爱祖国、朝气蓬勃、积极向上精神风貌。

**【太湖路街道党工委、办事处成立】** 2017年8月18日，区委书记贾凤山，区委副书记、区长李学义，区政协主席李耀进，区委副书记贺亦农为街道揭牌，参观办公环境设施，体验社区事务服务中心“一门式”受理模式，观看微信公众号平台及线上办公平台模拟演示。贾凤山强调，要积极对接解放南路起步区城市管理工作，创新领导和工作机制，加强队伍建设，超前思维、超前谋划，不断开创新形势下街道社区发展新局面。

**【区委理论学习中心组举行专题研讨】** 2017年9月21日，结合《实践论》《矛盾论》2篇经典著作，区委理论学习中心组深入学习贯彻习近平总书记“7•26”重要讲话和对广大党员干部学习经典著作、发扬党学哲学用哲学的优良传统作出的重要指示精神，进一步深化对习近平总书记系列重要讲话精神和治国理政新理念新思想新战略的认识，深刻把握贯穿其中的马克思主义立场观点方法，不断提高指导工作实践的能力和水平。

**【“喜迎党的十九大”西岸之声合唱艺术展演开幕】** 2017年9月26日，举办“喜迎党的十九大”西岸之声合唱艺术展演开幕式。区委书记贾凤山，区委副书记、区长李学义，区政协主席李耀进、区委副书记贺亦农等区领导出席。600余名各界代表共同观看，大家表示热切期盼党的十九大胜利召开，牢记党的宗旨，永葆共产党员先进性，进一步鼓足干劲、担当作为，完成好全年工作任务，为实现中华民族伟大复兴的中国梦矢志奋斗。

**【学习贯彻党的十九大精神专题培训班】** 2017年11月27日，全区领导干部学习贯彻党的十九大精神专题培训班开班。通过自学、专题讲座、分组讨论等形式，对全区553名处级干部进行集中轮训，深入学习贯彻党的十九大精神，全面准确领会把握党的十九大精神的思想精髓、核心要义。第一期培训班邀请中央党校哲学教研部副主任、教授、博士生导师董振华作专题辅导报告。区委书记贾凤山主持开班仪式并讲话，贾凤山指出，全区领导干部要深入学习、准确把握党的十九大精神，真正在学懂、弄通、做实上下功夫，精读细研、深学笃用，结合实际，创造性地把党的十九大部署的各项任务落到实处，确保大会精神在河西落地生根、开花结果。

**【福中集团北方区域总部落户】** 2017年12月26日，福中集团北方区域总部顺利落户河西区。成立电商、金融、大健康、智慧城市等板块7家子公司。福中集团董事局主席杨宗义对区委、区政府勇于担当，帮助企业如期开业表示感谢。区委副书记、区长李学义表示，将树立“产业第一、企业家老大”理念，把“亲商、利商、留商、暖商、敬商、懂商、悦商”实事办好，深化合作，为百姓谋福，为企业创“富”。

（范佳男）

# 组织工作

**【概况】** 河西区委组织部内设：秘书科、干部科、干部监督室、综合干部科、人才工作科、组织科、组织二科、街道社区工作科、党员教育管理科、信息管理科。

2017年，河西区委组织部推进领导班子和干部队伍建设、党的基层组织和党员队伍建设、人才队伍建设实现新发展，组织工作水平得到新提升。

**【党的十九大精神学习宣传贯彻】** 2017年，河西区委组织部把学习宣传贯彻习近平新时代中国特色社会主义思想和党的十九大精神作为第一位的政治任务，纳入各级党委（党组）理论学习中心组学习的重要内容。采取党的十九大代表宣讲、党员领导干部宣讲与专家学者宣讲、党支部书记宣讲、身边党员宣讲等多种形式，推进党的十九大精神进企业、进机关、进校园、进社区、进网络。编辑《中国共产党第十九次全国代表大会学习资料》，印发全区1917个基层党支部，实现学习宣传贯彻全覆盖。

**【学习教育常态化制度化】** 2017年，河西区委制定《关于贯彻落实市委〈关于开展“维护核心、铸就忠诚、担当作为、抓实支部”主题教育实践活动推进“两学一做”学习教育常态化制度化的实施方案〉的实施意见》，成立“维护核心、铸就忠诚、担当作为、抓实支部”主题教育实践活动领导小组，全力抓好组织推进各项工作。全区各级党组织围绕3个专题，认真列出学习计划，开展专题讨论，集中学习2.14万次、11.2万余人次参加在线学习和测试答题。宣讲党的十九大精神2899次，开展净化政治生态专题讨论797次，组织培训基层党支部书记10347人次，各级党组织书记作宣讲、讲党课9033场次。

**【“争做廉洁有为好干部”主题活动】** 2017年，河西区委组织部制定《关于深入开展“牢记党的宗旨、增强‘四个意识’，争做廉洁有为好干部”主题活动的实施意见》，通过组织专题学习、开展专题讨论、召开专题民主生活会、开展专项整治、建立长效机制，营造学习先进、争当先进、赶超先进的浓厚氛围，增强全区党员干部的政治责任感和使命感，引导党员干部以身边典型为镜、向党员先锋看齐。

**【领导干部队伍建设】** 2017年，河西区委组织部树立正确的选人用人导向，选拔使用忠诚干净担当聚力的干部，不断加大干部交流力度，全年提拔和转任重要岗位处级干部93名，交流处级干部82名。提任科级干部13人，交流16人，调入干部40人，调出干部16人，办理公务员辞去公职手续3人。贯彻落实党的十九大关于完善干部考核评价机制精神，重新修订《河西区处级领导班子和领导干部年度考核暂行办法》。

**【干部监督管理】** 2017年，河西区委组织部制定《河西区委组织部对区管干部进行提醒、函询和诫勉的操作规程（试行）》，坚持从严管理监督干部的原则，对57名干部进行提醒，对13名干部进行诫勉，对1名处级领导干部取消考察对象资格。认真落实《河西区科级干部选拔任用预审办法（试行）》，坚持全区各党委（党组、工委）在科级干部选任前“凡提必审”，通过预审前置干部选拔任用监督关口，全年预审38个处级单位81批次186个科级干部的选任工作，纠正36处不规范问题。畅通“电话、短信、网站、来访”四位一体的12380举报平台，实行“12380”举报电话24小时专人值守制度，认真受理、查办选人用人工作中的违规问题，受理举报44件，均已查核。

**【干部教育培训】** 2017年，河西区委组织部按照“大培训年”定位要求，对全区处级领导干部进行2次全员轮训，邀请中央党校和市委党校知名专家教授进行专题辅导，深入学习领会党的十八届六中全会精神和党的十九大精神，切实强化理论武装。首次与首都知名高校、杭州市委党校等机构合作，举办区域经济发展研修班、党建系列专题培训班、新任职副处级领导干部培训班等班次，提升领导干部专业化能力。拓展党性教育渠道，在临沂市委党校、嘉兴干部学院建立党性教育基地，组织第29期青干班学员和新任副处级领导干部进行党性锻炼。全年培训处级领导干部1500余人（次）。完善干部教育培训制度，制定《河西区干部教育培训学员考核实施办法（试行）》，从严加强干部教育培训学员管理。制定《关于实行新提任处级党政领导职务政治理论水平任职资格考试制度的实施办法（试行）》，开展处级党政领导职务政治理论水平任职资格考试工作，全区465名处、科级干部参加考试，促进领导干部自觉加强政治理论学习。

**【基层组织建设】** 2017年，河西区委组织部建立基层党建工作巡查制度，每半年开展一次党建工作巡查，着力压实管党治党责任。制定《河西区基层党建工作制度文件汇编》，包括39个基层党建工作常用文件，12项基本制度和10个基层党建业务流程图。不断深化“五好党支部”

创建，统筹推进各领域党建，制定《关于进一步加强和改进卫生计生系统党的建设工作的意见》《关于进一步加强中小学校党的建设工作的实施意见》《关于进一步加强河西区区属国有企业党的建设工作的实施意见》，不断健全规范党建工作制度体系，推动全面从严治党向基层各领域延伸。制定《中共河西区非公有制经济组织和社会组织工作委员会成员单位职责分工》，进一步完善“分级负责、条块结合、区域兜底”的“两新”组织党建工作体系。对“两新”组织中有2～3名党员的“两新”组织重点进行深入走访排查，明确专人进行联系指导。建立直接联系点制度，将33个“两新”组织确定为直接联系点，总结经验，培育典型。参照社工待遇在全市公开招聘259名社区和“两新”组织专职党务工作者，制定《河西区社区和“两新”组织专职党务工作者管理办法（试行）》。

**【党代表推荐选举】** 2017年，河西区委组织部组织全区广大党组织和党员推荐提名河西区出席市第十一次党代会代表候选人初步人选，突出把好人选政治关廉洁关，对初步人选进行考察，确定预备人选，召开党代表会议，差额选举22名河西区出席市第十一次党代会代表。组织全区党组织和党员推荐提名全市出席党的十九大代表候选人初步人选，配合市委组织部做好初步人选的考察，贾凤山、袁滨渤当选十九大代表。

**【组织工作信息化】** 2017年，河西区委组织部按照市委组织部智能档案库房建设标准，开展智能档案库房建设项目，建立干部人事档案专用智能库房。建立和完善档案管理，实现现代数字化技术的档案管理模式，对区管干部档案进行数字化加工，形成原始及高清两套数字档案，有效防止篡改档案或档案造假，为日常档案业务工作提供基础。

（王东伟）

# 宣传工作

**【概况】** 中共河西区委宣传部是区委主管宣传思想工作的职能部门，河西区精神文明建设委员会办公室是区精神文明建设委员会的办事机构，设在宣传部，由宣传部管理。设秘书科、宣传科、理论科、新闻报道科、综合科、创建科、未成年人工作科、志愿服务科。

2017年，河西区委宣传部围绕打造全市经济社会发展首善之区的目标，以培育和践行社会主义核心价值观为根本，以推进全国文明城区和国家公共文化服务体系示范区建设为先导，深化学习宣传贯彻习近平总书记系列重要讲话精神，用当代中国马克思主义凝聚思想共识，巩固壮大主流思想舆论，深化社会主义核心价值观建设，推动文化改革发展，加强宣传文化阵地建设管理，为推进建设“天津市中心活动区、创新驱动先行区、和谐优质生活区”，开创美丽河西、首善之区建设新局面提供思想保证和文化条件。

**【理论学习】** 2017年，河西区深化学习型党组织建设，区委中心组进行19次集体学习，抓好处级领导干部理论学习“三个一”活动，定期通报党委中心组理论学习情况，制定《河西区党委（党组）理论学习中心组学习实施细则》，修订《中共河西区委理论学习中心组学习制度》，下发《河西区处级党委（党组）理论学习中心组学习工作说明》，举办河西区中心组学习秘书培训班。推动落实区委意识形态工作责任制实施细则，区委常委会就意识形态工作进行专题学习研究，每季度召开全区意识形态工作联席会，制定《区贯彻落实〈天津市党委（党组）意识形态工作责任制实施办法〉的工作方案》《区委常委会意识形态责任体系》《区党委（党组）意识形态责任体系》《区意识形态工作目标任务体系分解》，涵盖意识形态领域10个方面工作、36条，将意识形态工作纳入全区绩效考核指标。做好网络意识形态工作，在天津市网络安全警示教育展览暨第四届网络安全宣传周活动启动仪式上作典型发言。开展读书活动，制定《关于在全区党员干部中开展读书活动的安排意见》。在《求知》期刊发表区委书记贾凤山专访《创新竞进 全力打造天津市经济社会发展首善之区》《发挥中心组学习"旗舰"作用 建设首善之区》。

**【中国特色社会主义宣传教育】** 2017年，河西区利用基层党校、市民学校、社区文化中心、道德讲堂等载体阵地，围绕宣传贯彻党的十八届六中全会精神、市第十一次党代会精神、牢固树立四个意识等党和国家的重大战略部署和方针政策，区级党员领导干部深入基层开展宣讲。实现区、街、基层三级宣讲全覆盖，宣讲1000余场，受众20万余人。围绕党的十九大精神，组织党的十九大精神"六进"活动，区、街、社区三级宣讲团联动，把大会精神送到社区、军营、校园课堂等基层一线。制定《区2017年基层党员学习教育工作方案》，对全年基层党员学习教育工作进行部署，每月下发基层党员学习教育计划。举办"当代学者大讲堂"暨两级党委中心组专题学习会，深入学习贯彻习近平总书记系列重要讲话精神，特别是关于宣传思想、意识形态、网络安全和信息化工作的一系列重要论述。培育和践行社会主义核心价值，订制"梦娃"主题文化宣传品、自行设计印制包含社会主义核心价值观春联、福字、年历等内容的春节大礼包30余万份，通过送福到家、走访慰问、迎新春联欢会、迎新庙会等形式，送到每户居民家中。制定《关于开展社会主义核心价值观主题微电影优秀作品展播的方案》，下载视频作品，在区有线电视台、户外大型LED电子显示屏、文明河西微信公众号、河西文明网等各类媒体进行展播。

**【主流舆论宣传】** 2017年，河西区在市级以上各类媒体刊播新闻消息860余篇，其中中央报刊报道2次，市级报刊报道近700余次，市级报刊头版及深度报道10余次。其中，《人民日报》刊发《全运村正式开村》，新华网刊发《河西区领导走访科技型民企》《河西区社区早教中心新址启用》，人民网刊发《"红坎肩"5年义务理发 便民服务受表彰》《河西青少年宫 师生一起读书》，《天津日报》刊发《节后首个工作日 干字当头开新局》《河西区教育系统启动敬业行动》《全运村昨日正式开村》《打造经济社会发展首善之区》《解放思想 创新竞进 忠诚担当》《全面建设河西 迈出坚实步伐》，《今晚报》刊发《上班首日 不打年盹》《河西区——打造辐射全国"设计之都"》《百姓乐享"花样家园"》《扮美市容 喜迎十九大》等报道。利用中央媒体宣传天津信息共享平台，做好对外宣传天津工作，报送信息117条。围绕全运村新闻发布会、誓师大会、开村仪式等内容加大报道力度，中央电视台《朝闻天下》、人民日报、新华网、天津电视台《天津新闻》等中央及市主流媒体多次报道全运村情况，平面媒体、网络媒体总计刊发报道200余篇。策划十九大系列宣传报道，刊发多篇报道，区新闻中心开设专栏、专版、专题报道。

**【精神文明创建】** 2017年，河西区完成全国文明城区复审迎检，围绕《全国文明城区测评体系》召开业务培训会、整改推动会、迎检部署会，邀请市社科院、天津城调总队等资深专家进行解读培训，进行督导检查，做到日巡查、日汇总、日通报、日整改、日反馈，编印《河西区创文复审迎检督查情况简报》64期，通过第五届全国文明城区测评复审。举办“家和万事兴”河西区迎新春文明家风进万家主题活动、“我们的节日·元宵”暨陈塘庄街第十五届民俗踩街展演主题活动、“喜迎党的十九大 坚定不移跟党走”中秋主题活动、学习贯彻党的十九大精神 共度河西区“我们的节日·重阳”市民主题活动等。开展文明引导行动，举办“都市文明、集体共祭”活动，开展“绿色出游 文明相伴”河西区文明旅游宣传月。印发《你好·河西》市民文明手册、折页30余万册，普及文明礼仪，倡导文明新风。开展文明上网引导行动，建立“社区宣传文化工作巡礼”“迎全运——做文明有礼河西人”等专题网页，做好“文明河西”公众号的信息发布和维护工作。

**【公益广告】** 2017年，河西区以深入学习贯彻习近平总书记系列讲话精神和治国理政新理念新思想新战略，喜迎全运会，党的十九大精神，弘扬社会主义核心价值观为主要内容，大力开展主题宣传工作。精心打造市委市政府周边、全运村周边、友谊路迎宾线、全运村至各比赛场馆沿线“两点两线”公益广告宣传阵地，在友谊公园内建设大型公益广告牌。全年自主设计党的十九大、全运会主题公益广告画面50幅。统筹区建委、区市容园林委，在全区利用工地围挡、户外广告、围墙、围栏等载体，在重点道路制作刊挂公益广告2600余块、近2.2万平方米。全域13座具备条件的过街天桥和限高架，实现公益广告全覆盖。与市交通运输委合作，在快速路桥梁刊挂大型公益广告10处。协调相关单位、街道，在200余块电子显示屏播放公益广告。在区台和区报拿出重要版面、黄金时段、显著位置，每天播出主题公益广告10次，《天津日报·新河西》连续20期每期半版刊发公益广告，在微信公众号、区属网站设置专栏专题22幅次；借助社区宣传橱窗、居民楼栋等载体设施，发布公益广告1500余块。

**【公民道德建设】** 2017年，河西区不断推进政务诚信、商务诚信和个人诚信建设制度化、规范化，定期发布诚信“红黑名单”，利用“3·15”消费者权益日、“6·14信用记录日”等重要时间节点，开展诚信宣传教育活动。创新宣传载体和形式，发挥各类道德讲堂作用，开展“空中道德讲堂”“网上道德讲堂”200余场。将“感动365—讲述身边好人”主题教育活动贯穿始终，选树各类好人百余名，30人入选“天津好人榜”，6人入选城市文明榜样，1人入选“中国好人榜”，尖山街社区居民武佩铃当选第五届天津市道德模范以及第六届全国道德模范候选人，公安河西分局民警张建川获提名奖。择优推荐文明家庭参与评选，于长彬家庭等7户家庭被授予第一届天津市文明家庭荣誉称号。评选表彰2015—2017年度河西区文明单位、文明社区工作，天津市桂发祥麻花饮食集团有限公司等39个单位被授予天津市文明单位称号，友谊路街谊景村社区等22个社区被授予天津市文明社区称号。

11月27日，河西区委宣传部在天津市实验中学举办河西区道德模范与身边好人现场交流活动 (河西区委宣传部提供)

**【学雷锋志愿服务活动】** 2017年，河西区加强社区学雷锋志愿服务站标准化建设，实现“一站一册”“一队一档”志愿服务工作机制，深化“1+1+1”助老、“搭把手”等志愿服务品牌活动，开展“邻里守望”志愿服务活动，全区注册志愿者人数达13.2万人，开展志愿服务活动4000余次。深化“爱心联盟 奉献社会”河西区全民公益行动，深入社区、公园、广场开展纪念“五·八”世界红十字日河西区全民公益行动、庆“六一”关爱儿童健康咨询公益活动、“敬业兴教 匠心助梦”河西区优秀教师公益行动、国家网络安全宣传周活动等，千余志愿者参与，受益人群2万余人。开展“迎全运 做文明有礼河西人”2017年学雷锋志愿服务主题活动，在全区20个重要交通路口开展文明交通专项行动，在7个公园、3个广场等重点点位、路线建立17个学雷锋志愿服务岗。对30名“最美志愿者”、17个“学雷锋志愿服务品牌项目”、13个“优秀社区学雷锋志愿站”、33支“优秀学雷锋志愿服务团队”、225名“优秀志愿者”进行表彰。

**【未成年人思想道德建设】** 2017年，河西区做好“五爱”教育阵地建设，成功申报20个天津市“五爱”教育阵地，在天津市“五爱”教育阵地建设推动会上做典型发言，举办“五爱”教育阵地成果展示暨未成年人思想道德建设主题活动。启动文明校园创建申报，推荐3所中学和3所小学成为第一届天津市文明校园，其中上海道小学参评第一届全国文明校园。组织好“中国梦”系列主题教育，开展“学习和争做美德少年”“清明祭英烈”“向国旗敬礼”等活动。开展河西特色活动，举办“暖冬行动”系列主题活动、“庆六一”关爱儿童健康咨询服务、“上好开学第一课，系好人生第一颗纽扣”系列教育实践活动、“我心中的美丽河西”绘画征集等。

6月24日，河西区委宣传部在河西区少年宫举办“童心向党”——天津市少年儿童喜迎十九大歌咏大会 （河西区委宣传部提供）

**【全运村宣传文化】** 2017年，河西区组织好全运村宣传文化工作，做好全运村氛围营造，编制《全运村指南》，设计建造全运村雕塑，制作全运村官网，做好全运村媒体接待和宣传报道工作，围绕全运村新闻发布会、誓师大会、开村仪式等内容，多次组织多家中央及市级媒体开展集中报道。人民日报头版、天津日报头版头条、今晚报头版刊登全运村工作，平面媒体、网络媒体刊发报道200余篇。组织“体验全运村”媒体记者集中采访，邀请中央驻津及天津市主流媒体记者入住体验并集中报道，举办“温馨全运村 圆梦全运会”新闻发布会，展示全运村筹备工作。接待包括来自新华社、中央电视台、中国体育报业总社、中央人民广播电台等中央媒体以及各省市区地方媒体记者300余家、1700余人。

（庞 博）

# 新闻传媒

**【概况】** 河西区新闻中心内设：新闻采编部、《天津日报·新河西》编辑部、总编室、技术部、影视广告部、办公室。

2017年，河西区新闻中心坚持党媒姓党总原则，弘扬以改革创新为核心的时代精神，解放思想，创新竞进，突出区域特色，讲好“河西故事”，传播“河西声音”，筑牢全区人民团结奋斗的共同思想基础。

**【新闻宣传】** 2017年，新河西报以团组式新闻、专栏、专版等形式，推出一系列深度报道，其中50余篇贯彻市第十一次党代会精神、迎接党的十九大的新闻报道。以专版专栏形式连续报道牢记党的宗旨、增强“四个意识”，争做廉洁有为好干部主题活动，全面从严治党、反腐倡廉，推进“两学一做”常态化制度化，推进不作为不担当问题专项治理等活动，刊文120余篇。《河西新闻》推出“推动不作为不担当专项治理工作”系列访谈；开设“迎全运 河西在行动”“温馨全运村 圆梦全运会”专栏，报道全运村村长办公会议、全运村房屋验收、应急演练、全民健身文化活动以及开村后接待各地运动员食宿、交通、餐饮、宣传等13个服务中心的服务保障措施，共300余条新闻。围绕中央环保督察、迎全运百日会战等重点工作，台报开设专栏、专版，报道相关消息25条，对近200条信访举报反馈整改情况进行播发。《河西新闻》聚集环境建设，深入基层，推出各类报道100余篇。监督类新闻“延水道污水河环境脏乱差”“大任庄路占道修车堵人心”等作品被市委宣传部表扬并纳入制作成的专题片在全市进行播放。《百姓故事》栏目播发50期，开设“多彩社工”“金点子”等栏目。与河西区环保局、政法委、司法局、文化局、区委宣传部、区关工委等开办《法治视界》《西岸文苑》《西岸文化讲坛》《聚焦环保》《道德讲堂》《隔代家庭教育电视课堂》等多档电视专栏、115期，涉及文化、法制、民生等社会热点内容。完成中央环保督察整改落实、小二楼拆迁进展情况、精准扶贫项目对接、争创全国社区治理和服务创新实验区等重点宣传报道任务。全年录制播出《河西新闻》305期，播放新闻2300余条，在市台播发新闻超过百条。全年出版新河西报50期，刊发各类新闻稿件2500余篇。出版《全运村报》26期和样刊1期。

2017年，全运会在天津举办期间新闻中心记者采访魏秋月现场 （河西区新闻中心提供）

**【管理创收】** 2017年，河西区新闻中心制订安全措施，严格交接班签字制度，实行节目监听、监视制度，及时反馈信息。全年随机监看新闻栏目300余期、影视剧120余期、其他栏目50

余期。在重大节日及市区重大转播活动中，对接播出内容，调整安排时段，保证转播工作。在十九大的转播工作中，合理调整节目时段，保证天津卫视，央视新闻联播等新闻栏目定时转播任务。全面实施播出、媒资系统及转播车等相关设备更新改造工程。完成全媒体高清融合网项目，高清播出机房建成，9月30日进行标清到高清信号的成功切换。新购置的高清转播车完成全运会12场赛事的转播工作，部分场次在中央体育频道和天津体育频道进行直播。影视广告力保原有创收渠道的基础上。继续加大市场开发，把握住各项经济指标的创收落实。完成区委、文明办、民政局社工节、天塔街第18届邻居节等影响力强的区级大型活动。精准定位市场，拓展影视广告创收新领域，录制完成公安河西分局事迹报告会等大型活动，完成天津医院主办的第二届创伤急救院士论坛，应急演练的现场直播。

（秦　语）

# 统一战线

**【概况】** 河西区委统一战线工作部（简称：河西区委统战部）内设：办公室、民主党派工作科、党外干部科、民族宗教科和工商经济科。

2017年，河西区委统战部坚持以学习贯彻党的十九大精神为首要政治任务，以习近平新时代中国特色社会主义思想为指导，深入学习领会习近平总书记关于统一战线的新理念新思想新论断，坚决贯彻中央和市、区委关于统一战线工作的部署要求，提高政治站位，强化责任担当。

**【学习贯彻十九大精神】** 2017年，河西区委统战部组织召开4次党外代表人士学习贯彻十九大精神座谈会，区委书记带头向统战人士代表100余人宣讲党的十九大精神。指导各党派区委会共举办学习十九大专题精神培训班16场，各种座谈会、交流会、主题活动30多次，班子成员和广大成员提交学习体会50余篇。围绕学习贯彻十八届六中全会、市区党代会和全国“两会”精神等，举办专题学习座谈会11次，区委书记、区长作专题辅导报告。组织各民主党派、工商联领导班子成员学习习近平“7.26”重要讲话精神，学习市委书记李鸿忠与各民主党派市委会、市工商联新一届领导班子成员座谈会讲话精神。举办河西区“不忘合作初心，继续携手前进”专题教育培训班，组织76名党外代表人士到中央统战部怀柔培训中心进行集中培训。

**【大统战工作格局】** 2017年，区委书记贾凤山在全区统战工作会议上解读习近平总书记治国理政新理念新战略中涉及统战工作的重要思想和市委统战工作会议主要精神。建立区、街道、社区统战工作三级体系，全区97个单位明确统战工作分管领导、统战干部及责任科室。成立区委统一战线工作领导小组，召开小组会议，明确各成员单位的统战工作职责和任务。制定《区级党员领导同志与党外代表人士联谊交友工作制度》，25名区级党员领导干部与50名党外代表人士结成交友对子，通过走访、谈话等形式听取意见建议，密切区领导与党外人士的联系。

**【多党合作】** 2017年，河西区制定《河西区2017年政党协商工作计划》，召开2次区委民主协商会，就重要事项征求民主党派区委会、工商联负责人、无党派人士的意见。下发《中共河西区委关于支持民主党派、无党派人士加强民主监督的实施意见》等文件，为民主党派、无党派人士履行民主监督职能提供制度保障。召开特约人员工作会议，推荐、考察31名党外特约监督员，推进全区特约人员工作开展。召开2次区领导与各民主党派区委会主委联席会议，传达中央和市、区委关于统战工作的重要精神，通报各民主党派工作完成情况，研究布署工作。制定《关于加强区政府有关部门与各民主党派区委会对口联系的办法》，召开对口协商工作会议，充分支持民主党派履行参政议政、民主监督职能作用。

**【民主党派履职尽责】** 2017年，河西区举办区情通报会，区长为200余名党外代表人士通报区情。组织党外人士代表参观考察重点工程，参与全运村实战演练等重点工作，引导党外人士了解河西、关注河西。支持各民主党派区委会围绕经济发展、深化改革等方面深入开展调查研究，形成调研成果50余篇，提交提案、议案、建议100余篇（条），各党派区委会向区委提交书面建议9篇。向市委统战部报送党外人士意见建议27篇，其中5篇被采用。指导各党派加强领导班子建设，完善各项工作制度。组织引导民主党派深入街道社区、学校开展各类义诊咨询和义务巡讲活动60余场，累计受益群众万余人。

**【党外代表人士队伍建设】** 2017年，河西区推进党外干部配备，28个政府工作部门中有10个配备党外干部，文化局和卫计委各配备1名党外正职，区检、法两院配备党外副职。对23名市人大代表、市政协委员党外人选进行考察。建立“河西区统战人士信息管理系统”，科学、高效、动态管理区党外人士信息。成立无党派活动组，加强对无党派人士的团结引领，召开座谈会，组织学习市第十一次党代会精神。

**【新的社会阶层人士统战工作】** 2017年，河西区委统战部制定《关于加强新的社会阶层人士统战工作的实施意见》，建立由44个成员单位组成的新的社会阶层人士统战工作联席会议制度，明确联席会议成员单位职责，召开联席会议2次。深入开展调查摸底工作，推进“十百千”工程，了解区新的社会阶层人士规模、数量、思想状况等基本情况，建立河西区亿元楼宇白领精英、民营企业经理人、新媒体人士等10支队伍，每支队伍100人，储备1000名新的社会阶层后备人才。

**【落实民族、宗教、侨务政策】** 2017年，河西区召开宗教工作联席会议6次，部署十九大和十三届全运会期间宗教领域维稳工作，深入宗教场所进行排查。在民族宗教重要节点，走访挂甲禅寺、河西清真寺等宗教活动点，推动宗教活动依法平稳有序进行。举办贯彻落实十九大精神做好新时期宗教工作培训班，增强宗教干部依法管理宗教事务的能力。做好在津少数民族学生“两旗” 主题教育活动，促进各民族学生团结。指导区侨联增补主席，制定《河西区归国华侨联合会深化改革实施方案》。

**【非公有制经济领域统战工作】** 2017年，河西区委统战部指导区工商联按程序完成换届工作。对市工商联换届常、执委人选共20人初核，协助完成对2名副会长人选的考察工作。全年完成非公有制经济代表人士综合评价16人，重新审核、调整2016年非公评价结果83人。落实“双万双服” 活动要求，走访珠江集团、登发实业等30余家非公有制企业，了解非公有制经济人士的思想生活状况，介绍相关政策，切实解决实际问题。

**【自身建设】** 2017年，河西区委统战部依据《关于调整区委统战部机构编制事宜的批复》（津河西编委〔2017〕4号）将部内科室由3个增至5个，人员编制由9个增至13个，把党派专职干部管理和党派经费使用纳入区委统一管理，招录公务员充实党派专干力量，保证每个党派1-2名工作人员。成立履行全面从严治党主体责任领导小组，由部长担任组长，强力推进全面从严治党主体责任落实。建立修订《中共河西区委统战部内部管理制度汇编》，完善领导班子议事机制，健全《重点工作督办制度》，跟踪问效。抓好机关支部建设，进行支部换届，由常务副部长担任党支部书记，配齐组织委员和宣传委员。健全“三会一课”制度。支部全年召开党员大会27次，召开支部委员会23次，支部书记带头讲党课5次，专题讨论3次，推进“两学一做”学习教育常态化制度化。

（孙　琦）

# 台湾事务

**【概况】** 河西区委台湾工作办公室（简称：河西区委台办）、台湾事务办公室是中共河西区委、河西区政府主管对台工作的职能部门。

2017年，河西区台办落实中央、市台办对台工作和市区委决策部署，促进津台经贸合作，加大对台企台商台胞服务力度，夯实对台工作基础，在台资企业中开展“双万双服”“查隐患保安全促生产”活动，在全区多渠道多层次运用多种形式开展涉台教育工作，被国台办宣传局评为“2017年对台宣传工作先进单位”。完成8项重点工作任务。

**【津台经贸】** 2017年，河西区委台办联络台资企业，推介参加津洽会、台湾商品展销会，筹备参与“台湾名品博览会”，接待台湾第二大工商团体商业总会考察团，介绍河西区相关政策，现场考察新梅江地块，介绍投资合作项目。做好河西区民企非公职人员赴台审批咨询政策解释工作。

**【为台资企业和台胞台属服务】** 2017年，河西区委台办对河西区内台资企业情况开展调查摸底，重新梳理底数，调研经营状况和台商台干在生活中遇到的困难等情况。在台资企业开展“双万双服”服务台企活动和“查隐患保安全促生产”安全生产宣传教育活动。对区内台资企业逐一走访，多次深入重点台资企业进行调研，安全生产宣传教育工作注重引导，提前防范。召开3次服务台商座谈会暨安全生产宣传教育推动会，听取台商的意见建议，找准并协调解决问题3项。发放多种宣传资料和《台资企业安全生产提示函》《台资企业安全生产隐患排查情况表》4次251份，协助企业自查隐患9个并整改。依法依规妥善处理台胞台属来信来访工作，长期帮助解决孤老台属生活困难问题和台商子女就学问题。

8月23日，河西区委台办召开河西区服务台商座谈会　（摄影：刘奕彤）

**【涉台教育对台宣传】** 2017年，河西区委台办在全区初步建立对台工作三级网络，形成区、各委办街道公司（含驻区垂直单位）90余单位、144个社区三级联动管理机制。对三级网络指定对台专兼职干部和街道分管领导开展专题培训2次，加深对党的对台方针政策的理解。做好中央台办《两岸关系》《台湾工作通讯》杂志的订阅工作，利用“两刊”在广大干部、青少年学生中广泛开展党的对台方针政策和形势的宣传教育。建立中小学涉台教育联系试点，走访调研师大附小“绿色血脉见证两岸同根缘”展示展演活动。深入友谊路街谊景村社区，宣讲党中央推进祖国统一大业新理念新主张新要求，结合工作实际进行互动探讨。在台商台胞台属中坚持正面宣传，加强舆论引导，介绍市情、区情，宣传河西区打造国际化营商环境的政策和信息。

（晏　津）

# 调查研究

**【概况】** 河西区委研究室内设：经济科、党建科、秘书科、资料科。

2017年，河西区委研究室围绕全区重点工作高标准履行部门职能，服务决策、调查研究、文稿起草、干部队伍建设取得新成效，深入开展“维护核心、铸就忠诚、担当作为、抓实支部”主题教育实践活动和“牢记党的宗旨、增强‘四个意识’，争做廉洁有为好干部”主题活动学习教育，定期编发《调研通讯》《决策参考》和《报刊要目》，各项工作再上新水平。

**【课题调研】** 2017年，河西区委研究室针对新形势下基层党组织建设的新挑战、新路径、新模式，开展专题调研，形成调研报告《关于河西区创新基层党建工作的研究》。为深入贯彻落实《关于加强和完善城乡社区治理的意见》，摸清全区社区治理方面存在的短板问题，深入开展调查研究，撰写《现代化大都市背景下加强和创新社区治理的研究——以河西区治理实践为例》调研报告；着眼解决社区为民服务经费“不好用”问题专题调研，形成报告；撰写《关于河西区加强和完善社区治理的研究》《社区治理工作重点任务问题台账》调研报告。为进一步夯实文明城区创建基础，实现社区规范化、标准化、精细化、品质化，就居民小区微修复微提升微改造工程（简称“三微”工程）进行前期调研，围绕居民房屋、社区环境、公共设施等5大类78个小项，对14个街道的736个自然小区进行摸底调查，按照具体项目的性质和对群众生活的影响，筛选出3大类22个需集中力量着力推进的项目，形成《关于居民小区“三微”工程的调研报告》，相关建议纳入年度区委、区政府工作安排，按照建议推进相关工作。为加快推进全区建设天津市经济社会发展首善之区进程，对首善之区建设成效的动态跟踪与评估分析，撰写《关于河西区建设天津市经济社会发展首善之区阶段进展情况的调研报告》。抓好处级领导干部调研的组织推动，紧盯难点问题和瓶颈障碍，梳理出17个参考调研课题，制定《关于开展河西区2017年处级领导干部重点课题调研的通知》，全区36部门报送调研报告210篇。梳理2011—2015年优秀调研成果，将50余篇优秀调研文章编印成书，编印《河西区优秀调研成果选编（2011－2015年）》。

**【文件起草】** 2017年，河西区委研究室起草《中共河西区委常委会2018年工作要点》《中国共产党天津市河西区第十一届委员会第六次全体会议决议》，以及区委书记在市委座谈会上的发言材料。围绕首善之区建设、产业结构调整、城市建设管理等重点工作，收集整理外省市经验做法，编发《报刊要目》20期，供区领导和职能部门参考借鉴。全面落实市委全面深化改革领导小组办公室各项要求，完善全面深化改革工作体制，调整区委全面深化改革专项小组，区领导作为专项小组组长，领衔分管领域的改革工作；专项小组由原来的6个，细化分解为21个，明确专项小组为推进改革的实施主体，划定主要职责和工作任务。健全完善督察督办机制，制定《河西区全面深化改革督察督办工作办法（试行）》。起草《中共河西区委全面深化改革领导小组2017年工作要点》《2017年河西区全面深化改革工作任务分解表》，明确全年改革重点任务。起草《关于落实〈关于各区和市级有关部门党委（党组）主要负责同志抓改革落实情况的督察报告〉的整改方案》《河西区整改落实情况报告》，起草《河西区改革试点工作情况报告》，上报市委改革办。

（李　鹏）

# 老干部工作

**【概况】** 河西区委老干部局内设：办公室、管理科、宣传教育科、活动指导科及老干部活动中心。

2017年，河西区委老干部局做好新形势下老干部的教育、服务和管理工作，组织离退休干部开展多种形式的学习交流活动和为党和人民事业增添正能量的活动，采取集中学习、组织参观等形式，为离退休干部提供多方面、全方位的政治充电。

**【学习宣传贯彻】** 2017年，河西区委老干部局举办“离退休干部学习十九大 增强‘四个意识’辅导报告会”“诵读经典 智慧人生”世界读书日、“喜迎十九大 欢度重阳节”大型聊天会等活动，回顾十八大以来的发展变化，展望十九大美好前景。组织离退休干部集中收看十九大开幕式实况，组织部分老干部参与“建言十九大”活动，利用《今晚报》、局自办刊物《晚霞新采风》和幸福晚年微信群、机关老马聊天群对全区离退休干部学习十九大情况进行宣传。组织老干部学习市第十一次党代会精神，组织理论学习小组成员学习《习近平总书记系列重要讲话读本》、习近平总书记在省部级主要领导干部专题研讨班上重要讲话精神，到单位、社区、学校，开展理论宣讲。组织老干部参观全国养老服务业综合改革试点项目，考察整修后的河西医院、小二楼以及全运村。举办离退休干部区情报告会、“不忘初心 继续前进”座谈会，以“两学一做”学习教育常态化制度化为依托，创新党课形式，全年组织各种形式学习32次。对全区离退休干部党支部、离退休党员信息以及党支部书记信息进行摸底调查。7月，中央及市区有关领导到银河文化社团联合会党委进行督查调研。

2017年，河西区委老干部局召开离退休干部座谈会　（河西区委老干部局提供）

【离休干部生活待遇】 2017年，河西区委老干部局巩固完善工作机制，老干部离休费按时足额发放，各项补贴政策全部到位。调整异地代管离休干部活动经费和生活长期完全不能自理离休干部护理费标准，对企业老干部工作进行重点调研督查。健全特殊困难离退休干部帮扶机制，为36名无固定收入离休干部遗孀申报2017年城乡居民基本医疗保险参保，使用帮扶资金2.5万元，帮扶9人（次）。为140名离休干部进行健康查体。春节、“三八”、重阳等节日走访慰问部分离休干部老党员及遗孀，对28名去世老干部进行逐户慰问并协助单位做好丧葬事宜，做到全年慰问离休干部全覆盖。完善离休干部服务管理措施，为1400多名离休干部下拨服务经费61.56万元。妥善处理老干部信访问题，处理各类信访问题30余件。

【学习阵地建设】 2017年，河西区委老干部局举办新年音乐会及迎新春茶话会、区第26届离退休干部运动会、“离退休干部庆祝中国共产党成立96周年纪念大会”、离退休干部“重阳杯”棋牌比赛，参加天津市第五届“红桥杯”象棋比赛及天津市第五届“天鹏杯”台球比赛，组织妇女老干部代表开展离退休干部“庆三八”学习参观活动，组织区级离退休领导重阳节登高活动，承办天津市离退休干部第三届“河西杯”乒乓球邀请赛，聘请市乒乓球协会教练进行专业培训。河西区老干部大学共招收学员375人，组建教学班27个，聘请教师18人，召开2016年度老干部大学表彰大会，进行《加强政治引领 丰富文化生活努力探索老干部大学工作新模式》经验介绍，举办多场教学成果展示活动及参观活动。《晚霞新采风》杂志出版7期。

（张　博）

# 保　密

【概况】 河西区委保密委员会办公室、河西区保密局内设：综合科。

2017年，河西区保密局以贯彻落实《中共中央关于加强和改进保密工作的意见》和市委关于加强和改进保密工作的实施意见为主线，立足党管保密，加大监督检查力度，提高综合防范能力。

【保密管理】 2017年3月，经区委研究决定调整区委保密委员会组成人员名单，区委保密委员会主任由区委常委、区委办公室主任陈冰担任，保密局负责日常保密管理工作。区委保密委员会定期召开会议，了解和掌握保密工作的任务和要求。4月，区委常委会审议通过关于加强和改进保密工作的《实施意见》，强化保密行政管理部门机构建设，为区保密局增加配备专职保密干部2名。加大保密检查力度，完成春节前保密抽查、3月高考英语保密检查、6月全国高考试卷保密监督检查、互联网门户网站保密检查、旧货物回市场保密检查及2017年度保密自查自评工作专项督查等，持续推动计算机分类警示标识、涉密计算机配备“三合一”保密安全控制系统、保密承诺书全覆盖等工作。全年未发生失泄密事件。完成年度保密工作管理情况统计，对管理系统中各项数据进行统计、分析和汇总，编印《河西区2016年度保密工作管理情况统计》。完善文件和涉密载体销毁工作，严格执行《天津市涉密载体销毁办法》，组织协调全区各单位、各部门完成文件资料、涉密载体统一集中回收和销毁，确保国家秘密安全。协调、联系相关网络管理部门、配合市保密局完成区政务网前置检测器安装调试工作，将前置检测器作为保密检查项目，提升区对网络“特种木马”攻击的检测能力。

**【保密宣传】** 2017年，元旦、春节期间，河西区保密局向全区各级领导和各单位保密干部印发《保密挚语》。开展《中华人民共和国保密法》宣传周活动，设计制作保密宣传展牌，编印《保密宣传专刊》，组织观看“保密常识必知必会微课程9讲”教育宣传片，订阅《机关、单位保密管理实务手册》，举办保密专题业务培训，区委常委、区委保密委主任陈冰主讲“增强保密防范意识、筑牢保密安全防线”保密专题讲座。各单位、各部门开展多种形式的宣传教育活动。区政府办公大楼电子显示屏滚动播出保密宣传口号。

**【保密培训】** 2017年，河西区保密局举办保密委主任讲党课活动，由区委常委、区委保密委员会主任陈冰主讲，党校青干班学员全员参加。

12月14日，河西区保密局举办保密专题培训会 （河西区保密局提供）

深入基层开展保密宣传教育工作，派出专职保密干部深入区政协、地税局、下瓦房街等多个基层单位开展保密知识专题培训，培训700余人（次），为基层单位开展保密工作提供指导。12月14日，开展保密专题业务培训，立足“三员”基本概念和知识，对计算机管理人员和全区保密干部进行专题培训。协调组织区级领导干部以及区委办、政府办处级领导干部集中参观天津市保密警示教育展。

**【保密检查】** 2017年，河西区保密局把专项督查作为保密自查自评工作落实的重要手段，研究制订工作方案、指导基层单位开展保密自查自评工作。7月开始，对全区各单位保密自查自评工作进行专项督查，实地查看建章立制、涉密人员管理、《保密承诺书》签订、保密自查自评表填报等情况，通过现场实地检查计算机和移动存储介质使用情况，对全区各单位保密管理情况作出全面评价。9月，在天津市国家保密局对全市进行的保密自查自评专项督查工作中，河西区被评为优秀。

**【高考试卷保密】** 2017年，河西区保密局依据有关保密管理规定，监督、检查、指导全区高考的保密管理工作。完成全国高考英语听力考试和全国高考的试卷保密监督检查工作，2次高考期间，区保密委主任陈冰带领保密局干部多次到考试中心及5个考点进行检查，对试卷的存放、交接、押运等情况进行监督。对考试中心的试卷保密管理工作进行24小时全程跟踪，完成全国高考招生考试工作任务。

（王晓东）

# 党史研究

**【概况】** 2017年，河西区委党史研究室认真贯彻落实中央和市委党史研究室的部署，紧紧围绕区委建设美丽河西首善之区的要求，积极发挥党史的职能作用，履行部门工作职责，以编辑《奋斗的历程（河西卷）1997—2002》、《中共河西区历史大事记（2012—2016）》为重点，以开辟地方党史工作新局面为突破，稳步推进全区党史工作，着力构建新时代河西区大党史工作格局，切实发挥党史工作“以史鉴今、资政育人”的作用。

**【党史征编】** 2017年，河西区委党史研究室启动《奋斗的历程——河西卷（1997—2002）》编研工作，完成文献选编、报刊文摘、大事记部分20万字。编辑《中共河西区历史大事记（2012—2016）》，查阅报刊、区委大事记等报刊资料，收集各方面的资料共10万余字，完成编辑工作。编辑《河西区第十次党代会文献汇编》《河西区第十一次党代会文献汇编》，搜集整理2011年中共河西区第十次代表大会、2016中共河西区第十一次代表大会的工作报告、纪委报告、会议议程、相关决议、选举结果等文献资料共8万余字，完成编辑工作。完成《中共天津工作（2015）》《中共天津工作（2016）》河西区文稿的撰写上报工作，查阅各种报刊多媒体资料，收集区域经济、社会各项事业、民主法制、精神文明和党的建设等方面的资料，完成2万余字的编写工作。加强现有党史资料保护管理工作，对多年来征集积累的党史资料进行整理、分类。

**【党史宣传】** 2017年，河西区委党史研究室以加强“两学一做”常态化制度化为契机，开展党史宣传教育，做到“党有所需，史有所为”，弘扬党史工作正能量。开展党史宣教进课堂、进基层活动。依托区委党校，在处级干部培训班、青干班、科级干部培训班、入党积极分子培训班中讲授党的历史、河西地方史。

**【大党史工作格局构建】** 2017年，河西区委党史研究室制定《河西区关于加强党史工作的实施意见》，就学习贯彻落实中央和市委有关加强地方党史工作意见精神，提出5方面、19项内容的意见措施。做好全区党史资料整编工作，成立区党史资料征编小组，主要负责党史资料争辩部门协调，讨论审定全区党史资料整编工作方案和计划安排，指导党史资料征集特别是有关材料的撰写工作，就党史基本著作审核定稿提出意见，做好党史资料征编其他相关工作。

**【党史资料征编会议】** 2017年12月，河西区委党史研究室召开党史资料征编会议，区委常委、组织部部长肖仲慧出席，党史资料征编小组成员和各相关单位参加。主要就《奋斗的历程》（河西卷）资料征集工作进行部署安排，征集包括文件资料、图片资料、市级（含市级）媒体发表的重要稿件和回忆录等史料，征集能够体现世纪之交河西区党的建设和经济社会发展主流与本质的主要工作、重大改革、重点工程、重大事件，反映这一时期党领导全区人民正确处理改革发展稳定的关系、推进河西区经济社会发展的历史。

（刘　雪）

# 机关党建

【概况】 河西区委区级机关工委内设：办公室、党建工作科、宣传和群工科。2017年，区级机关所属49个单位党组织，共有党员1469名，其中在职党员926名，离退休党员543名。

2017年，河西区委区级机关工委围绕服务中心、建设队伍两大任务，坚持全面从严治党，聚精会神抓实抓好机关党的建设，完成年初确定的各项目标任务，机关党建工作得到加强。

【理论学习】 2017年，河西区委区级机关工委以“迎接十九大，做合格党员”为抓手，开展机关党员干部理论学习教育，引导党员干部践行“四讲四有”，做到“四个合格”，扎实推进“两学一做”学习教育常态化制度化。学习党的十八届六中全会精神。教育引导机关党员读原著、学原文、悟原理。制定《区级机关党员干部2017年理论学习安排意见》，为区级机关全体党员配发《中国共产党第十八届中央委员会第六次全体会议文件汇编》和党员学习笔记本，督导所属支部完成“党员小书包”学习任务，开展以“尊崇党章讲政治，遵守党规作表率”为主题的党员“应知应会”基础知识测试。为机关党组织负责人和党务干部进行十八届六中全会精神专题辅导。组织区级领导、区级机关党组织负责人及部分党员代表集中收听收看中国共产党第十九次全国代表大会开幕会。党的十九大代表、区委书记贾凤山为区级机关党员干部作贯彻十九大精神的专题辅导报告；天津市第十一次党代会代表、区委副书记、区长李学义为区级机关党员干部作天津市第十一次党代会精神宣讲。为区级机关全体党员配发《中国共产党章程》《习近平在中国共产党第十九次全国代表大会上的报告》《习近平谈治国理政（2）》等学习资料，举办4期学习贯彻党的十九大精神专题培训班，邀请市委党校教授为区级机关党员解读十九大精神和新党章。

【组织建设】 2017年，河西区委区级机关工委加强党务培训，完善制度体系。多次举办党务干部培训班，对发展党员工作、党费收缴使用及基层党组织换届选举工作进行专题培训。编撰下发《区级机关基层党组织工作制度汇编》，涵盖党员学习教育培训制度、基层党组织按期换届制度等27个基础性党建工作制度文件。制订《发展党员工作操作手册》及发展党员流程图，对发展党员5个阶段中涉及的30多项表格和会议记录梳理分析，明确填写模板，理顺时间节点，规范发展党员管理工作。在基层党组织中开展“五好党支部”创建活动，完成区级机关2017年“五好党支部”考核评定工作，对相对后进的3个基层党组织进行整顿。指导推动区行政审批局党总支、区人大机关党总支、区审计局党总支、文化中心区域管理办公室党支部、民宗办党支部5个具备条件的机关党组织，按照“基础标准＋特色内容”的创建思路，打造具有单位特色的党建活动平台，其中区行政审批局党总支利用200平方米独立空间，打造党史展览室、党员活动室、党员学习中心“两室一中心”特色党建活动载体，文化中心区域办公室党支部党员活动室，浓厚党建氛围，突出特色，体现党建带团建的效果。做好党员组织关系排查工作，理顺党员组织关系，严格规范党籍管理。核查区级机关27名入党积极分子培养教育情况，规范管理。完善党员台账，完成年度全国党员统计工作。严格落实发展党员程序，全年发展党员10名。完成区级机关出席中共十九大及市十一次党代会代表人选推荐工作。完成推荐提名天津市出席党的十九大代表候选人初步人选和选举出席天津市第十一次党代表大会代表的各阶段任务。严格党费收缴使用管理。制定《关于做好区级机关工委补交党费使用和管理工作的方案》，向区级机关49个单位下拨活动经费，全额返还独立离退休党支部所属党员补交的党费，加强对党支部使用党费的指导和监督。

10月，河西区文化中心区域办建成党建活动室（摄影：刘建鑫）

**【主题教育实践活动】** 2017年，河西区委区级机关工委在机关各党组织和广大党员干部中深入开展“维护核心、铸就忠诚、担当作为、抓实支部”主题教育实践活动。结合全区“牢记党的宗旨、增强‘四个意识’，争做廉洁有为好干部”主题活动，制定《区级机关关于开展“维护核心、铸就忠诚、担当作为、抓实支部”主题教育实践活动推进“两学一做”学习教育常态化制度化的实施方案》，明确学习要求、分解目标任务、细化阶段安排，下发区级机关各党组织。指导督促区级机关各党组织按要求完成各个专题讨论。

**【党的建设】** 2017年，河西区委区级机关工委以年终评议、季度抽查、专项检查“三位一体”督查为抓手，切实强化机关党建工作督促检查，压实区级机关抓党建的政治责任。严格把握换届政策和程序要求，指导27个区级机关党组织规范完成换届选举工作。完成14个单位党组织书记设置调整，全面推行党政机关内设机构党组织书记由党员主要负责人担任，选优配强机关基层党组织书记。组织召开2016年党组织书记抓基层党建工作述职评议会，对每名书记抓党建工作进行评议考核。与49个机关党组织负责人签订《基层党建工作目标责任书》《基层党组织党风廉政建设主体责任责任书》，明确责任归属，细化目标任务，压实机关党建工作主体责任。建立区级机关党建工作巡查制度，7月和11月按照“统一标准＋分组互查”的形式，2次组织49个区级机关、12个党总支、72个党支部对全年党建工作档案及党支部工作手册进行互查。落实党建定期抽查，每季度深入机关党组织开展党建工作抽查，重点查看“两学一做”学习教育常态化制度化、“三会一课”制度落实、党组织换届情况等内容，突出问题导向，严肃督查整改。

**【奉献服务】** 2017年，河西区委区级机关工委深化党组织在职党员“双报到”制度，引导党员

3月20日，河西区委区级机关工委组织区级机关党员在洞庭路沿线开展植树活动（摄影：张天宇）

充分发挥先锋模范作用，主动对接社区群众需求，帮助解决实际困难。组织机关党员干部参与“迎全运百日会战”城市综合整治、全运村实战演练、文明交通志愿岗、植树等志愿服务活动，开展服务1800余人次。

**【群众组织】** 2017年12月20日，河西区委区级机关工委完成区级机关妇联改建选举工作，经78名代表投票选举产生13名区级机关妇女联合会第一届执行委员会委员，经第一次执委会投票选举，产生区级机关妇联第一届执委会主席和副主席。区级机关工会联合会被评为2016年度天津市模范职工之家，新闻中心采编部被评为2016年度天津市“工人先锋号”先进集体。4名干部职工分别被评为2016年度天津市优秀工会积极分子、优秀工会工作者、“五一劳动奖章”先进个人。区政府督查室等3个机关科室被评为2016年度河西区“工人先锋号”先进集体，15人被评为2016年度河西区“五一劳动奖章”先进个人。

（王　艳）

# 党　校

**【概况】** 河西区委党校内设：办公室、行政科、培训科、资料室、教研室、理研室、财审科，在职教职工24名。

2017年，河西区委党校学习贯彻习近平总书记在全国党校工作会议上的讲话精神和《中共天津市委关于加强和改进新形势下党校工作的实施意见》，牢固树立“四个意识”，充分发挥党校与“中国共产党思想理论资源数据库天津中心”作用，党校各项工作稳步推进。

**【培训工作】** 2017年，河西区委党校完成培训班次80期，其中主体班次17期，委托培训63期，培训人数超过1万。针对培训规模与班次扩大化需要，全面从严管理，实行班主任负责制，提高班级管理流程化和规范化，实现分类别、多层次的统筹管理。在主体班次推行分管教学副校长负总责、各职能科室依序分工的源头介入、全程跟进的管理模式，主体班次推行“一课一调研”的量化考核制和“一班一结一存档”的痕迹化管理，管理水平稳步提升。全面保留团队建设、情景模拟、主题辩论等品牌活动课，围绕教学需要创新和完善培训方式，从提升课程吸引力与感染力着眼，通过科学设定培训时间确保教学时间安排科学合理。通过综合增加考核内容提升考核的科学性。通过新增在线学习平台和小书包APP的使用，线上线下学习无缝对接，提高教学管理的效率。加强班级特色建设，注重不同班次的个性化发展。突出集体备课与集中教研，依据教师学科合理划分教研团队，确保课前试讲到位、课中试听评价、课后研讨改进的层层深入。

**【调研科研】** 2017年，河西区委党校本着“围绕中心、服务大局”的目标，充分发挥党校职能，从干部教育“幕后”走到全区党建“台前”，实现有为有位的双突破。积极参与全国、市、区级各类征文活动。报送各级科研成果40篇，其中报送全国党校系统征文4篇，入选人民大学论文集3篇；市党校征文4篇、咨政课题立结项4篇；《天津日报·新河西版》刊登5篇，区网信办征文6篇；校级征文5篇，调研课题9篇。深入推进“师生共调研”，区第二十九期青干班开班。经过反复研讨、双向选择，区委党校教师与第29期青干班学员组成5个课题组，精选课题立新意，深入基层接地气，过程留痕，督导跟进，形成有情况、有分析、有对策、有深度、有价值的调查报告。汇编《师生调研成果集》，供学习交流、借鉴应用。组织召开第29期青干班调研成果交流会，提高调查研究的能力、实现成果转化，提供借鉴。紧密联系天津市和河西区实际，推进调研、教学、咨政一体化。十九大召开期间，多名教师接受河西有线电视台采访，解读、宣讲十九大精神。校领导和多名教师深入风味食廊管委会、尖山街、柳林街、越秀路街、天塔街、灰堆第一小学、计算机职专、教育局、房管局、司法局、民政局、妇联等单位进行宣讲，35场次。

**【基础建设】** 2017年，河西区委党校向市委党校网站报送信息161篇，外宣信息37篇，为“一流党校”营造舆论宣传环境。加强制度化建设，推动科室内部管理机制完善优化，强化规范化管理。做好保障工作，对部分地面重新铺装和墙面重新粉刷，对水管电路全面排查，配齐消防器材。加强固定资产管理和安全管理，打造“平安校园”。坚持“财务工作无小事”原则，突出一个“细”字，落实一个“严”字，以制度化促进规范化，完成工会账户法人变更，落实《天津市财政局关于开展违法违规举债行为自查》等工作，提高财政收支利用率，确保财务报销有章可循、有规可依。推进“两学一做”学习教育常态化制度化。组织全体党员与青干班学员听区委领导讲党课和市委党校副校长徐中教授和专家学者专题辅导讲座。组织党员开展多种形式的学习，采用党员小书包app现代化信息手段，小书包的学习任务完成率达到100%。加强反腐倡廉教育，认真完成巡察整改工作。组织党员参加区委常委、纪委书记张楠给青干班学员讲“始终做守纪律讲规矩的共产党员”党课，观看《巡视利剑》《贪欲自毁人生》等警示教育片。强化主体责任，按照巡察和回头看提出的整改问题逐项对标对表，发挥整体合力，按照整改要求，本着即知即改原则，结合党校发展实际，做好整改落实。

（王晨颖）

# 机构编制

**【概况】** 河西区机构编制委员会办公室（简称：河西区编办）内设：综合科（调研科）、机关机构编制管理科（监督检查科）、事业单位机构编制管理科；河西区事业单位登记管理办公室作为负责全区事业单位登记管理的科级行政机构，由区编办管理。

2017年，河西区编办把机构编制这一重要执政资源管好用活，努力提高机构编制管理科学化、规范化水平，为全区经济社会发展提供有力体制机制保障，推动机构编制和党建工作各项任务落到实处。

**【机构设置】** 2017年，河西区编办完成区委巡察办、区委巡察组、区纪委派驻机构设置和区低收入家庭经济状况核对中心、区委党员教育中心等6家事业单位设置。撤销区商贸服务学校、区信息中心2家事业单位。完成区委网信办机构设置，各街道党工委宣传科加挂网络安全和信息化办公室牌子。完成太湖路街道党工委、办事处机构设置，制定街道党工委、办事处“三定”方案及所属事业单位的主要职责、人员编制、内设机构。完成区委机关工委、科委、工商联机关、红十字会机关的“三定”方案。完成区纪律检查委员会、区监察委员会机关机构设置。完成团区委、区总工会、区妇联、区科协机关机构改革方案。对区委办公室、区商旅局、区保密局等近30家单位和区市容园林委、教育、卫计委、文化系统等20余家事业单位人员编制、内设机构进行调整。对全区基层医疗卫生机构编制情况进行调研，合理确定全区基层医疗卫生机构总量。区卫生监督所更名为区卫生计生综合监督所，重新调整内设机构设置。

**【日常工作】** 2017年，河西区编办完成9家单位机构编制纪律专项检查。区民宗办等8个部门权责清单进行调整，涉及行政职权69项（增加职权事项19项、修改职权事项21项、减少职权事项29项）。完成2017年度机关、事业单位机构编制统计。全年开具人员占编信311封，涉及1000余人，更新和完善人员信息数据万余条。对全区具有法人资格的259家事业单位年度报告在区政务网上进行公示，完成率100%。完成35家事业单位法人公示信息抽查工作。完成29家机关及编办管理的群团事业单位统一社会信用代码证书手续变更。对新增9家党政机关和58家事业单位中文域名进行注册，覆盖全区党政机关、事业单位，注册率、缴费率100%。对区政务网、区行政审批服务网、河西党建网等8家符合条件的网站进行挂标。

（乔荣强）

# 档案管理

**【概况】** 河西区档案局（馆）内设：办公室、业务督导科、档案管理科、电子信息科。

2017年，河西区档案局（馆）以新河西档案馆建设为抓手，带动全区档案工作全面快速发展。

**【档案馆建设】** 2017年6月，投资8621万元的河西新档案馆竣工投入使用。新馆建筑面积8516平方米，其中档案库房3000平方米，设备用房1135平方米，技术用房1393平方米。制定和修订档案管理、财务管理、档案开放等56项制度。7月，承办天津市区级国家综合档案馆建设现场推进座谈会。10月，市人大常委会副主任散襄军带队到馆视察。区档案馆共接待各方视察、学访共计23次。

6月，河西区新档案馆改造整修项目完成

（河西区建委提供）

**【档案信息化建设】** 2017年，河西区档案局（馆）推进档案信息化建设，总投资1396万元。建设118平方米的网络机房，架设互联、政务、局域、核心数据、馆际共享和安控6套网络。自主研发包括多媒体档案管理、馆藏档案管理、现行文件查询等多种功能的数字档案馆管理系统，基本实现档案收集、管理、存储、利用等各个工作环节的自动化、网络化管理。数字化加工室严格按照天津市档案局数字化外包要求建设，室内实现360度无死角监控，单独架设局域网，保证档案安全。用10个月时间完成第一批200万页馆藏档案的数字化，全年完成档案扫描61.7万页。

**【业务建设】** 2017年，河西区档案局（馆）对档案馆所存档案及全区各单位档案数量进行统计，实现档案数据动态管理。加强库房管理，进出库严格履行登记制度，保证档案安全。筹备档案接收工作，本着确保档案应收尽收的原则，制定科学合理的接收方案。召开接收档案工作部署会，各单位分管领导、档案干部共150余人参加会议。局（馆）领导带队深入各单位进行具体指导，订制文书案卷盒、案卷目录夹等档案装具，为全区各单位档案接收做好保障。

**【民生档案】** 2017年，河西区档案局（馆）充分发挥档案局（馆）档案利用中心和政府公开信息查阅中心功能，接待查档人员2141人，调用文书卷4271卷（次）。印发《家庭档案指南》1万份，通过社区居委会发放给居民。指导推动市容园林委、教育局、市政运管中心所属二级单位的档案考核和社区档案达标，89个社区的档案达到合格及以上标准。

**【档案法制】** 2017年，河西区档案局（馆）严格履行依法行政职能，以培训、竞赛、展览等形式开展档案法制宣传活动。按月依法进行档案执法检查，配合市场监管委开展双随机档案执法检查，履行监管职能。组织全区档案干部参加天津市档案业务技能大比武竞赛，其中有5名干部进入复赛，区档案局（馆）获优秀组织奖。参加“宝葫芦”杯档案法律法规知识竞赛，提交试题1000份。参加“我与宪法”微视频作品征集活动，拍摄《宪法在我心中》普法视频。安排布置全区立卷归档工作，对区委、区政府、各委办局、各街办事处等92个单位的立卷情况进行检查和指导，全区共立文书卷38630件，会计档案4262卷，专业档案22988件，实物档案224件，科技档案1255件。

**【档案宣传】** 2017年，河西区档案局（馆）通过馆内触摸屏、电子显示屏、内外墙宣传牌、微信公众号和官方网站等传统宣传方式和新媒体宣传方式，在“6.9”国际档案日、“9.5”档案开放日、“12.4”国家宪法日及新政策新法规发布等节点开展系列主题宣传活动，走上街头、深入社区向群众宣讲档案法律法规知识，发放相关知识手册。深入各单位进行档案业务指导，推进档案法制、政策、技能宣传。

**【队伍建设】** 2017年，河西区档案局（馆）举办档案立卷、档案达标、社区档案等培训，500余人参加。1名干部参加天津市档案局“185”人才培训计划。经区编委批准，增设电子信息科。探索通过政府购买服务提升档案服务水平的模式，新招聘19名档案辅助人员。制定人才队伍培训计划，采取学习、交流、培训、参观等多种方式，不断提升档案工作人员的能力素质，完成18.3万卷、2120箱档案的安全搬迁。

12月14日，在河西区新档案馆召开区人大代表年终座谈会　　（区档案局提供）

（马小琳）

# 河西区人民代表大会

# 河西区人民代表大会

**【概况】** 该届河西区人民代表大会及其常务委员会（简称：河西区人大及其常委会）常委会于2016年12月选举产生，2017年是履行职责的第一年。召开河西区第十七届人民代表大会第二次会议，召开常委会议9次，主任会议11次，听取和审议“一府两院”专项工作报告14个，专项工作汇报9项，组织开展7次法律法规执法检查、12次工作视察、11次专题调研，备案审查政府规范性文件34件，任免国家机关工作人员61名。受理人民群众来信来访105件次，依法维护和保障人民群众的根本利益。区十七届人大一次会议87件代表建议和闭会期间32件代表建议全部办复。依托13个街道人大代表之家和56个代表联系选民接待站，开展多种形式的代表活动，组织常委会组成人员和人大代表开展视察、检查和调研活动。广泛宣传人民代表大会制度，全年在《天津人大》《天津日报·新河西》等各类媒体刊发稿件190余件，编发人大信息34期，编印《河西人大》一书，区人大常委会获全市人大系统信息工作先进单位称号。

## 重要会议

**【河西区第十七届人民代表大会第二次会议】** 2017年12月8—9日，在河西区委党校举行。会议选举河西区出席天津市第十七届人民代表大会代表。

## 主要工作与活动

**【重大事项决定】** 2017年，河西区人大常委会贯彻落实《河西区关于健全人大讨论决定重大事项制度、政府重大决策出台前向区人大报告的实施意见》，贯彻监督法、预算法有关规定，依法批准区政府对城投公司增加注册资本金的议案，并作出决定；批准区级预算调整方案，并作出决议。紧扣全区迎全运百日会战、全运村筹备运行保障重点工作，常委会作出《关于在全体人大代表中开展“建设美丽河西·服务全运盛会”活动决定》，区委书记贾凤山对在全体人大代表中开展“建设美丽河西 服务全运盛会”活动批示：“人大党组的意见很好，全运会是国家大事、重点工作任务，是全区百姓的大事，人大代表在参与过程中履职更能体现人民的意志。”

**【人事任免】** 2017年，河西区人大常委会坚持党管干部和依法任免相结合，依据法律程序，全年任免4名副区长、46名区人民政府组成人员、8名区人大常委会内设机构工作人员和3名区人民检察院工作人员。贯彻落实《天津市实施宪法宣誓制度办法》，制定实施细则，举行6次宪法宣誓仪式，组织46名国家工作人员进行宪法宣誓。开展多种形式“国家宪法日”宣传活动。

**【法律监督】** 2017年，河西区人大常委会听取平安河西建设工作汇报。深入银河国际购物中心、友谊路新业广场、公安河西分局天塔派出所实地视察消防安全、食品安全和社区治安管控系统，查看智慧型社区感知网络建设情况。组织代表旁听民事诉讼案件庭审，深入区人民法院立案和诉服中心、执行指挥中心，区人民检察院警示教育基地、侦查指挥中心，对区人民法院解决执行难和区人民检察院查办和预防职务犯罪工作进行视察。制定区人大常委会执法检查办法，推动法律法规贯彻实施。聚焦社会关切，组织开展消费者权益保护法、食品安全法和产品质量法实施情况执法检查，深入假冒伪劣商品集中销毁现场、珠江茗都茶城、唐宋府酒楼开展监督检查，提出意见建议。优化就业质量，深入区公共就业服务中心和劳动人事争议仲裁院开展就业促进法执法检查，监督政府相关部门提升创业就业环境，保障劳动者合法权利。关注儿童成长，组织开展天津市学前教育条例执法检查，深入十六幼分园、华兰国际幼稚园，重点检查经费保障、幼儿园布局规划、安全管理等政府职责落实情况。重视环境保护，深入九龙路垃圾转运站，实地检查固体废物污染防治法贯彻实施情况，倡导节约环保的生产和生活方式。维护网络安全，深入公安河西分局网络安全保卫支队和挂甲寺派出所，开展网络安全法和全国人大关于加强网络信息保护的决定执法检查，提出强化关键信息基础设施保护，落实网络安全等级保护制度等意见建议。加强市区联动，配合市人大对档案法、天津市档案管理条例、反家庭暴力法和华侨权益保护法贯彻实施情况开展视察调研，督促问题整改与完善制度并举。加强基层立法征询工作，健全立法征询工作机制，设立大营门街和挂甲寺街基层立法征询联系点，聘任13名立法征询顾问，完成《天津市促进科技成果转化条例》等8部地方性法规的征询意见。

3月15日，河西区人大常委会组织开展消费者权益保护法执法检查现场

（河西区人大常委会提供）

**【工作监督】** 2017年，河西区人大常委会听取和审议国民经济和社会发展计划执行情况、2016年区级决算、2017年预算执行和调整及审计工作报告。听取北方设计之都建设、融入京津冀协同发展、国有企业改革、楼宇经济等工作情况汇报，组织人大代表深入实地进行视察，提出积极实施创新驱动发展战略。加强预算审查监督网络系统建设，组织人大代表深入区财政局、审计局等部门开展调查研究，协调系统建设工作，高效建成预算联网监督系统，实现国库集中支付系统与预算执行、税收收入征管系统及预算单位财务软件大数据联接。组织人

大代表深入惠阳里等8个社区开展调查研究，听取建立太湖路街道办事处及实验区创建工作汇报。助力河西教育发展，常委会听取教育重点工程建设，幼儿园、小学招生工作情况汇报，组织人大代表深入天津四中新校区和中心小学梅苑学校进行视察，实地监督幼儿园、小升初网上报名工作。促进公共文化事业发展，常委会组织人大代表视察“西岸文e”数字文化平台和微型图书馆建设情况，听取专项工作汇报。着力改善民生福祉，常委会听取20项民心工程建设情况汇报，组织全体人大代表深入创智东园、区档案馆、宾水北里精品社区、桂发祥美食广场等12个重点项目现场，开展集中视察检查，提出建设性意见39条，现场协调解决中心小学梅苑学校暖气不热问题，监督促进民心工程高质量完成。加强城市治理工作监督，常委会听取和审议河西区2016年度环境质量状况和环境保护目标完成情况报告。全力支持和保障迎全运市容环境综合整治百日会战、海地小二楼拆迁、全运村筹备运行保障等全区重点工作，常委会听取专项工作汇报，组织人大代表深入微山路、金地菜市场和全运村，查看立面整修、街景绿化工程和全运村建设情况。推动“美丽天津·一号工程”，开展“四清一绿”行动和市容环境管理3年行动任务落实，组织人大代表视察华山里社区公园、小二楼拆迁地绿化工程、南昌路提升改造及环湖东里社区排水设施改造现场，检查重点工程任务完成情况。认真落实审议意见书暂行办法，监督促进“一府两院”改进工作，主任会议定期听取审议意见书落实情况，组织人大代表跟踪开展专题调研和专项工作视察，推进审议意见的落实。常委会书面审议区政府关于河西区环境质量状况和环境保护目标完成情况、2016年区级决算审议意见书落实情况报告，要求政府及相关部门制定有效举措，加快整改落实，进行满意度测评。

10月24日，河西区人大常委会驻会领导和人大代表视察天津第四中学迁址扩建工程现场
（河西区人大常委会提供）

**【调研活动】** 2017年2月8日，市人大常委会主任肖怀远带队到桂发祥麻花饮食集团有限公司开展贯彻实施代表建议工作条例专题调研。市人大常委会副主任张俊滨，副主任兼秘书长杨福刚和市有关方面负责同志参加。参观企业文化展，开展专题调研，听取市“一府两院”和市人大代表意见，区人大常委会主任苏智作表态发言，并提出贯彻落实《条例》6条具体举措。

6月22日，市人大常委会副主任张俊滨一行考察越秀路街代表之家和代表接待站的建设情况，从贯彻落实市人大代表建议工作条例、代表意见建议办理、代表之家和代表接待站建设、组织代表初任培训、开展代表统一活动日活动、修订完善代表工作制度和加强代表履职管理等方面听取工作情况汇报。

10月13日，市人大常委会副主任散襄军到

6月26日，河西区人大常委会驻会领导积极参与小二楼拆迁现场指挥
（河西区人大常委会提供）

微山路中学视察民族文化教育发展情况。听取学校内高班办学情况汇报，提出，进一步提升学校的服务能力和水平、为新疆学生创造更优质的教学环境和资源、推进天津市民族文化教育发展等要求。

10月24日，市人大常委会副主任散襄军带队视察河西区《中华人民共和国档案法》《天津市档案管理条例》贯彻实施情况，深入区档案馆，参观档案查阅服务中心、信息化机房、智能库房等设施设备，实地察看档案数字化加工、档案裱糊修复等方面工作，询问馆藏档案及资料的保管和利用情况。强调要深入挖掘档案中的历史文化信息，在服务社会和传承文明上发挥独特的作用。

12月13日，市人大常委会副主任散襄军一行到河西区视察平安天津建设工作。听取河西区社会治安防控及智慧社区建设工作汇报，深入环湖南里社区和天塔派出所视察社区治安防控设施建设情况，实地察看河西区立体防控云防系统和天塔智慧社区分析展示系统。

**【代表工作】** 2017年，河西区人大常委会组织新一届人大代表初任培训，采取集中学习、专题讲座、区情介绍、座谈交流等形式，重点围绕学习宣传贯彻党的十九大精神、人民代表大会制度理论以及代表法、代表履职知识等内容，开展集中宣讲和专题培训。坚持代表统一活动日制度，组织开展“服务全运会·代表作表率”代表统一活动日活动。制定关于加强人大代表密切联系群众的办法，坚持每季度组织代表开展深入选区接待选民、为选民服务活动，全年接待选民4200余人（次），为选民办实事290余件。自觉接受选民监督，组织115名代表向原选区选民报告履职情况。加强代表之家、代表联系选民接待站建设，在越秀路街和柳林街代表接待站召开代表工作中期推动会和学习观摩座谈会。制定区人大代表闭会期间履职监督办法，建立健全代表履职工作台账，加强代表履职情况考评和履职监督管理。协助市人大做好河西团市人大代表的学习培训、专题调研、会前视察、议案和建议督办等工作。

**【代表建议处理】** 2017年，河西区人大常委会修订完善代表议案及代表建议、批评和意见办理工作办法，通过走访代表建议办理部门，发放代表建议办理征询意见表，实地察看桂江里社区底商污水跑冒、树木遮挡监控探头、中小学足球教学纳入体育课建议落实情况等方式，加大代表建议督办力度，区十七届人大一次会议87件代表建议和闭会期间32件代表建议全部办复，推动解决天赋里社区48户居民31年无房产证及环湖中路、龙海公寓部分地区无路灯等群众关注的难点问题。

**【街道工委】** 2017年，河西区人大常委会组建新一届人大街道工作委员会，召开工作会议，总结交流经验，部署工作任务。制定人大街道工委工作办法，坚持每月组织召开人大各街道工委工作例会，开展学习研讨、相互沟通情况，指导开展各具特色的代表活动。

**【自身建设】** 2017年，河西区人大常委会坚持常委会前集中学习制度，认真学习宣传贯彻党的十八届六中全会、党的十九大和市区委全会精神，邀请十九大代表袁滨渤结合参会感受，宣讲党的十九大精神。区委书记贾凤山为新一届常委会组成人员讲授履职第一课。邀请专家学者讲授民法总则、预算法等法律法规和“七五”普法、经济工作等相关知识，举办新一届常委会组成人员履职培训班。常委会作出《关于加强区人大常委会自身建设的决定》，修订区人大常委会、主任会议事规则。制定常委会实行审议意见书暂行办法。持续强化作风建设，常委会组成人员带头深入天津光电集团、中交一航院等重点企业和代表单位走访服务，主动参与迎全运百日会战、小二楼拆迁、全运村筹备运行保障、安全维稳等全区重点工作，定期深入街道社区指导工作，帮助群众解决实际问题。

**【党建工作】** 2017年4月5日，河西区委书记贾凤山对区人大常委会党组近期重点工作完成情况的报告作出批示：“换届以来，区人大党组充分发挥在人大工作中的核心领导作用，制度建设成效显著，服务大局高效有为，依法监督履职卓有成效，自身建设不断增强，希望区人大党组保持良好的工作势头，积极创新思路招法，进一步增强‘四个意识’，推动区人大工作再上新水平。”5月5日，区人大常委会机关开展“阅读分享·做朗读者”主题党日活动，培养党员干部崇尚阅读、自觉阅读的良好习惯，增强政治信念，提升自身修养和履职能力。5月26日，区人大常委会党组成员深入全国先进基层党组织单位华北设计研究总院有限公司，学习参观党员活动室，就领导班子建设、规章制度、组织建设、党风廉政建设等方面进行学习交流。6月14日，区人大常委会主任苏智为区人大常委会机关全体党员干部宣讲市十一次党代会精神。6月，区人大常委会副主任于有香为区人大常委会机关全体党员干部讲“学习贯彻党的十八届六中全会精神”主题党课。6月，围绕“进一步增强‘四个意识’、坚决维护和捍卫习近平总书记的核心地位”主题，区人大常委会党组开展“维护核心、铸就忠诚、担当作为、抓实支部”主题教育实践活动推进“两学一做”学习教育常态化制度化专题讨论会。6月30日，区人大常委会机关举办纪念建党96周年主题党日暨党员活动室建成启用仪式。7月，区人大常委会党组召开落实市委“机动式”巡视整改专题民主生活会，通报区人大常委会党组2016年度专题民主生活会整改措施落实情况和征求意见情况。8月14日，区委书记贾凤山对区人大常委会党组上半年工作情况作出重要批示：“上半年人大常委会党组工作卓有成效，有力地助推全区工作任务完成，望再努一把力，在进一步强化有效监督的同时，协同竞进，为全区各项工作干在实处，走在全市前列共同奋斗。”9月，区人大常委会副主任纪立新围绕“坚持‘四个服从’，以坚毅如铁的信念诠释对党绝对忠诚”主题，紧密结合区小二楼拆迁工作实际，为区人大常委会机关全体党员干部讲专题党课。9月，围绕“坚持‘四个服从’，以坚毅如铁的信念诠释对党绝对忠诚”主题，区人大常委会党组开展“维护核心、铸就忠诚、担当作为、抓实支部”主题教育实践活动推进“两学一做”学习教育常态化制度化专题讨论会。集中观看电视专题片《梁家河的故事》，组织学习《习近平的七年知青岁月》。11月，区人大常委会副主任孟华围绕学习贯彻党的十九大精神这一主题作专题党课。11月，区人大常委会机关认真组织学习长篇通讯《习近平——新时代的领路人》。12月15日，区人大常委会召开党组扩大会议集中学习《中共中央办公厅印发习近平总书记关于进一步纠正“四风”，加强作风建设重要批示的通知》精神，认真查找“四风”突出问题特别是形式主义、官僚主义的新表现，采取过硬措施，坚决加以整改，务求取得实效。12月，围绕“学习贯彻党的十九大精神，为河西之为干事创业担当作为”主题，区人大常委会党组召开中心组集体学习暨开展“维护核心、铸就忠诚、担当作为、抓实支部”主题教育实践活动推进“两学一做”学习教育常态化制度化专题讨论，结合区人大常委会年终集中视察发现的问题，谈体会、谈认识、找差距、定措施。

**【信访接待】** 2017年，河西区人大常委会把做好人民群众来信来访作为倾听社情民意、增强监督实效的重要途径，及时转办市人大交办件、人大代表和人民群众来信来访件，全年接待来信来访并回复105件。

**【宣传信息】** 2017年，河西区人大常委会积极宣传人大制度理论、区人大及其常委会依法履职实践和人大代表履职风采，全面反映区人大工作取得的新进展、新成效。

（刘龙珠）

河西年鉴
2018

# 河西区人民政府

# 重要会议

**【区政府常务会议】** 2017年，河西区召开区政府常务会议30次，研究议题267项。议题内容涉及经济发展、城市建设与管理、民计民生等方面。经济发展主要包括审议通过《关于进一步促进民营经济发展的若干措施》《河西区人民政府关于规范“三重一大”事项决策工作的实施意见》《河西区关于大力推进民营经济发展的意见》《关于河西区2017年国民经济和社会发展计划执行情况与2018年国民经济和社会发展计划草案的报告》等。城市建设与管理主要包括审议通过《河西区棚户区改造工作方案》《河西区河长制实施方案》《河西区易积水居民区危房群众安置实施方案》《河西区违法建设专项治理五年行动方案》《河西区海绵城市建设工作方案》《天津市河西区总体城市设计》等。民计民生主要包括审议通过《天津市河西区全民健身实施计划（2016-2020年）》《河西区民办托幼点（看护点）管理办法》《河西区治理违法建设执法办案指导意见》等。

**【区长办公会议】** 2017年，河西区召开区长办公会议18次，研究议题54项，议题内容涉及经济发展、城市建设、社区治理等。主要研究推进健康河西建设、河西区2017年清新空气行动工作方案、早餐车经营治理等工作。

（钱　鲲）

# 主要工作与活动

**【小海地小二楼拆迁】** 小海地小二楼是20世纪80年代初为解决群众居住困难建造的简易二层楼房，位于洞庭路东侧。2009年10月7日，河西区正式启动小海地小二楼。2017年初，小二楼拆迁片仍剩余3142户尚未动迁。3月，河西区再次启动该地区拆迁工作，由区级领导牵头负责，全区各单位共抽调业务骨干近700名，组成24个工作组现场集中推进拆迁工作。剩余3142户拆迁工作全面完成，为第十三届全运会的召开提供整洁优美的市容环境，凝聚形成“担当作为、攻坚克难”的小二楼精神。

**【全运村接待】** 第十三届全国运动会全运村东起林海路、西至梅林路、南抵南兴路、北达渌水道，规划用地面积32万平方米，居住建筑面积64万平方米，床位1.8万余张，可为运动员、技术官员、媒体记者提供住宿、餐饮、交通、商业、健身、医疗、文化等综合服务。河西区以“温馨全运村、圆梦全运会”为办村目标，以“管理规范、服务周到、运行安全”为工作原则，借鉴奥运村、青运村和往届全运村经验，结合实际情况，推进全运村筹备运行。自2017年8月15日开村运行，至9月10日顺利闭村，接待运动员、技术官员、媒体记者约1.5万余人，规模、运行时间、集中入住人数，均创历届之最。全运村开村运行27天，共收到感谢信281封、锦旗12面、感谢卡380张，取得“零差错、零投诉、零事故”成绩，向全国乃至全世界展示天津形象、河西风采。

**【南昌路环境综合整治】** 南昌路环境综合整治项目北起马场道，南至徽州道，东起江西路，西至九江路，施工总长度约0.9千米。该项目以南昌路为轴线，包含周边5条相交道路部分路段以及孚德里等13个自然社区。重点围绕园林景观改造、建筑外檐整修、底商规范改造、市政工程、交通秩序提升、社区提升等方面开展专项整治。2016年10月实施，2017年8月全部完工，共整修建筑立面42栋、商户112家，整修面积17万平方米，改型13.35万平方米，清洗和粉刷3.55万平方米；新植行道树200株，新建花池和花坛542平方米，街景绿化提升3.28万平方米；新置果皮箱26个，垃圾桶17个，座椅35个，健身设施4套，自行车停车架20个；三义庄菜市场提升改造1213平方米；增加交通设施违章摄像头15个，护栏1006米，隔离墩208个，周边商业服务功能更加完善，交通秩序和环境面貌焕然一新，社区生活环境更加整洁优美。

**【小白楼航运服务集聚区】** 小白楼地区多年来集聚一大批从事航运物流运输、海运进出口的企业，是全市航运服务业中唯一坐落于中心城区的聚集区，也是河西区发展航运、金融、货代、物流等现代服务业的重点地区。小白楼区域内聚集国贸大厦、泰达大厦、富力中心、外代大厦等商务楼宇21座，航运企业430家，汇聚包括中国天津外轮代理有限公司、三星国际物流（北京）有限公司天津分公司、德迅（中国）货运代理有限公司天津分公司、振华物流集团有限公司天津分公司在内的多家国内外知名航运企业，占河西区航运企业总数的一半以上。2017年，该区域航运企业纳税总额9564万元，占全区航运物流企业纳税总额的74%，留区税收2831万元，占全区航运物流企业留区税收的71%，成为河西区对接助力全市国际航运核心区建设的重要阵地。

**【全国社区治理和服务创新实验区建设】** 河西区以实验区创建为抓手，紧紧围绕“扩大居民有序参与、完善社区治理体系”的要求，通过“三抓四化五途径”，即抓机制建设、硬件建设、队伍建设，提升社区治理规范化、环境治理长效化、社区服务项目化和信息化水平，拓展区域化党建、居民自治、社区协商、社会协同和文化引领5个方面的参与途径，探索推进实验区各项实验任务。深入推进社区减负增效和社区公共服务综合信息平台全覆盖，开展居民公共服务事项“一号申请、一窗受理、一网通办”的“一门式”服务模式，实现“让数据多跑路，群众少跑腿”。发挥专家团队“智库”作用，总结推广友谊路街“1+N 帮 1”志愿助老服务、越秀路街“N+3+6”社区事务协商等一批社区治理和服务创新成果。强化社区、社会组织、社会工作“三社联动”，努力补齐社会组织在社区治理中的短板，实现政府治理和社会协同、居民自治的良性互动。完善社区治理与服务的组织体系、制度体系、内容体系和载体平台，80%以上的社区党员和30%以上的社区居民能够有序参与社区治理与服务。2017年7月，通过民政部中期评估。

（马　帅）

# 政府办工作

**【概况】** 河西区政府办公室内设：督查室、秘书科、资料科、信息科、报道科、建议提案工作科、行政科、财务科、政府信息公开科、联络接待科、街道工作科、调研一科、调研二科、应急指挥科、预案推动和资源保障科。

2017年，河西区政府办公室围绕全区中心工作，充分发挥自身职能，不断提高服务能力，积极参与政务、管理事务、做好服务，完成年度目标任务，各项重点工作落地见效。

**【政务督查】** 2017年，河西区政府办公室对2017年《区政府工作报告》所列重点工作任务目标和《2017年河西区20项民心工程》开展全年跟踪督查。做好《河西区2017年绩效考核工作指标业务工作实绩考评（区政府部分）》督查督办。组织落实区级绩效考评工作，完成区政府办公室市、区两级绩效考评上报任务。组织协调相关部门做好迎接国务院第4次大督查、市政府第2次大督查。

（顾彩虹）

**【便民服务】** 2017年，河西区政府办公室做好天津市便民服务专线工作。组织完成市政府办公厅热线交办的公仆接待日活动10次，受理百姓反映问题201件；公仆走进直播间2次，受理市民反映问题83件；行风坐标1次，受理问题14件；接受媒体采访2次；办理市政府办公厅交办件5件；8890转办单87件、便民热线受理31418件，办结率100%；编发《便民服务专刊》11期。做好北方网《政民零距离》、人民网《人民网－地方领导留言板》及《区长信箱》办理工作。政民零距离办理留言1826件，区长信箱1031件，人民网112件，共计2969件，收到感谢信7件。做好政务微博工作。“河西发布”全年新浪网粉丝数48.95万人，发布微博9593条，收到评论24.6万条，@微博203条，私信181人；腾讯网听众数量25258人，广播9593条，受理网友提出的问题101件。

（顾彩虹）

**【会务与文档管理】** 2017年，河西区政府办公室严格按照办文程序，加快办文速度，确保各类文件办理的质量。坚持做到会前充分准备、会中积极服务、会后及时总结，注重协调与各部门的关系，严谨、细致地完成区政府日程安排和重要会议的会务服务及会议纪要起草工作。认真做好各种文件的收发、处理工作，全年共清理退回中央、市委涉密文件2480件；接拆信件1万余件；登记阅处文件3520余件，传阅分发给相关部门中央、市委、区委文件2980件；累计拟办行文395件，追存、整理电子文档927件。严格按照《机关文件材料归档范围和文书档案保管期限规定》，整理立卷文书档案1687件、42盒。严格落实文书档案管理、印信使用管理、机要保密规定，文件的收、发、传、送、批、借、存、销等环节做到程序化、制度化、科学化，无被盗和失泄密事件发生。认真落实值班制度，坚持早晚与节假日在岗值班，保证区政府的政令和通讯畅通。加强公务用车及驾驶员管理，对公务用车、驾驶员实行集中管理、统一调度，严格执行出车审批制度，确保公务用车规范、安全无事故。坚持勤俭办事、厉行节约、精打细算，严格控制办公经费支出。

（钱　鲲）

**【公文撰拟】** 2017年，河西区政府办公室准确把握中央、市委、区委的最新要求，了解收集掌握全区经济社会发展最新情况，始终坚持紧跟政策形势，紧贴热点前沿，紧扣工作中心，切实将区政府领导工作思路与全区改革发展稳定各项任务紧密结合起来，高质量完成文字综合起草工作。全年完成区政府工作报告、领导讲话、经验材料、理论文章等各类文稿620篇，350万字。

（周　巍）

**【政务和信息公开】** 2017年，河西区政府办公室坚持把政务公开工作作为推动行政权力公开透明运行的一项重要制度，加强领导，完善机构，充实队伍，成立由常务副区长任组长，区政府办、法制办等38个部门负责人为成员的区政务公开工作领导小组，统筹推动全区政务公开工作。完善政务公开工作制度。印发《2017年天津市河西区政务公开重点工作安排》（津河西政办发〔2017〕）18号）、印发《关于将政务公开纳入办文办会程序工作规定（试行）的通知》，将“五公开”（决策、执行、管理、服务、结果公开）要求落实到公文办理和会议办理程序，完善政策解读程序，按照“谁起草、谁解读”的原则，由起草部门做好解读工作。邀请相关代表列席区政务常务会，切实增强决策透明度。推进重点领域政府信息公开工作。本着“谁制定，谁保存，谁公开”的原则，推行财务、环境监管等信息公开。全区54个政府信息公开主体单位，主动公开政府信息2440条，全文电子化率100%。向市政府网络办公室报送信息被采用154条，向信息公开查阅服务中心提供纸质文件73份。政府信息公开行政诉讼14件。参加市政府办公厅在全市范围内组织开展的政务公开第三方评估工作，通过采取查看政府网站和查验佐证材料等办法，市政府办公厅对各单位政务公开工作进行全面、系统、客观、公正的分析和评定，2017年政务公开工作年度绩效考核成绩名列全市前列。

（贾志强）

**【信息工作】** 2017年，河西区政府办公室政务信息工作以提高信息质量为重点，以做好“三个服务”为目的，不断健全信息网络，拓宽信息领域。强化三项服务，把准信息工作“出发点”。狠抓重点信息，服务领导决策。坚持把领导关注的、急需了解的问题作为信息工作的切入点，把握政府每个时期的工作重点，有选择、有目的地采编、报送反映全区、突出重点的信息，为领导科学决策提供高质量的信息服务。把捕捉亮点信息作为提升信息价值的重要举措，不断挖掘特色信息、提炼典型信息。重视“问题”信息，为基层和群众服务。对基层上报与百姓生活息息相关的带有苗头性、倾向性的问题、信息，迅速整理，及时报送，使政府及时准确掌握基层群众的思想动态和热点、难点问题，针对性地提出解决问题的办法。全年共收集各类信息3000余条，报市政府办公厅信息300余条，每个工作日上报市政府办公厅信息均在3条以上，共被采用82条。编发区《昨日要情》248余期、《政务信息》189余期、《政务参考》81期，累计刊发信息近700条，达8万余字。全面负责河西区政务网信息发布工作，发布“时政要闻”信息338条，“基层动态”信息2203条。

（张玉健）

**【建议和提案办理】** 2017年，河西区政府办公室受理市级代表建议、政协提案39件，全部办复完毕。受理区“两会”期间代表建议、政协提案177件，涵盖区域经济发展、城市建设管理、教育科技文化卫生等方面内容，均按时限办复完毕。受理闭会期间代表建议30件，政协提案3件，全部办复完毕。受理市、区“9811”专线电话反映问题1件，协调解决。主动与代表委员沟通，形成良性互动，遇到疑难问题，多次实地查勘，向代表委员汇报工作进展，共商解决办法，满意率100%。认真落实人大重点督办件和政协主席促办件，积极配合区人大、政协搞好督查、视察工作。

（尹月莹）

**【应急处置】** 2017年，河西区应急办公室完善预案体系，组织相关部门修订完善专项应急预案。加强应急演练，组织指导消防、卫生、人防、防汛等部门进行专项应急演练，各街道和区教育局分别组织社区和中小学进行紧急疏散演练。加强应急宣传培训，举办“5.12”防灾减灾宣传活动，组织《火灾的成因和处置方法》和《轨道交通应急》知识讲座，编印《市民应急常识手册》3万余册并发放至居民手中。加强应急指挥平台建设，建立区、街两级突发事件预警信息发布系统，维护全区无线对讲平台。加强政务值班、应急值守工作，严格落实《河西区值班工作规定》，下发《关于落实领导带班值守工作的通知》《关于切实加强突发事件信息报送工作的紧急通知》，规范全区值班工作，采取节假日和敏感时期查班，促进值班制度有效落实。加强应急物资储备工作，储备应急照明摄录器材、应急照明系统，提高现场处置突发事件能力。有效处置突发事件，做好敏感时期维稳保障工作，积极做好全国“两会”、天津市“两会”、“一带一路”、北戴河会议、天津市第十一次党代会、第十三届全运会、中国共产党第十九次全国代表大会等敏感期维稳保障工作，完成全运村应急保障工作。

（马　涛）

**【调研工作】** 2017年，河西区政府办公室落实市、区政府系统调研工作会议精神，紧紧围绕贯彻执行全区重点工作和经济社会发展方面重大问题，突出调研的针对性、前瞻性和实效性，紧紧围绕发展大局，高度关注热点难点，为领导提供对路、有用、有效的调研成果。其中，《团结一心、锐意进取、创新竞进全力以赴开创河西经济社会发展新局面》《用心用力、真情帮扶、河西区认真做好军队退役人员工作》等多篇调研文章被市政府有关刊物采用刊发。

（马　帅）

**【街道工作】** 2017年，河西区政府办公室开展社区治理服务，打造宾水北里、园丁公寓等精品小区8个，创建市级美丽社区26个。启动2017年“美丽社区”居委会综合性服务设施达标建设工程，提升改造13个独立300平方米社区载体。提高居家养老服务补贴标准，为1292人提供居家养老政府购买服务。老年日间照料服务中心开展市场化运营。全国社区治理和服务创新实验区以优异成绩通过民政部中期评估。完成相关工作进街道（社区）准入工作。按照区委办、区政府办《关于印发＜河西区相关工作进街道（社区）准入制度＞的通知》《关于印发＜关于进一步加强和改进街道协调工作的实施意见＞的通知》《关于印发＜河西区关于进一步开展社区减负增效工作的实施意见＞的通知》工作要求，认真做好街道（社区）准入工作。每季度下发区属部门落实《河西区相关工作进街道（社区）准入制度》情况统计表，全年区属部门无向街道委派新增工作现象。实施《准入制度》，使各街道办事处、各社区能够在职责职能范围内开展为民服务和管理。加强街道社区建设工作。完成拨付13个街的社区建设经费工作，用于支持实验区创建、精品社区提升、美丽社区创建等工作。

（滕　红）

**【后勤管理】** 2017年，河西区政府办公室联系公房站对办公楼的屋顶进行检查，对大楼内供水系统进行改造，去除水罐，改为直饮水。及时更换前后院办公楼公共区域内损坏的照明设备，更换杭州道1号楼门窗，确保安全。在供暖前后对供暖设备进行调试、打压、试水。利用“五一”“十一”对政府变电站、配电室进行清扫和检修，发现问题及时解决，避免出现故障。定期对院内路面清整，疏通排水管道，补齐防汛物资，做好防汛应急准备。联系园林部门对院内外的花草树木进行修剪、补栽和打药。对政府院内的各个点位投放适量的鼠药。作好政府所辖人员医保报销、政府在职和退休人员的社保工作、政府办在职及退休人员体检和政府大楼节能减排工作。做好政府2号楼会议中心的中央空调维保工作及食堂餐厅的设备维护、卫生和服务保障工作。联系建委和建设单位协调、处理基础设施故障。维修政府办空调，为机关节约购置空调开支。

（周鸿儒）

# 信访工作

**【概况】** 河西区信访办公室内设：办公室、信访科、督查科、综合协调科。

2017年，河西区信访办公室认真贯彻习近平总书记对信访工作的重要指示精神和市、区对信访工作的要求部署，紧密围绕重点工作，牢固树立“四个意识”，提高政治站位，以维护稳定和“事要解决”为核心，以“大排查、大接访、大化解、大督查”为抓手，积极推进信访工作，降低初信初访向重信重访转化，提高办信接访质量和效率。全年受理、办理群众来信来访问题6586件(次)。其中，来信1181件(次)，接待个人来访913人(次)，电话访2365件(次)；接待赴区集体访110批2120人(次)；信访事项办结率达100%。

**【“阳光信访”推行】** 2017年，河西区信访办公室推进信访业务信息化建设，打造便民、快捷、高效、公开的网络信访平台。规范信访事项办理程序，依照《中华人民共和国信访条例》，紧紧盯住信访事项受理、办理、答复、送达、信息录入等环节，落实“属地管理、分级负责，谁主管、谁负责，依法、及时、就地解决问题与疏导教育相结合”的原则，引导群众以理性合法方式逐级表达诉求，不支持、不受理越级上访。加强对国家信访局和市信访办公室交转办案件督查办理工作，做到各项程序、各个要件、各种痕迹齐备合规。严格落实信访工作责任，制定《河西区信访工作责任制细则》，制定并签发《信访工作责任书》，全区33个相关单位向区委书记递交责任书。

1月11日，河西区召开市“两会”期间信访维稳安保工作部署会　（河西区信访办提供）

**【信访积案化解】** 2017年，河西区信访办公室采取分事、分类处理方式，对全区信访积案进行排查梳理，逐案建立台账。按照属事、属地单位“事要解决”“人要稳控”责任，进行“双交办”。围绕中心工作，统筹协调控增减存，利用“信访工作联席会议”平台，协调各街道、房管局、建委等部门逐个研究，调整方案，耐心劝导。全年化解信访积案87件。

**【接访下访】** 2017年，河西区信访办公室继续完善领导接访、包片、包案责任机制，推进领导接访包案下访工作。制定《领导包案接访提示单》，督促全区所有区级领导和处级领导按照责任要求定期接访、下访。区级领导接待信访人达55批、90余人次。区信访办、区建委、区房管局等部门和各街道领导采取信访人随到随接待、定人定向接访等方式，接待重点人员100余人次，通过接访督办，化解多起陈年积案。

**【突发、群体事件处置】** 2017年，河西区信访办公室健全应急处置机制，提高政治敏感度，保持高效畅通的信访渠道。通过实地考场，倾听群众心声，最大程度地给予实质性的关心和人文化的关怀，对无理上访者严肃制裁。对部分业主恶意上访，冲击政府的违法行为坚决予以打处。与房管局紧密配合，适时督办，确保按时限、高标准办结中央督导组督办的重点信访事项。处理还迁房产权问题、小区围墙问题、地铁施工安全隐患问题、业主停车难问题等。

**【访调对接】** 2017年，河西区信访办公室加强"访调结合"，动员社会力量参与信访工作。整合工作力量，发挥"两代表，一委员"、公职律师、社会贤达、专家学者等社会力量在化解信访矛盾纠纷中的作用，发挥律师职业优势，参与听证、接访和化解矛盾工作。深化"访调对接"工作，拓展工作范围，探索有新意、有特色、有成效的化解矛盾纠纷新路径，构建多管齐下、多元共治的信访工作新格局。接待来访群众164人次，19件信访案件进入调解程序，成功协调解决问题10件，独立完成3件。

（潘　洋）

# 行政审批

**【概况】** 河西区行政审批局内设：办公室、行政财务科、综合业务科、政策法规科、社会事务科、文教卫生科、环保城管科、经贸商务科、投资项目科，下属事业单位：河西区行政审批事务服务中心。

2017年，河西区行政审批局梳理全年审批事项，设立权责清单，梳理、编制公共服务事项办事指南。完善受理中心建设，做实集中受理、接办分离、内部循环审批模式，做好"互联网+审批服务"工作，开通许可事项网上受理功能。

**【审批事项梳理】** 2017年，河西区行政审批局按照《深化区县行政审批制度改革若干意见》文件要求，对照《天津市行政许可事项目录（2017年版）》，结合国务院《关于第三批取消中央指定地方实施行政审批事项的决定》《天津市人民政府关于取消和下放一批行政许可事项的通知》文件精神，做好承接梳理事项工作，把简政便民落到实处。在2017版目录下，审批局有各类事项91项，其中行政许可81项，初审上报9项，暂不列入1项，涉及垂管部门事项61项，其中进驻29项。按照《关于印发〈河西区推行政府工作部门权力清单责任清单制度实施方案〉的通知》及《关于做好河西区政府部门权责清单动态管理工作的通知》文件要求，调整45项事项，其中新增3项、取消8项、合并2项、调整职权名称3项、调整子项6项、由暂不列入转入1项、调整实施机构22项。按照《天津市人民政府办公厅关于印发天津市简化优化公共服务流程方便基层群众办事创业工作方案的通知》文件精神，全区11个职能部门及13个街道办事处，报送公共服务事项245项，类型项42项，形成《天津市河西区公共服务事项目录（2017年版）》。

11月20日，河西区行政审批局开设即办件窗口　　（河西区行政审批局提供）

**【审批制度改革】** 2017年，河西区行政审批局开展“作风大整顿、效率大提高”活动。夯实企业登记“一照一码一章一票”一天办结，完善企业登记前后期无偿代办服务。探索“多证合一”和“多项合一”改革，试行审批要件“容缺后补”，加强事中事后监管，推进多部门联合踏勘、联合验收，优化和调整审批业务科室职能。为355家企业提供帮扶，对申报要件容缺后补97件次。新设立企业2918户，注册资金90.4亿元，完成设立、变更、注销及换证10859件。完善受理中心建设，做实集中受理、接办分离、内部循环的审批模式。制定完成河西区行政审批局审批事项的AEAG。对部分简易审批事项探索成立即办件窗口。做好“互联网+审批服务”工作，将全部许可事项开通网上受理功能，47个事项实现全程网上办理。开发完成行政审批服务小灵通手机APP，实现在线自助办理。全年接待咨询1.71万次，接件受理3242件，进行预约服务2229次。按照《天津市建设项目联合审批流程再造工作实施方案》，推进投资项目联合审批工作。全区重大项目11项，总投资181.39亿元，内资企业固定资产投资项目及政府固定资产投资项目进入联审项目64项，总投资额为93.63亿元。

**【绩效考核】** 2017年，河西区行政审批局制订绩效考核责任分解，将各项绩效考核指标细化落实到人，编制绩效考核台账。做好《河西区承接落实全市“放管服”改革重点任务清单》（以下简称“清单”）的意见反馈工作，涉及审批局重点改革任务指标13项，提出8条修改意见。根据《河西区2017年“双万双服”活动工作方案》文件要求，发挥政策服务组作用，组织协调相关部门汇总、报送、确认政策措施及解读。做好“不担当不作为”专项整治工作，强化责任意识，突出制度管人，杜绝一切不担当不作为情况的发生。

**【政务公开】** 2017年，河西区行政审批局开展多种形式的政策法规培训，聘请专业法律顾问，由专业律师和相关科室共同配合，检查和规范全局重点行政审批事项的法律法规依据、法定程序、制式文书，弥补各类漏洞和短板。全年进行审批过程和结果公示132项（次），履行《政府信息公开条例》，提供相对人现场查询235次，依申请政务公开16次，处理信访投诉15件（次），行政诉讼1起（胜诉），化解行政复议1起（相对人主动撤销）。做好行政执法监督平台维护保养工作，完成市、区依法行政效能监管相关任务指标。

**【信息报道】** 2017年，河西区行政审批局捕捉特色信息，报道重大活动和改革政策，做到“收集信息第一时间、报送信息第一时刻、处理信息第一时段”，确保信息快速报送。

**【行政管理】** 2017年，河西区行政审批局健全内控体系，严守财务制度，加强业务技能培训，委托利安达会计师事务所协助做好相关工作。有效防范舞弊和预防腐败，提高公共服务的效率和效果。贯彻落实市区节能减排工作的要求。加强车辆安全管理，制定车辆管理规定，杜绝公车私用。加大安全保卫工作力度，制定消防、公共安全、突发事件、防汛等各类应急预案。

（张　嫱）

河西年鉴
2018

# 政协河西区委员会

# 政协河西区委员会

【概况】 2017年，河西区第十四届中国人民政治协商会议天津市河西区委员会常务委员会（简称：河西区政协常委会）按照“围绕中心、服务大局、咨政建言、凝心聚力”的工作思路，团结全区各民主党派、有关人民团体、各族各界人士，突出团结和民主两大主题，履行政治协商、民主监督、参政议政职能，为建设美丽河西、首善之区贡献力量。

## 重要会议

【常务委员会】 2017年1月3日，河西区政协召开第一次常委会议，学习贯彻区第十一次党代会精神。区委书记贾凤山出席并讲话，区政协主席李耀进主持会议。区委常委、区委办公室主任陈冰，区政协副主席吴兴东、刘惠庆、毛英、刘庆荣、王宝奎、吴晓红、于同群，原副主席吴刚强，秘书长杨玉芬出席。区委书记贾凤山提出意见，区政协主席李耀进讲话。

10月13日，河西区政协召开第四次常委会议，以“进一步促进民营经济发展，提高帮扶精准率”为主题进行专题协商，区民革、农工党、工商联，区政协经济、科技、社法和社区建设委员会等课题组就促进河西民营经济发展、提升民营企业创新能力、建立良好政商关系等做专题发言，各课题组提交书面调研建议24篇。区政协副主席、秘书长出席，区发改委、民企局、科委、金融办、投资促进局等部门负责人参加会议。区政府副区长严维真通报河西区民营经济工作情况和下一步工作举措。区委副书记贺亦农充分肯定换届以来区政协工作。

【政协主席会议】 2017年1月19日，河西区政协召开第一次主席会议。传达学习天津市“两会”精神，审议通过区第十四届政协主席、副主席分工，审议区政协专委会设置及主任、副主任建议名单和副秘书长建议名单。区政协主席李耀进讲话。区政协副主席邢德惠、吴兴东、刘惠庆、刘庆荣、王宝奎、吴晓红、于同群，秘书长杨玉芬出席，政协机关各部门负责人列席。

6月2日，河西区政协召开第五次主席会议，围绕“弘扬文明社会风尚，提升城区文明水平”进行专题协商。区政协主席李耀进，区政府副区长李丽君，区政协副主席邢德惠、刘惠庆、毛英、刘庆荣、王宝奎、于同群，秘书长杨玉芬出席会议。会议通报全区精神文明建设工作情况，6位委员就整合文化资源、发挥窗口示范效应、创建学习型绿色社区等专题作建言献策发言，提交13篇调研成果。区委宣传部、文明办、网信办、文化局负责同志到会听取委员建议，与委员共议提升城区文明水平良策。

**【区长政协主席联席会】** 2017年2月23日，河西区政协就区政协2017年工作要点、协商工作计划和政府、政协重点工作的相互配合支持进行协商，促进政府工作与政协工作互动、互促、互进。区长李学义，区政协主席李耀进，副区长陈勇、李丽君、孙占军，区政协副主席邢德惠、吴兴东、刘惠庆、毛英、刘庆荣、王宝奎、吴晓红、于同群，原副主席吴刚强，区政协秘书长杨玉芬出席。

# 主要工作与活动

**【学习联谊活动】** 2017年3月7日，全区各民主党派、有关人民团体、各族各界的政协女委员共庆“三八”国际妇女节。区政协主席李耀进，区人大常委会副主任孟华，区政府副区长严维真，区政协副主席邢德惠、刘惠庆、王宝奎，原副主席吴刚强，秘书长杨玉芬出席活动。区政协主席李耀进致辞，政协委员代表交流在本职工作和委员履职中的感受和体会，文艺界的政协委员表演精彩节目。

4月6—7日，河西区政协举办全体委员培训班。区政协主席李耀进作开班动员讲话，区委常委、常务副区长陈勇作区情通报。市政协提案委巡视员、专职副主任金超作政协提案工作培训，天津社会主义学院党组书记、第一副院长王竟作政协专题培训，中央党校签约教授张建云作国学经典讲座。政协委员视察南京理工大学北方研究院和中交第一航务勘察设计院等重点项目。区委常委、区委统战部部长邹朝阳，区政协副主席邢德惠、吴兴东、刘惠庆、刘庆荣、王宝奎、吴晓红、于同群，区政协原副主席吴刚强，秘书长杨玉芬出席。区政协全体委员、各党派专职干部、政协机关干部和政协活动组秘书参加培训。

5月12日，河西区政协召开机关干部全体会议，学习传达河西区推进“两学一做”学习教育常态化制度化工作部署会精神，部署推进区政协机关“两学一做”学习教育常态化制度化工作。区政协党组书记、主席李耀进讲话。区政协副主席吴兴东、毛英、刘庆荣，原副主席吴刚强，秘书长杨玉芬出席，政协机关全体党员干部参加会议。

6月15日，河西区政协举办学习贯彻市第十一次党代会精神主题宣讲暨“维护核心、铸就忠诚、担当作为、抓实支部”主题党课，深入贯彻落实市第十一次党代会精神，传达学习贯彻河西区“高举旗帜、维护核心、忠诚担当、创新竞进”以实际行动贯彻落实市十一次党代会精神部署会精神，推进政协工作发展。区政协党组书记、主席李耀进讲话。区政协副主席邢德惠、吴兴东、刘惠庆、毛英、刘庆荣，原副主席吴刚强，秘书长杨玉芬出席。区政协机关全体党员干部参加会议。

6月29日，河西区政协举办纪念中国共产党建党96周年专题报告会，邀请天津市社会主义学院党组书记、第一副院长王竟作专题辅导报告。区政协主席李耀进，副主席邢德惠、吴兴东、刘惠庆、毛英、王宝奎、吴晓红、于同群，原副主席吴刚强，秘书长杨玉芬出席。全体政协委员及区政协机关干部参加报告会。

6月30日，河西区政协机关举办"不忘初心，牢记宗旨，做合格党员"纪念建党96周年主题党日活动。区政协党组书记、主席李耀进，副主席邢德惠、吴兴东、毛英，秘书长杨玉芬和政协机关全体党员参加。活动中，党员集体重温入党誓词，政协领导为党员赠送《红星照耀中国》《长征前所未闻的故事》两本书籍。与会党员学习身边楷模袁滨渤同志的模范事迹，机关党员和退休党员代表结合思想和工作实际从坚定对党忠诚、强化担当担责等方面交流体会。

7月20日，河西区政协举办"首善讲堂"首场报告会，邀请国防大学战略部军训室主任、战略学科带头人王洪福教授。作中国周边军事安全专题报告。区政协主席李耀进、各位副主席、秘书长出席，区政协委员、区级机关各部门、驻区部队代表200余人参加报告会。

8月16日，河西区政协举办街道社区活动组工作培训会，专题学习《区政协关于加强政协街道社区活动组工作的意见》。区政协副主席毛英就《区政协关于加强政协街道社区活动组工作的意见》进行解读。大营门街道社区活动组组长介绍工作情况，与会人员实地查看大营门街蚌埠道社区委员联络站。区政协各街道社区活动组秘书参加培训。

10月30日，河西区政协认真学习《中国共产党第十九次全国代表大会关于十八届中央委员会报告的决议》和《中国共产党第十九次全国代表大会关于〈中国共产党章程（修正案）〉的决议》，传达学习市委常委扩大会议精神和区委常委扩大会议精神。区政协党组书记、主席李耀进讲话。

11月14日，河西区政协召开学习贯彻党的十九大精神专题报告会，邀请党的十九大代表、天津市第四十二中学校长袁滨渤，为全区政协委员做专题学习辅导，介绍党的十九大盛况和参会感受，分享学习心得体会，使区政协委员对党的十九大提出的一系列新思想、新理论、新论述有更为全面深刻的认识。区政协主席李耀进讲话。

12月25日，河西区政协成立政协委员习近平新时代中国特色社会主义思想学研小组，组织委员围绕学习贯彻党的十九大精神，学习领会习近平新时代中国特色社会主义思想开展学习研讨。区政协主席李耀进在会上做学习辅导，从10个方面对习近平新时代中国特色社会主义思想进行辅导解读。区政协秘书长杨玉芬主持会议。

**【履职为民活动】** 2017年5月19日，河西区政协开展"心手牵连　共享阳光"助残慰问活动。区政协港澳台侨委员会与越秀路街残联联合开展"心手牵连　共享阳光"助残活动，为越秀路街残联阳光家园送去慰问品，了解阳光家园开展助残工作情况，观看学员们精心编排的文艺节目。区政协主席李耀进、副主席刘庆荣出席。

7月26日，市全民国防教育协会、区政协、市政浩科技文化公司在天津警备区礼堂共同举办"军魂永铸"——庆祝中国人民解放军建军90周年军民联欢会。天津警备区领导，区政协副主席邢德惠、秘书长杨玉芬及部分区政协委员出席晚会。国家交响乐团、中央军委政治工作部歌舞团、空军政治工作部文工团及天津京剧院、天津青年京剧团、黑骏马艺术团、河西文化馆演出歌颂党、歌唱祖国、人民军队的精彩文艺节目。

7月27日，河西区政协副主席刘惠庆带领区政协文化艺术界委员到武警天津一支队，以书画笔会、文艺演出的方式，慰问广大武警官兵。

7月27日，河西区政协开展"夏日送清凉、关爱到一线"视察慰问活动。走访公安河西分局、交警河西支队、区公安消防支队，慰问一线公安干警、交通民警、消防官兵。区政协主席李耀进，副主席邢德惠、吴兴东，原副主席吴刚强，秘书长杨玉芬，区总工会常务副主席刘臻等领导同志出席活动，区政协社会法制和社区建设委员会、提案委员会部分委员参加活动。李耀进一行视察河西区交通指挥中心、公安消防支队作战指挥中心和一线消防战士的工作间、宿舍、公安河西分局110指挥中心，并送去慰问品。

8月23日，河西区政协、区委宣传部组织政协委员中的书画艺术家，以"激情全运，美丽河西"为主题开展书画创作，政协委员窦宝铁、张荷芝、魏瑞江、崔希鹏、王刚、张弘创作主题书画作品，表达政协委员对全运会成功举办的美好祝愿。《天津日报》专版刊登《河西区政协委员书画家迎全运主题书画作品》。

9月13日，河西区政协联合区委统战部、区民宗办、卫计委，在河西医院开展为宗教界人士义务体检活动。区政协副主席王宝奎出席活动。

9月26日晚，河西区政协成立"和谐之声"合唱团，在天津大剧院音乐厅举行唱响河西区"喜迎党的十九大"西岸之声合唱艺术展演开幕式，区委书记贾凤山，区委副书记、区长李学义，区政协主席李耀进，区委副书记贺亦农等区领导观看演出。

9月29日，河西区政协开展"增进民族团结，关爱藏族学子成长"活动。到北师大天津附中内地高中藏族班开展慰问视察，听取学校办学情况介绍，视察学校劳技中心、艺术中心和心理健康指导中心，政协委员向藏族学生赠送生活用品。区政协副主席刘惠庆出席活动。

**【专题调研履职活动】** 2017年2月23日，河西区政协调研迎全运城市文明综合提升工程。听取区文明办相关工作汇报，就迎全运城市文明综合提升、文明城区复验以及更好发挥政协委员在文明城区建设中的积极作用等问题进行探讨。李耀进主席讲话。区委常委、区委宣传部部长杨志庆，区政协秘书长杨玉芬、区文明办负责人参加。

3月3日，市政协民族宗教委员会主任刘民选带领调研组到区启明双语幼儿园、16幼儿园进行调研，区政协主席李耀进陪同，区政协副主席刘惠庆、吴晓红，秘书长杨玉芬出席。

3月28日，市政协副主席李文喜带队深入桂发祥集团，就老字号企业发展进行调研，实地查看十八街麻花文化馆和示范生产车间，听取相关工作介绍。区委书记贾凤山，区委常委、常务副区长陈勇，区委常委、区委办公室主任陈冰，区政协副主席刘惠庆，区政协秘书长杨玉芬陪同。

4月20日，市政协研究室副主任王赤涛一行到区政协开展调研。区政协主席李耀进、副主席吴兴东、秘书长杨玉芬参加座谈会。

4月25日，深圳市福田区政协党组副书记、副主席杨金山，副主席朱东波一行到区考察交流政协工作。区政协主席李耀进、副主席刘惠庆、秘书长杨玉芬陪同参观市政协文史馆，并进行座谈交流。

6月1日，民建北京市委会常务副主委任学良一行到区考察交流，参观区规划展，听取区经济社会发展和陈塘国家自主创新示范区的情况介绍，就投资展开广泛交流。民建市委会主委欧成中、区政协主席李耀进、副区长刘惠杰、区政协副主席毛英陪同考察。

8月1日，河西区政协视察全运村建设、小二楼拆迁、南昌路整修情况、看望慰问环卫五队职工。座谈会上，区市容园林委通报迎全运市容环境综合整治情况，委员们充分肯定全区迎全运市容环境综合整治取得的显著成绩。区政协主席李耀进、副主席邢德惠、毛英、刘庆荣，区政协秘书长杨玉芬出席活动。区政协城建、经济等专门委员会政协委员和全体机关干部参加活动。

11月14日，河西区委副书记、区长李学义通报全区经济社会发展情况，全体委员分5组视察陈塘创智天地、北方设计联盟展示体验中心、天津感光空间现代雕塑艺术研究院等重点项目，视察华山里街心公园、爱晚亭养老院、梧桐小学、梧桐中学、天塔智慧社区和社区卫生服务中心等民生项目，听取区政府相关职能部门专项工作情况汇报，围绕全区经济社会发展提出意见建议。区政府各位副区长，区政协各位副主席参加视察。

**【提案工作】** 2017年，河西区政协十四届一次会议以来，共提交提案116件，经审查立案115件，其中区政府部门办理97件，党群部门办理3件，转市相关职能部门15件，已全部办复完毕，满意率100%，解决率91.4%。1件未立案提案，已协调解决。大会提案，聚焦经济社会发展重点领域和群众关注热点问题，前瞻性、针对性、综合性明显增强，许多意见和建议被充分采纳。

3月7日，河西区政协通报区十四届政协一次全会提案情况、2017年提案委员会工作要点、提案办理协商计划和关于进一步做好反映社情民意工作的意见。区政协主席李耀进讲话，区政协副主席、提案委员会主任刘惠庆主持会议。10月20日，通报一次会议期间提案办理情况、评选优秀提案、研讨明年工作。区政协副主席、提案委员会主任刘惠庆出席会议并讲话。

6月8日，河西区政协就区民革提出的《关于加快河西区经济扩总量、补短板、强后劲的建议》提案，开展提案办理协商。政协委员视察猎聘网、北方金融大厦，了解加快金融产业聚集、提升楼宇综合竞争实力等方面的新举措，听取区发改委等承办部门对于提案办理情况的汇报，委员们围绕提升全区经济实力提出意见建议。区政协主席李耀进，区政府副区长刘惠杰，区政协副主席、民革河西区委员会主委于同群，区政协秘书长杨玉芬出席。

（卢巨光）

# 中共河西区纪律检查委员会
# 河西区监察委员会

# 中共河西区纪律检查委员会
# 河西区监察委员会

**【概况】** 河西区纪律检查委员会（简称：河西区纪委）、区监察委员会合署办公，实行一套工作机构、两个机关名称的体制，履行纪检、监察两项职责。内设：办公室（研究室）、组织部（纪检监察干部监督室）、宣传部、党风政风监督室（河西区纠正行业不正之风领导小组办公室）、信访室、案件监督管理室、第一至第三执纪监督室、第一至第三审查调查室、案件审理室（法规室）。

**【监察体制改革试点工作】** 2017年11月，河西区纪委学习贯彻全国国家监察体制改革试点工作动员部署电视电话会议精神，区委常委会审议通过河西区深化国家监察体制改革试点工作领导小组及《河西区国家监察体制改革试点工作实施方案》。12月，经区改革试点工作小组研究，提请区编委会和区委常委会审议通过《关于区纪律检查委员会、区监察委员会机关有关机构编制事项的通知》，区改革试点工作小组研究通过《河西区国家监察体制改革试点工作人员转隶工作方案》。区检察院反贪污贿赂、反渎职侵权、预防职务犯罪等部门和人员的转隶工作全部完成。

# 重要会议

**【区纪委十一届二次全会】** 2017年1月11日，河西区纪委举行第二次全体会议。出席全会的区纪委委员25人，列席3人。区委常委、区纪委书记张楠主持会议并讲话。全会深入贯彻落实区委十一次党代会、区人大十七届一次会议、区政协十四届一次全会、区委十一届二次全会精神，审议通过《中国共产党天津市河西区纪律检查委员会工作规则》《中国共产党天津市河西区纪律检查委员会常务委员会议事决策规则》《中国共产党天津市河西区纪律检查委员会常务委员会关于进一步加强自身建设的意见》。

**【区纪委十一届三次全会】** 2017年1月18日，河西区纪委在河西区人大礼堂举行第三次全体会议。出席会议的区纪委委员22名。区委书记贾凤山出席并讲话。区委、区人大、区政府、区政协领导同志出席会议，有关方面负责人参加会议。全会由区纪委常委会主持。全会全面贯彻落实党的十八届六中全会精神，认真学习贯彻习近平总书记十八届中央纪委七次全会重要讲话和市委书记李鸿忠在市纪委十届六次全会上的讲话精神，落实市委十届十次、十一次以及区第十一次党代会、区委十一届二次全会部署，总结2016年纪律检查工作，部署2017年任务。全会审议通过区委常委、区纪委书记张楠代表区纪委常委会所作的题为《深入推动全面从严治党向纵深发展，为实现“新三区”发展目标提供坚强保证》的工作报告。

1月18日，河西区纪委十一届三次全体会议现场　（摄影：黄起盛）

**【纪检监察工作中期推动会】** 2017年6月29日，河西区纪委召开纪检监察工作中期推动会。区委常委、区纪委书记张楠出席并讲话。区各街道纪工委全体人员，区纪委派驻纪检组全体人员及机关全体人员参加会议。会议由区纪委副书记刘坚主持。会议深入贯彻落实市委常委、市纪委书记邓修明在全面从严治党专题研讨班开班仪式上的讲话精神，总结2017年上半年纪检监察工作，部署下半年主要任务。

**【监察体制改革试点转隶人员大会】** 2017年12月29日，河西区纪委召开河西区深化国家监察体制改革试点转隶人员大会。区委常委、区纪委书记张楠率与会全体党员干部面向党旗重温入党誓词。区委书记贾凤山出席并讲话。区委、区人大、区纪委、区人民检察院有关领导出席会议。区纪委委员，区检察院转隶人员，区纪委机关全体人员，各街道纪（工）委书记，各派驻纪检组组长、副组长，各公司纪委书记参加会议。区委副书记、区长李学义主持会议。

# 主要工作与活动

**【巡视巡察问题整改】** 2017年，河西区纪委坚持“人事因制”，市委第三巡视组专题“机动式”巡视反馈的24项问题逐一整改。强化“一案双查”追责问责，通过党政纪处分、组织处理、诫勉、通报曝光等方式，上追一级，对24名负有主体责任的领导干部进行问责。以“肃清黄兴国”遗毒为切入点、以压实责任为落脚点、以巡视整改为契机，发挥纪检机关专责作用，以监督执纪问责成效净化修复政治生态。

**【中央八项规定精神落实】** 2017年，河西区纪委对违反中央八项规定精神问题，发现一起，查处一起，坚决防止“四风”问题反弹。深挖细查隐形变异不正之风，加强日常检查、重点抽查、专项督查，加大专项整治和监督检查力度。共查处违反中央八项规定精神问题45人，其中党政纪处分27人，通报曝光6人。

**【腐败惩治】** 2017年，河西区纪委率先完成市、区、街、居四级信访举报平台建设，在市、区媒体和街道、社区加大宣传，畅通信访举报渠道。制定走读谈话、心理疏导、医疗保健等18项执纪审查安全工作措施，确保办案绝对安全。开展执纪审查，力度不减、节奏不变，巩固和深化反腐败斗争成果，坚决遏制腐败蔓延势头。共处置问题线索269件，立案121件，结案113件，党政纪处分112人，移送司法1人，立案率和2016年相比增长77.9%。

【监督执纪“四种形态”落实】 2017年，河西区纪委强化纪挺法前、纪严于法的理念，落实纪法分开、严管厚爱的思想，通过抓早抓小，及时发现并纠正苗头问题。对反映的一般性问题及时谈话提醒、约谈函询，让当事人作出说明，严把第一道关口，实施第一种形态。综合考虑违纪性质情节和认错悔错态度，采取批评教育、组织处理或纪律处分等第二、三种形态，体现党的政策，维护纪律权威。对严重违纪涉嫌违法的坚决“开刀问斩”，通过第四种形态形成震慑。运用四种形态处置干部287人，其中第一种形态175人、第二种形态92人、第三种形态15人、第四种形态5人。

【不作为不担当问题专项整治】 2017年，河西区纪委搭建“制度＋科技”平台，开发“深化财政预算执行‘不作为不担当’专项治理监督系统”，顺着资金流向，深挖问题线索。通过组织领导协调联动、执纪督查问责倒逼、通报曝光公开震慑、鞭策典型激励引领、建章立制不断规范，对12类问题开展重点整治，促进担当作为。共查处不作为不担当问题108起、处理142人，其中给予71名党员干部党政纪处分和组织处理，处级干部35人，通报曝光53人，实现问责一人、曝光一个、警醒一片的效果。

【扶贫领域监督执纪问责专项治理】 2017年，河西区纪委坚持“以人民为中心”惩治腐败，围绕民生项目开展专项行动，不断拓展问题线索来源，对社会救助资金、残疾人4项补贴和外省区对口帮扶资金等专项资金中，存在的虚报冒领、截留挪用、吃拿卡要、与民争利、挥霍浪费、为官不为、监管不力以及在扶贫助困领域发生的其他违规违纪等8个方面问题进行专项治理，共处理42人，14人被运用第一种形态，5人受到党政纪处分，通报14人。

【政治巡察】 2017年，河西区纪委坚持常规巡察、专项巡察相结合，传导管党治党压力。警示破解各级党组织管党治党中“政治业务两张皮”“熟人监督难”“巡前咳嗽巡后喘瑟”等问题。开展2轮常规巡察和2轮专项巡察，共发现28个单位388个问题线索，移送纪委38个，13名党员干部被处理。

【派驻监督全覆盖】 2017年，河西区纪委落实“人、事、因、制”要求，率先完成对59个区级党和国家机关派驻监督全覆盖。完成6个派驻纪检组机构设置，制定区纪委派驻纪检组组长、副组长提名考察办法，选优配齐纪检监察干部。制定7项制度加强和规范派驻管理，实现“统派直管”，“派”的优势和“驻”的权威得到有效发挥。共处置问题线索50件，立案38件，结案28件，党政纪处分29人，问责17人。

【反腐倡廉浓厚氛围营造】 2017年，河西区纪委在区委党校设立河西区警示教育基地，提升改造佟楼公园、西柳公园、西南楼公园3个廉政主题公园，编制《天津地域廉洁文化阵地指南》（河西区），开展“海河清风”廉政文化主题宣传作品征集活动。打造前进道、茂名道廉政主题景观路，在区域内8块LED大屏播放公益广告、在各街道重要区域开展廉洁文化宣传，在《天津日报》《今晚报》开辟“廉洁文化在河西”专栏、专版，开展廉洁文化宣传。开通微信公众号，定期刊发反腐倡廉最新动态，拍摄专题教育片《贪欲自毁人生》、微电影《假如时光能倒流》和编制“以案说纪”《河西区党员干部教育读本》，组织2万余名党员干部参观“利剑高悬 警钟长鸣”天津市警示教育主题展。

6月，河西区纪委组织全区党员干部参观警示教育主题展 （摄影：黄起盛）

**【纪检监察队伍建设】** 2017年，河西区纪委制定中共河西区纪律检查委员会工作规则、常务委员会议事决策规则，修订完善进一步加强自身建设意见，严格落实“三会一课”制度，推进“两学一做”常态化制度化。制定《关于河西区加强街道纪检组织建设的实施意见》，加强街道纪检组织建设，规范街道纪工委工作职责，严格落实街道、委局纪（工）委书记、副书记提名考察办法，选优配齐14个街道纪工委书记，全部实现专职。加强对纪检监察干部的管理，组织系列业务学习交流，制定机关干部外出授课管理办法和机关工作人员行为规范，制订严明机关工作纪律、加强作风建设，落实公务员平时考核制度，落实调训制度并加强教育管理，纪检监察干部的能力素质得到全面提高。强化纪检干部监督执纪问责，采取诫勉谈话、告诫约谈、批评教育、纪律处分等措施，对履行监督责任不力的6名纪检干部进行问责。

（赵　欢）

# 民主党派

# 中国国民党革命委员会河西区委员会

**【概况】** 中国国民党革命委员会天津市河西区委员会（简称：民革河西区委会）有党员194名，其中市人大代表1名、市政协委员2名、区政协委员11名、区人大代表6名。下设4个支部。

**【组织建设】** 2017年，民革河西区委会发展新党员11名，占全体党员人数的6.2%，其中硕士研究生5名、学士本科6名、具备中级职称4名。4月，由经济支部、文卫支部、退休支部党员代表大会投票，选举产生15名基层党代表，并于6月15日参加民革天津市委第十二次党代会，于同群主委、王红梅副主委、崔世钢当选民革市委会第十二届常委。推荐5名民革党员担任区监察委、房管局、教育局特约监督员，推荐16名党员担任民革市委会各专项委员会成员。11月10日，组织经济支部、文卫支部、老年支部的主委、委员到民革北京市东城区委会学访，学习基层组织制度建设、支部活动的先进经验。12月9日，王红梅副主委在民革中央第十三届党代会上当选民革中央委员。于同群当选天津市第十七届人大代表，吴志华、刘冉录担任天津市第十四届政协委员。4月18日、9月5日、12月8日，分别召开班子会议，集体审议区委会工作，民革市委会王悦群副主委参加班子民主生活会，于同群汇报十九大学习体会、2017年工作和2018年工作安排。年末，10名区委委员、10名支部、委员撰写并上交民革工作述职报告。

**【思想建设】** 2017年，民革河西区委会先后组织政治学习9次，主要内容是：党的十八届六中全会精神、习近平7.26在省部级党政领导干部培训班上的重要讲话、中共十九大精神、中共天津市委十一次党代会、李鸿忠书记在天津市各民主党派新一届领导班子座谈会上的讲话、民革天津市委会第十二次党代会精神等。10月，制定《学习贯彻中共十九大精神工作方案》《关于班子成员深入宣讲中共十九大精神的工作通知》。11月24日，于同群主委进行“十九大精神讲座”，76名党员参加。12月28日，郑洪庆委员做专题宣讲“健康中国战略”，34名党员参加。结合民革组织成立70周年，以“不忘合作初心、继续携手前进”为主题，组织全区党员学习《民革党章》和民革历史知识，8月21日和11月9日，分别参加民革天津市委会组织的民革知识竞赛和青年党员讲演比赛，分获全市三等奖，1名党员获优秀选手奖。组织党员学习新华社长篇通讯《习近平——新时代的领路人》，经济支部、文卫支部6名党员骨干递交学习体会，被民革市委会官网刊登。

**【参政议政】** 2017年，民革河西区委会围绕天津市委、市政府和河西区委、区政府的各项发展目标，先后开展“民营经济发展双万双服”“国有企业混合所有制改革”“贯彻十九大精神深化改革建言献策”等主题调研活动。10月25日，召开参政议政工作座谈会，建言献策。调研报告11篇，政协提案18篇，人大议案2篇，社情民意24篇，提出意见建议120余条。民革河西区委会主要领导先后4次参加区委、区政府的政治协商会、情况通报会、座谈会。于同群主委《关于加快河西区经济扩总量、补短板、强后劲的建议》在区政协大会发言，获2017年区政协优秀提案奖，王红梅副主委《科学规划建设，有效开发利用地下空间》《创新管理机制分类推进垃圾回收处理和资源化利用》在市政协双周协商会和专题协商会上发言。于同群主委《关于河西区民营经济发展建议》在区政协常委会发言，吴志华《推进社区治理和服务创新，建设美丽社区的几点建议》在区政协对口协商会上发言，《关于在大中城市建设港湾式公交站的建议》《关于加强大学生信贷管理的建议》被市委统战部采用，并报中共中央统战部。《关于立即在河西区范围内的大型公共场所开展安全大排查的建议》等提案列入区政府和区政协的重点督办件。主委于同群先后6次参加区委统战部组织的主委联席会、对口协商会、十九大专题座谈会等，代表民革组织作政治表态。《关于河西区民营经济发展的建议》报送区委。

**【社会服务】** 2017年，民革河西区委会组成“双万双服”工作组，4—6月集中走访9个民营企业并面向企事业单位开展经济知识专题讲座。来自工商税务、招商引资、工程设计、房产营销、证券金融等各工作岗位的20余名民革党员报名参加。5月11日，主委于同群面向河西区教委政治教师做《国际经济局势分析》专题讲座。文卫支部先后2次深入社区，面向居民开展健康义务讲座，无偿解答百姓咨询。8月5日，12名民革党员参加全运村试运行24小时体验任务，对全运村各项服务细节提出建议。坚持“纯公益”社会服务的品牌，2017年以“纪念纯公益四周年”为主题，组织冬衣捐献活动，3个支部的16名党员共计捐献冬衣200余件，定向扶助河北省贫困山区，9月26日，7名民革党员在“纯公益”捐献现场做义工。

9月26日，民革河西区委会开展“纪念纯公益四周年”主题活动　（民革河西区委会提供）

**【祖统工作】** 2017年，民革河西区委会组织民革党员参加海峡两岸“民族心、中华情”讲演比赛，经过区委统战部、天津黄埔军校同学会的层层选拔，张扬莉以黄埔三代、民革党员、南开大学在职研究生的身份，代表天津统战人士于7月14日赴澳门，参加讲演比赛，获得“英才奖”。关注两岸关系和台湾岛内形势的发展变化，为驻区台商、台企在河西区更好的经营、生活做好服务。

（苏　安）

# 中国民主同盟河西区委员会

【概况】 中国民主同盟天津市河西区委员会（简称：民盟河西区委会）共有盟员446人，其中市人大代表2人、市政协委员2人，区人大代表6人，区人大常委1人，区政协委员15人，区政协常委2人。

【参政议政】 2017年，民盟河西区委会主要领导多次出席区委、区政府和有关部门召开的协商会、座谈会和情况通报会，就《中共河西区委工作报告》《政府工作报告》等征求意见稿提出意见、建议。盟员中人大代表、政协委员共提出个人提案、建议12件、党派提案1篇。向区政协十四届一次会议提交的党派提案《关于为“社区卫生服务”创建良好社会环境的建议》被评为优秀提案。周奕《天津市房产市场调控政策下河西房屋买卖合同纠纷案出现的新问题和相关对策的建议》和温玉芳《高考制度改革下对教师培训工作的一点建议》被市委统战部《海河同舟》刊物采用。向区委、区政府报送《对当前中学教师结构性缺编的问题要引起充分的重视》《关于平安河西建设的建议》。广泛发动盟员参与调研课题，申报的《非规模型食品药品终端安全治理机制研究》被盟市委确定为2017年参政议政调研课题，10月完成结题报告。完成区政协《大力发展民营科技型企业提升民营企业创新能力》调研报告。李文增担任组长，承担盟市委调研课题《消费养老保险在城乡贫困户精准扶贫过程中的作用研究》。

【自身建设】 2017年，民盟河西区委会发展新盟员19人。通过联系盟市委、盟区委各支部，完成所有盟员信息的重新统计和补录工作，至年底共有15个支部、盟员446人。领导班子坚持定期开会学习，召开主委会6次、全委会5次，民主讨论协商安排各项工作。带头学习十九大精神相关内容，用学案导读导学的方式，融读、写、思于一体，学习《习近平：新时代的领路人》《习近平谈治国理政》（第二卷）《习近平总书记重要讲话文章选编》等。6月，申请设立公众号，发布发刊词，创新民盟工作形式，讲民盟故事，发民盟声音。10月，组织支部收看十九大开幕式，连续推送各支部收看

11月24日，民盟河西区委会组织盟员赴京参观“砥砺奋进的五年”大型成就展

（民盟河西区委会提供）

十九大情况的公众号信息。11月，开展十九大精神"一日一推送一日一体会"活动，利用微信公众号平台，连日推送盟员学习十九大精神心得体会。11月，组织盟员们前往北京参观民盟中央盟史展和"砥砺奋进的五年"展览。12月，组织新盟员培训班，邀请天津医科大学基础医学实验教学中心副主任、民盟中央参政党理论研究中心特邀研究员康毅教授作题为《吾爱吾盟　历久弥坚》的报告。完成基层支部换届工作。领导班子到相关支部所在单位与单位党组织领导进行沟通，了解情况，到每一个支部参加换届工作。基层支部换届后，建立各微信平台，各支部及时发布各类通知和工作要求、上传支部活动信息，向全体盟员推送先进盟员事迹和各支部活动总结概况，传递正能量。11月，民盟河西区委员会被民盟天津市委员会授予"坚持和发展中国特色社会主义学习实践活动优秀组织奖"，民盟河西区委副主委刘金英、盟员胡志宁获得"坚持和发展中国特色社会主义学习实践活动先进个人"称号。

**【服务社会】** 2017年，民盟河西区委会发挥界别自身优势，开展社会服务6次。鼓励支部创新社会服务形式和格局，相互合作，互惠共赢。3月，组织全体女盟员到北疆博物馆进行参观学习。文体卫支部和新华中学支部举办联合义诊活动，以万泰中医医院副院长为代表的6位盟员医师到新华中学为广大教师进行为期两天的义诊咨询活动。6月，教育支部到微山路中学开展义务送课活动，为微山路中学全体初三年级学生进行数学和英语学科的辅导，与相关教师进行教研活动。8月，组织18名盟员参加全运村综合实战演练活动。11月，走访甘肃省庄浪县在河西的庄浪苹果直销店，发公众号为其做宣传。盟员李文增教授受邀前往东丽区财政局、发改委、和平区房管局、津南开发区等单位进行十九大精神宣讲，围绕十九大报告精神，结合当前形势与各单位实际，提出建议。

（孟　纯）

# 中国民主建国会河西区委员会

**【概况】** 中国民主建国会天津市河西区委员会（简称民建河西区委会）有会员510人，13个支部，5个专委会，3个文体组织，1个慈善基金，1个志愿者协会。经济界人士占93%，平均年龄52.4岁。民建市委委员7人，其中市委副主委1人，市委常委1人；市人大代表2人；市政协委员8人，常委2人；区人大代表8人，常委1人；区政协委员23人，其中副主席1人，副秘书长1人，常委3人。

**【思想建设】** 2017年，民建河西区委会学习贯彻中共十九大精神、习近平总书记系列重要讲话精神和《习近平谈治国理政（第二卷）》，作为坚持和发展中国特色社会主义和"不忘合作初心，继续携手前进"专题教育的核心内容。坚持中心组学习制度，传达学习全国人大、政协"两会"精神，举办民主党派提高参政议政水平专题讲座，贯彻党的十九大精神学习班和“铭初心逐梦新时代，承使命戮力新征程”专题讲座，参加民建市委会和区委统战部举办的各种培训班、学习班。各基层组织分别召开“学习党的十九大精神”座谈会。9月1日，创办《河西民建》刊物。

**【组织建设】** 2017年1月21日，民建河西区委会在七届三次全委会议上召开组织工作会议，邀请民建天津市委组织处作有关组织发展工作专题讲座。12月7日，举办入会申请人培训班。全年发展会员23人。加强领导班子建设，以领导班子建设带队伍建设，坚持把“重品行、重实干、重公认”的用人导向贯穿到队伍建设工作中，实现老中青传帮带的组织结构。1月21日，在2016年度工作总结表彰会议上表彰10名区级十佳先进会员。2月28日，区委会领导代表河西区各民主党派在河西区工商联第十二次代表大会上致贺词。6月29日，在民建天津市第十二次代表大会上，原区委会主委史宝龙当选为新一届民建天津市委副主委，区委会主委王惠敏当选市委常委，副主委李玉杰、曹平，区委委员李忠义、孙岩、宛志莉5人当选市委委员。按照《中国民主建国会会内监督条例》，加强会内监督，召开主委班子谈心会(民主生活会)。10月12日，民建中央主席陈昌智莅临河西区委会调研指导工作。10月，区委会主委王惠敏等班子成员参加市委会在浙江大学举办的“加强机关建设”专题培训班。12月，王惠敏出席在北京召开的中国民主建国会第十一次全国代表大会。在市委会三次全体会议上区委会获学习“党的十九大”知识竞赛优秀组织奖，11名会员获优秀个人奖，文教、经贸支部被评为市级先进支部。加强基层支部建设。7月11日，成立综合支部。8月6日，成立新阶层支部，召开民建河西区新阶层经济研讨会。经七届十五次主委会议研究决定进行支部届中调整。10月21日，工商一、二支部召开换届会议，合并为工商支部，选举新一届支部主任。将一批讲政治、守纪律、讲奉献、热爱会务工作的中青年会员推到支部班子领导岗位上，体现中层干部老中青三结合。加强对外联络，9月24日，联络支部与长春市绿园区委会在津缔结友好组织。11月10日，区委会接待北京市门头沟工委走访调研。11月24日，联络支部与云南丽江支部建立友好组织。

**【参政议政】** 2017年，民建河西区委会做好民主监督、参政议政、政党协商工作。王惠敏主委等班子成员参加中共河西区委的政党协商会、情况通报会、征求意见座谈会、对口协商座谈会、主委联席会、学习贯彻十九大精神报告会等会议，围绕市区改革开放发展大局，充分发挥自身优势，积极参政议政、履行参政党职能。报送各类议案、建议、提案40余篇。王惠敏在第十六届人大六次会议上领衔提交《关于修改天津市职业教育条例》的议案和12篇建议，副主委张肖峰撰写市区政协提案5篇。在区政协十四届一次会议上报送《关于进一步推动河西区医疗服务业发展的建议》等3篇党派提案。7名担任各级特约监督员、人民陪审员。8月5日，王惠敏主委带队在第十三届全运会全运村参加实战演练。区委会与区中小企业局、国资委进行对口联系。

**【制度建设】** 2017年，民建河西区委会编写完成《民建河西区委会制度汇编》。按照主委会议分工，做好主委班子成员分管负责工作机制。推进完善专委会建设，坚持主委、副主委分管和领办调研课题制度。专委会围绕“京津冀协同发展”、重大改革举措、重要政策贯彻执行等问题积极开展调研，做好调研报告转化工作。参政议政社情民意委召开“海绵城市调研”专题座谈会，为政协会议提供大会发言和党派提案。

**【社会服务】** 2017年，春节前夕，王惠敏等民建河西区委会班子成员带队慰问区委会老领导、老工商业者、困难老同志，慰问公安河西分局文化中心派出所公安干警。向区启智学校捐助1.6万元教学设备，为智障儿童进行技能训练辅导。“六一”前夕，联络、城建、法政支部到天津市儿童福利院进行“民建爱心行”慰问活动。7月29日，12个支部联合举办“盛世迎全运　军民鱼水情”庆“八一”慰问亲人子弟兵联谊运动会。开展“衣旧暖心”公益行活动，为河北省平泉县贫困地区留守老人和儿童捐助过冬衣物232件。法政支部举办“助老维权”法律咨询活动，联络支部举办“庇护璀璨精灵”爱心公益活动。企业支部、新阶层支部与南开大学商学院为服务企业家会员举办“解读中国税制改革趋势”主题研讨会。社服支部进社区，到京剧院开展“保护眼睛　视光健康行”活动。文教支部主任任一夫在践行十九大精神‘齐诵经典·国学公益行’儿童国学汇报展演暨公益捐款仪式上向甘肃省庄浪县捐赠助学善款10万元。

**【基层活动】** 2017年2月5日，民建河西区委会举办200余名会员参加“盛世贺新春　共筑同心圆”支部新春团拜会活动。3月5日，举办“美丽人生　展巾帼风采”纪念“三八”国际劳动妇女节座谈会。6月4日，文教支部、经贸支部举办“迎全运扮美津城　树新风捡拾中国”环保行活动。7月14日，综合支部举办“不忘初心　携手前行”学会章学会史专题培训会。9月26日，企业支部、新阶层支部在南开大学商学院举办“解读中国税制改革的趋势”的讲座。10月22日，工商支部、老龄委举办庆“九九重阳节”座谈会。

（肖　喆）

# 中国民主促进会河西区委员会

**【概况】** 中国民主促进会天津市河西区委员会（简称：民进河西区委会）下设9个专委会，2个社会服务团队和28个基层支部。会员499人，其中全国政协委员1人，市政协常委1人，市政协委员2人，市人大代表2人，区政协副主席1人，区政协常委3人，区政协委员12人；区人大常委1人，区人大代表7人。主委吴晓红当选政协天津市河西区第十四届委员会副主席、政协天津市第十四届委员会常务委员、民进天津市第十二届委员会常务委员；原主委孙惠玲当选中国民主促进会第十四届中央委员会委员、民进中央教育委员会副主任、全国政协第十四届委员会委员；高嘉勇、侯勇和纪勇当选民进天津市第十二届委员会委员。专职副主委王伟被民进中央授予“民进全国机关建设先进个人”，刘向梅、姜国庆、魏瑞江、高雯、冯国华民进市委会授予“民进天津市先进个人”。民进新华中学支部被民进中央评为“民进全国先进集体”；民进外国语大学支部、新华中学支部、海河中学支部、四十一中学支部等5个支部被评为“民进天津市先进集体”。

【组织建设】 2017年，民进河西区委会深入开展贯彻落实中共十九大精神学习实践活动。以学习实践活动作为新一轮政治交接的延续和深化，开展专题培训会，落实支部政治学习制度，定期下发学习材料，引领广大会员坚定信念、不忘初心，思想上、政治上、行动上同以习近平为核心的中共中央保持高度一致。完善“河西民进支部联合活动组”机制，发挥整体效能，提高学习实践活动的实效性。坚持走访支部所在单位党组织，加强与党组织的沟通，鼓励会员以党为师，双岗建功，不断提升组织建设的整体水平。加强班子成员思想引领和示范作用，把提高履职能力作为工作的出发点和落脚点。领导班子成员加强自我学习，建立并实施主委会议例会制度和学习制度等相关工作机制，实施主副委联系支部制度，通过月走访，季度交流，实现区委会与基层支部无缝对接。成立民进河西区委会工作协调办公室，统筹协调区委会各项工作。全年发展会员13人，全部为本科以上学历，其中博士2人。

【建言献策】 2017年，民进河西区委会实行领导班子领衔制，以各专委会成员为核心，成立课题组，主（副）委领衔制定方案，开展调研工作。参与天津市统一战线理论研究课题“新形势下党外知识分子统战工作的研究”，获三等奖。民进市委会立项课题“关于扶持发展民办学前教育，有效解决入园难问题的建议”“关于学校特色课程体系建设中的去行政化的建议”和“关于推进京津冀医疗资源一体化的建议”，其中两项被确定为重点调研课题。《关于创建绿色、和谐的学习型社区》等3项提案分别被市、区政协评为优秀提案，《落实立德树人根本任务，构建全社会协同育人体系》的提案在区政协第二次会议上做大会发言。

【工作宣传】《河西民进工作简讯》自2013年创办至2017年年底，共编发276期。鼓励基层支部、会员个人投稿，不断拓展信息的内容，报送信息66篇，其中党外人士意见建议6篇，大部分信息分别被《民进之声》、民进天津市网站、民进中央网站、《海河同舟》采用。通讯员队伍达到30余人，其中孙惠玲被聘为全国政协通讯特约委员，王伟被聘为民进中央特约通讯员，鲁杰等2人被聘为民进天津市委会特约通讯员。

【社会服务】 2017年，民进河西区委会与天津市宁河区和贵州省安龙县洒雨镇签订“精准帮扶协议”，发挥民进河西区教育资源的优势，开展为期3年的对口精准帮扶。深化河西民进社会服务品牌建设，拓展活动形式、内容及范围，扩大活动的社会效益，使其不断向纵深发展。河西民进名师讲师团开展区域内义务巡讲8场，赴宁河区开展教师培训5场。做实“爱心工程”，鼓励引导各基层支部开展“微公益”活动。

2017年，民进河西区委会会员代表参加中国民主促进会天津市第十次代表大会现场

（民进河西区委会提供）

（王　伟）

# 中国农工民主党河西区委员会

【概况】 中国农工民主党天津市河西区委员会(简称：农工党河西区委会)下设9个支部，共有党员212人。

【参政议政】 2017年，农工党河西区委会积极参加政党协商。区委会领导班子成员认真参加中共河西区委、区政府及有关部门召开的各种协商会、座谈会、谈心会，了解河西区中心工作及贯彻执行党和国家方针政策的情况，并就全区重大事项及人事安排进行广泛的民主协商，为区委、区政府民主、科学决策提供有价值的意见建议。区委会副主委方堃参加中共市委统战部召开党外知识分子议政建言座谈会，提出《紧紧围绕三大任务 防范金融风险营造天津良好金融生态的建议》。区委会完成向中共河西区委提意见建议1篇。区委会提交的提案中有3篇被市委会采用作为市委会集体提案提交市政协；《以企业为主体构建产学研协同创新体系》在市政协十三届五次大会作联组发言；在区政协十四届一次会议上提交集体提案3件、委员个人提案5件；区政协副主席、区委会主委王宝奎代表区委会作题为《大力推进健康河西建设，开创卫生与健康事业改革发展新局面》的大会发言；副主委王鸿英在市政协双周协商座谈会上围绕“加强绿色优质农产品供给与质量安全监管，保证吃得安全吃得放心”协商建言。参加区政协提案办理协商会，4月20日，区政协围绕建设安全河西方面的提案开展办理协商会，涉及区委会集体提案1件、委员个人提案1件，区委会积极配合区政协组织相关人员参加会议，并就有关提案问题做发言。参与政协主席会议、常委会议调研，1篇调研收录进区政协“弘扬文明社会风尚 提升城区文明水平”主席会议调研成果汇编，2篇调研收录进“进一步促进民营经济发展，提高帮扶精准率”常委会议调研成果汇编，其中《打造政府公共信息平台 服务河西区民营经济发展》代表党派做大会发言。参政议政工作机制逐渐形成。与市委会参政议政部积极协调沟通，确立联合调研方向，以会议促工作，提升党员的参政议政意识。市委会调研室高会洪主任就党员在撰写调研报告、社情民意信息

4月20日，农工党河西区委会召开2017年度参政议政工作会议 （农工河西区委会提供）

等方面的困惑做专题辅导，确定议题14个。党员陈卫忠撰写的《破解“入园难”困局》报送农工中央《综合信息》。党外人士意见建议工作成效初显。上报党外人士意见建议7篇，全部被推荐上报中共市委统战部。

**【社会服务】** 2017年，农工党河西区委会拓宽社会服务工作的思路和领域，创新社会服务工作载体，动员全区基层组织和广大党员开展独具农工党界别特色的社会服务工作。“中国环境与健康宣传周”“中国国际科学与和平周”活动，经过多年宣传成为农工党社会服务的重要品牌。举办大型宣传和义诊咨询活动及《携手共同前行　呵护脊柱健康》的公益讲座。与天津市河西口腔医院联合开展义诊咨询活动，为社区居民进行免费口腔检查、中医及计生政策等相关咨询服务。全运会期间，参加区委统战部组织的考察全运村周边环境，参加全运会誓师动员大会，组织党员参加全运村实战演练，开展“不忘合作初心，继续携手前进”农工党河西区委会助力全运会主题活动。党员闵丽还为全运村村委会的工作人员捐赠价值6500余元的药品。

**【自身建设】** 2017年，农工党河西区委会制定《关于农工党河西区委会学习贯彻落实中共十九大精神的实施方案》，组织党员认真观看十九大开幕式。10月19日，举办“不忘合作初心　继续携手前进”专题培训暨深入贯彻中共十九大重要精神座谈会及学习贯彻十九大精神专题辅导讲座。充分利用微信、邮件、会议等形式组织党员不断深入学习中共十八大及十八届三中、四中、五中、六中全会精神和习近平总书记系列重要讲话精神，学习习近平总书记“7·26”重要讲话精神、中共中央统战部孙春兰部长在全国党外知识分子座谈会上的讲话精神。开展统战理论、多党合作历史和农工党优良传统学习教育，不断坚定广大党员对中国特色社会主义的道路自信、理论自信、制度自信、文化自信。开展“坚持和发展中国特色社会主义”主题学习实践活动总结交流及“不忘合作初心，继续携手前进”主题参观活动，举办“不忘合作初心，共铸中华新篇”诗歌朗诵。实施人才强党战略，组织建设成效持续显现。全年共有13名申请人递交申请书，其中博士研究生2人、硕士研究生2人、硕士在读1人，经过考察、培养，9名申请人被批准成为正式党员。党员张磊被天津市总工会授予2016年度天津市“五一劳动奖章”。举办2017年区委会班子及基层组织负责人培训班。组织党员参加市委会、统战部组织的各级各类培训班。党员信息化管理工作日益完善。更新、完善党派人员基本信息情况表。完成区行政事业单位党外干部汇总表及党员干部基本情况表的填报。按照《中国农工民主党天津市委员会关于做好2017年换届工作的意见》和《中国农工民主党天津市第十一次代表大会代表名额分配及产生办法》的精神，制订工作实施方案，严格程序，完成代表选举及上报的相关工作。参与《中国农工民主党开展坚持和发展中国特色社会主义学习实践活动成果表彰评选》工作。认真撰写相关总结材料，上报参与评选，共有3名党员的先进事迹分别从社会服务、参政议政和理论研究角度被推选上报农工中央。在市委会召开的2013至2017年学习实践活动总结会上作题为《不忘合作初心，牢记参政使命》的汇报发言。做好宣传报道，彰显党派良好形象。全年共上报各类信息40余篇，其中河西有线报道1次，农工中央网站登载2篇，有多篇在统战部和市委会微信公众号做推送。

（薛洪梅）

# 中国致公党河西区委员会

【概况】 2017年，中国致公党天津市河西区委员会（简称：致公党河西区委会），下设9个支部，党员292人，其中市人大常委1人，区人大常委会副主任1人、区人大代表5人、市政协常委1人、市政协委员1人。区政协委员12人，区政协常委2人。

【思想建设】 2017年，致公党河西区委会多次组织班子成员和广大党员开展学习调研活动，党员王震宇、郭清森参加天津市各民主党派、无党派人士学习实践活动先进典型系列访谈。5月，组织部分工作委员会成员、新党员及入党申请人，集中学习市委书记李鸿忠同志在中共天津市第十一次党代会所作的《高举旗帜 维护核心 忠诚担当 创新竞进为全面建成高质量小康社会建设社会主义现代化大都市而奋斗》工作报告精神。9月，举办“不忘合作初心，继续携手前进”主题教育活动，天津市社会主义学院党组书记、王竞教授就习近平总书记在省部级主要领导干部专题研讨班开班式上重要讲话精神和市十一次党代会精神开展专题讲座。10月，组织各支部主委、委员召开“深入学习习近平同志在中共十九大开幕式上的讲话精神”座谈会。12月，在“致公党中央坚持和发展中国特色社会主义学习实践活动总结大会”上，区委会获“致公党中央坚持和发展中国特色社会主义学习实践活动市级组织先进集体称号”，第六支部获先进基层组织称号，党员王震宇获先进个人称号。

【全体会议】 2017年5月16日，召开致公党河西区第四届委员会第五次全委会议和第六次全委会议补选第四届委员会委员，选举主委1名，补选副主委2名，补选委员2名。4月，召开主委会议确定代表候选人名单，提交致公党河西区第四届委员会第三次全体会议审议通过，选举产生15名出席致公党市委会第六次代表大会代表，并组织代表、列席代表参加会议。

【组织建议】 2017年3月，致公党河西区委会召开入党申请人学习党史、党章座谈会，负责组织工作的副主委组织学习《中国致公党章程》，介绍中国致公党作为参政党发展壮大的光辉历程。5月，区委会召开新党员和入党申请人座谈会，区安全监管局副局长、第五支部主委王震宇以《参政议政、履职担当，做一名合格的致公党员》为主题，向新党员和入党申请人讲党课。8月，邀请原区委委员马京虹以《回顾党史 不忘初心 努力工作》为主题讲党课。11月，举办“致公党河西区委会学习贯彻党的十九大精神，提升党员履职能力培训班”，邀请天津市社会主义学院党组书记王竞对党的十九大精神进行解读和长篇通讯《习近平，我们的领路人》的学习辅导，区委统战部副部长方志刚就怎样写好党外人士意见建议做专题辅导。组织与会党员进行学习十九大精神知识问卷答题活动。区委班子、支部班子成员和骨干党员近70人参加培训。按照组织发展计划，发展党员18名。至年底，共有党员292名。

【参政议政】 2017年11月，致公党河西区委会在致公党中央参政议政工作研讨会上，专职副主委以《让党员快乐地参政议政》为题做大会发言。区委会领导多次出席中共河西区委、区政府和有关部门召开的座谈会、情况通报会等重要会议，履行参政议政职能。先后就《中共河西委工作报告》《政府工作报告》和区人大、政府、政协换届工作等发表意见、提出建议。4月，召开全年调研课题研讨会，全面启动全年参政议政工作。9月，召开参政议政中期推动会，各支部汇报课题调研方向和进度情况。10月，区委会召开党外人士建言献策研讨会，收集各支部近期的调研线索。《抓住“迎全运”契机，提升群众安全文明水平》调研课题组一行10人，到武清区大王古庄镇的北京师范大学基础教育学校调研，实地考察天爱运业有限公司的安全校车基地。组织区委班子成员、社会服务、参政议政和组织建设3个工作委员会和入党积极分子共20余人联合赴蓟州区绿色农业中心的玉兰菜和火龙果种植基地、致公爱心医院成员单位—蓟州区友好医院，开展“不忘合作初心，继续携手前进”专题调研研讨活动。8月，党员参加市委会海岸带生态平衡保护的调研。9月，携手致公党湖南常德市委会就传统产业转型升级课题在津开展联合调研活动。10月，1名党员参加市委会特色小镇的联合调研，调研成果《关于智慧旅游的建议》《关于天津市特色小镇建设培育的调研报告》上报市委会。全年共撰写调研成果32篇。《关于以融资租赁业带动区域发展的建议》《关于加强生活垃圾无害化处理的建议》被市委会采用，在市政协专题议政性常委会上作发言；《互联网环境下信息安全分析与建议的报告》被市委会采用报送中共天津市委，获市领导批示，被市政协评为优秀专题调研成果三等奖。《抓住迎全运契机提升全区居民安全文化水平》的调研在区政协十四届委员会第五次主席会议“弘扬文明社会风尚　提升城区文明水平”专题协商会上做发言，《关于提高城区电梯安全监管水平的建议》被列为区政协专项视察提案、重点提案。加强参政议政制度建设。5月，召开参政议政工作研讨会，传达致公党天津市委员会和河西区政协相关参政议政工作会议精神，开展“一支部一提案”“一专委一调研”“一党员一建言”和“调研申报立项”工作。2名党员参加市委会关于开展“加强天津市生态修复及湿地保护”联合调研。

【社会服务】 2017年，“致公爱心医院”被授予“中国致公党社会服务工作优秀成果”称号。1月，召开社会服务工作座谈会，颁发致公爱心医院贡献奖。致公党天津市委员会秘书长缪明出席并讲话。10月，薪火相传老党员宣讲团举行成立仪式。致公爱心医院李迎国副院长、姚进、沈新和李宝春等医疗专家，参加市委会致公爱心医生团队赴贵州省毕节市七星关区人民医院、重庆酉阳县人民医院、四川攀枝花市米易县人民医院、米易县中医医院开展的对口帮扶义诊活动。区委会第三支部主委、西青医院骨科主任范梓航赴西藏贫困地区昌都支援工作。致公爱心医院在艺铭天成艺术学校举办两场“关爱孩子”为主题的健康知识公益讲座，共有90余名家长参与讲座。6月，区委会携手天津现代职业技术学院生物工程学院走进“景兴西里”社区开展居民人体健康、食品营养分析、绿色环保专场活动。春节前夕，领导班子成员、各支部主委和党员骨干组成11个慰问小组，对75岁以上老党员、老领导、支部老主委、重病困难党员及家属等29户进行走访慰问。庆祝“三八”妇女节，组织党员参观河西区文化中心，观看电影《血战钢锯岭》。助残日前夕，组织小提琴独奏《凉凉》、快板《送祝福》和长笛独奏《小夜曲》等3个节目参加市委会侨爱福利院“爱助梦起航”助残日慰问联谊活动。开展向蓟县孙各庄满族乡捐赠图书活动，共捐赠各类书籍680余册。8月，按照全运村村委会总体安排，对抵离服务、餐饮、住宿、文化、商业等服务进行体验，完成实战演练任务。2月，致公党员、财大支部教授张艳玲接受天津电视台记者专访，就天津市会展经济发展发表建议。党员董磊作为执笔人参与天津市工商联“民营企业家调研课题组”，完成《天津民营企业家特点及需求研究》的调研报告，被收录《天津人才发展报告》蓝皮书。提倡区委会党员双岗立功，教励党员在做好本职工作的同时，积极参政议政、履职尽责参加党派活动。2月，致公党党员、区安全监管局副局长王震宇连续3届受聘担任河西区“七五”普法讲师团成员。9月，在致公党中央召开的社会服务工作会议上，党员王震宇被授予“中国致公党社会服务工作优秀组织工作者”称号，党员姚进、柴华被授予“中国致公党社会服务工作先进个人”称号。11月，在河西区召开的全运村总结大会上，党员宋杨、韩爽、李旺、商红智4名党员获第十三届全运会全运村突出贡献个人称号。

（柴　华）

# 九三学社河西区委员会

**【概况】** 九三学社天津市河西区委员会（简称：九三学社河西区委会）共有20个基层组织，630名社员。下设4个专门（工作）委员会。

**【思想建设】** 2017年，九三学社河西区委会把学习贯彻中共十九大精神作为首要政治任务，组织多种形式的学习活动。召开主委会议专题学习习近平总书记所作的大会报告。召开基层组织负责人培训班，邀请天津市社会主义学院党组书记王竞教授解读十九大精神。召开全委会议，集中学习长篇通讯《习近平——新时代的领路人》。召开社区委成立十周年座谈会，回顾社区委发展壮大的历程，调动广大社员履职尽责的积极性和主动性。召开社区委成立十周年表彰大会，表彰优秀基层组织和社员，介绍先进经验，宣传优秀典型。在社中央坚持和发展中国特色社会主义学习实践活动表彰中，社区委获社中央先进集体称号，李宪奇、张伟获社中央先进个人称号。

**【建言献策】** 2017年，九三学社区委会做好政协提案报送工作，1件为全国政协九三学社中央提案，2件为全国政协九三学社界别提案，1件为全国政协个人提案；1件在市政协双周协商座谈会发言，1件在市政协常委会书面发言，1件为市政协大会社市委名义提案，1件在市政协大会农业联组发言，1件为市政协大会界别提案；1件获区政协优秀提案奖，1件列为区政协主席督办重点提案，1件列为区政协提案办重点督办提案。《关于恢复北疆博物院原貌的建议》市委书记李鸿忠给予批示。《关于将居民区旧楼加装电梯列入我市民心工程的建议》被市政府采纳。主委由立宏作为市政协5年来10篇优秀提案之一的撰稿人，接受《政协民心桥》特别访谈节目《建言献策这五年》的专访，应邀列席市纪委十一届二次全会，发挥民主监督作用。市水务局支社被评为社中央参政议政工作先进集体，刘忠被评为社中央参政议政工作先进个人。

**【社会服务】** 2017年，九三学社河西区委会开展精准扶贫活动。4月，到贵州印江举办教育培训讲座和捐资助学活动，获赠“心系学子、大爱无疆”的锦旗。参与社中央“同心树人”社会服务项目，10月，到四川旺苍县进行中小学教师培训，发放问卷400余份。开展“心系甘南，情锁藏区”爱心捐赠活动，共捐赠衣物和学习用品3000余件。

12月，社区委作为区民主党派首批志愿者团队，参加“同心·河西教育——河西区民主党派与社区教育终身学习联合体”项目启动仪式，区教育局颁发志愿者团队聘书。社区委5位专家开展气象科普、法律知识、体检报告解读、青少年心理调适及文学作品鉴赏等授课讲座。12月，《天津日报·新河西》对活动进行报道。开展党派间的联合社会服务活动，与区民盟合作，在微山路中学建立校园气象科普服务基地。坚持开展“冬日暖心情系社区”爱心助困活动，深入越秀路街珠海里，为25户困难居民、孤老户送去粮油米面等日常生活用品。

12月，九三学社河西区委会参加“同心·河西教育——河西区民主党派与社区教育终身学习联合体”项目启动仪式现场

（九三学社河西区委会提供）

**【组织建设】** 2017年，在九三学社市委会换届工作中，由立宏当选为社市委常委，刘忠、孟昭宽、邢薇、刘兴刚、韩宏大当选为社市委委员，刘忠、郭鑫被任命为社市委监督委员会委员。重新修订和制定《九三学社天津市河西区委员会全委会议议事规则》等8项制度。完成13个基层组织的换届工作，将天津自然馆小组改建为支社，并成立九三学社天津水务集团基层组织筹备组。全年发展新社员22人。其中，科学技术界45.5%，医药卫生界18.2%，高等教育界27.3%。高级职称63.6%，研究生以上学历50%，平均年龄38岁。在社市委专委会换届会上，社区委共有35名社员获聘为新一届各专委会委员。其中，由立宏、岳宝山获聘专委会主任，刘忠、薛仲文、李宪奇、张靖昆获聘副主任。2017年12月，由立宏、岳宝山作为代表参加九三学社第十一次全国代表大会。

（单晨阳）

# 人民团体

# 工　会

【概况】河西区总工会内设：办公室、组织部、民主管理部、权益维护部、宣教部和基层工作部。直属事业单位：工会工人俱乐部。全区建会单位7742家，职工会员91304人。

【调研慰问】2017年1月23日，全国总工会党组书记、副主席、书记处第一书记李玉赋带队到河西区开展送温暖慰问工作，市委常委、市委组织部部长尹德明，市总工会党组书记、副主席林引，副主席、党组成员葛英秋、李晓春，区委副书记贺亦农，区委常委、区委组织部部长肖仲慧，区委常委、区委统战部部长、区总工会主席邹朝阳等参加，入户慰问全国劳动模范孙丽华、困难职工王世英，表达全国总工会和各级领导对劳动模范和广大职工的亲切慰问，送上慰问金和慰问品。11月13日，全国总工会办公厅巡视员兼副主任金善文一行3人在市总工会副主席朱和慧、副巡视员郭振影陪同下，到区总工会调研指导工会改革工作，区委常委、区委统战部部长、区总工会主席邹朝阳及区总工会相关领导干部参加调研座谈会。5月，天津市总工会党组书记、副主席林引到河西区调研职工服务中心建设工作。7月，天津市总工会副主席、党组成员、天津市津工集团党委书记、董事长朱和慧在河西区召集中心城区工会改革工作座谈会。8月，天津市总工会经费审查委员会主任、党组成员王玉生到区调研工会经费审查工作。9月，天津市总工会副主席、党组成员葛英秋到区慰问全国劳模袁滨渤。11月，天津市总工会党组书记、副主席林引到河西慰问困难职工。

【十九大精神学习贯彻】2017年，河西区总工会召开区工会系统传达学习贯彻党的十九大精神会议，制定工会系统学习宣传贯彻十九大精神的实施意见和宣讲工作方案，党组成员带头组织中层以上干部、全国劳模陈豪等劳模先进深入企业宣讲。各街总工会、社区工会联合会和基层企业工会干部同步在各自辖区企业，深入车间班组宣讲党的十九大精神，做到区、街、企宣讲全覆盖。利用“河西劳动者之家”微信公众号开通“家讯”专栏，报道各级工会组织在学习宣传贯彻党的十九大精神方面的好经验好做法，组织全区6892名职工参加“天津市职工听党话、跟党走，学习贯彻党的十九大精神知识竞赛”，获优秀组织奖。

【改革推进】2017年10月，河西区委办公室下发《河西区总工会改革实施方案》，河西区工会改革工作正式启动。强化服务功能，对应市总工会各部室职能，设置区总工会各部室职能和人员岗位调整。推进配齐配强各级工会干部队伍，推动落实“人、财、物”向基层倾斜，创新载体形式推动工会组织有效覆盖等落到实处。

【民心工程实施】2017年，河西区总工会增发会员服务卡1.5万张，全区累计达到5.8万张；为1105名农民工提供免费体检；建立电子职工书屋6个、农民工书屋1个，完成区20项民心工程工会指标任务。

【劳动竞赛】2017年，河西区总工会结合区重点、中心工作，以“建功‘十三五’、创新促发展”

3月7日，河西区劳动竞赛委员会召开第一次会议现场　　　　（河西区总工会提供）

为主题，以“十大行业促发展、十大系统惠民生”为龙头牵引，全区各行业各系统创新载体形式，广泛开展劳动竞赛。河西区卫计委联合区总工会开展卫生应急技能竞赛并组队参加市级相应项目竞赛取得突出成绩，建委、房管局、市容环卫等系统，结合迎全运市容环境清整百日会战、小二楼拆迁房屋征收、全运村建设工作，开展攻坚、冲刺劳动竞赛。区档案局联合区总工会开展档案专业技能大赛并参加市级相应项目竞赛，取得好成绩。各街总工会组织辖区企业，开展竞赛活动，有效推动企业创新发展。区教育工会获天津市劳动竞赛“十大创新示范单位”称号，天津瑞澄大药房公司工会被评为天津市劳动竞赛典型单位。劳动竞赛单位覆盖率和职工参与率均达到90%以上。

**【“五一”表彰大会】** 2017年，河西区总工会召开“不忘初心河西人，砥砺奋进中国梦”庆祝

4月27日，河西区总工会举办庆“五一”表彰大会　　　　（河西区总工会提供）

“五一”表彰大会，对在区域经济社会发展中做出贡献的先进集体和个人予以表彰，表彰全国“五一劳动奖章”1人；市级奖章11人、奖状单位3个、“工人先锋号”集体4个；区级奖章120人、奖状单位8个、“工人先锋号”集体50个。

**【劳模管理服务】** 2017年，河西区总工会组织28名劳模赴北戴河疗休养，组织60多名劳模参加体检，为1名全国劳模和12名市级劳模申请困难帮扶金13.43万元。邀请3名劳模名师开展“劳模大讲堂”活动，为全区近400名高三学生和家长进行高考辅导。利用微信平台连续播放“大国工匠”和“津门工匠”视频，弘扬工匠精神和劳模精神。

**【和谐劳动关系构建】** 2017年，河西区总工会集中力量推动建会、建制、和谐企业创建、农民工入会等重点指标工作，3项重点指标完成率居市内6区前列。全区符合建会条件企业建会7080家，建会率100%；签订工资集体协议覆盖企业7080家，签订率100%；配合区协调劳动关系三方推进劳动关系和谐企业创建工作，新建22家。

**【民主管理制度建设】** 2017年，河西区总工会制定《关于开好企事业单位职工代表大会2017年度首次会议的通知》，明确民主管理工作重点，建立健全职代会的相关工作制度，规范事业单位职代会的操作程序。586家独立建会的企事业单位召开首次职代会。指导国有及其控股的公司制企业依法建立健全职工董事、职工监事制度。指导涵盖企业30家以上的社区和开展工资集体协商的行业（楼宇）建立职代会制度，召开年度职代会。配合国资委开展评议国有企业领导班子和领导人员工作。

**【安全生产建设】** 2017年，河西区总工会树立“隐患就是事故、事故就要处理”的理念，协调组织街道、消防、安监、公安等部门联合行动，在对区工会工人俱乐部出租房屋安全隐患进行全面排查的基础上，依法对中环旅馆和盛世之

夜KTV进行查封，对主体外违章建设进行拆除。

**【工会维权维稳】** 2017年，河西区总工会成立维权维稳和信访工作领导小组，修订完善维权维稳和信访工作相关制度并形成制度汇编，明确各项工作的职责任务和责任人员。组织开展全区工会系统“大排查、大接访、大化解、大督查”活动，启动零报告制度，为确保社会和谐稳定营造良好的政治和社会环境做出贡献。

**【规范化建“家”】** 2017年，河西区总工会制定“示范社区工会创建标准”，新建10个示范社区，共62个示范社区“阳光职工之家”，以职工为主体设计开展先进人物宣讲座谈、安全知识讲座、技能培训、职工联谊、文体活动等，为社区企业职工提供就近、便捷的工会服务。树立“以职工群众为中心”的工作理念，借助各街道、直属单位工会换届，开展会员评家工作，2800余名会员参加活动，满意率达99%。配合市总工会组织32家企业800名职工开展年度基层工会和职工代表满意度测评工作，推动各级职工之家真正“建起来、转起来、活起来”。

**【干部队伍建设】** 2017年，河西区总工会召开六届十一次全委扩大会议，替补区总工会六届委员会委员，补选区总工会主席，强化区总工会组织领导。积极协助各级党组织选好配强工会领导班子，监督指导42个直属单位完成工会领导班子人员调整。加大工会干部培训力度，组织街道总工会换届工作专题培训、各街道区域职代会换届工作培训会、国有企业厂务公开民主管理培训暨现场经验交流会等，各级工会共培训干部1280人(次)，基层工会干部服务职工能力进一步提高。13个街总工会和14个直属委办局、公司如期完成换届工作。加强对工会社会化工作者管理使用，加大轮岗交流力度，为基层工会开展工作提供人员保障。落实工会“七五”普法任务，举办职工法律知识竞赛、宣传咨询、宪法日宣传等活动。

**【基层服务】** 2017年，河西区总工会制定《工会干部定点走访企业联系职工工作制度》，推动全区各级工会组织“转作风、增活力”。区总工会机关带头，各级工会主席每人建立3—6个基层走访联系点，每名机关工会干部重点联系3—5个企业，定期深入到企业，听取企业和职工的需求，帮助解决企业用工、职工培训等实际需求。全年各级专职工会干部共走访企业1094家，职工2.3万余人(次)，主动发现并协调解决基层工会问题718件，其中区总工会机关干部走访企业134家，职工2100人(次)，协调解决问题76件，促进工会组织作风的转变。

**【工会帮扶慰问】** 2017年，河西区总工会元旦、春节送温暖走访慰问困难职工166人，发放慰问款19.48万元。开展金秋助学活动，共为68名困难学生发放助学款4.57万元。开展季度常态帮扶工作，帮扶困难职工346人(次)，发放帮扶款10万元。为27户纳入全总帮扶系统的困难职工发放冬季取暖补贴共8100元。全年帮扶困难职工605人(次)，发放慰问金34.86万元。

**【劳动保护监督检查】** 2017年，河西区总工会下发《关于做好2017年夏季安全生产和职工生活工作的通知》，深入开展安全生产大检查，与区安监局联合组织对区属餐饮业、大卖场、环卫局、市政等单位进行暑期安全制度、安全生产、工作环境、消防应急等方面进行大检查。指导全区7775家企业和班组、72193名职工参加“安康杯”竞赛、班组安全建设，组织1000多名工会会员参加安全知识竞答活动，向红星美凯龙等5家全国职工书屋赠送安全知识书籍。新起点菜市场管理有限公司大梅江菜市场管理组获得第八届天津市班组安全建设与管理成果优秀奖。

**【经费管理和监督审计】** 2017年，河西区总工会落实市总工会《天津市基层工会经费收支管理办法》、“天津市工会系统经费使用负面清单(暂行)”，规范工会经费管理使用。组织完成2016年度经审工作规范化考核相关工作，对36

个机关事业单位和5个国有企业2014—2015年度经审报告进行修订发放，监督完成整改工作。落实市总工会《关于开展基层工会经费使用管理情况专项督查的通知》文件要求，组织对基层工会开展财务检查。区小企业工会财务服务中心服务覆盖全区7086家企业，为基层工会工作创新发展提供物质保障。被中华全国总工会评为2016年度市级工会财务工作先进单位，获天津市工会经审工作规范化建设一等奖。

**【文化建设】** 2017年，河西区总工会依托工人俱乐部和各街、社区职工之家、工会服务站点，开展“错峰服务”，在职工休息日和午休时间，举办专业技能、书法、绘画等文化艺术培训、“迎全运文明礼仪讲座”，组织首届职工“牌王大赛”、第二届职工羽毛球赛、“我是棋王”选拔赛等文体比赛，承办天津市职工第37届万名棋手大赛，发动职工参加“庆祝十九大、永远跟党走”天津市职工诗歌创作大赛，获优秀组织奖。创建全国职工书屋1家、市级职工书屋7家，开展“全民阅读进企业”活动，实施微信平台“最美读书角”“最爱读这书”“最佳读后感”读书有奖活动，组织“喜迎十九大，建设首善区”主题读书演讲比赛，引导教育职工读好书、善读书，不断提高职工文化素质。

6月6日，河西区总工会举办文明礼仪培训讲座　（河西区总工会提供）

**【特色服务活动】** 2017年，河西区总工会在鑫银大厦、马场医院、天寿园社区、坤如玛丽医院新建4处爱心妈咪之家。与区人社局联合举办“情满海河西岸、服务企业职工”专场招聘会，40多家企业提供270个岗位，400余名求职者前来咨询、面试，150名求职者初步达成就业意向。联合美年大健康天津分公司开展“弘扬劳动精神、关爱职工健康”主题活动，为190名“五一劳动奖章”先进个人进行免费体检。开展夏季送凉爽活动，将13余万元防暑降温慰问品送到全运村、小二楼拆迁指挥部、公安、消防、交管、环卫及街道系统一线。组织“喜迎十九大、情暖农民工”中秋慰问活动，给569名保洁员送去3.9万元的月饼，使农民工在异乡感受到党的温暖和工会组织的关心关爱。依托会员卡开展大病及意外救助活动，共为61名持卡会员因患大病及2名因家庭意外火灾办理理赔材料的申报，其中51人得 50.46万元救助补贴。

（施明君）

# 共青团委员会
# 青年联合会

**【概况】** 共青团河西区委员会(简称：团区委)内设：办公室、组织和学少部、统战和宣传部、青年发展部、权益部。

**【改革深化】** 2017年，团区委完成《共青团天津市河西区委员会改革实施方案》上报工作，完成“河西共青团改革推进安排”“河西共青团改革重点内容”“共青团河西区委员会基层改革任务分解清单”等配套文件。通过“活力河西青年”微信平台发布“一图读懂改革实施方案”等改革相关信息，为深入推进改革创造良好氛围、形成强大合力。调整内设机构，修订《共青团河西区委员会主要职责内设机构和人员编制规定》，报区编办审定，“专挂兼”领导班子名单党组会讨论。推动党建带团建，落实《关于全面加强城市基层党建工作的实施意见》，推动社区“两委”班子成员中相对年轻的干部兼任团组织负责人。

**【全运村志愿者】** 2017年，团区委围绕“温馨全运村，圆梦全运会”的工作目标，努力用真诚周到的服务带给客人宾至如归的温暖。740余名志愿者活跃在抵离、安保、餐饮、交通、住宿等14个内设机构、50余个服务岗位，服务时长14.1万小时，接待来宾万余人次，成为全运村的重要工作力量。设立三村“志愿者之家”，提供“乐创工坊”“动感VR”“生日派对”等互动项目，吸引5000余名运动员参与体验。开村期间，先后接待国家体育总局、民盟中央、团中央以及16个省市代表团的贵宾来访。

**【纪念五四运动表彰大会】** 2017年5月3日，由团区委主办的“点亮青春信仰　凝聚青年力量”河西区纪念五四运动98周年暨建团95周年表彰大会在河西区青少年宫举行。大会以“点亮青春信仰　凝聚青年力量”为主题，通过访谈、小品、诗朗诵、歌舞、舞台剧等多种文艺形式，展现当代青年的良好青春面貌。对荣获2016-2017年度河西区五四红旗团委、五四红旗团支部、优秀共青团干部、优秀共青团员等荣誉的先进集体和个人予以表彰，区文明办向荣获2016年度优秀志愿服务品牌项目、优秀青年志愿者、优秀青年志愿服务团队等荣誉的个人和集体予以表彰。

5月3日，团区委主办“点亮青春信仰　凝聚青年力量”河西区纪念五四运动98周年暨建团95周年表彰大会。（团区委提供）

**【社区活力空间建设】** 2017年，团区委以社区活力空间建设为改革切入点和着力点，把服务对象转化为工作力量，动员辖区内广大团员青年以志愿服务的形式，就近就便深入社区为老百姓做好事、办实事，带动社区青少年共同参与志愿服务，实现“志愿者到社区去，志愿者从社区来”。制定《关于进一步推动河西区社区活力空间建设的实施意见》，规范管理服务流程。50余支志愿服务团队走进136个活动阵地，形成常态化服务项目50余个，全年开展活动5000余场，覆盖青少年近10万人（次），接待团中央多位领导到区调研。举办第二届共青团“活力空间嘉年华”，现场线上对接2018年上半年活动1300场。“社区活力空间”项目再次被纳入全区20项民心工程，“活力空间旗舰店”双山新苑社区被命名为第二批全国示范性“青年之家”综合服务平台。

**【活力悦读会】** 2017年，团区委在全区各级团组织中成立“活力悦读会”，形成“1+36+X”的组织体系，即在团区委层面成立“活力悦读会”总会，在街道、委办局36个直属团组织及河西青联、活力青年联盟等各类组织中成立分会。“活力悦读会”通过线上微信社群，定期推荐书目、赏析经典、开设微课，线下依托机关会议室、图书角等已有阵地，定期开展荐读、朗读、品读、帮读等各类读书活动，让书香洒满河西大地。

**【基层轮值】** 2017年，团区委坚持眼睛向下看，以“活力、共享、互助、创新”为原则，立足建设服务型团组织，打破行业、层级、所有制界限，实现区域内组织共建、资源共享、阵地共用、工作联动，各基层团组织以富有时代特色的团员青年文化专题活动和节庆活动为载体，充分利用团区委拨付的区域化团建轮值活动经费和系统团费，创新活动形式和活动内容，选取青年喜闻乐见且乐于参与的点进行筹划。为迎接第十三届全运会的到来，河西法院团委承办足球赛、篮球赛，卫计委团委承办羽毛球赛，综合执法局团支部承办羽毛球比赛，公安河西分局团委承办女子防身术，文化中心区域办团支部承办全民健身操，下瓦房街团工委承办趣味运动会，广泛动员和吸引团员青年参与。陈塘管委会团支部、柳林街团工委、卫计委团委承办每季度一次的相亲交友活动，让有爱心的人通过青年联谊活动相聚在一起。东海街团工委、梅江街团工委、柳林街团工委、河西建委团委、房管局团委举办青春红砚大讲堂，内容涉及婚姻法知识讲座、医疗保健讲座、健身休闲培训、家庭关系处理讲座、职场礼仪讲座、心理减压讲座等，让青年朋友们在工作之余体验休闲娱乐的生活。柳林街团工委承办摄影讲座、河西法院团委微电影拍摄讲座、卫计委团委承办演讲比赛和成语大赛、公安河西分局团委承办警民开放日等众多活动，满足青年们多样的文化需求。

**【青年联合会七届四次全体会议】** 2017年3月10日，河西区青年联合会七届四次全体会议在区委党校报告厅召开，区委副书记贺亦农出席会议并讲话，来自全区各条战线的170余名青联委员参加会议。会议增选天津珠江投资（控股）集团有限公司劳模创新工作室负责人陈豪为区青联副主席，增选马庆坤等14名常委，增补平凯等13名新委员。宣读区青联七届委员会界别优化调整情况说明。会上，总结2016年重点工作，对热衷公益事业的委员进行表彰。团区委书记、区青联主席刘宗锦部署2017年工作。会后，区青联各界别委员会召开分团会议，认真学习《区青联2016年工作报告》，讨论2017年界别工作安排，对相关工作提出意见和建议。区青联主席、副主席分别到8个界别委员会参与讨论。

**【新媒体矩阵建设】** 2017年，团区委强化“活力河西青年”新媒体矩阵作用，发布微博1336条，单条最高阅读量52.7万，粉丝达15134人，发布微信800余条，聚拢粉丝1.7万余人。“青年之声”网络平台发布信息825条，收集青年利益诉求6279条，解答问题数11473条。加强网络宣传工作，组建10人核心网评员队伍，在构建清朗网络空间、巩固壮大网上主流思想舆论中发挥积极作用。加强与“中青论坛”《天津日报》《今晚报》《渤海早报》及“北方网”“天津网”“有线台”《河西报》等团中央、市、区级主流媒体的合作，针对团的组织建设、重大青年活动、青少年权益保护、领导视察调研、青年先锋采访等重要工作进行宣传报道，营造良好的舆论氛围。全年，在各级媒体刊载相关消息报道120余次、团讯2期、《活力河西青年》杂志2期，在新华社天津领导专供上刊登《河西区青联高扬旗帜引导青年中坚服务社会》。

**【“城市小候鸟”新春圆梦行动】** 2017年春节前夕，团区委携手天津交通广播“1068帮帮团”栏目，共同启动“城市小候鸟”新春圆梦行动。春节假期，天津交通广播“1068帮帮团”栏目每天中午11点准时发布“小候鸟心愿单”。吸引190余名社会爱心人士积极参与，将所有心愿全部认领完毕。2月11日元宵佳节，桂发祥公司向所有参与活动的“城市小候鸟”与社会爱心人士发出邀请，共同参观桂发祥博物馆，了解天津传统美食制作工艺，感受天津历史变迁。现场举办“城市小候鸟”新春圆梦捐赠仪式，爱心人士将精心准备的礼物赠送给“小候鸟”，帮助他们实现自己的新年愿望。

**【“美丽天津扮靓家园”】** 2017年，团区委始终坚持将“扶贫”“扶志”“扶智”作为青少年精准扶贫工作的主要帮扶内容，以帮扶特殊青少年为重心，严格把关扮靓活动家庭筛选环节，与民政、街道居委会联合审查，共同走进青少年家庭核实相关信息，保证真正困难的青少年获得帮扶机会。广泛动员社会爱心人士积极参与，通过“河西阳光成长基金”众筹善款9万余元，为“扮靓家园”活动开展提供物质保障。实地把控，保证工程进度落实到位。在为6户困难青少年家庭装修过程中，团区委始终保持与团市委以及扮靓家庭的联系，定期向团市委汇报情况，工作人员坚持每周走访扮靓青少年家庭，每户平均走访10余次。

**【十四届二次全体(扩大)会议】** 2017年2月23日，共青团河西区第十四届委员会第二次全体（扩大）会议在区政府2号楼3楼大会议室召开，区委副书记贺亦农出席会议。部分街道、委办局分管共青团工作的领导、共青团河西区第十四届委员会委员、候补委员、各直属团组织团干部共80余人参加会议。会议传达区委十一届二次全会精神及团市委十三届七次全会精神，审议通过《团区委委员、候补委员卸职递补确认案（草案）》。陈塘庄街、东海街、区法院、天津外国语大学分别就各自领域共青团工作开展情况作代表发言。团区委书记刘宗锦总结2016年工作，对2017年全区共青团工作进行部署。

**【团建工作述职评议会】** 2017年，团区委落实《共青团天津市河西区委员会改革实施方案》，加强团干部队伍建设，为团干部搭建相互学习和交流的平台，召开2017年度河西区基层团组织团建工作述职评议会暨2017年度民主生活会征求意见座谈会，会议按照团组织类别和规模分3场召开，共40余名基层团组织负责人参加。各基层团组织负责人以共青团改革为主线，围绕2017年团建工作的思想建设、社区活力空间建设、区域化团建工作、基层轮值活动以及亮点特色工作等方面的具体举措、工作成效和存在的问题等进行述职。秉承实事求是和客观公正的方针，结合团区委班子评价、团区委各机关部室评价、单位互评等方式进行综合评价。全部述职结束后，现场公布述职成绩。

**【活力青年联盟】** 2017年，团区委围绕共青团改革攻坚任务要求，探索运用“互联网+”思维创新共青团工作的有效方式，打破行业、层级界限，创新探索将团建联建建立在大区域上、行业区域内、新媒体中，联系驻区市属单位团组织，推动有条件的团组织加入“活力青年联盟”，动员各联盟成员根据各自团组织体系结构建立“活力青年联盟”微信社群矩阵，同步推进成长、创业、就业、婚恋、健康、心理、维权等8大服务联盟建设，凝聚更多的基层团组织、团员青年，服务各区域内不同层级、不同领域的青年，实现团的工作联系和活动覆盖。全年开展10大项80余场（次）的青年文体活动，服务青年千余人（次）。

（张耕嘉）

# 妇女联合会

**【概况】** 河西区妇女联合会(简称：河西区妇联)内设：办公室、组宣科、权益科、妇儿工委办公室。

**【街道妇联换届】** 2017年11月，河西区妇联按照街道区域化组织建设要求，各街道均召开妇女代表大会，选举产生1名主席、6名兼职副主席和21至25名执委。全区277名街道妇联执委平均年龄为42.1岁、大专以上学历人数占总人数的89.2%、来自医院、学校、私营企业、文化场馆、功能园区、女性社会组织等不同行业和领域的优秀女性占总人数的38.99%。

**【妇代会、妇委会和妇工委改建妇联】** 2017年，河西区妇联各街社区妇联主席全部进入社区两委班子，执委人数均不少于9人，包括女性网格员和楼栋长、文体团队负责人、社区活跃分子等人群。全区101家机关事业单位完成妇工委、妇委会改建妇联工作，均选派专兼职的妇联干部，执委会人数均不少于7人。

**【妇女组织拓展】** 2017年，河西区妇联在陈塘科技商务区管委会、乐园医院、银河文化社团联合会等595家新领域新群体新阶层中，建立妇女组织，使基层妇联组织和工作最大限度覆盖更多女性群众。

**【十九大精神宣传贯彻】** 2017年，河西区妇联在不同层级、不同群体内分别开展“一家带百家　共学十九大”社区最美家庭入户宣讲、“建功新时代　引路新征程”处科级女干部培训、“巾帼心向党　女儿话初心”优秀女性座谈会等，全区各级妇联组织共开展系列活动160余次。市妇联“一家带百家”全市首场最美家庭宣讲会在河西区柳林街龙天园社区举行，《中国妇女报》《天津日报》《今晚报》《每日新报》“人民网”“北方网”“女性之声”等多家新闻网络媒体报道。全区最美家庭入户宣讲144场次、1000个家庭的3000余名群众受益。

**【网上妇女群众工作开展】** 2017年，河西区妇联发挥“河西妇联”微信平台的作用，开设工作动态、今日视点、家庭教育、阅书香越智慧悦生活等栏目，全年累计推送信息700余条。开展“喜迎十九大　金秋话好书”、热读《习近平的七年知青岁月》系列主题信息，刊载14篇原文和13篇最美家庭代表的学习体会，吸引3000余人次的关注，推动新时期的正面宣传和舆论引导。新招募区级网宣员和网评员166名，主动开展网上舆论宣传。

**【女性素质提升】** 2017年，河西区妇联按照市妇联民心工程“精彩女性终身学习计划”要求，结合基层妇联干部队伍建设，完成472名区优秀女性注册及网上学习任务，学习时长累计达4.9万课时。举办巾帼建功故事巡讲、“翰墨光影颂”各界妇女美术书法摄影作品展、“三八架金桥 春风送岗位”女性专场招聘会和第三届河西区巾帼家政及手工编织职业技能竞赛等活动，促进女性成长成才。

【新任干部业务培训】 2017年12月13—14日，河西区妇联举办培训班，对全区200余名街道、社区、机关事业单位妇联干部进行十九大精神、心理调适、群众工作沟通技巧、新媒体工作、安全生产教育工作、妇联业务工作等专题培训，提升基层妇联干部服务大局、服务基层、服务妇女的能力和水平。

【纪念“三八”国际妇女节大会】 2017年3月3日，河西区妇联召开“展巾帼风采 赞西岸女性”“三八”节纪念大会，通过专题片、小品、诗朗诵等形式，宣传表彰各级各类先进代表，2个集体获评全国巾帼文明岗，2个集体获评市级“三八”红旗集体，6个集体获评2011—2015年度市妇联系统先进集体，1人获评全国巾帼建功标兵1名，1人获评市级“三八”红旗手标兵，9人获评市级“三八”红旗手，3人获评2011—2015年度市妇联系统先进个人。

3月3日，河西区妇联召开纪念“三八”国际妇女节107周年大会 （河西区妇联提供）

【家庭建设】 2017年，河西区妇联开展6场“家风耀中华 家风靓西岸”优秀家庭事迹社区巡展、144场“优秀家庭大家谈”家风故事巡讲和“母爱的阅读”——第七届魅力母亲评选表彰会活动，宣传百姓身边的家风故事。开展26场“迎全运 绿色生活在我家”巾帼志愿主题服务活动，招募巾帼志愿者550余名，参与护绿护院清整、垃圾分类宣教、文明礼仪宣教等，引导全区家庭为全运会做贡献。

2月24日，河西区妇联在越秀路街惠阳里社区举办“家风耀中华”社区巡展暨“迎全运，文明家庭在行动”启动仪式。 （河西区妇联提供）

【家庭教育】 2017年，河西区妇联通过政府购买女性社会组织公共服务项目的方式，在5所试点学校和4个试点社区，实施“家校共育”网络线上线下家庭教育指导，共开展18场学校讲座、9场社区沙龙和16堂线上微程课活动，5000多名家长受益。与区科委联合实施“小创客培养计划”，600名社区儿童参与到科普机床体验活动中，锻炼孩子的动手实践能力。制定《河西区关于指导推进家庭教育的五年规划》，建设系统科学的家庭教育指导服务体系。6户家庭获市级五好文明家庭标兵户、6户家庭获市级最美家庭标兵户、1个家庭获市级平安家庭标兵户。

【妇女维权】 2017年，河西区妇联新一届区人大代表中女性占33.2%，比上一届提高8%，新一届区政协委员中女性占38.5%，比上一届提高10%。出版《以画说话——一看就懂的法律知识》漫画集，宣传《中华人民共和国反家庭暴力法》《天津市妇女权益保障条例》等妇女维权法律法规，国务院妇儿工委调研组到梧桐小学调研“性别平等教育进课堂”试点项目，区社教办编写的教材《男孩女孩》在全市试用。与区人社局联合制定《河西区关于加强妇女平等就业权益保障工作的意见》，为妇女平等就业开通绿色通道；与区法院联合设立“少年家事诉前调解工作室”“润物法官工作室”，开展“以案说法”分享等各类法律活动455场；区法律心理帮助中心全年为妇女儿童及家庭提供咨询辅导300余人（次）；社区“快乐营地（儿童之家）”提前1年实现阵地全覆盖。

**【困难救助】** 2017年，河西区妇联广泛开展单亲困难母亲等妇女和困难儿童救助工作，帮扶1255人（次），发放救助款项28万余元。

（张　芳）

# 残疾人联合会

**【概况】** 河西区残疾人联合会（简称：河西区残联）内设：办公室、业务科、维权科，下属事业单位：残疾人劳动服务所。

**【社会与生活保障】** 2017年，河西区残联为1212名残疾人办理城乡居民基本养老保险补贴118万元，为544名非重度残疾人发放城乡居民基本医疗保险补贴8.1万元。配合市级相关部门完成11188名重度残疾人免费参加城乡居民基本医疗保险工作，为262人次重度残疾人发放412万元医疗救助金。为4694余户困难残疾人家庭发放取暖补贴187万余元。为6255名符合条件的视力、听力、言语残疾人发放通讯费补贴217.8万元，为47名因出现急难事件的贫困残疾人家庭发放临时救助金15万元，为19名因患有恶性肿瘤、白血病、尿毒症、肾移植的贫困残疾人发放大病救助金9.5万元。在全国助残日、国际残疾人日及“两节”期间，为全区8000户困难残疾人家庭发放救助款物，为困难残疾人、残疾人工作者相继发放大米、轮椅等多种物资。

**【康复及手语培训】** 2017年，河西区残联与区卫计委、区财政局、区人社局、区教育局、区民政局联合制定《河西区残疾人精准康复服务行动实施方案（2016—2020年）》《河西区残疾人康复专业人才实名制培训实施方案》，组建康复服务小组，对6464名残疾人进行拉网式需求筛查和初步评估，将社区康复协调员和社区医生纳入康复人才数据库，开展康复专题培训，提升全区残疾人康复服务专业化水平。与市安定医院共同合作，创建“河西区精残人职业康复服务项目”，建立精残人职业康复实践基地“阳光水吧”，探索实践精残人“医疗康复 + 职业康复”服务新途径，帮助精残人逐步回归社会参与社会生活。对符合条件的761名精残人建立规范台账、开展免费查体、并指导家属对精残人进行合理用药。为30名长期住院无业重度精残人给予医疗救助9万元。投入资金181.8万元，为区康复医院、越秀路街、马场街、陈塘庄街等7个社区卫生服务中心购置16类83件医疗康复器械。投入1.08万元，为区残联康复室购置8件康复设备。组织1000名残疾人及残疾人工作者进行健康查体，为康复服务提供信息支持。对26名因脑出血、脑梗死所致偏瘫、吞咽功能障碍等肢体残疾人进行专业评估，有19名肢体残疾人得到早期康复训练。组织70名听障人士到市残联进行助听器适配。组织有装配需求的16名肢体残疾人进行装配评估，共装配18件。为低视力残疾人配发助视器28件，为盲人配发盲杖、雷达眼镜、语音标签等31件。投入资金40.6万元，购置小型辅具5789件，发放到144个社区和1057名残疾人手中，满足残疾人个性化康复需求。为符合条件适宜手术的白内障患者实施免费复明手术21例。对如辉特教康复中心等4家孤独症康复机构进行备案审批，推荐93名0-7岁孤独症儿童到如辉特教康复中心等康复机构进行康复训练。启动手语推广“蒲公英”项目，通过“实施种子计划”“开展五进行动”和“推进公益服务”三步计划，努力营造全社会关注手语、关注聋人、服务残疾人的良好氛围。举办4期手语培训，培训社会各界学员300余人，204名学员取得手语资格证书。自制手语学习视频《鹿播》，手语宣传片《“蒲公英”的约定》《圆梦“微心愿”》。举办机关事业单位、窗口服务单位、银行系统和高校4个手语公益讲座专场，开展“手语实践和服务”活动，组织手语学员为聋人进行手语翻译服务。

**【教育培训与就业】** 2017年，河西区残联做好适龄残疾儿童少年状况精准核实和落实“一人一案”安置工作。与区教育局、区特教中心共同对全区55名未入学适龄残疾儿童少年进行入户调查，精准核实，问明需求，分别安排学校就读、开展送教服务、创新开展个性化服务，做好跟踪回访。为658名残疾学生及残疾人子女发放助学金63万元。全年共审核2016年度用人单位545家，审核残疾人就业人数1257人；补审2015年度用人单位49家，安排残疾人就业人数91人。全年登记求职117人，推荐94人(次)，实现就业31人。举办“就业帮扶真情相助”残疾人专场招聘会，参加招聘会单位24家，提供岗位125个，200余名残疾人求职者参加，17人实现就业。开展残疾人珠宝玉石鉴定和中式面点师等5期残疾人职业技能免费培训班，319名残疾人参加培训，提升残疾人就业竞争力。为31名残疾人个体工商户发放养老及医疗保险补贴30.8万元，为11名自主创业残疾人发放创业补贴8.8万元。举办残疾人个体工商法律知识讲座，召开残疾人创业指导培训会，指导残疾人小微企业做大做强，为40名残疾人开展职业能力评估，形成评估报告。

**【信访维权】** 2017年，河西区残联完成残疾人来访的政策解释工作90人（次），便民服务热线来电及转接的政策解答197人（次），完成区长信箱答复、公仆接待日答复及市残联转办信访件共48件，来电来访办结率达100%。全年投入资金25200元为14人（次）提供法律援助。区残联专门聘请驻会律师开展普法系列培训。向各街发放法律宣传读本2000余册。

**【无障碍建设】** 2017年，河西区残联为323户残疾人家庭进行卫生间无障碍改造，完成社区无障碍改造卫生间20处，入口坡道及扶手14处，楼门栋口6处，为441户安装升降晾衣杆。为77户重度视力残疾人家庭发放盲人手机及电脑读屏软件，为113名盲人发放盲人智能手机，为1266户听力、言语残疾人家庭安装可视门铃。配合市、区相关部门做好治理残疾人机动三轮车合法使用的宣传工作，为63名符合条件的下肢残疾人开具下肢认定购车证明，对申报2018年度燃油补贴的1214人相关信息进行申报审批与系统录入完成2017年度新增76人的制折及1196人燃油补贴发放工作。

**【托养服务与西岸盲人按摩机构建设】** 2017年，河西区残联投入资金347万元，为2100名残疾人提供居家托养服务。制定“河西区招标居家托养标准规范”，以友谊路街为试点，通过政府采购服务，成功招标1家服务单位，10月，开始入户服务。坚持建立常态的监督管理模式，完善区、街、服务机构三级联访机制，定期采用问卷方式进行满意度调查，全面掌握服务工作动态，提升服务水平。吸引社会力量和志愿者队伍参与阳光家园建设，通过科学授课、科学管理、定期开展丰富多样文化体育活动，提升残疾人日间照料管理水平。打造“西岸盲人按摩志愿服务队”品牌，举办“指尖上的光明”盲人按摩健康咨询活动，为盲人提供平等参与和回馈社会的平台。召开盲人按摩机构座谈会，深入走访，上门征求意见，为创建品牌奠定坚实基础。

**【宣传及文体活动】** 2017年，河西区残联加强残疾人事业宣传，不断丰富区残疾人联合会微信公众平台内容，发布河西区残疾人事业发展动态，公开便民服务指南，提升平台关注度，利用自媒体促进残疾人事业宣传。在《天津日报·新河西》开设残疾人事业专版，定期刊登河西区残疾人事业取得新进展、新成效。开展残疾人自强自立和扶残助残典型事迹宣传活动。投入资金100万元，完成曲江、珠江公园残疾人门球场提升改造工程，举办河西区残疾人趣味运动会暨第二届残疾人运动会，组织区残疾人艺术团开展排练活动，举办专题文艺晚会。

9月27日，河西区残联在河西区残疾人综合服务中心院内举办庆国庆迎中秋联欢晚会

（摄影：李新辰）

**【组织和队伍建设】** 2017年，河西区残联制定区残联换届方案和街残联换届指导意见，规范换届程序，完成街道残联组织换届工作。加大资金投入，确保基层工作经费落实到位。完成25名基层残疾人工作专职人员公开招聘工作。制定基层残疾人专职工作人员例会制度，每月召开工作例会，每季度组织开展季度业务能力测试，提升服务能力，积极鼓励残疾人专职委员参加市级各类培训与比赛。发挥各类别残疾人专门协会主动性，协调利用全区公共文化服务设施，开展各类适合不同类别残疾人参与的活动。盲协与区图书馆共同搭建文化服务交流平台，每月组织一次心目影院观影活动，为视障人提供志愿文化服务，定期举办数码沙龙活动及小儿推拿按摩讲座。肢协定期开展阅读沙龙系列活动，每月一个主题，采取选书推荐、观影、分享心得等不同形式丰富活动内容。聋协每月组织退休党员开展党课教育活动，重点围绕当前时事政治进行解读，相互交流谈认识，谈体会，提建议，发挥退休聋人的独特优势，传递向上向善的正能量。

（周　瀛）

# 红十字会

**【概况】** 河西区红十字会基层组织设有教育系统中小学校红十字会57个、街道红十字会13个、医疗团体会员单位红十字会15个、企事业单位红十字会36个，会员3.7万人。

**【备灾救灾】** 2017年6月，河西区红十字会在库房里安装监控设备。针对夏季大暴雨造成备灾救灾仓库雨水倒灌腌泡问题，组织实施堵漏工程，最大程度减少库存物品的损失。与恒华公寓工程部协调，对备灾库的用电线路进行维修，确保库房照明设施的安全。

**【救助】** 2017年，河西区红十字会开展博爱“一送四助”活动。以“关爱空巢老人　留守儿童　温暖满津城”为主题，元旦、春节期间，启动“红十字博爱送万家”活动，由分管区领导带队深入部分困难群众家中进行慰问，购置近17万余元米、面、油等生活必需品的红十字大礼箱，通过各街道红十字会送到困难家庭手中，救助的困难家庭达700余户。各街道红十字会采取多种救助方式开展救助活动。5月，区红十字会与区残联、区民宗办、挂甲禅寺联合举办"博爱助残"爱心捐赠仪式。挂甲禅寺捐赠2000斤稻米，用于帮扶救助的残疾人家庭。与区民政局、慈善协会、关工委和教育局在老干部局联合开展"2017年爱心助学"活动。6月，开展"博爱助孤"活动，对7名16岁以下的孤儿进行救助，每人发放500元救助金。重阳节前夕，到五福养老院进行慰问并送去鸡蛋、肉、糕点等价值6000余元的慰问品。依法进行一次性救助，全年救助2户，救助总额3000元，在网站上进行公示。

**【救护培训】** 2017年，河西区红十字会按照《关于印发＜中国红十字会应急救护培训标准化工作手册（试行）＞的通知》的要求，制定培训工作实施方案。开展师资培训工作，抽调每个街道2名优秀骨干志愿者作为师资力量，进行强化性培训。6月13—14日，邀请市红十字会应急救护培训高级讲师对全区13个街道30名红十字志愿者进行强化培训。召开各街道应急救护培训工作部署会，将市红十字会分配给全区培训任务向各街道进行分解，责任到人。区红十字会做好协调、督促和推动工作。在区机关食堂设立2个应急救护柜，传播"人人学急救、急救为人人"的红十字人道救护理念。

**【红十字宣传】** 2017年5月9日，河西区政协、文明办、农工党河西区委员会、区红十字会、区人防办等在人民公园，开展纪念"五·八"世界红十字日暨"爱心联盟　奉献社会"全民公益行动的活动。区政协主席李耀进、区政府副区长李丽君、区政协副主席、区红十字会会长王宝奎应邀参加。以现场咨询、图文并茂的展牌、发放宣传材料等形式，宣传红十字会法、红十字运动知识、应急救护、避险逃生知识、公民无偿献血等内容，开展群众性互动式体验式应急救护操作，应急救援队进行现场演示，发放宣传品400多份，受益群众达500余人。人体器官宣传周、世界急救日、世界艾滋病日期间，全区各级红十字会采取多种形式，开展红十字知识宣传，组织发动志愿者走上街头发放宣传品千余份。参与区文明办组织的"服务快车进社区"活动，区、街道红十字志愿者为群众现场演示应急救护知识。全年共计参与5次。

**【"三献"工作】** 2017年8月，河西区政协副主席、区红十字会会长王宝奎、公安河西分局政委孙建平以及经侦大队领导到市一中心医院看望为一名身患白血病幼儿成功捐献造血干细胞的公安河西分局干警王岳峰同志，并送去鲜花和慰问金，这是全区第三例成功捐献造血干细胞的志愿者。与区委组织部、人社局联合在区机关事业单位新招录人员中开展造血干细胞捐献志愿者招募活动，全区共有100余名公职人员进行血样采集，成为捐献志愿者，为挽救白血病患者的生命及中华骨髓库扩容做贡献。按照市红十字会要求，开展人体器官捐献宣传周和人体器官捐献志愿登记宣传季活动，利用各种纪念日、大型活动之际，大力宣传捐献知识和捐献流程。完善便民举措，为那些行动不便、体弱多病的捐赠志愿者提供上门服务。全年共接受咨询176次，接受器官登记29例、遗体捐献61例。

**【红十字青少年】** 2017年，河西区红十字会与区教育局共同充实调整学校红十字委员会成员，发挥委员会作用。各中小学结合德育教育，采取多种形式，广泛开展红十字青少年工作。"红十字博爱周"和重阳节期间，全区2000余名红十字青少年到敬老奉献服务基地进行各种服务活动200余次。组织参与红十字青少年交流活动，组织第四十二中学的2名教师和5名中学生再一次代表天津市参加由京津冀举办的"携手

同行 人道追梦”京津冀红十字青少年夏令营活动。继续探索开展国际人道法项目，河西区王韧秘书长和人道法师资——第42中学郝智溢教师于4月11—14日参加中国红十字会总会与红十字国际委员会共同组织的探索人道法核心师资工作坊，与全国各地的红十字同仁交流工作的经验和体会。郝智溢教师受天津市红十字会邀请，在探索人道法天津高校同伴教育主持人培训班上授课。

**【全运会保障】** 2017年，河西区红十字会紧急调集一批应急救护用的红十字急救包，向有关单位进行配备，确保全运村需要时候使用。抽调红十字会优秀的志愿者全程参与全运村的工作，与公安河西分局联合在公安干警开展应急救护培训，掌握自救互救技能，为全运会顺利平安举办提供保障。区红十字会全体党员参加梅江街“迎全运百日会战”社区环境治理活动。

**【干部队伍管理和建设】** 2017年4月，河西区红十字会召开八届三次理事会，调整、增补区红十字会部分理事和常务理事。选举王宝奎为新一任会长，审议通过常务理事会所作的工作报告。对理事会成员、各基层红十字会进行重新登记造册，启动红十字志愿者实名登记工作，夯实组织建设工作的基础。

**【执法检查】** 2017年8月，河西区红十字会与区市场和质量监督管理局联合签发文件，要求各街道红十字会与各市场和质量监督管理所依据《中华人民共和国红十字标志使用办法》对辖区内的药店、诊所和宠物医院进行排查。共检查医疗部门、个体诊所120家、药店132家，合计252家。其中，检查合格共245家，有7家存在违法使用红十字标志现象，1家已经主动整改完毕。8月底，会同区市场监管局针对6家违法现象的药店、宠物医院进行执法检查，2家整改完毕，对4家单位进行宣传教育并限期整改。

（王 韧）

# 工商业联合会

**【概况】** 河西区工商业联合会（商会）（简称：河西区工商联）内设：办公室、党建会员部、经济部、宣调部。

**【区工商联第十二次代表大会】** 2017年2月28日，河西区工商联召开第十二次代表大会暨河西区促进民营经济发展工作会议。中共河西区委、区人大、区政府、区政协和市工商联领导出席，区非公经济代表人士300余人参加会议。中共河西区委书记贾凤山、市工商联党组书记刘道刚分别讲话。会议听取和审议武国维同志代表区工商联第十一届执行委员会所作的工作报告。选举产生区工商联（商会）十二届领导机构。选举刘庆荣为主席（会长）、刘锐为常务副主席（副会长）。

**【促进非公经济发展座谈会】** 2017年1月16日，河西区工商联召开促进非公经济发展

1月16日，河西区工商联召开促进非公经济发展座谈会现场（河西区工商联提供）

座谈会。区工商联党组书记、区委研究室、区中小企业和民营经济促进发展局负责同志出席会议。与10余名规模以上、来自不同行业的企业家代表就民营发展中存在的瓶颈问题、营造良好的非公经济发展环境、希望区委区政府在政策上给予的扶持等问题进行讨论。

**【主席会议、常委会议、执委会议】** 2017年，河西区审议通过区工商联2017年工作要点；审议通过《河西区工商联代表大会工作规则》等6项工作制度；审议通过《河西区工商联关于设立专门委员会的建议》、“河西区工商联关于专门委员会分管领导的建议名单”“河西区工商联关于专门委员会主任、副主任及成员建议名单”，通报“区工商联机关三定方案”等4个组织建设方面的文件；审议通过《河西区工商联关于加强工商联执行委员会自身建设的意见》等作风建设方面的文件。

**【专门委员会组建】** 2017年，河西区工商联依照《中华全国工商业联合会章程》，结合全区实际，建立组织委员会、参政议政委员会、经济（政策）委员会、文化建设委员会、公益（光彩）事业委员会、权益保障委员会、对外交流委员会、健康委员会、顾问委员会、妇女委员会、拥军委员会、新生代委员会12个专门委员会，由副主席分管、副会长担任主任。

**【非公经济人士报告会】** 2017年6月20日，河西区工商联召开区非公经济人士贯彻学习市第十一次党代会精神报告会。河西区委书记贾凤山做辅导报告，区委常委、区委统战部部长邹朝阳主持会议，区政协副主席、区工商联主席刘庆荣，区工商联党组书记刘锐出席会议。区工商联副主席、常委、执委、会员企业党组织负责人、异地商会企业家代表等非公经济人士200余人参加报告会。

**【慰问部队官兵】** 2017年7月20日，河西区工商联组织40余名企业家慰问驻津空军某部高炮营官兵，送去空调、饮料、西瓜等慰问品，参观“八二战斗神炮连”荣誉室、“英雄炮四班”宿舍，体验内务整理，观摩高炮操作演练并进行实体体验。企业家与部队领导进行座谈，交流讨论军队改革和现代化建设形势方面的问题。

**【公益光彩事业座谈会】** 2017年，河西区工商联公益光彩事业委员会召开座谈会，由国际名众控股有限公司董事长、区工商联副会长、公益光彩事业委员会主任王书林同志主持。区委统战部副部长、区工商联党组书记刘锐和区工商联副主席关跃忠参加座谈会，福寿康科技服务公司总经理介绍居家养老服务中心情况和精准扶贫情况。

**【全国“五好”县级工商联当选】** 2017年，河西区工商联经过自下而上逐级推荐，对照全国“五好”标准和各地制定的细化量化指标，在各省级工商联申报推荐、交叉审核和全国工商联复核的基础上，经全国工商联主席办公会议审议通过，获全国“五好”（领导班子好、会员发展好、商会建设好、作用发挥好、工作保障好）县级工商联。

**【“砥砺奋进的五年”成就展参观】** 2017年12月26日，河西区工商联组织会员企业党组织书记和党员代表、全体机关干部及退休老干部46人，赴北京展览馆参观“砥砺奋进的五年”大型成就展和全国工商联“两个健康”工作成就展。

（陈耀轩）

# 法　治

# 政　法

【概况】 河西区委政法委员会(简称:河西区委政法委)和河西区社会治安综合治理办公室(简称:河西区综治办)合署办公,内设:办公室、政办室、执法督查室、信息情报科、维护稳定科、综合科、活动指导科。

【社会和谐稳定】 2017年,河西区委政法委落实“战区制、主官上”的工作要求,认真履职,完成全国、市“两会”、北京“一带一路”高峰论坛、第十三届全运会、党的十九大重大活动、敏感节点的维稳安保任务。做好涉法涉诉信访案件信访接待工作,深入各街、区政法各部门开展推动协调,解答满意率92%以上。

【平安河西】 2017年,河西区委政法委坚持“创新社会治理、整合行政资源、强化基层基础、构建长效机制”的总原则,制定《关于进一步强化和健全街道安全稳定领导和工作机制试点的意见》,整合街道原承担安全稳定相关工作的科室职责,由安全稳定工作办公室承担维稳办公室、信访办公室职责,负责管理社会事务管理科和街道司法所,在友谊路街、东海街开展试点。全面加强社会治安的综合整治,成立区、街两级重点工作整治领导小组,召开重点社区发案特点研判会15次,8次深入重点地区,协调解决重点、难点问题,完成全年整治目标。强化场所清理清查,对全区洗浴、旅店等重点场所及全区13个三级重点整治对象开展检查兜底,以长效化为目标扎实推进排查整治工作。强化物防技防人防建设,增加门禁岗亭、防盗对讲、摄像头等设施建设投入,强化4G图传视频指挥、云防预警等信息化系统运用,加大案件高发社区治安巡防队员招录和巡逻防控力度,压缩发案空间,震慑犯罪分子,入室盗窃等发案率与上年相比同比下降56%。制定《关于开展平安社区达标创建工作的实施方案》,围绕矛盾纠纷排查化解、治安安全隐患消除、出租房屋排查整治、基础信息采集、涉枪涉爆物品清缴、突出问题整改等6个方面,尖山街名都新园等6个社区被评为天津市平安示范社区。河西区被评为全国社会治安综合治理先进区,获全国社会治安综合治理长安杯。建立区、街(局)、社区三级平安志愿者组织管理体系,制定出台《河西区进一步加强平安志愿者管理工作的实施意见》等制度文件,对志愿者的工作目标、工作任务、运行机制、基本职能等进行明确要求,以“河西大姐”为品牌的平安志愿者达1.3万余名。

【队伍建设】 2017年,河西区委政法委开展市委“维护核心、铸就忠诚、担当作为、抓实支部”主题教育实践活动和区委“牢记党的宗旨、增强‘四个意识’,争做廉洁有为好干部”主题教育活动,制定并落实专题实施方案和学习计划,强化学习教育,完成市委主题教育实践活动2个专题、区委主题教育活动3个专题的学习讨论,加强机关党支部和工会工作,强化纪律作风和机关文化建设。

(赵　婕)

# 法治政府建设

**【概况】** 河西区政府法制办公室（简称：河西区法制办）内设：行政执法监督科、复议应诉指导科、综合科。

**【执法体制】** 2017年，河西区法制办落实依法行政考核目标。制定《关于贯彻落实〈法治政府建设实施纲要（2015-2020年）的实施方案〉》《全面推进依法行政“十三五”规划》，完善依法行政工作领导机制，对区全面推进依法行政工作领导小组、行政执法责任制领导小组人员进行调整。制定《2017年依法行政工作目标任务分解》，细化依法行政考核各个具体环节。印制《河西区依法行政工作文件汇编（2017年度）》。制定年度区政府常务会议学法工作安排，推动政府常务会学法制度的落实。在2016年度天津市依法行政考核中，河西区获优秀，申报的《河西区创新审批服务方式和审管联动机制 提升审批服务水平》获创新加分项目。全面推行政府法律顾问制度。聘请7位政府法制特约咨询专家、9位专家学者和律师担任兼职政府法律顾问，举行区政府法制特约咨询专家及兼职政府法律顾问聘任仪式。区政府及政府各部门、街道办事处聘请政府法律顾问的经费纳入区财政年度预算，聘请政府法律顾问的单位达到100%。区政府法律顾问审查并修改合同、出具专家意见、修改法律文件，协助拟定规范性文件，进行诉讼案件代理25人（次）。加强政府法制宣传，向市报送法制信息80篇，在天津市法制信息网发布41篇，在《天津日报•新河西》出版“十三五”法治政府建设展望、2017依法行政回顾、法治政府建设和行政执法等专刊4期。修订完善《法制办消防安全应急预案》《法制办消防安全工作方案》、“法制办消防安全巡查记录”。党组会、主任办公会定期研究安全工作，通过全体会、聘请消防员讲课、现场调研讨论等形式强化安全意识，排查和消除安全隐患。

**【规范化建设】** 2017年，河西区法制办制定《开展争创“文明规范执法标兵”活动方案》，在迎全运百日会战、市容环境大清整、小海地小二楼拆迁、棚户区改造、中央环保督察等重点工作中，推举出15名“文明规范执法标兵”。制定《行政执法监督平台运行情况通报和考核制度》，对34个区属行政执法主体的行政执法监督平台执法数据进行月通报，督促各执法主体将日常执法检查和行政处罚等执法信息及时上传至执法监督平台。每月主动抽样执法信息数量不低于当月总量的5%，重大案件监督率达100%。行政执法监督平台归集全区区属执法单位行政执法检查和处罚数据信息1.3万余条，抽查执法信息1300余条。规范行政执法程序，根据市法制办《关于做好我市行政执法监督平台职权与权责清单对应统一工作的通知》，开展权责清单与行政执法职权信息统一规范工作。推进行政执法体制改革工作，制定《关于推行行政执法公示制度执法全过程记录制度重大执法决定法制审核制度试点工作实施方案》。发挥法律服务职能，保障全区重点工作顺利进行。在深化行政执法体制改革、安全生产监管、国有资产监督管理、城市规划建设管理、社区治理创新等区委、区政府中心工作和重点工作中，主动对接服务，做好区政府重大决策、重点工作的法律审核，为依法行政、行政执法提供法制保障。全力支持、全程跟进、全面参与小海地小二楼剩余拆迁户的法律审核、动迁工作，全运村运行保障工作。协调梅江南居住区社会管理接收前违法建设执法争议问题，协助河西区政府与津南、西青区政府“解放南路地区起步区管理协议书”的修改完善。

**【规范性文件管理】** 2017年，河西区法制办严格规范性文件的审查、备案。对2010—2017年9月区政府规范性文件进行全面清理，对其中涉及放管服改革的19部规范性文件提出失效、废止清理意见，对不符合生态文明和环境保护要求的3部规范性文件提出失效、废止清理意见，对27部规范性文件提出失效、废止清理意见，对95部规范性文件提出继续有效的意见，1部规范性文件提出修订建议，清理结果在河西政务网向社会公布。全区各部门清理自行制定的规范性文件15部，审核行政规范性文件30件。

**【行政复议】** 2017年，河西区法制办畅通复议案件受理渠道，加大实地调查取证力度，提高行政复议能力和复议案件审理质量。审查行政复议案件20件，其中驳回行政复议请求2件、确认违法2件、终止审理5件，维持原行政机关具体行政行为10件。代区政府作出行政复议答复12件，全部得到维持。办理行政应诉案件35件，其中受区政府委托出庭应诉30件；审核征收补偿决定13件，作出房屋征收执行公告323件。下发《关于进一步加强和规范行政调解工作的通知》，完善行政调解工作机制。全年进行行政调解4242件，其中消费者权益保护案件2978件，占全部案件数的70.2%；物业管理案件585件，占全部案件数的13.8%；劳动争议案件564件，占全部案件数的13.3%；医疗卫生案件96件，占全部案件数的2.3%；行政复议及行政诉讼案件调解20件，占全部案件数的0.44%。

（康　良）

# 公　安

**【概况】** 天津市公安局河西分局（简称：公安河西分局）内设：指挥室、政治处、警务保障室、督查室、法制支队（执法监督支队）、国内安全保卫支队、打击犯罪侦查支队、巡警支队（特警支队，社会治安管理支队）、社会安全支队、情报技术支队、网络安全保卫支队。基层派出所：大营门、下瓦房、挂甲寺、土城、越秀路、桃园、马场、友谊路、天塔、陈塘庄、柳林、东海、梅江、太湖路、宾水道治安派出所（文化中心治安派出所）。

**【维护稳定】** 2017年，公安河西分局建立情报主导、属地管控、专案侦查、应急处置“四位一体”的反恐工作机制，细化《河西区反恐怖主义工作责任制实施细则》。在文化中心地区开展反恐实战演练。对全区重点目标滚动排查，及时消除潜在隐患。加大反恐设备投入，添置一批硬件设施。打击非法宗教活动，增强政治警觉性和政治鉴别力，实现严防、严打、严控工作态势。健全完善打击政治谣言和有害信息工作机制。围绕各类敏感节点，加强网上、网下各类涉稳信息的搜集工作。在征地拆迁、经济纠纷、退伍军人等多个重点领域，发挥先期预警作用。细化分工、明确要求、落实责任，全面做好各项安保工作。十三届全运会期间，完成中共中央总书记习近平、国务院总理李克强来津出席活动等安保任务。加强信访维稳工作，建立“街所捆绑”“源头化解”“维稳专班”等工作机制，做好重点人思想疏导、教育改造、困难帮扶工作。

8 月 27 日，全国第十三届运动会在天津开幕，公安河西分局全警动员，维护稳定

（公安河西分局提供）

【犯罪打击】 2017年，公安河西分局开展专项打击整治，推进系统治理、源头治理，命案破案率100%。健全完善领导上案机制、多警联动机制、业务交流协作机制、“有案必鉴”工作机制，侦破多起大要恶性案件。打击整治毒品违法犯罪，结合“禁毒百日行动”“打毒害、除毒患”等专项行动，持续加大毒品案件侦办力度。强化校园禁毒，固定阵地建设，增强广大青少年禁毒意识。打击经济犯罪强化打防双向目标，成立经济案件专案组。打击传销非法犯罪活动，

10 月 23 日，公安河西分局成功破获一起非法私藏枪支案　（公安河西分局提供）

依托社会面防范、网格化排查、新媒介宣传等措施，打击非法传销活动，抓获涉嫌参与“善心汇”非法传销活动的犯罪嫌疑人。侦办新型犯罪取得重大突破，研究网络黑灰产业链产生蔓延特点，健全完善全产业、全链条打击整治机制。在公安部打击黑客专项行动期间，侦破天津市第一起黑客案件。开展打击侵犯公民个人信息活动，侦破公安部督办案件。

【治安管理】 2017年，公安河西分局对涉危涉爆物品加强管理，对各单位的使用、储存、运输、经营等工作环节进行督导检查。组织各职能科室及属地派出所，对全区涉危涉爆、易制毒单位开展滚动式、地毯式排查。开展消防安全检查，建立健全清理清查长效机制，集中对全区二、三级重点企事业单位、登记管理单位、加油站及餐饮业反复进行检查，推动落实安全责任制，整改安全隐患。开展乱点整治行动，组织警力以土城“喜年广场”、天塔“纪发公寓”、下瓦房“新海大厦”等区域为重点，对全区出租房屋、“三合一”“多合一”场所开展统一清理清查行动。加强日租房发现登记工作，切实兜清底数、更新情况，实现“一户一档”“一户一卷”。落实对娱乐场所日常整治，坚持“规范合法、打击非法”的原则，加大对“黄赌娼”等违法犯罪查处力度，建立“黄赌警情”研判机制，组织精干力量集中予以打击，净化社会治安环境。强化对旅店业管理，组织各派出所对全区洗浴、旅店等场所开展检查，对违反规定场所依法予以处罚。规范对寄递业管理，对全区寄递业公司开展清查工作，要求各单位严格落实“3个100%”制度（100%收寄验视，100%实名收寄，100%过机安检）。借助科技手段，在快件收寄、分拣、运输、投递等环节安装监控设备，纳入公安技防网络，进行实时监管。

【信息化建设】 2017年，公安河西分局开展“河西力量”人力情报工作，完善举报积分奖励、发放微信红包等激励机制。整合派出所的值班、

综合、图侦、国保、网监的“五室”职能，建立集“接警调度、视频巡查、情报预警”于一体的派出所作战中心，推进派出所战斗力生成模式向集成作战、集约管理、集中用警转变。深化视频监控系统建设，全运会期间，在全运村内新建技防监控探头、远端技防探头、三村餐厅视频探头、周边重点路口抓拍设备，加强全运村内外主要干道、重点部位的覆盖范围。建立情指一体化中心，以原110指挥中心为载体，整合搭建合成研判平台，再造情报工作流程，健全完善“常态化研判、嵌入式指挥、内聚性行动、靶向型会商”四项机制，推行情报主导、联合指挥、合成行动、综合保障的四位一体作战模式。对易制毒企业探索网上管理，利用“互联网＋认证”技术，建立全流程、全环节、全要素的信息化监管机制，在各易制毒企业启用“人脸识别”管理系统。开展“智慧社区”建设，结合“互联网＋政务服务”建设，以天塔街环湖南里为试点，采取“科技合围”社会治安防控思路，全面提升社区治安防控水平。

2017年，公安河西分局以天塔街环湖南里社区为试点，打造“平安智慧社区”（公安河西分局提供）

【执法规范】 2017年，公安河西分局加强执法教育培训。聘任专职法制员，实施“全程监督、全面监督、及时指导”的闭合式管理模式。开展执法监督，落实行政案卷集中验卷工作。制定《关于进一步规范信访工作的相关规定》，规范分局信访工作，明确信访案件办理程序。完善执法操作规程，坚持统分结合、突出重点，细化执法标准和操作流程。实行刑事案件统一审核、统一出口工作模式。加大执法硬件建设投入，完成分局看守所、预审支队、经侦支队、情报中心、反恐支队及太湖路派出所等部门改造整修工程。依托市局一级作战指挥平台，完成分局二级作战指挥平台建设，实现武器警械、警用车辆、装备资产等物联网动态管理。

【队伍建设】 2017年，公安河西分局制定“民警队伍思想政治学习规范”、《“三重一大”事项集体决策制度的实施意见》等制度，规范民警日常养成教育，夯实思想根基。创建“党支部工作手册”“队伍管理手册”和“政工分析研判系统”的“2+1”管理模式，实现队伍动态实时管理。在分局机关和15个派出所内推进“1+N”党建室建设。发挥典型作用，桃园所民警张建川被公安部授予“公安系统二级英雄模范”荣誉称号。严格组织生活，通过规范程序、派员旁听、全程录音等方法，确保民主生活会不走过场，“三会一课”制度得以落实。制定并实施《队伍研判分析例会制度》《抓早抓小处理队伍轻微违纪制度》《队伍重点人员分类预警制度》等20余项制度机制。延伸监督触角，从限制和防范轻微违法违纪行为入手，将规范公安民警行为延伸至8小时以外，防止苗头性问题发展成为违纪甚至违法问题。运用批评教育、谈话诫勉、曝光通

11月，公安河西分局多种形式学习贯彻党的十九大精神（公安河西分局提供）

报、追究责任等手段，对违规违纪、破坏法规制度的行为予以查处。

（王朝辉）

## 消 防

**【概况】** 天津市公安消防局河西支队（简称：消防河西支队）内设：司令部、政治处、后勤处和防火监督处，下辖：河西特勤、土城、复兴门、佟楼、体院北、沂山路执勤中队。河西支队有消防安全重点单位550家，灭火救援预案单位1368家。

**【火灾隐患清除】** 2017年，消防河西支队组织开展冬春火灾防控、汗蒸洗浴足疗类场所、集贸市场、历史风貌建筑、消防安全通道清理、创建消防安全社区，电气火灾防范、夏季消防安全整治、大排查大整治大防范等专项整治和全区13个街道的街域性消防安全排查工作。检查社会单位12676家，发现火灾隐患14616处，督促整改14548处，下发“责令限期改正通知书”7697份，临时查封278家，三停152家，行政处罚397.35万元，拘留35人。

**【重要消防安保任务】** 2017年，消防河西支队针对全运会消防安保任务，建立“紧盯全运村1个点，严守火炬、安保2条线，稳住1个社会面”的立体火灾防控体系。设立全运村前沿和社会面火灾防控指挥部2个。组成全运村专业安保团队，24小时不间断对全运村内开展防火巡控、执勤值守、防消联勤，第一时间发现隐患征兆、第一时间消除不安全因素，从源头上遏制火灾发生。针对党的十九大消防安保任务，梳理辖区火灾风险、研究制定安保方案、修订完善灭火预案，制定出台“集中约谈、一事一策、劝导关停、专人驻防、跟踪督办”等战时工作机制，党委成员分片包干，约谈民政、文化、商旅等部门及火灾高危单位负责人80余人次，深入社会单位和基层中队开展一线督导检查，现场办公、指导工作、解决问题，确保重大活动期间全区火灾形势和部队内部的高度稳定，防火处因安保成绩突出立集体三等功。

11月，消防河西支队荣获突出贡献奖

（消防河西支队提供）

**【社会化防火墙筑牢】** 2017年，消防河西支队推动区政府与28个委办局、13个街道签订消防安全责任书。全年开展冬春火灾防控、大排查大整治大防范等专项整治9次，区领导和支队领导50余次带队对辖区400余家人员密集场所开展集中检查，支队党委成员带队，日查夜查错时查相结合，对全区13个街道进行消防安全排查。联合相关部门开展专项检查指导40余次，集中约谈不放心单位负责人300人（次），排查检查各类重点单位、场所2800余家，指导火灾隐患自查，督促社会单位实现主体责任落实、火灾隐患整改、消防培训演练“三同步”。重点推进消防物联网远程监控管理系统建设，完成招投标工作。

**【重要隐患整治】** 2017年，消防河西支队围绕社会单位、居民社区开展电气隐患自查867家（次），完成电气线路改造29家，线路穿管保护26家，投入电气隐患整改资金206万元。重点瞄准“人防、物防、技防”3个关键点有序推进。规范管理电动自行车充电及乱停乱放、违规充电等行为。以银河商业中心和全运村为示范标杆，推动物业服务企业设置电动车专用地下停车库，固定时间、地点集中充电，规范电动自行车管理，消除电气火灾隐患。区政府拨款95万元为老式居民住宅小区增设独立式感烟报警探测器2834个。研发由多功能细水雾灭火装置、爬升器及车辆组成的超高层细水雾灭火系统，编制超高层细水雾系统灭火操法。推动财经大学自主研发三维可视化电气安全智能监管平台，在学校公寓设立校园安全监控中心，建立校园3D综合平台，实现用电安全、消防管理、视频监控等功能，实现日常电气安全隐患常态化检查，建立电气设备和隐患的电子档案数据库。在财经大学内重点区域和场所安装电气环境预警器，实时监控配电箱的用电环境，了解大学内部419处配电箱的用电情况。

**【消防宣传】** 2017年，消防河西支队抽调战训、宣传、基层中队等骨干组成讲师团，与区教育局配合，对67所中小学幼儿园开展暑期安全教育，联合辖区各大学，深入军训营地开展军训活动。结合区域实际制定培训计划，分批次组织各类人员开展集中式消防安全培训。发挥流动消防宣传车效用，全天候开展消防宣传、安全培训、疏散演练426次，专门印制各类消防宣传材料15万份，进家庭、进单位开展消防安全宣传，受教育群众19640人次。在中央级媒体发稿2篇，市级媒体58篇、区级媒体36篇。通过微博、微信推送消防常识3400条，"双微"粉丝突破35万人。持续加大对市场、城市综合体、宾馆饭店等人员密集场所日常检查、错时检查频率，采取"边检查边宣教"的方式，整治火灾隐患，提高群众自防自救能力。

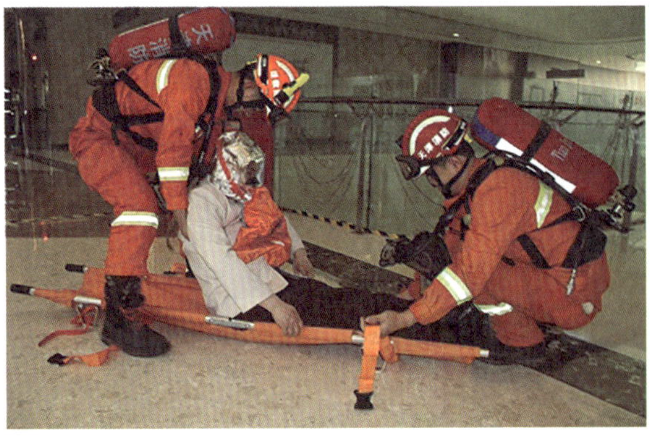

11月10日，消防河西支队在银河国际购物中心举行"119"消防宣传月启动仪式
（消防河西支队提供）

**【灭火救援】** 2017年，消防河西支队制定全运村及涉赛场馆、周边重点单位的数字化预案、应急处置预案及勤务保障方案，组织熟悉演练83次。采用无预案拉动、临机设情等方式，在银河国际购物中心、天津奥体中心等重点单位，组织实战化演习及防汛冲锋舟拉动等实际演练16次。落实数字化预案改革，组织基层中队开展熟悉演练300余家（次），整改各类隐患200余处，采集电子地理信息6913条，完善灭火救援预案617家，修订数字化预案1270家。全年支队接警5029起，出动4683次，出动消防车9373辆（次），消防人员50455人（次），抢救被困人员71人，疏散人员396人，抢救财产价值151.8万元。火灾起数同比下降19.09%。

**【多元化建设】** 2017年，消防河西支队招收26名政府专职消防员和14名消防文员，所需经费纳入区财政，专职消防员达50名，消防文员达36名。投入355万元资金，依托550个消防安全重点单位和144个社区建成微型消防站144个，配备消防器材4200余件套，队员4500余名，覆盖率100%。制定并落实岗位培训、队伍管理、防火巡查和值守联动等管理制度，明确职责分工，健全档案台账。全年培训微型消防站队员4500余人（次），组织联勤拉动310余次，指导微型消防站开展常态化巡查和宣传培训。支队在春夏火灾防控和G20峰会消防安保中表现突出，被总队评为"安保工作先进单位"，防火处在全运会消防安保中表现突出，立集体三等功，特勤中队获得集体嘉奖。特勤中队党支部被评为"先进基层党组织"，中队团支部和体院北中队团支部均被评为"五四红旗团支部"。全年17人立个人三等功，44人获得嘉奖，5人被评为"安保工作先进个人"，1人被评为"优秀党务工作者”，6人被评为“优秀共产党员”，17人加入党、团组织。

（刘宏晖）

## 交通管理

**【概况】** 天津市公安交通管理局河西支队(简称：交警河西支队）内设：综合办公室、秩序科、安监科、事故科和下瓦房大队、解放南路大队、东风里大队、小海地大队、文化中心大队。

**【通行秩序整治】** 2017年，交警河西支队聚焦10项严重交通违法和10项不文明交通行为，推进日常严管、集中行动、联合治理和专项攻坚，梯次推进日查、夜检和“零点行动”。全年开展日检82次，晨检48次，夜检320次，多警联动11次，查处各类交通违法行为为22.8万起，其中现场处罚11.6万起，查处率同比上年大幅上升。提升电子警察筛查纠违率，全年摄录各类交通违法72.2万起，同比上升18.9%。

7月，交警河西支队检查纠正大货车交通违法（交警河西支队提供）

**【堵点区域治理】** 2017年，交警河西支队组织开展“两点一环”（即中环友谊路、贵州路及围堤道、友谊北路、马场道等道路围合的区域）综合秩序治理，清除上海道小学区域道路乱停乱放车辆，由治理前的三排停车转变为治理后的零星违法停车，报警警情同期下降90%。中环友谊路口机、非人伤事故大幅度下降，中环贵州路、中环气象路口刮擦事故警情均大幅度下降。从八里台桥至友谊路的中环线一线、友谊北路一线高峰时段通行效率提高。

8月，交警河西支队对城区易堵区域违法停车进行现场治理（交警河西支队提供）

**【源头防控】** 2017年，交警河西支队落实联合检查、隐患通报、限期整改等措施，治理交通安全隐患86个，通过动态监控整治违规问题17件，落地追查清理隐患车辆670部，督促578名驾驶人办理相关手续，重点车辆“三率”（机动车检验率、报废率、交通违法处理率）、重点驾驶人“两率”（审验率、换证率）均达99%以上。建立交通死亡事故“一案一鉴”制度和交通事故深度调查机制，动态摸排治理事故黑点7个。

2月，交警河西支队对大型专业运输车进行临检（交警河西支队提供）

**【安保任务】** 2017年，交警河西支队完成一级任务16次，二级任务107次，三级任务93次，其他任务774次。完成第十三届全运会开闭幕式、赛事活动交通组织，保障要人交通警卫、火炬传递转场，完成全运村驻地和路线交通警卫任务。

**【队伍建设】** 2017年，交警河西支队东风里大队等7个集体和53名同志立功受奖。交警河西支队在全市公安交管系统绩效考核中获第1名。

（戴海波）

# 检　察

**【概况】** 河西区人民检察院内设：办公室、政治处、侦查监督科、公诉科、未成年人刑事检察科、反贪污贿赂局（下设侦查一科、侦查二科、侦查三科和综合科）、反渎职侵权局、监所检察科、民事行政检察科、控告申诉检察科、职务犯罪预防科、法律政策研究室、案件管理办公室、检察技术科、监察科、法警队、行政科、社区检察室。

**【查办预防职务犯罪】** 2017年，河西区人民检察院立案侦查职务犯罪案件15件15人，其中涉案金额在百万元以上的大案5件5人，副处级以上领导干部犯罪要案7件7人（厅局级1件1人），大要案比例为100%。结合典型案例，完成案件剖析10件，发出检察建议7份。撰写惩防职务犯罪年度报告。开通绿色通道，向社会提供行贿犯罪档案查询4350件。升级改造警示教育基地，更新丰富预防宣传内容，接待36个单位41批（次）人员来院参观。以区检察院查办的案件为蓝本，编印《西检镜鉴》职务犯罪典型案例精析。受邀深入市公安消防总队等单位，为4700余名公职人员举办职务犯罪预防讲座。

4月28日，河西区检察院预防职务犯罪警示教育基地接待人员参观　（河西区检察院提供）

**【维护社会稳定】** 2017年，河西区人民检察院批准逮捕各类刑事案件犯罪嫌疑人567人、提起公诉963人。加大整治网络侵犯公民个人信息犯罪力度，批准逮捕7人、提起公诉34人。依法以聚众扰乱社会秩序罪、妨害公务罪批准逮捕“7·26”聚众闹事的首要分子。提前介入侦查，夯实相关证据，批捕并起诉全市首例侮辱国旗案犯罪嫌疑人。“12·1”重大火灾事故发生后，组织专案组，依法批准逮捕8名涉嫌重大责任事故罪犯罪嫌疑人。加强未成年人犯罪预防工作，推出“小曦姐姐讲故事”系列有声读物品牌，通过“河西未检”微信公众号编辑推

7月7日，河西区检察院在河西区梧桐中学举办河西区中小学暑假法治作业首发仪式

（河西区检察院提供）

送20期，收听量达7000余人（次）。编写“暑期法治作业本”，向辖区4所中小学发放2000册。设立2个以检察官命名的工作室，系天津检察系统首创。“志远工作室·携手”全年接待律师阅卷562次，处理听取意见204次，处置其他事项近百次。“小山工作室·倾听”全年受理来信来访270件，安排检察长接待24次，有效处置涉检集体访10余次，确保全国“两会”、全运会及党的十九大等重要会议期间的社会稳定，连续10年保持涉检进京非正常上访为零。

**【诉讼监督】** 2017年，河西区人民检察院依法决定不批准逮捕334人、不起诉12人。加大对有案不立、有罪不究的监督力度，监督立案25件，纠正漏捕漏诉8人，追诉漏罪8件。对刑事诉讼活动中的违法情形提出纠正意见17件次。受理各类民事行政监督案件31件，建议提请抗诉1件，发出检察建议11件。加强检法对接，共同促成3起民事执行案件当事人达成和解。积极回应社会关切和民生诉求，实现办理公益诉讼案件“零”的突破。监督纠正刑罚执行和监管活动中的违法情形155件（次），受理羁押必要性审查案件102件。区检察院驻河西区看守所检察室被评为全国“一级规范化检察室”。

6月，全国刑事执行检察系统首个以检察官命名的“王朝亮检察官办公室”挂牌成立

（河西区检察院提供）

加强社区矫正法律监督，监督纠正社区服刑人员脱管漏管2人。在区社区矫正中心挂牌成立全国刑事执行检察系统首个以检察官命名的“王朝亮检察官办公室”。

**【队伍建设】** 2017年，河西区人民检察院通过邀请党的十九大代表袁滨渤、市检察院于世平检察长以及党校专家来院宣讲，党组书记讲专题党课，召开不同层次的座谈会、研讨会，举办知识竞赛等多种形式，深入学习贯彻党的十九大精神。落实党风廉政建设责任制，常态化构建廉政风险防控机制，精准化把握监督执纪“四种形态”，多样化开展廉洁从检警示教育。开展不作为不担当问题专项治理，坚决整治圈子文化、好人主义。以巡视整改为契机，修订完善办公用房使用管理办法、考勤管理制度、干警因私出国（境）管理规定等制度规范。创新教育培训方式，通过年初说计划、季度晒指标、举办“西检名师讲坛”系列讲座、组织岗位练兵、打造教育培训精品课程等多种形式，提高干警的业务素质和实战能力。12名干警分别获市、区“五一”劳动奖章，“全国优秀侦查员”“全国侦防能手人才”等称号。

11月30日，河西区检察院邀请党的十九大代表为全院干警宣讲党的十九大精神

（河西区检察院提供）

（李闽节）

# 法　院

**【概况】** 河西区法院内设：政治处、监察室、民一庭、民二庭、民三庭、民四庭、刑庭、行政庭、执行局、告申庭、研究室、办公室、法警大队。

**【刑事审判】** 2017年，河西区法院审结刑事案件718件，判处罪犯1020人。打击严重暴力犯罪和多发性侵财犯罪，审结案件400件。参与反腐败斗争，审结贪污贿赂、渎职案件9件。依法惩治涉众型经济犯罪，审结非法吸收公众存款、集资诈骗案件12件，涉及投资人2100余人，涉案金额约4.9亿元。以“零容忍”态度打击侵犯妇女、儿童权益犯罪，审结案件18件，被告人卢晓旭拐骗儿童案入选最高法院依法惩治侵害未成年人犯罪典型案例。打击群众反映强烈的网络犯罪，审结相关案件24件，邀请200余名大学生旁听9名“90后”被告人侵犯公民个人信息案庭审。公开宣判全市首例侮辱国旗案。贯彻教育、感化、挽救方针，审结未成年人犯罪案件10件，开展回访帮教活动，帮助未成年犯改过自新，回归社会。

**【民商事审判】** 2017年，河西区法院审结民商事案件1.43万件。服务供给侧结构性改革，审理破产清算案件22件。通过法律手段保障房地产调控政策有效落实，审结商品房销售、二手房买卖、房屋租赁等房地产案件1673件。坚持依法保护产权，审结相关案件2292件。树立“产业第一，企业家老大”理念，审结涉企案件3982件。提升金融审判专业化水平，审结借款、融资租赁、票据、证券等金融案件2596件。审结婚姻家庭、医疗卫生、交通事故等案件2034件。作为全市家事审判改革试点法院，推动家事审判与少年审判的融合发展，组建家事少年诉前调解工作室、家事少年审判庭、润物法官工作室，打造家事审判改革的“1+1+1”模式。加强劳动人事争议仲裁与诉讼衔接机制建设，

6月13日，河西法院审理全市首例9名“90后”被告人侵犯公民个人信息案

（河西区法院提供）

11月23日，河西法院召开“深化家事审判改革，预防和制止家庭暴力”新闻发布会

（河西区法院提供）

审结案件474件。

【行政审判】 2017年，河西区法院审结行政案件584件。开启“绿色通道”，审结涉及小二楼拆迁非诉行政审查案件294件，平均审查天数4天。坚持依法裁判和协调化解相结合，推动行政争议实质性解决，行政诉讼案件和解撤诉率49.7%。落实行政机关负责人出庭应诉制度，被诉行政机关负责人出庭案件71件，出庭应诉率65.8%，同比增长38.1个百分点。连续12年编写《行政审判白皮书》，反映行政机关执法应诉新情况、新问题并提出建议。加强司法与行政良性互动，在区政府常务会议上讲授新修订的《中华人民共和国行政诉讼法》。

7月4日，河西法院审判行政案件，被诉行政机关负责人出庭应诉　　（河西区法院提供）

【执行工作】 2017年，河西区法院全年受理执行案件7687件，执结7745件，执行到位标的额5.9亿元，同比分别增长58.3%、84.1%和216.6%。完善“周四强制执行日”制度，执结腾房类“硬骨头”案件28件。成功执结执行困难巨大的全运村周边2.87万平方米土地腾迁案。妥善处理瑞江中学1.3万平方米校舍腾房案。以和解方式执结地铁10号线站点区域1100平方米医院腾房案。发挥多功能执行指挥中心作用，完成视频会商、远程指挥52次。利用执行网络查控系统，足不出户对被执行人存款、房屋、车辆等主要财产“一网打尽”，查询财产近2万次，查控银行存款标的额2.5亿元。推进网络司法拍卖，完成网拍214件，网拍率100%，总成交金额2.8亿元。加强执行联动机制建设，开创天津市法院与交管部门联合扣押被执行人车辆的先河，《人民日报》等多家媒体报道。加大涉民生案件执行力度，执结案件646件，平均执行天数同比减少15天，采用司法救助解决“执行不能”的涉民生案件，发放司法救助金80余万元。将3000余名失信被执行人列入“黑名单”，通过《天津日报·新河西》、区有线电视台等多种途径，加大公开曝光力度，300余名“老赖”主动履行义务。

11月27日，河西法院召开执行案款集中发放大会　　（河西区法院提供）

【立案、申诉、诉讼服务及信访】 2017年，河西区法院落实立案登记制，当场立案率98.5%。全面实现诉讼档案电子化管理，完成26万余卷、近3500万页诉讼档案电子录入工作，当事人凭有效证件在自助服务终端，自助查阅、打印电子卷宗材料。深化多元化纠纷解决机制改革，推进案件繁简分流，民商事案件简易程序适用率62.5%，调解撤诉率67%。落实“院庭长接访”“院长信箱”制度。

【司法体制改革】 2017年，河西区法院推进以司法责任制为核心的基础性改革。实现法官、审判辅助人员、司法行政人员分类管理，完成第二批12名法官入额遴选工作。组建以员额法官为中心的审判团队30个，将院、庭长直接编入审判团队，带头办理疑难复杂案件，院庭长审结案件9313件，占结案总数的39.8%。推行司法职责清单制度，将案件办理全过程细化为92个程序环节，逐一明确职责分工，被市高院作为典型经验向全市法院推介。建立新型审判权力运行机制，院庭长对未参审案件不再审批。建立专业法官会议制度，组建专业法官会议10个，发挥提供咨询意见的“裁判智库”作用。推进司法体制综合配套改革。严格适用罪刑法定、证据裁判、疑罪从无等原则，推进以审判为中心的刑事诉讼制度改革。开展刑事案件认罪认罚从宽制度试点工作，审结相关案件148件，平均审理天数10天，服判息诉率98%。完成内设机构改革，将原有22个内设机构，撤并整合为13个。推进审判辅助事务集约化处理，组建专业团队，统一负责全院财产保全工作，执结案件1270件，典型经验在中央政法委《政法动态》简报刊登。作为全市审判辅助事务外包试点法院，将纸质档案扫描、新媒体平台维护、视频短片制作等事项进行外包，节约司法人力资源，提高专业技术水平。落实司法标准化建设，确保司法产品质量优良，16项审判质效指标好于2016年。推进司法公开常态化，完善司法公开四大平台建设，通过互联网公布裁判文书1.2万余件，直播庭审146件。落实“谁执法谁普法”责任制，开展“法律五进”活动50余场，受益人群超万人。加强与新闻媒体的沟通交流，召开新闻发布会2次，刊发司法宣传稿件150余篇，报道典型案例20余个，加强法官以案释法，弘扬社会主义核心价值观。自编自导自演的法治微电影《归途》，获全国法院“优秀微电影奖”，河西法院被最高法院评为“司法宣传工作中作出突出成绩的先进单位”。

**【自身建设】** 2017年，河西区司法警察大队被评为“全国青年文明号”，刘毅获“全国巾帼建功标兵”称号。加强司法调研与应用法学研究，3篇论文在全国法院学术讨论会上获奖，获奖篇数和等次居全市基层法院首位。开展文明单位创建活动，获“全国文明单位”“天津市文明单位”称号，3名干警入选“天津好人榜”。

9月15日，河西法院到天津美术馆，集中参观“利剑高悬，警钟长鸣”天津市警示教育主题展（河西区法院提供）

**【接受监督】** 2017年，河西区法院自觉把法院工作置于人大及其常委会的监督之下，加强与人大代表、政协委员的联络，主动征询和办理落实人大代表、政协委员的意见建议和提案，向区人大常委会汇报工作，人大常委会领导和部分市、区人大代表多次到河西法院旁听庭审、集中视察，对法院工作和建设提出意见。人大代表作为人民陪审员参审案件，受邀见证现场执行、信访听证，为法院工作献计献策。

7月11日，河西区人大代表前往河西法院对执行工作进行专项视察（河西区法院提供）

（李　硕）

# 司法行政

**【概况】** 河西区司法局内设：办公室、政治处、财务审计科、法制督察科、法制宣传科、基层工作管理科、社区矫正安置帮教工作管理科、公证律师工作管理科和法律援助科。全区设有14个司法所。人民调解委员会175个（其中区级调委会1个，街级调委会13个，社区调委会141个，专业性、行业性调委会10个，其他调委会10个）。区法律援助中心1个，148专线法律服务所1个，法律援助工作站28个。所辖律师事务所115家。下属事业单位：河西公证处。

**【社区矫正】** 2017年，河西区司法局接收社区服刑人员2210名，解除社区服刑人员1948名，列管社区服刑人员262名，其中缓刑238名，假释6名，管制1名，暂予监外执行17名。加强对社区服刑人员的动态管理，实行手机定位监管。完善社区服刑人员信息库，推进与检察院、公安机关的社区矫正数据互联互通，实现数据共享、网上监管、全员电子腕带定位。招聘30名专职社区矫正社会工作者，协助社区矫正中心及各司法所做好日常工作。在社区矫正中心挂牌成立天津理工大学法政学院实习基地和社工工作站，将社区矫正中心作为理工大学社会工作专业在校本科及研究生的实习培养基地，安排人员至矫正中心及基层司法所开展实践活动。在全国“两会”、市第十一次党代会、第十三届全运会及党的十九大召开等重点时段、重大活动期间，严格排查社区服刑人员脱逃、脱管、漏管事故隐患，完善突发事件应急处置预案，强化对重点人员的监管。协调民政、劳动、人社、教育等部门，完善并落实社会适应性帮扶政策，协调解决社区服刑人员就业、就学、最低生活保障、临时救助、社会保险等问题。完善社区矫正中心场所设施，规范各功能室设置标准。在全区深入开展社区服刑人员集中教育训诫工作。建立社区矫正专项经费长效保障机制。

3月22日，河西区司法局组织区社区矫正社会工作者及理工大学社会学专业实习学生深入河西区看守所开展警示教育及实践活动

（摄影：潘耀辉）

**【安置帮教】** 2017年，河西区司法局衔接刑满释放人员848人。其中，刑满释放人员412人，社区矫正转入436人，一类管控8人，二类管控110人，三类管控730人。加强对刑满释放人员动态化管理，实现对刑满释放人员的信息化管理衔接率达100%，帮教率达100%。全面落实社会救助措施，切实解决刑满释放人员实际困难。整

合社会资源落实对服刑人员未成年子女各项帮扶措施，联合区关工委、理工大学、福寿康居家养老服务公司对全区排查出的12名服刑人员未成年子女开展个性化专项帮扶活动。将公安河西分局、区人力社保局、区民政局、区市场监管局、工青妇等部门团体一并纳入安置帮教工作救助帮扶体系，加强协调配合，对于人户分离的刑满释放人员，实行户籍地和居住地安置帮教机构“双列管”。

**【人民调解】** 2017年，河西区司法局开展“依法调解化纠纷 维护稳定促和谐”专项活动，推进区诉前联合调解中心工作，深化多元化纠纷解决机制，增设“少年家事调解工作室”。司法部基层司司长罗厚如到河西家居商会调研。开展“访调对接”工作，聘请3名专职人民调解员和3家律师事务所的律师，配合区信访办妥善化解信访事项。落实全区人民调解“以奖代补”工作，发放“以奖代补”补贴2.39万元。优秀调解员高立敏为全市司法所培训人民调解工作上培训课。诉前调解委员会调解员的调解案例在《天津司法》上刊登。做好区148专线法律服务所业务收费登记、上交、补贴发放工作，代理35件，收费8.6万元。组织开展区148专线法律服务所、基层法律工作者2016年度考核检查和2017年的年检注册工作。对基层法律工作者进行培训，做好148专线法律服务所法人的民主评议及变更工作。全年各调解委员会排查各类矛盾纠纷7025次，预防矛盾纠纷340件，调解各类纠纷2010件，调解成功2010件，成功率100%。诉前联合调解中心调解案件824件，调解成功211件。交通事故联合调解室接待咨询709件，受理案件532件，调解案件209件，其中达成调解协议159件，引导诉讼319件，帮助办理伤残鉴定108件。

**【公共法律服务体系建设】** 2017年，河西区司法局强化区、街道和社区三级公共法律服务实体平台和动态信息管理平台建设，举办公共法律服务工作培训班。建成13个街法律顾问服务工作群、144个社区法律顾问服务微信群，拓展联系和服务群众的渠道。利用全区社区电子显示屏做好“喜迎十九大，公共法律服务在身边”主题宣传。全年区公共法律服务中心接待1239人（次），其中律师咨询服务接待516人（次），法律援助咨询服务接待389人（次），公证咨询服务接待334人（次）；13个街公共法律服务中心值班接待665人（次）；144个社区公共法律服务站共解答法律咨询1514人（次）。全区开展法治讲座、专题活动192次，群众满意度100%。

10月26日，河西区司法局、区老龄委工作办公室联合开展助老维权 法律援助进社区活动
（摄影：杨秀珺）

**【律师业务】** 2017年，河西区司法局落实“双随机一公开”监管制度，开展律师事务所规范化建设检查工作，实地走访检查85余家律师事务所。丁立莹、杨威等7名兼职政府法律顾问发挥参谋助手作用，为推进依法行政、建设法治政府提供优质高效的政策研究、法律论证、法律咨询等服务。170余名执业律师为公共法律服务“两中心一站点”担任法律顾问，提供窗口法律咨询。9名执业律师协助区人民检察院、区人民法院做好刑事案件认罪认罚从宽制度试点工作，提供法律服务20件。天津允公、建嘉、张盈3家律师事务所组成的法律顾问团队，为信访事项人民调解工作提供法律意见与建议，为“名门广场”“水岸银座”退款退房工作提供

信访接待。开展“双万双服”活动，以3家律师事务所作为服务对象，建立工作台账，通过政策宣讲、业务指导等形式，促进律师事务所建设。区律工委组织开展“我运动、我快乐、我健康”河西律师趣味运动会，200余人参赛。举办“忠诚担当有作为，同心共筑中国梦”喜迎十九大胜利召开暨2017年度新执业律师宣誓仪式，近100位新执业律师参加。全区律师办理案件12819件，其中刑事案件637件，民事案件8708件，行政案件284件，非诉案件2779件，仲裁业务201件。代理法律援助案件210件，参与信访接待308件，参与社会公益活动2318件。为1308家大中型企业担任法律顾问，为253家党政机关、人民团体及事业单位担任法律顾问，其他形式法律服务1027件。创收3.55亿元，为国家纳税3979.1万元。

2月28日，河西区人民政府法律顾问聘任仪式　（摄影：何海洋）

**【公证业务】** 2017年，河西区司法局推出周末拨打“4006138895”免费咨询电话预约办证服务。和天津市对外服务公司签订“项目合作协议”，实行公证受理、公证书认证、取证一站式服务。开启微信支付、支付宝支付等多种支付方式。采用接待大厅现场咨询、网上咨询、固定电话咨询及“400”公证服务热线咨询等线上线下咨询途径。助力“双万双服”活动，为60余家企业提供公证法律服务。妥善受理涉及名门广场、水岸银座退款退房工作的案件176件，其中委托类公证116件，保全类公证60件。为小海地小二楼拆迁改造项目提供公证法律服务，办理公证71件。受理申请办理公租房担保的公证案件646件。全年办理各类公证20443件，其中国内经济900件，国内民事11623件，涉外经济123件，涉外民事7797件。收取公证费1300余万元。

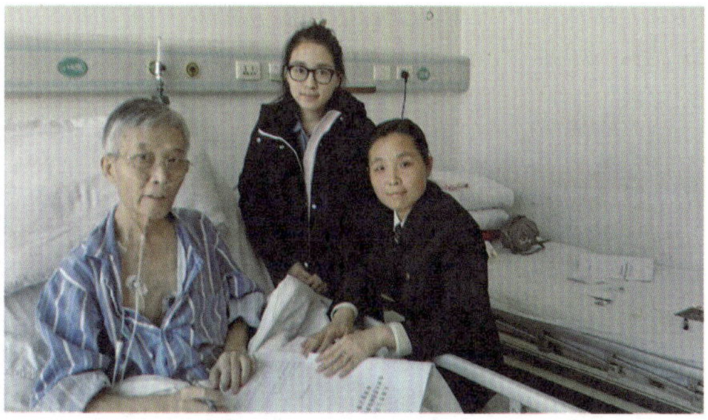

1月13日，河西区公证处公证员为一位住院患者办理遗体捐赠公证　（摄影：刘静）

**【法律援助】** 2017年，河西区司法局选拔10名律师，承办法律援助窗口的咨询接待工作。组织开展“妇女维权法律援助宣传月”“法律援助服务进军营”“助老维权，法律援助进社区”活动。认罪认罚从宽处理制度试点工作稳步推进，从10家律师事务所选拔律师开展法律援助工作，区人民检察院法律援助工作站值班律师办理见证58件。对各街法律援助工作站、社区法律援助工作联系点157名基层法律援助工作者进行调整充实培训。采取电话跟踪案件进程的方式，向律师了解正在办理的99件援助案件受理、案件庭审和案件审结情况。对审结归档的法律援助案件进行质量评查，评查出优秀卷68件，合格卷31件。全年接待来访、来电咨询351件，承办法律援助案件262件，其中办理民事案件126件，办理刑事案件134件。

**【法治宣传】** 2017年，河西区司法局召开全区“七五”普法启动大会，对“六五”普法工作进行总结表彰，对“七五”普法工作进行安排部署。制定下发《关于印发＜河西区关于落实“谁执法、谁普法”工作机制的实施办法〉和〈河西区“谁执法、谁普法”普法责任清单〉的通知》。开展形式多样的专项法治宣传活动，举办民法总则专题讲座。制作迎全运会法治宣传展牌及宣传折页，在全区各街道、公共场所进行法治宣传。开展领导干部旁听庭审活动，全区80余名领导干部参加。落实领导干部网上学法用法考试工作。利用区青少年法治宣传教育基地开展普法讲座、开放日等面向青少年的法治宣传教育。

2月15日，河西区召开”六五“普法总结表彰暨”七五“普法动员大会　（摄影：张鹏飞）

深化“法律五进”活动，开展“法律进军营”，向官兵赠送法律书籍、宣传折页，开展法治讲座。探索“七五”普法新途径，在津河公园建成区法治文化主题公园。运用多种宣传载体开展法治宣传教育，利用“河西司法”微信、微博公众账号开展法治宣传及便民服务，在《天津日报·新河西》推出“七五”普法专刊10期，在河西有线电视台制作播出法治栏目《法治视界》17期，以案例形式向广大居民宣传法律知识。

**【司法所建设】** 2017年，河西区司法局在辖区司法所开展“大培训、大练兵、大比武”活动。加强司法所执法执勤用车管理，定期开展督查工作。配合街道办事处完成陈塘庄司法所、大营门司法所的新址选址工作和陈塘庄司法所、太湖路司法所的新址装修图纸设计审定。按照区委和区政府《关于加强司法所规范化建设》的部署要求，全区司法所实行区司法局和街道办事处双重管理、以司法局管理为主的管理体制。

（李天亮）

河西年鉴
2018

# 军　　事

# 人民武装

**【概况】** 2017年，全区武装工作在天津警备区党委和区委、区政府的正确领导下，按照班子、队伍、设施、管理、军地关系“五个一流”目标，紧紧围绕“听党指挥、履行使命、安全稳定”三个重点，抢抓机遇、积极作为、苦干实干，全面建设实现跨越式发展。区人武部被天津警备区评为“先进人武部”，被评为“思想政治教育”“战备训练”“组织动员”“安全管理工作‘三无’”和“后勤建设”工作先进单位。

**【思想政治教育】** 2017年，河西区武装部坚持把举旗铸魂摆在一切工作的首位，始终以贯彻十八大、十九大精神为主线，持续加强理论学习，做到大事大抓，大事快抓，大事实抓。3月，认真贯彻落实《民兵政治工作规定》，组织专题培训。4—8月，扎实开展“讲政饴、顾大局、守纪律”教育整顿活动和“赞颂科学发展成就，忠实履行历史使命”主题教育活动”，推动民兵政治教育落实。10月，协调区委组织部联合出台《关于进一步加强和规范专武干部选配和管理工作的意见》。

**【武装工作会议】** 3月18日，河西区武装部召开河西区武装工作会议。会议从思想政治工作、民兵整组质量、应急能力建设、兵员征集工作、安全管理工作、双拥共建工作和后勤装备保障等7个方面全面总结2017年全区武装工作，对2018年的主要任务进行部署。区委书记、区人武部党委第一书记贾凤山参加会议并讲话，区人民政府副区长李龙到会并宣读表彰决定。人武部部长马哲对2017年全区武装工作情况做总结，并对2018年的主要任务进行部署。区各街道、局、公司和驻区高校、企事业单位武装部兼职第一部长和政委、基层武装部部长、副部长及其工作人员，各编兵单位民兵干部等，共计100余人参加。

**【应急能力建设】** 2017年，河西区武装部对涉及军、政、后和安全管理进行制定和完善。将所属17个民兵分队分配到每个干部，责任到人，对达不到标准的给予通报批评并限期整改。防空分队自上而下逐级开展“四会”教练员集训比武，学好作战技能。应急分队坚持每月至少2天拉动演练，每逢敏感时期，主动开展针对性战备演练，组织以反感维稳和抗洪抢险为主要内容的战备演练，组建非机动车应急分队，改善“城市应急最后一公里”的新情况。加大对三战分队、运输分队和医疗救护分队的建设力度，大幅度提升其他分队的战斗力。先后投入50余万元，筹措配套装备器材250余件套，车辆11台，基本形成覆盖森林灭火、抗震救灾、反恐维稳、防汛抢险、后勤保障的应急专业力量体系。

**【专武干部集训及民兵组织整顿】** 2017年3月20日，河西区武装部召开专武干部集训及民兵整组部署会。区人武部部长马哲、政委殷玉清及区人武部全体现役干部、各街道和驻区各大学基层武装部部长、副部长及工作人员等50余人参加。集训部署主要学习《兵役法》《民兵政治工作条例》等政策性法规文件，进行工作经验交流，对全年民兵整组工作任务进行总结部署。4月，按照“平时服务、急时应急、战时应战”要求，在全区70个基层单位共编民兵8300人，党团员576人，占民兵总数6.2%；大专以上文化程度623人，占民兵总数6.7%；有专业技术职称的298人，占民兵总数3.2%；复转军人505人，占民兵总数5.4%；专业技术人员521人，占民兵总数5.6%。5月底，警备区检查组对河西区整组工作进行检查验收。

**【征兵工作】** 2017年7月16日，河西区武装部召开冬季征兵工作总结部署会议。举办以“参军报国，青春无悔”为主题的宣传活动，通过电视讲话、新闻报道、横幅、标语、黑板报、宣传栏、宣传单等形式，激发适龄青年的应征热情。根据兵员征集重点对象的转变，在天津体育学院进行征兵改革试点，以各高校为重点深入宣传发动，组织征兵宣讲团深入高校作巡回宣讲报告，举办征兵政策咨询宣传报告会6场次，首次把征兵和国防形势教育结合起来，天津市征兵办公室4次转发河西区的做法。举办军属座谈会，听取对征兵、优抚工作的意见建议。全区确定660名预征对象，上站体检380人，合格230人，合格率达66%，输送新兵170人（男兵152人、女兵18人），大专以上文化程度的占72%，连续5年名列天津市第一。

**【后勤建设】** 2017年，河西区武装部注重开展节流，坚持服务至上，5次伴随重点应急分队实施后勤保障完成任务。坚持在干部职工中开展“节约一度电、一粒米、一滴水”活动，全年减少开支近5万元。

**【营区建设】** 2017年，河西区武装部按照“庄重大气、信息支撑、功能齐全”目标，建成人武部新营区。营区占地9.6亩，建筑面积5600平米，营区具备战备、训练、办公、生活、国防、教育、应急保障等多方面动能。

**【开展慰问困难群众活动】** 2017年，河西区武装部积极响应党中央、中央军委号召，组织23名干部职工与驻区困难群众帮扶结对子，捐款29800元，援助衣物286件（套），用于解决困难群众的急需，巩固军民鱼水深情。

（孙　鹏）

# 人防工作

**【概况】** 河西区人民政府人民防空办公室（简称：河西区人防办）属于国防动员委员会办事机构，加挂河西区人民政府民防办公室牌子、河西区人民政府地震办公室牌子。内设：秘书科、工程管理科、指挥科（地震科）和财务国资科。下属公益一类单位：人防（民防）指挥信息保障中心。

2017年，河西区人防办完成演练4次，进行行政审批事前服务项目18件，参加人防工程交底验收28次，人防工程巡查达1200余人（次），警报点巡视率100%，全区警报鸣响率100%。全区共建人防示范社区6个，完成全年工作任务。

**【组织指挥】** 2017年，河西区人防办完成“津

4月28日，河西区人防办参加全市人防机动指挥所应急拉动演练　（河西区人防办提供）

盾—2017•静海”联片早期人口疏散行动演习、京津冀协同演练和开设前进指挥所演练。“津盾—2017•静海”演习多次实地考察调研，注重群众参与，入户宣传，特聘专业团队全程记录。利用卫星、短波电台等多重手段，保障联络通畅，实战检验指挥和信息保障人员的装备操控能力和应变能力。

**【人防训练】** 2017年，河西区人防办以《人民防空训练与考核大纲》为依据，研究制定训练计划，完成训练6个专业107个科目，训练时间900余课时，参训率达到95%。修定《人防专业队整组训练工作实施方案》，明确各专业队年度工作任务。

**【行政审批核查】** 2017年，河西区人防办协助完成审批核查项目7件，审核面积10万余平方米，拆除报废1件。严控对已完成审批事项的事中事后监管，参加28次人防工程交底、验收，新竣工程备案率达到100%，老旧工程使用备案率达到89%，换证20家。

**【信息化和警报建设】** 2017年，河西区人防办强化对移动指挥车车载设备、系统操作训练，完成训练40次200余课时。全年警报点巡视率100%，完成复装更新8台警报设施，对14台次存在问题的警报器进行保养维修，组织召开警报设点单位管理人员培训，全区警报鸣响率100%。

9月12日，河西区人防办在陈塘科技商务区管委会召开“警报试鸣工作部署培训会”
（河西区人防办提供）

**【工程维护管理】** 2017年，河西区人防办依托人防工程社会化管理模式，巡查达1200余人次，发现违规使用人防工程8项。对辖区内街道人防站、人防工程使用管理单位和人防工程服务公司158人，开展维护管理培训，参训率达到95.1%。

**【防空防灾宣传】** 2017年，河西区人防办新建尖山街瑞江花园人民防空示范社区，全区共建6个人防示范社区，组建社区人防工作站，配备完善的宣传教育用品，建立起社区宣教平台，逐步形成覆盖全区的社区宣教网络。举办防空防灾集中宣传活动，组织80余名街道干部和社区居民参加全市“5·12”防灾减灾宣传周系列活动。在瑞江花园社区开展宣传活动，利用电子屏播放人防宣传片、展出宣传展板40余块，发放宣传资料3000余份，4000余人受教育。

7月27日，河西区人防办在尖山街道瑞江花园社区组织开展防灾减灾宣传活动
（河西区人防办提供）

**【安全工作】** 2017年，河西区人防办组织10次例行安全巡查。结合“12·1”事件，全区安全隐患大排查、大整治活动，对辖区内重点工程进行540人次抽查，排除安全隐患28处，向人防工程租赁户传达有关安全工作会议精神，听取安全工作汇报，提出安全要求，确保人防工程安全使用。

（安丽君　郭会霞）

# 街道和社区建设

# 下瓦房街

**【概况】** 下瓦房街位于河西区东北部海河西岸。辖区东临海河与河东区隔河相望，东至台儿庄路，南界湘江道、津河，西至广东路，北迄绍兴道，面积1.701平方千米。2017年，全街下设9个社区，居民20445户、57396人。辖区内有区委、区人大、市审计局、市环球磁卡股份公司、人民公园、闽侯路小学等1000余家企事业单位。街党政机关内设：党工委办公室、人大工委办公室、组干科、宣传科、工会、团委、妇联、武装部、行政办公室、社会事业发展科、计划生育服务中心、城市管理科、社会事务管理科、街域经济发展科、统计办公室、财务审计科、劳动服务保障中心、社会救助中心、执法大队等。

**【街域经济】** 2017年，下瓦房街开展“双万双服”活动，为街域重点企业解决实际困难8件。帮助环球磁卡清理长年办公用房积水问题，解决困扰企业多年的安全隐患。对街域内57家规模以上企业进行走访调查，发挥工商联的桥梁和纽带作用。双万双服平台提交问题36条，在规定期限内办结，企业满意率100%。对辖区内30家小型市场和人员密集型经营场所进行调查工作。对辖区早餐车商户进行摸底排查，为8户早餐车商户进行早餐车置换工作证。

**【民计民生】** 2017年，下瓦房街推进创建全国社区治理和服务创新实验区及美丽社区建设，对南华里社区“300平方米”办公服务设施和富裕广场社区居委会进行提升改造。完成全国文明城区3年复审迎检工作，被评为天津市文明单位，富裕广场社区和龙海公寓社区被评为市级文明社区。南华里社区、福建路社区申报创建2017年度美丽社区，福至里社区创建精品社区。组织40场“我的社区 我的文化”系列活动，举办迎新年民俗文化节、高雅艺术进社区消夏演出等文化活动。统筹做好低保、特困户复审，重特大疾病边缘户医疗救助，残疾人、慈善救

6月6日，下瓦房街双万双服走访企业
（下瓦房街提供）

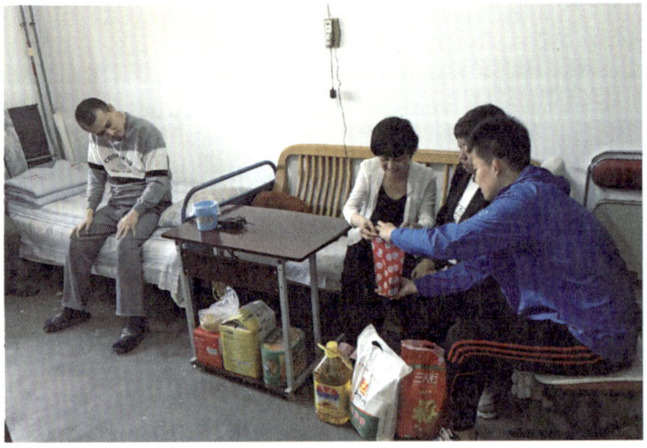

5月9日，下瓦房街慰问困难群体
（下瓦房街提供）

助工作，发放各类补助821万余元。为700名复退军人进行登记，对39户伤残军人开展入户调查，推进复退军人服务管理有序开展。全街低保特困户417户、649人。为24户低保低收入家庭申报发放市医疗救助21.11万元，为15名低保低收入家庭申报发放区医疗救助7.08万元，为435户低保低收入家庭发放春节一次性补助55.68万元。在春节、全国助残日、“我们的节日”等时间节点，为残疾人提供各项服务政策。推进实施全面两孩政策，推进计划生育家庭发展工作，推进流动人口服务管理工作。6户市慈善救助名单和6户区慈善救助名单，全部救助完成。宣传劳动保障政策、法规，执行上级主管部门部署的各项工作任务，发挥劳动保障网络平台作用，加强和完善就业再就业工作。

**【社会管理】** 2017年，下瓦房街树立“大安全”理念，构建覆盖全街的安全网格体系。完成“两会”“一带一路”“市第十一次党代会”“党的十九大”等重点时期的维稳工作。深化“大调解”工作，依法合规处置信访诉求，调解成功案件96件。办理各类信访件709件。加大安全隐患大排查、大整治工作力度，对辖区内的六小单位开展安全隐患排查和签订安全责任书，签订安全生产责任书1243份。全街检查单位1293家（次），查出存在安全隐患点位166处，完成整改164处。在新一轮安全隐患大排查大整治工作中，为428家台账企业完成建立“一企一档”工作。完善供气供热、防汛排水等公共基础设施，消除事故隐患。全运会期间、十九大召开期间和北京11·18火灾发生后，多次开展消防安全大检查。“12.1城市大厦事故”发生后，第一时间成立安置小组，妥善解决家属赔偿诉求及善后事宜。开展安全隐患大排查大检查大整治工作，检查点位969处，查出存在安全隐患707处，整改率达92.5%，解决新海大厦、东舍宅社区、富裕广场地下室，海河大厦地下室、恒华大厦等重点安全隐患问题。

**【环境治理】** 2017年，下瓦房街以创卫复审、市容环境管理三年行动、“迎全运百日会战”、中央环保督察、南昌路综合提升改造等重点工作为契机，街域市容环境面貌得到提升，居民生活环境改善。强化大气污染防治及市容环境网格化管理工作，受理解决中央、天津市环保市容督察件40件，受理河西区大气污染防治网格化监管平台案件86件。做好散煤管控，完成412户“煤改电”工作，回收散煤约53吨，餐饮油烟治理建档242户。以迎办全运会、国家文明城区复审为契机，持续加大社区环境治理工作力度，出动清运车次1700余车，清理堆物3000余处，清理非机动车450余处，清理地锁140余个，拆除违章44处，完成拆违工作任务。通过巡查以及群众举报上级交办等各种途径，治理流动摊贩86人次、私搭乱建行为6处、清理堆物79车、清除贴画20600余张、覆盖涂鸦800余处、停工26处未取得行政许可审批设置的户外广告，治理马路餐桌行为14次。扎实做好联防联控“五巡查”工作。做好物业管理及旧楼区长效管理工作，全街旧楼区长效管理考核取得全市第6名、河西区第1名的成绩。强化大气污染防治及市容环境网格化管理工作，完善大气污染防治应急预案。做好餐饮油烟治理工作，持续有效控制饮食业油烟污染。全面推进老旧住房改造（更新）电梯项目。

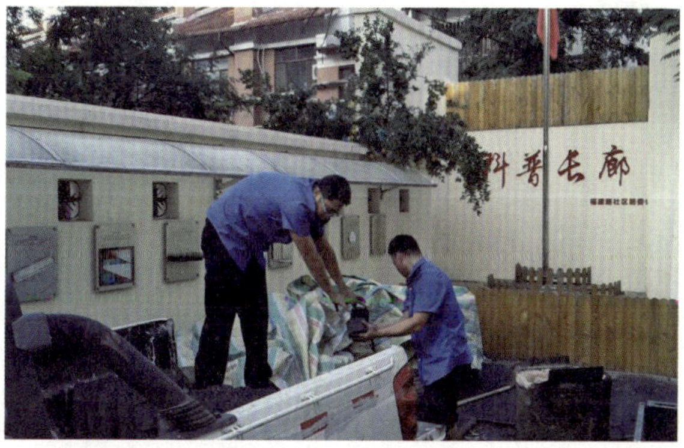

9月12日，下瓦房街清理散煤

（下瓦房街提供）

**【拆迁工作】** 2017年，下瓦房街完成小二楼拆迁。定期召开工作推进会，集中学习区委拆迁工作新政策，针对68户拆迁户逐户制订方案，超前完成拆迁任务。

**【党建工作】** 2017年，下瓦房街“两学一做”学习教育常态化制度化扎实深入。全街70个党支部完成主题实践教育活动。抓实基层党建工作，按照“一居一品”原则，打造富裕广场社区“六微一体”、福建路社区“五型党支部”、台北路社区“党群五连心、为民零距离”等社区优秀党建品牌，形成为民服务型党组织。抓好社区党员教育管理，更新党员名册，防止出现新的失联党员。通过对行动不便党员送学上门，对流动党员微信推送、电话通知等形式，实现主题教育实践活动全员覆盖。通过对社区党组织定期指导检查、举办党务工作者培训，党建工作的标准化规范化水平进一步提升。完成中组部党员信息库检查。通过对“准则”和“条例”学习，组织观看“警钟”“镜鉴”等警示教育片、以区里发生违法违纪干部案例为反面教材进行反思。专题研究部署全年党风廉政建设工作，将党风廉洁建设与行政工作同推进、同落实、同考核。签订四级党风廉洁责任书62份。党工委书记在“机动式”专项巡察、党建工作巡查、环保督查、安全工作督查、市级文明单位创建等工作中履行第一责任人责任，督促检查各项工作落实到位。开展违规潜入地下饮酒和扶贫助困领域专项治理工作。按程序配齐9个社区纪委人员，为社区纪检工作提供组织保证。利用橱窗、板报、电子屏、墙面街多种形式，进行廉政文化宣传。完成巡察整改和“机动式”巡察整改工作。开展不作为、不担当专项治理工作。针对查摆出来的5个重点问题，定期对相关责任部门落实情况进行跟踪督导。制定完善相关制度11项。

10月19日，下瓦房街理论学习中心组学习十九大报告精神　　（下瓦房街提供）

（刘　妍）

## 下瓦房街社区联系表

| 社区名称 | 地址 | 电话 |
|---|---|---|
| 富裕广场社区居委会 | 富裕广场3号楼底商 | 23235133 |
| 福盛花园社区居委会 | 福建路144号 | 83859553 |
| 龙海公寓社区居委会 | 龙海公寓11号底商 | 88216767 |
| 东舍宅社区居委会 | 东舍宅5号楼平房 | 28260302 |
| 大沽路社区居委会 | 厦门路宝和里小二楼 | 15760719630 |
| 南华里社区居委会 | 南华里24门对面 | 83859832 |
| 福至里社区居委会 | 久仰里3门对过平房 | 23242893 |
| 福建路社区居委会 | 台北路9-11号 | 23261097 |

续表

| 社区名称 | 地址 | 电话 |
| --- | --- | --- |
| 台北路社区居委会 | 宁波道46号 | 23261149 |

# 大营门街

【概况】 大营门街坐落于河西区东北部，东临海河，西至天津外国语学院，北至马场道、徐州道，与和平区接壤，南至绍兴道，面积0.995平方千米。2017年，下设7个社区，居民13670户、37576人。辖区内有国际经济贸易中心、金皇大厦、凯德国贸、新华中学、海河中学、区教育中心、区卫生学校、区七幼八幼、康复医院、口腔医院等企事业单位。街党政机关内设：党工委办公室、人大工委办公室、宣传科、组干科、工会、团委、妇联、武装部、行政办公室、社会事业发展科、城市管理科、街域经济发展科、社会事务管理科、财务审计科以及计划生育服务中心、劳动保障服务中心、统计办公室、综合执法大队。

【街域经济】 2017年，大营门街配合区楼宇办完成旧楼改造工作。“双万双服”活动中对88家企业走访、信息平台登录，协调配合上级部门解答平台问题35个。配合完成敬重里商业中心、南昌路路段整修工作，做好街属房屋44处面积测量、42处商铺房租上涨、12处房屋维修、5处强占房清理、9处违章建筑收回等工作。

【环境治理】 2017年，大营门街以“迎全运百日会战”南昌路地区综合整治工作、打造精品小区为契机，联合河西区各委办局对管辖区域内进行清理，动用7568人(次)，出动620车次，全年累计清理渣土杂物万余处、清运卫生死角和垃圾万余处，拆除违建及圈占398处、3224平方米，清理堆物1892处，清理楼道800个，清理乱贴乱画547处，清理废旧非机动车300辆，擦拭垃圾箱桶150多个，清理地锁470个，绿地捡脏520平方米，修缮小区标识、大门4个。开展大气污染网格长、网格员和志愿者的系列培训，成立大营门街大气污染防治领导小组，推动基层网格落实网格化管理，以社区宣传栏、板报等为载体，开办“美丽天津·一号工程”相关知识专栏。推行使用科学方法开展“除四害”活动，居民区投药覆盖面100%。制订大营门街河长制实施方案，建立区域与水域相结合的河长组织体系，在街城管科成立街河长制办公室。实行“全覆盖，全替代”实现无煤化，全年回收散煤194户，集中供热补建123户，煤改电81户，采取其他方式供暖12户。完善旧楼区长效管理机制，加强准物业考核管理。

【社会事业】 2017年，大营门街开展“展社工风采　创美丽社区”大营门街社工岗位技能比武竞赛，进行2次居民评议社工及绩效考核工作，社工合格率100%，5人优秀。完成低保336户、特困41户、特困供养6户调标复审工作。助残日及冬季“两节”期间，向400余户困难残疾边缘户发放米油、图书卡及慰问金。完善社区办公条件，为蚌埠道、东莱里社区进行外檐粉刷装饰、内部装饰，创建东莱里美丽社区。举办春季、秋季公益招聘及政策咨询会5场，认定就业困难群体162名，动态就业率100%。

11月23日，大营门街第十五届妇女代表大会投票（大营门街提供）

【社会事务】 2017年，大营门街以“创新社会治理、深化联动融合”为主题，通过悬挂横幅标语、设置展牌、发放宣传资料、提供现场咨询等多种形式，开展综治集中宣传活动，夯实社会治理基础。开展矛盾纠纷排查专项行动，完善领导干部包片包案制度，跟踪矛盾纠纷排查化解进度。以第十三届全运会和党的十九大为契机，组织发动人民群众和平安志愿者参与社会安全保卫工作。结合南昌路综合提升改造，开展沿线重点整治工作，加强技防设施建设，发挥群防群治网络作用，提高治安防范能力，最大限度减少案件的发生。通过“五位一体”（即净化、美化、绿化、亮化、序化），将南昌路地区打造成舒适、典雅的活力街区与宜人社区。

【党建工作】 2017年，大营门街深入推进两学一做学习教育常态化制度化，提高基层党建水平。在“维护核心、铸就忠诚、担当作为、抓实支部”主题教育实践活动中，定制应知应会学习手册，组织开展3次专题研讨。深化五好党支部创建，重点打造3家基层支部，整顿4家相对后进党支部。发放10份备忘录、11份党建工作提示，规范民主评议。在“牢记党的宗旨、增强四个意识、争做廉洁有为好干部”主题教育实践活动中，建立3个党建问题清单，每月

11月21日，大营门街在九江路社区活动室举行贯彻十九大精神经典诵读活动（大营门街提供）

对社区党建情况检查2次，做到学、做、改相结合。分类抓好各领域党建工作，重点打造九江路等2个示范社区，提升社区先锋在线等2个党建工作品牌。在两新党组织建设中，新建独立党支部5家、联合党支部5家，覆盖企业450余家，完成考核任务。针对存在的问题，打造3家楼宇党群服务站，在7家楼宇营造党建氛围，组织党员开展活动5次。建立机关党委，对隶属党支部班子进行调整，通过推送“每日一题”指导党员开展学习。

【群众文化】 2017年，大营门街开展传承好家风活动，选出15户家庭典型，利用“我们的节日”、道德讲堂，开展传承好家风学习会、报告会7场，编印《大营门街家风故事》。浦口道社区赵义远入选天津市第四届道德模范，蚌埠道

9月13日，大营门街第十三届文化节开幕（大营门街提供）

社区王凤兰、浦口道社区郭莹被评为天津好人，赵忆远为市级优秀志愿者、市级文明家庭。开展西岸文化演出季高雅艺术进社区文艺演出、第十三届大营门街文化节系列活动。

（何晓宇）

**大营门街社区联系表**

| 社区名称 | 地址 | 电话 |
|---|---|---|
| 三义大厦社区居委会 | 南昌路三义大厦1、2楼间变电站旁 | 23251100 |
| 蚌埠道社区居委会 | 浦口东里存车处小二楼 | 23127218 |
| 荣华里社区居委会 | 广东路与浦口道交口华厦国际公寓B座1层 | 15712232715 |
| 浦口道社区居委会 | 孚德里存车处2楼 | 18812569550 |
| 敬重里社区居委会 | 敬重里65号 | 23246403 |
| 九江路社区居委会 | 祺寿里27号 | 23243140 |
| 东莱里社区居委会 | 东莱里小区内9号楼旁平房 | 15712237170 |
| 福建路社区居委会 | 台北路9-11号 | 23261097 |
| 台北路社区居委会 | 宁波道46号 | 23261149 |

# 马场街

**【概况】** 马场街位于河西区西南部，东至友谊路，南邻宾水道，西以卫津河与南开区为邻，北靠津河与和平区接壤。辖区面积4.45平方千米。2017年，下设10个社区，居民19858户、57490人。辖区内有天津迎宾馆、喜来登大酒店、水晶宫饭店、美都大酒店、干部俱乐部、河北梆子剧院、市人民艺术剧院、杨柳青画社、自然博物馆、天津师范大学、天津儿童医院等单位。街党政机关内设：党工委办公室、人大工委办公室、宣传科、组干科、工会、团委、妇联、武装部、行政办公室、社会事业发展科、城市管理科、街域经济发展科、社会事务管理科、财务审计科以及计划生育服务中心、劳动保障服务中心、统计办公室。

**【街域经济】** 2017年，马场街召开“双万双服”工作推动会，对华北设计院、建筑设计院等8家重点企业和街域楼宇、科技型企业等进行对接帮扶，实地走访87家企业，指导登录河西区双万双服平台100%、网上信息采集100%。协调解决天津干部俱乐部、旅游汽车公司等企业提出的问题24件。推进津信大厦楼宇转型升级，盘活同鑫大厦空置空间，为信业达公司与水利局牵线，解决天信大厦22层空置问题。推进天信大厦、广银大厦、国投大厦、外贸文体大厦4座楼宇的智慧楼宇系统平台上线工作。制定《打造科技型企业小巨人升级版帮扶计划》，认定科技型企业10家。对区工商联下发的13家企业展开实地走访，进行帮扶需求调查。气象台路社区商业中心工作机制逐步完善，开展防范非法集资宣传活动。

**【市容环境】** 2017年，马场街开展迎全运“百日会战”市容环境周末集中清整14次。清整工程渣土1800余吨，圈占约200处，乱堆乱放1500余处，违法广告1.5万余处，社区地锁610个，占车位废旧自行车832个，社区生活垃圾数万吨。推进病媒生物防治工作，集中对社区绿地、楼栋、下水道等易产生鼠害地区发放鼠药170千克，鼠盒470个，喷洒外环境药品250升，投放杀蟑药品125升。推进大气污染防治网格化管理，明察暗访监督管理600余次，巡查处理问题4000余件。制定《马场街关于开展大气污染属地治理实施方案》，全面推进“1+X+Y”的治污模式。做好中央环境保护督察迎检工作，接收督察组交办的群众信访案件37件，办结率100%，开展自查整改，设立环境保护督察整改落实信访举报电话和投诉信箱，制作《马场街处理中央环保督察组转办群众信访举报案件汇编》。完成城市家用散煤治理摸底调查工作，对140户居民散煤和套炉具进行回收，为79户居民、车棚、保洁队等燃煤户进行“煤改电”，对4户商业取暖散煤户进行统计整改，对57户餐饮企业问题商户进行整治。规范市容环境秩序，开展吴家窑大街、紫金山路立面整修工程，拆除护栏22个，联合公安、消防、交管等部门，集中清理社区地锁185个。全年清理道路及社区堆物1017处，规范商户2233次，治理各类占路经营952次，治理占路宣传560次，清理各类涂鸦、贴画共计5580处，清除布标110处，清理信息牌402处，治理各类LED广告420处，拆除户外广告12处，联合清理僵尸车17辆，清理地锁630个，拆除各类违法建设84处、1120.3平方米，对违法搭建建筑物立案13起，拆除违法圈占71处、795平方米。

4月25日，马场街在金山里社区进行卫生清理工作 （摄影：苏日）

**【平安建设】** 2017年，马场街受理群众信访案件550余起，接待群众来访610余人（次），受理卫星里金地平山印工地纠纷、环友里停电及暖气改造事件等集访事件8起。排查调处矛盾纠纷90起。召开马场街食品安全专项清理清查行动工作部署会，签订食药安全监管责任书，在春节、国庆、中秋等时间节点，联合街市场和质量监督管理所等部门，对界内养老院、菜市场、大型超市、药店等重点单位开展食品药品安全专项清理清查行动。联合市场和质量监督管理所等部门，对辖区菜市场、超市等重点单位开展专项检查，捣毁烧鸡制作黑窝点3处，查处福寿宫老人院食材过期等问题2起，查封私人无证诊所1个。与700家无上级主管单位和10个社区签定安全生产及消防安全责任书，排查无上级主管单位603家，孤寡老残独居老人家庭689家，消除安全隐患20余处。推进高层建筑消防设施整修，完成卫星里天水院5部民用电梯提升改造。开展安全生产法、消防法集中宣传教育活动24场次。开展社会治安综合治理宣传月活动，加强出租房屋和流动人口服务管理工作，排查登记流动人口近6000人，办理居住证1757人。组织10名社区律师每周半天在社区开展法律咨询便民服务。

**【民计民生】** 2017年，马场街培育发展社区社会组织百余个，新增“5060为老志愿大联盟”和“爱心捐赠义卖”公益项目，开展为老服务、爱心救助等志愿服务。整合办事处大厅共享服务平台和信息，推进“前台一口受理，后台协同办理”的社区公共服务信息平台建设。卫星里、文静里被评为市级美丽社区。加大社区基础设施改造力度，对文静里社区居委会办公环境提升改造，对先进里、劳卫里、四化里、德才里墙面、屋顶进行维修、粉刷，对气象里小花园、建国楼小花园进行地面整修。举办第八届“七彩爱心”送温暖系列救助活动，为235户低保户、25户低收入家庭、5户特困供养家庭等困难群体足额发放低保金、救助金324.74万元，对167户困难家庭进行临时救助，发放救助款共计21.82万元，对18户低保户进行医疗救助，救助金额18.34万元。开展助困助学助残等“六助”服务，为47名学生发放早餐补助，救助单亲困难母亲10户，临时救助困难家庭121户，为10余户有订餐需求的老人送午餐。对全街1412名残疾人进行动态管理，对低保特困残疾人进行实物救助4.2万元。各社区建立复退军人联络服务站，全年登记复退军民756人。对重点优抚对象进行入户走访慰问，发放慰问品3万余元。开展就业援助“春风行动”，采集用工信息1080条，实现新增就业1116人，走访失业人员1099人，就业援助认定111人，新增131人享受灵活就业保险补贴，组织78名失业人员参加创业及技能培训，签发失业金5200人（次），为613名享受灵活就业保险补贴的人员进行保险续缴，对退出保险补贴的97人办理失业金申领。深化“新家庭计划——家庭发展能力建设”项目，开展家庭保健、科学育儿、养老照护、人口文化等培训活动12场，发挥德才里0～3岁婴幼儿早期发展指导中心、气象里社区青苹果乐园、四化里社区为老服务之家优势作用，定期开展特色活动。开展计划生育困难家庭救助扶助，为181名特扶人员发放特扶金，对56户独生子女死亡特扶家庭进行走访慰问，开展“春雨润心”活动，为独生子女死亡家庭人员、独生子女伤残家庭父母及子女每人上100元意外伤害保险，为60岁以上失独人员发放爱心就医卡。

10月28日，马场街在实验中学举办马场街第十三届健康万米行活动　（摄影：苏日）

**【地区文化】** 2017年，马场街开展“迎全运做文明有礼河西人”主题活动，组织学雷锋志愿服务活动200余场，制作“迎全运”宣传图板912块、标语横幅120条，印发倡议书13200份。开展“我们的节日”系列主题活动。获“市级文明单位”称号。做好全国文明城区复查工作，制作、更换室内外公益宣传牌板1300余块，制作宣传提袋数万个，组织“迎全运文明交通志愿服务”等志愿服务活动89场（次），组织“迎全运百日会战”志愿服务活动132次，组织各社区开展“扬正气、颂清廉、树新风”等各种宣传活动23场。巩固国家公共文化服务体系示范区创建成果。更新综合文化服务中心图书700册。开展“文化

4月19日，马场街在实验中学报告厅举办马场街第六届读书节　（摄影：苏日）

365快乐在河西”惠民活动，组织开展群众性文化活动150余次。举办文化大拜年、书法笔会、手工艺作品展等群众性文化主题活动。举办第六届居民读书节，表彰13名“悦读之星”和12个“书香家庭”，组织读书交流、图书推荐、诗歌朗诵、红色收藏展等丰富多彩的读书活动，推进全民阅读工作。

**【拆迁工作】** 2017年，马场街按节点和目标全面完成小海地小二楼安江里72户攻坚任务。启动天津科技大学片区100户拆迁工作。

**【党建工作】** 2017年，马场街坚持中心组集体理论学习12次，举办“重温经典”和“两学一做”应知应会干部理论学习32次。配备“两新”和社区专职党务工作者17名，组织基层党组织书记培训36次。建立“两新”党组织44个，组织11名专职党务工作者和79名党建工作指导员深入企业，宣传政策，指导服务。完善党员服务平台功能，为2700余名党员搭建建行党费缴纳云平台框架。开展“庆七一”、迎庆“十九大”系列活动，开展主题教育实践活动。以“亮身份、明职责、强基础、抓落实”主题活动为抓手，教育引导全街党员铭记党员身份，履行党员义务，增强党员意识，主动作为担当。组织观看《栾庆伟案件警示录》《巡视利剑》《贪欲自毁人生》等专题片，制作反腐倡廉展示板300余块，依托社区报、“幸福马场”微信公众号等，引导全街党员干部忠诚干净担当。创建5个市级职工书屋，新增建会26家，为83家企业报销经费37万余元，为2719名企业职工办理工会会员服务卡。开展“三八”妇女维权周活动，举办知识讲座10场次，开展“最美家庭”家风故事巡讲活动11场，9名母亲被评为河西区“魅力母亲”，新闻里社区范金铭家庭被评为“全国最美家庭”。在“两新”组织中建立妇联组织35个。团工委积极推进区域化团建，联系青少年、服务青少年，开展社区活力空间活动104场。

（王劲勇）

## 马场街社区联系表

| 社区名称 | 地址 | 电话 |
|---|---|---|
| 三合里社区居委会 | 围堤道佟楼综合楼 21 门对面 | 28133945 |
| 先进里社区居委会 | 平山道先进里 53 门对面平房 | 23350285 |
| 新闻里社区居委会 | 宾友路新闻西里 8 门增 1 号 | 88325622 |
| 文静里社区居委会 | 宾友路文静里 42 门对面平房 | 28353332 |
| 卫星里社区居委会 | 平山道卫星里 39 门 107 室 | 23343341 |
| 四化里社区居委会 | 友谊北路四化里 19 门对面 | 23350285 |
| 德才里社区居委会 | 平山道德才里 22 门增一号 | 23343347 |
| 气象里社区居委会 | 气象台路气象里 33 门对门 | 23343313 |
| 金山里社区居委会 | 紫金山路金山里平房 3 号 | 23343274 |
| 凤凰城社区居委会 | 气象台路凤凰城 8 号楼 1 门旁 | 23350631 |
| 君禧华庭社区居委会 | 卫津路 241 号君禧华庭社区 9 号楼 1 楼 | 23523050 |

# 天塔街

**【概况】** 天塔街位于河西区西南部，坐落于天津电视塔脚下，东北向起紫金山路、西至卫津南路、南到津浦铁路陈塘支线，辖区面积3.28平方千米。2017年，下设14个社区，居民28990户、75133人。辖区有大中（专）院校、华夏未来少儿艺术中心、滨湖小学、中山小学、国办托幼园所、天津肿瘤医院、滨湖影剧院、津奥健身俱乐部、滨湖公园、喻园、君豪酒店、富祥酒楼、宝轩渔府、大润发超市、体北菜市场等。街党政机关内设：党工委办公室、人大工委办公室、纪工委办公室、宣传科、组干科、工会、团工委、妇联、武装部、行政办公室、社会事业发展科、城市管理科、社会事务管理科、财务审计科、统计办公室、街域经济发展科、计划生育服务中心、劳动保障服务中心。

**【街域经济】** 2017年，天塔街对街域内46家限上企业走访200余家次，电话联系70多家（次）。解决企业提出的问题72条，环湖东路社区商业服务中心成功晋级为市级社区商业中心。为1家外区迁入企业办理迁入及税收奖励业务。天塔菜市场成功委托经营管理，晋级标准化菜市场行列。

**【市容环境】** 2017年，天塔街清运堆物、工程土5000余吨，清理社区楼体立面、楼道内等点位广告涂鸦1.5万余处，楼道广告涂鸦15万平方米，清理卫生死角26余处，擦拭垃圾箱桶1.2万余次，绿地捡脏累计7.2万余平方米，清理圈占200余处。在“迎全运百日会战”“创卫复审”期间，发动组织志愿者1.5万余人（次）。对肿瘤医院周边社区引入智能停车管理，拆除地锁620余个，全街旧楼区长效管理考核分数跃居全区第2名、全市第7名。对涉及餐饮油烟的商户进行逐一排查，全街372户商户全面整改。在环保督查期间，处理环保督查件44件。开展家用、商用散煤治理工作，全街涉及家用散煤115户，回收蜂窝煤2.9万余块，散煤10余吨、大小炉具90余个，煤改电民用签约171户，供

9月24日，天塔街煤改电供热合同签约会

（天塔街提供）

12月，天塔街开展社区集中清整工作

（天塔街提供）

热补建320余户。商用散煤涉及39户全部完成整改。开展社区落叶集中清理活动，清理落叶2.8万余袋。年德里、天赋里等社区主路硬铺及甬路翻新及修补5000余平方米，对宾水东里绿化进行维修及维护。全年处理数字化平台反映件500余件，处理环境卫生电话及信访案件80余件，全部案件得到有效回复。对水环境进行综合巡查和治理，全年处理水环境问题5件。

**【民计民生】** 2017年，天塔街开展“两节”慰问活动，全街102户困难家庭慰问达到100%全覆盖。临时困难救助167户，做好补助发放、夏冬令救助、暖气费报销等各类救助工作。慈善救助45人3.88万元。爱心助学11人5400元。爱心成就梦想救助7人2万元。以家庭幸福促进计划特色社团、免费孕前优生检查、加强“失独”家庭生活保障，帮扶计划生育特殊困难家庭为工作核心，提高社区计生基础管理及服务质量。发放273人死亡和伤残家庭特别扶助金，春节前对失独家庭78户、流动人口120人发放米、面、油等物品。对3户特殊困难的家庭每户给予2000元救助金。为1户符合条件的计划生育家庭患重病的独生子女申请给予5000元一次性救助。“六一”儿童节为流动人口家庭和特扶家庭上学的85名儿童发放护眼台灯。中秋节对78户失独家庭发放月饼。举办“迎新春金婚畅想话家风”活动。组织“迎八一”关爱女孩，参观平津战役纪念馆主题实践活动。

春节期间，天塔街慰问计生特扶家庭
（天塔街提供）

**【安全稳定】** 2017年，天塔街定期开展矛盾纠纷排查分析，加大调处力度，接待来信来访300余人（次），化解各类纠纷361起。开展联巡联控活动22次，出动车辆480台（次），参与人数达到1万余人（次）。对富源里小区进行重点治理。落实社会治安综合治理和消防安全网格化管理，建立基础构架，加强运行指导监督。对辖区600余个人员密集场所、高层住宅、六小单位、菜市场、学校、房屋出租户等重点点位进行严格排查，排查4100余批（次），排查督促整改安全隐患920余处。为各社区配备消防灭火器1100个。发放安全宣传单37000余张。开展大型宣传培训会3场，街道、社区、单位受众500余人（次）。街道拨付资金9万余元，对吉兴大厦消防系统进行恢复，对环湖大厦消防系统进行评估。联合消防、公安等为日租房现象较为严重的社区配置烟感报警装置800余个。

1月16日，天塔街举办“迎新春金婚畅想话家风”活动 （天塔街提供）

12月，天塔街开展大厦安全检查工作
（天塔街提供）

配合3年市容整治计划部署，清理废弃机动车20余辆，废弃非机动车740余辆。

8月28日，天塔街全运会志愿者帮助群众（天塔街提供）

**【社区党建】** 2017年，天塔街编辑印制“党的十八届六中全会精神要点解读”“理论学习参考材料”“十九大报告学习要点”等辅助材料供党员干部研读，聘请专家教授开展集中授课16次。全街14个社区党委、94个基层支部、3600余名党员全部完成2017年专题学习教育计划，实现学习教育全覆盖。印制下发《社区党组织联系党员制度》，全年评选创建“五好党支部”标兵14个，为2100余名党员过政治生日。下派党建指导员34名，新建非公党支部6个，实现“两新”党建全覆盖。完成党员信息核实和全国党员信息管理系统录入，启动在职党员党费电子化收缴。全年发展新党员9名。新落成的党员教育培训中心投入使用。升级改造环湖东里、宾水东里、体院社区、宾水南里党员活动室，新建天资里、宾水里小区党员活动室。组织观看《将改革进行到底》《巡视利剑》《贪欲自毁人生》等警示教育片。加强四级平台建设，14个社区党委设置纪检委员，机关社区安装纪检监察举报信箱，布设宣传栏、电子屏150余块。抓好中央八项规定落实，纠正“四风”，对区纪委移交的多条线索迅速反应，全年查处违纪党员2人。

12月4日，天塔街党工委书记讲党课（天塔街提供）

**【第十九届邻居节】** 2017年，天塔街深化“以德为邻”主题，开展“最美好邻居”“最美楼门”评选、“好邻居”厨王争霸赛和乒乓球友谊赛等特色活动，编辑书籍《我的邻居是党员》，弘扬邻里身边好党员事迹。14个社区开展“共建美好家园、共享幸福生活、共建和谐文化、共树文明风尚”4大板块40余项目重点活动。

2017年，天塔街第十九届邻居节开幕式现场（天塔街提供）

**【创全国文明城区复审】** 2017年，天塔街在创建全国文明城区的复审中，设计制作各类讲文明树新风、社会主义核心价值观公益广告海报3000余张，展板2000余平方米，在自然小区150余个出入口安装价值观、市民文明公约、守则展板，在12条干道安装公益广告喷绘200块，广告扇5000把，为14个社区3000余楼门印制“一封信”“市民文明公约、守则”6000余张。全年组织社区开展“我们的节日”主题活动50余场次，直接参与人数1000余人。各社区开展“道德讲堂”活动60余场，2000余人（次）参加。开展十九大精神学习氛围营造工作，设计制作相关展牌、提示牌200余块。

8月11日，天塔街开展创文复审迎检迎全运全民健身活动 （天塔街提供）

【文化教育】 2017年3月，天塔街市民学校开设23项课程，招生500余人。全街有终身学习服务中心11个，快乐营地14个，具备一定规模的群众文体社团200个，招收文化志愿者4200人。开展公共卫生知识宣传活动，举办健康教育讲座120次，免费义诊15次，受益群众7800余人（次）。14个社区电子阅览室全部免费开放。全街有津城书吧3处，社区图书室11处，总藏书量达17095册。每季度举办一场街级大型文化活动，365天在社区开展各类文化活动。全年举行各类文化活动260余场。

【群团工作】 2017年，天塔街以活力空间为载体，推进青年团员活动，促进青少年社会主义核心价值观的形成。开展健康讲座、免费义诊、老年电脑班、智能手机班等活动丰富老年生活。14个社区团支部成立读书组织，建立读书角。推进非公企业团支部建设，共建立2个团支部（纽莱克进出口公司团组织、耐杰科技公司团组织）。为耐杰科技团支部和纽莱克团支部购买图书，促成其建设图书角。辖区医院为社区老人免费义诊，华夏未来及幼儿园等教育机构为社区青少年提供外教互动活动，联合辖区单位开展篮球比赛。在全运会期间，与天津能源资源公司联合举办助力全运会、平安志愿者行动，设置志愿岗亭。

8月5日，天塔街开展活力空间诚信友爱教育活动 （天塔街提供）

（于　静）

## 天塔街社区联系表

| 社区名称 | 地址 | 电话 |
|---|---|---|
| 气象南里社区居委会 | 环湖中路气象南里花园旁 | 23347041 |
| 紫金里社区居委会 | 沿河路紫金南里 58 号 | 23344327 |
| 环湖东里社区居委会 | 环湖东里 57 门对面 | 15712237620 |
| 环湖南里社区居委会 | 环湖南里 68 门旁 | 23349436 |
| 宾水北里社区居委会 | 宾水北里花园内 | 23347422 |
| 宾水东里社区居委会 | 宾水东里 90 号 | 23343487 |

续表

| 社区名称 | 地址 | 电话 |
|---|---|---|
| 宾水西里社区居委会 | 宾水西里花园内 | 23932731 |
| 宾水南里社区居委会 | 宾水南里 59 门对过 | 23932732 |
| 育贤里社区居委会 | 宾水道育贤里增 8 号 | 15712252356 |
| 高风里社区居委会 | 纪庄子北道高洁里 8 门旁 | 23932739 |
| 五一阳光社区居委会 | 黑牛城道五一阳光皓日园 4 号楼 | 23850703 |
| 立达博兰社区居委会 | 纪发公寓 6 号楼后 | 23932962 |
| 富源里社区居委会 | 纪庄子前街与富有道交口 | 23932573 |
| 体育学院社区居委会 | 体北道体院宿舍底商 | 15712272246 |

# 友谊路街

**【概况】** 友谊路街位于河西区西南部，东起尖山路，西至紫金山路，南到卫津河，北至宾水道、平江道，辖区面积2.87平方千米。2017年，下设14个社区，居民27986户、75111人。辖区内驻有天津市委、市人民政府、市纪委、市农委、国际展览中心、津利华大酒店、浦发银行天津分行、天津市出入境检验检疫局、海河下游管理局、中钢集团冶金地质研究院、天津市水利科学研究所、天津市老年人大学、天津市信息中心、长芦盐业管理局中盐招待所、天津医科大学第二附属医院等1300余个单位及海装天津代表局等8支部队。街党政机关内设：党工委办公室、组干科、宣传科、纪工委、武装部、人大工委办公室、工会、团工委、妇联、行政办公室、社会事务管理科、社会事业发展科、城市管理科、街域经济发展科、财务审计科、安监科，下设事业单位：统计办公室、劳动保障服务中心、计划生育服务中心、综合执法大队。

**【街域经济】** 2017年，友谊路街成立“双万双服”工作领导小组，制定“双万双服”活动工作方案，对辖区内企业网上政企互通服务平台进行登录确认73家，完成率100%。确定3家对口帮扶企业，主动上门走访，建立沟通平台，开展帮扶服务。针对政企互通服务平台上企业提出的问题，定制个性化服务方案，第一时间进行协调解决。

**【社区环境】** 2017年，友谊路街召开“迎全运百日会战”专题领导班子会和动员大会，制定《友谊路街开展“迎全运百日会战”城市综合整治实施方案》，对全街14个社区地毯式清整，清理楼道2675个，拆除违章建筑66间298平方米，拆除私装地锁190余个，清理圈占1152处，清运渣土杂物2272车，清理废旧非机动车1600余辆，清除乱贴乱画6000余处，对三轻楼、红旗北里、文玥里等小区实施硬铺1380余平方米。

开展违法建设治理工程，拆除郁江桥下集装箱，清理僵尸车66辆，拆除违法建设78处、669平方米。开展迎全运保障线路沿线拆窗改门综合整治活动，封堵128个点位。加强环境空气污染防治，发现问题3200件，处置率100%。大气污染环保督察组在津期间处理督办单33件，处理天津市推进重点环境问题信访件转办单26件。回收各社区散煤3.2万块、回收炉具40台，为非集中供热片区的居民家用、存车、物业、保洁用房安装电暖器112台，辖区内“三小”燃煤商户全部更换燃气灶具，实现辖区“无煤化”环保目标。完成小二楼、造纸厂房屋征收工作任务。

2月1日，友谊路街迎全运劳动清整现场（友谊路街提供）

【社区建设】 2017年，友谊路街强化社区队伍建设，完成上半年社区居委会工作人员绩效考核工作，114名获优秀，优秀率为98.3%。深化美丽社区、精品社区建设，打造谊诚公寓（育文里、育学里）精品社区，实施小区围合，规范社区出行秩序，新增摄像头16个，新建休闲文化广场，加强对机动车停放秩序管理。完成河西区社区治理与服务创新实验区建设迎检工作。柳江里社区获全国反邪教创建示范社区，西园西里社区获天津市民族团结进步创建活动示范社区，文玥里社区、谊城公寓社区获天津市美丽社区称号等。完成文玥里、谊城公寓内部装饰改造工作，完成浏阳里居委会提升改造。

5月31日，友谊路街组织文玥北里儿童走进检察院活动（友谊路街提供）

【民计民生】 2017年，友谊路街开展助困解难工作。对享受低保、低收入家庭、边缘户发放救助款物36.08万元、157户。开展社区救助工作，街有低保438户、636人，月付低保金61.46万元。低收入50户、98人，补助金1.29万元。为30户办理廉租住房补贴，54户办理经济租赁房，经济租赁房复审4户，为344户办理限价商品房申请，38户办理公共租赁房。继续扩大“1+N 帮1助老”特色品牌影响力和范围，结帮扶对子204对，志愿者1000余人。提供就业岗位200余个，实现灵活就业83人并且享受政策补贴，其中帮助零就业家庭实现就业25人，任定安置公益性岗位40人，长期失业人员4人，完成272名失业人员登记、培训。完成长城里、德望里、欧亚花园、宾泰公寓、紫金花园、友谊花园、环渤海公寓、天宾公寓、文玥里33-137门、文玥里38～96门等12个老旧自然小区各类违章圈占、违章建筑、楼内外垃圾堆物清拆、清运。对澳隆花园、友谊花园、谊厚公寓、欧亚花园4个小区电梯实施更新、改造、维修。

【社区精神文明建设】 2017年，友谊路街为14个社区制作展板645块，展架37个，在1829个楼栋张贴社会主义核心价值观和创文宣传贴，发各类宣传资料2万余件。开展“我们的节日”“迎全运文明交通专项行动”“志愿服务快车进社区”等主题活动。开展道德讲堂10场，更换善行义举榜。开展“感动365——寻找身边好人”活动。定期上报政府微博内容，上报政务微博413条，转发微博766条。打造廉洁文化社区，开展廉洁文化进社区。深化未成年人思想道德建设，加强社区“五爱”阵地建设，开展“七彩虹”快乐营地、“活力空间”等主题教育实践活动，营造有利于未成年人健康成长的良好环境。开展实验区创建工作，强化组织体系建设，夯实创建工作基础。备案注册社区社会组织258个、各类社会团体70个、民办非企业类型188个。坚持“两评三会一公开”制度，促进社区管理规范化。

5月26日，友谊路街在谊城公寓举办的“我们的节日·端午节”主题活动　（友谊路街提供）

**【安全稳定】** 2017年，友谊路街做好信访维稳工作。开展矛盾纠纷、不稳定因素定期排查，实行信访信息动态管理，建立月份、季度矛盾纠纷排查工作台账。受理来电、来信、来访、区长信箱、8890政府热线、督查室查办件及天津市信访业务协同系统投诉件总计945件，均在有效时限给予回复，办结率100%。获全国“两会”期间全市维稳信访安保工作先进集体称号。开展名门、水岸未退房户维稳工作。全面加强地区安全工作，制定安全生产隐患排查清单、建立规范化隐患排查管理台账。共排查辖区企事业单位2358家。建立社区微型消防站，配备小型消防箱30个、灭火器204个，市场新增灭火器66个，保洁队10个。印制、张贴安全温馨提示，发放各类安全生产手册，开展安全讲座，利用宣传栏、电子屏、微信群开展用电、用气、用水安全宣传活动。招募平安志愿者总数751人，吸纳年轻人和专业人士的加入，提高志愿者队伍的整体素质。组织平安志愿者8000余人参与到全运会及“十九大”维稳安保工作。

**【党建工作】** 2017年，友谊路街发展11名党员，完成对街所属14个社区党委、133个党支部及5043名党员信息采集工作和全体党员党费基数调整工作，重新整理及复核机关公务员、事业编制人员的人事档案，基本完成干部学历学位真实性比对排查工作，对任期满的4个党支部进行换届，完成友谊路街工会换届工作和4个社区职代会工作。慰问老党员、生活困难党员和因病致贫群众164人，发放慰问金43万元。完成3个非公企业党支部换届工作，新组建非公企业党支部4个，完成“两新组织”综合党委的调整和党群服务中心的建设。制定《友谊路街落实市委三组专题“机动式”巡视反馈意见的整改方案》《关于深入开展“牢记党的宗旨、增强‘四个意识’，争做廉洁有为好干部”主题活动的实施方案》《关于深入开展“维护核心、铸就忠诚、担当作为、抓实支部”主题教育实践活动，推进“两学一做”学习教育常态化制度化的实施方案》，开展主题党课3次，基层党组织做到每季有党课。以“党员服务进社区　贴心群

9月8日，友谊路街学习习近平7.26讲话精神宣传暨专题党课　（友谊路街提供）

众零距离”为主题的为民服务一条街活动，形成制度，成为全街“双十”活动特色品牌。在各社区开展迎“七一”系列活动纪念建党96周年。制定《友谊路街深化不作为不担当问题专项治理的工作方案》，件件整改。制定《友谊路街开展作风纪律专项整治工作方案》，召开开展作风纪律专项整治推动会，建立10项内容问题清单，制定23项整改清单措施并完成整改。建立友谊路街制度摸底调查表，现行制度63项，修订完善16项，新增7项，废除1项。

（赵　军　褚　敏）

**友谊路街道办事处社区联系表**

| 社区名称 | 地址 | 电话 |
|---|---|---|
| 宾西楼社区居委会 | 宾馆西路宾西楼 31 门旁 | 15760738892 |
| 西园西里社区居委会 | 宾馆南道西园西里 111 门旁 | 15722280215 |
| 西园南里社区居委会 | 宾馆西路西园南里社区 22 门旁 | 15722070535 |
| 寿园里社区居委会 | 西园道寿园里小区 30 门增 1 号 | 88295314 |
| 谊城公寓社区居委会 | 谊城公寓 24 号楼旁小二楼 | 28133544 |
| 柳江里社区居委会 | 浔江路 1 号柳江里居委会 | 15722210934 |
| 浏阳里社区居委会 | 友谊东里原刑侦九队 | 28232174 |
| 谊景村社区居委会 | 平江南道 22 号谊景村社区爽园里 16 门后面 | 28378213 |
| 文玥里社区居委会 | 文玥里 78 门对面 | 28231094 |
| 纯真里社区居委会 | 纯真里小区 1-8 门底商 | 88335338 |
| 纯正里社区居委会 | 纯正里 19 门对面 | 88331472 |
| 平江南里社区居委会 | 尖山路长城里 10 号 | 15722270353 |
| 文苑楼社区居委会 | 宾馆南道文苑楼 36 门旁 | 15722082730 |

# 东海街

**【概况】** 东海街位于河西区东南城郊接合部，东起微山路，西至洞庭路，南迄涪水道，北抵珠江道，辖区面积2.46平方千米。2017年，下设12个社区，居民29746户、78538人。辖区内有中水北方勘测设计研究有限责任公司、天津桂发祥十八街麻花食品股份有限公司、南开大学附属医院（天津市第四医院）、天津振津工程集团有限公司等单位。街道党政机关内设机构：党工委办公室、党建办公室、宣传科、纪工委、武装部、人大工委办公室、工会、共青团、妇联、行政办公室、社会事务管理科、社会事业发展科、城市管理科、街域经济发展科、财务审计科、统计办公室、劳动保障服务中心、计划生育服务中心。

**【街域经济】** 2017年，东海街全面核查房屋租赁情况。与房屋租户签订租赁协议，保证固定资产保值。开展“双万双服”工作，对16家企业录入天津市政企互通服务信息化平台交流网，与企业保持沟通。完善社区商业服务中心建设，规范周边商户。商会自主办会，组织开展针对会员的法制、诚信宣传活动。完成社区人口抽样调查、居民国家样本劳动力抽样调查等各类调查。完成年度东海地区625家单位名录库更新维护。

**【社区建设】** 2017年，东海街对桂江里社区居委会小广场进行提升改造，社区综合服务设施面积达500平方米，建成党员之家等功能室，重新配备办公桌椅等设施。桂江里和兰江新苑社区被评为天津市美丽社区。创新实验区通过中期迎检，12个社区划分为1600余个网格，投入5万余元，在楼道口安装网格员信息栏。做好慢性病防控示范区建设。街行政服务中心整合共享民生服务平台和信息，投入20万元建成“前台一口受理，后台协同办理”的社区事务服务中心。改造云江新苑居委会还迁配套用房，原址重建部分华江一委居委会设施。为6个社区主干道路安装车辆减速带70米。为粤江里、汉江里、龙江里、华江一委4个社区安装休闲座椅148把。完成居民代表评议社区工作，定期组织各社区业务培训。

**【民计民生】** 2017年，东海街全街低保、低收入1084户，其中低保984户，低收入100户。全年临时救助1021人。冬夏令救助340户。为残疾人发放各类补贴和物品合计400余万元。为5名品学兼优的困难学生儿童申请助学金9500元。235名老年人享受居家养老服务。创岗650个，安置下岗失业人员1200人。登记制作新社会保障卡1143张，办理临时社保卡1000余张。为大病和残疾独生子女发放保单174份，为特扶残疾家庭、特扶失独人员发放保单490份。依托街复退军人三级服务站，组建东海街“快乐老兵”营地和“快乐老兵”营地临时党支部。

8月1日，东海街在龙江里举办“热烈庆祝中国人民解放军建军90周年暨东海街快乐老兵营地临时党支部、快乐老兵营地成立仪式”

（东海街提供）

**【精神文明建设】** 2017年，东海街成立社区宣讲队伍，到联系点社区讲党课，进基层、进社区、进企业，对党的政策及十九大精神进行“白话微宣讲”，全年宣讲百余次。拍摄《砥砺前进的五年》《兰江新苑美丽社区建设》等专题片。启动创文复审迎检，制作、更换宣传展牌千余块，楼栋公示牌1600块。千余名志愿者开展十字路口执勤。龙江里、汉江里社区被评为市级文明社区，三水南里、粤江里、兰江新苑、儒林园被评为区级文明社区。为兰江新苑社区大

6月27日，东海街举行庆祝中国共产党成立96周年文艺演出现场 （东海街提供）

舞台配备幕布展架，购买摄像机。利用市民学校、终身学习服务中心等平台组织开展“迎全运—我的微承诺”“心动力课堂”“庆七一文艺汇演”等活动200余场。

**【市容环境】** 2017年，东海街清理垃圾渣土7000吨、堆物和乱圈乱占近万处、涂鸦贴画1.32万余处，清拖道路两侧及社区内僵尸车百辆。旧楼区长效管理验收工作中，平江里、九江里等小区复查结果合格率均达到100%。发放垃圾袋50.9万个，保障社区垃圾袋足量供给。更新874个垃圾桶并张贴分类标识，为卫生工作配备执法记录仪器12台。派发“四害”防治知识资料1800份，发放灭蚊蝇药300千克、鼠药400千克、灭鼠盒500个，开展夏季消杀打药600余次。对微山路、浯水道进行立面整修，规范牌匾37处。出动640余人（次）、160辆车次拆除珠江道铁路东侧35间违建，约7200平方米。出动480余人（次）、120辆车（次）拆除延水道南洞庭路至铁路之间违建202间、1.21万平方米。加大对占路摆卖、占路修（洗）车、占路加工等违法经营行为的巡查治理力度，治理各类占路经营问题523起，治理外摆信息牌345处。说服教育相对人2687人次，采取各类行政处罚20起。

2月，东海街开展“迎全运百日会战”活动（东海街提供）

**【污染防治】** 2017年，东海街成立街河长制办公室，安排专人每天对管辖范围内长泰河的水质情况和河岸卫生进行巡视。加强对餐饮服务单位进行治理，107家餐馆安装油烟处理设施，并签订餐饮单位环境管理承诺书。登记补装暖气和煤改电居民户1200户，回收居民、商户清洁煤9万块。中央环保督察组进驻天津检查期间，收到涉及扬尘、油烟、垃圾污染等案件19个，全部整改。

**【安全稳定】** 2017年，东海街组织各社区、企业开展形式多样的安全生产宣传活动40余场，张贴安全挂图、发放安全宣传材料千余份。重点走访残疾人、空巢、独居老人等住户，检查电路、煤气软管等隐患。组织144家安全生产企业进行《天津市安全生产条例》宣传培训。签订安全生产责任书794份、质量承诺书46份。开展第一、二轮安全生产隐患大排查大整治工作，分别对561家、400家企业进行隐患大排查，出动3600多人（次），排查治理175处安全隐患。成立街食品药品安全工作委员会，安装食药安全宣传橱窗28块，印制横幅40条，举办各类食药安全讲座20余场。在全国“两会”“全运会”“十九大”等重要节点，落实维稳信访安全责任。开展反邪教宣传，1068名居民参与“对邪教说不”签名活动。加强社区平安志愿者队伍的建设，开展培训14次。各社区调解委员会调解各种矛盾纠纷159件（次），回复办理政府热线、区长信箱等居民反映问题560件，办结

8月，东海街开展“我为全运助力”志愿点位值守和平安志愿巡逻（东海街提供）

全国信访系统信访件25件。开展法律宣传活动34次，接待社区群众公益法律咨询345人（次），发放宣传资料1000余份。

**【拆迁工作】** 2017年，东海街组织5次专业培训，拆除居民用房64间，老办事处、废品大院、保洁员宿舍等公建103间，强占房36间。抽调19人开展幸喜里拆迁前期调查，完成103户调查。做好星光宿舍拆迁收尾工作。

3月，东海街进行小二楼拆迁

（东海街提供）

**【党群工作】** 2017年，东海街“七一”前夕开展党员大走访。启动“绿荫学堂”。开展“党员微承诺”教育。评选区级“五一劳动奖章”获得者2人、工人先锋号先进集体1个、社区阳光职工之家1个，市级职工书屋示范点1个。街团委获河西区2016—2017年度“五四”红旗团工委称号。1户家庭获天津市最美家庭标兵户称号，4户家庭获市最美家庭称号。做好民兵整组和征兵工作，为部队输送7名优秀青年。

**【廉政建设】** 2017年，东海街制定《东海街关于落实全面从严治党主体责任的实施方案》《责任及任务清单》，定期报告全面从严治党主体责任落实情况。各科室、各社区签订廉政责任书、廉政承诺书。组织全街党员干部观看专题片《巡视利剑》《贪欲自毁人生》，参观“利剑高悬 警钟长鸣”警示教育主题展。投资1万余元建设桂江里廉政文化园，绘制长达70米的“全面从严治党永远在路上”漫画墙。

（王超凡）

## 东海街社区联系表

| 单位名称 | 地址 | 电话 |
| --- | --- | --- |
| 粤江里社会居委会 | 珠江道粤江里2-8栋后身 | 28190103 |
| 川江里社会居委会 | 双水道漓江里50栋对面 | 28178602（川） |
| | 枫林路川江里73栋旁 | |
| 汉江里社会居委会 | 双水道汉江里50栋对面 | 28191050 |
| 龙江里社会居委会 | 双水道龙江里24门旁 | 88466511 |
| 松江里社会居委会 | 双水道松江里平房一号 | 28190313（松） |
| | 榆林路同江里57栋对面 | |
| 三水南里社会居委会 | 泗水道三水南里56门对过 | 88466800 |
| 华江一委社会居委会 | 枫林路华江里9号楼对过 | 28179001 |
| 华江二委社会居委会 | 三水道华江里6号楼对面 | 28190223 |
| 桂江里社会居委会 | 泗水道桂江里84号82门后 | 28190031 |
| 兰江新苑社会居委会 | 梅林路兰江新苑9号楼底商 | 28195773 |

续表

| 单位名称 | 地址 | 电话 |
| --- | --- | --- |
| 儒林园社会居委会 | 梅枫路儒林园 14 号楼旁 | 88469930 |
| 云江新苑社会居委会 | 泗水道云江新苑 13 号楼底商 | 28190992 |

# 尖山街

**【概况】** 尖山街位于河西区西南部，辖区东起洪泽路，西至隆昌路、白云山路，南迄潭江道，北抵大沽南路，辖区面积6.3平方千米。2017年，下设社区12个，居民27077户、72283人。辖区内有公交二公司、广播器材有限公司、歌舞剧院、天津珠江投资（控股）集团有限公司、环渤海金岸集团、汽配城、登发商务酒店、七天假日酒店、医院、学校、幼儿园等单位。街党政机关内设：党工委办公室、组织干部科、人大工委办、妇联、纪工委、宣传科、武装部、工会、行政办公室、财审科、城市管理科、街域经济发展科、社会事业发展科、社会事业管理科、安监科。

**【街域经济】** 2017年，尖山街深入开展“双万双服”主题活动，设立9个帮扶小组，为64家企业建立一企一档，建立健全“转办”制度。共受理企业提出问题39件，满意率100%。第六田园社区商业中心获市级商业中心，获政策专项资金20万。完成科技型企业帮扶3家。

**【市容环境】** 2017年，尖山街开展“迎全运城市综合整治百日会战”和“垃圾大清整大检查大整改”，组织集中清整20次，发动12242人（次），清理圈占202处，清运垃圾2913吨，配合房管部门对老旧小区和远年住房进行雨水管更换、下水道换管及楼道刷浆工作。完成散煤回收376户，开展“煤改电”工作，完成99户登记和安装工作。拆违工作稳步推进，拆除各类违法建筑4.79万平方米。集中拆除优仕庭院圈占、违法建设23处、1700平方米。对延水道(陈塘铁路支线—蒙山路）市容环境开展综合整治，拆除各类违法建设58间、1320平方米。

3月27日，尖山街开展百日会战集中清整
（尖山街提供）

**【公共文化服务】** 2017年，尖山街开展中国特色社会主义理论和“中国梦”宣传教育，开展“迎庆十九大”“迎全运做文明有礼河西人”等主题活动，开展文明城区创建活动，树立先进典型，居民武佩玲被授予“全国最美志愿者”称号和天津市“第五届道德模范”，瑞江花园、长达公寓评为市级文明社区。开展全国文明城区复审迎检工作，抓实基础档案，通过外部环境宣传、入户、街访等方式，进行广泛宣传，完成创文复审迎检相关任务。

9月28日，尖山街开展尖山百花越剧团公共文化志愿服务活动　　（尖山街提供）

【社区建设】 2017年，尖山街对光明里、尚城、瑞江花园、纯洁里等社区进行居民活动设施提升改造，在全街1861个楼门安装网格示意图，在12个社区安装24个大型宣传展牌，提升社区宣传氛围。在全体社工中组织3次365应知应会考试，开展社工自查、社区互查和科室科长检查及社区居民代表评议居委会工作，引导居民积极有序的参与社区活动，实行AB岗网格员管理，完成社区居委会绩效考核工作，社工队伍整体素质不断提升。光华里社区被评为2017年天津市美丽社区。

【社区活动】 2017年，尖山街开展“迎新春　慈善助困活动”“爱心助学”“爱心成就梦想”等活动，救助困难家庭、困难儿童、残疾人等各类人群1400余户，慰问款物约140余万元。组织开展“迎全运庆祝党建96周年书画展”“夏日激情　舞动尖山”消夏纳凉晚会。推进红山里流动人口计划生育幸福工程项目，关爱服务外来人口。举办第二故乡联谊社新春联欢会和“流动人口关爱关怀服务月”活动。组织“三八”妇女节健康知识讲座、母亲节、国际家庭日、5·29计生协会日、流动人口健康宣传服务月等活动。

【安全稳定】 2017年，尖山街成立街信访维稳工作领导小组，做好全国“两会”“一带一路”峰会、市党代会、北戴河会议、全运会、“十九大”等重要节点期间以及名门水岸等上访的维稳工作。开展八大里老旧社区、辖区六小单位等重点领域安全隐患排查，开展安全生产大检查大排查大整治，整改经营单位安全隐患2920项，整改率100%。发动社区志愿者开展安全维稳“五巡查”，印制8000张联防联控巡查卡。吸取“12·1”重大火灾事故教训，深入辖区出租房、群租房、“九小场所”等隐患突出的区域进行普查，排查单位2582家。开展清查清缴非法枪支弹药专项行动，对全街2.68万户居民进行逐家逐户地毯式清查清理清缴，与居民签订责任书。

【党建工作】 2017年，尖山街开展“维护核心、铸就忠诚、担当作为、抓实支部”主题教育实践活动，推进“两学一做”学习教育制度化常态化，采取党校老师授课、书记讲党课、观看开幕式等形式，开展党的十九大、十八届六中全会和市第十一次党代会精神学习30余次。召开专题民主生活会。建成艺都花园独立300平方米党建服务载体。举办社区支部书记、党务工作者培训班。选优配强55名“两新”（即新经济组织和新社会组织）党组织书记，成立非公党建办公室，深入实施“全覆盖”工程，筹建解放南路商圈市场党群服务中心，形成辐射周边大型卖场的“大党建、大服务、大管理、大发展”

11月15日，尖山街召开学习宣传贯彻党的十九大精神宣讲报告会　　（摄影：任江宏）

的商圈党建新格局。抓好廉洁文化建设，新建4个廉政文化长廊和一个广场。整改全区基层党建巡查和领导干部民主生活会专项检查指出的问题。做好区委巡察反馈意见整改，把巡察反馈和“机动式”专项巡察的9个方面17个重点问题，建立整改台账，明确措施、责任领导部门和完成时限。

**【群团组织】** 2017年，尖山街做好人大代表、政协委员换届后初任培训工作，组织人大代表、政协委员统一活动日和扶贫助困献爱心活动。为红霞里600余户居民暖气安装免初装费和工料费。工会新增建会80个，非公企业工会1459家，职工会员9233人，其中农民工会员705人，建会、建制、创和谐三项指标任务均达100%。组织开展寻找“最美家庭”“迎全运河西家庭在行动”“巾帼建新功 家庭绽异彩”等主题活动，5户家庭被河西区评选为最美家庭。武装完成兵役登记、民兵整组、人防建设，征兵等工作。

（韩凤云）

### 尖山街社区联系表

| 社区名称 | 地址 | 电话 |
|---|---|---|
| 纯洁里社区居委会 | 解放南路文贤公寓1排对面平房 | 28301156 |
| 优仕公寓社区居委会 | 优仕公寓309号3楼 | 28286046 |
| 红山里社区居委会 | 沅江道红山里30增1号红山里居委会 | 28301215 |
| 长达公寓社区居委会 | 解放南路475号长达公寓社区内物业楼2楼居委会 | 28301286 |
| 光明里社区居委会 | 沅江道69号平房 | 28301021 |
| 曙光里社区居委会 | 曙光里39门对面平房 | 28301023 |
| 水晶城社区居委会 | 解放南路518号万科 水晶城香溪园23-101 | 88152330 |
| 尚城社区社区居委会 | 太湖路17号通达尚城33-501 | 28332035 |
| 光华里社区居委会 | 平江道16号 | 28335021 |
| 名都新园社区居委会 | 解放南路与珠江道交口 | 28328349 |
| 瑞江花园社区居委会 | 解放南路446号瑞江花园 | 88368780 |
| 郁江南里社区居委会 | 解放南路与郁江道交口 | 28301089 |

# 陈塘庄街

**【概况】** 陈塘庄街位于河西区东南部，东起微山路、学苑路与柳林街为界；南抵珠江道、泗水道与东海街接界；西至洪泽路，与尖山街毗邻，北傍海河与河东区相望，辖区面积6.5平方千米。2017年，下设社区12个，居民19972户、51949人。辖区有天津市水利工程有限公司、瀚金佰集团有限公司、天津海事测绘中心、天津小学、陈塘科技商务区创业基地、陈塘科技商务区服务中心、青林大厦、振河科技园、天感科技园、香年广场、尊华商务中心、创智天地、地铁复兴之门、颐航大厦、美年广场、天复创业基地等单位。街党政机关内设：党工委办公室（维稳办公室）、组干科、宣传科、纪工委、武装部、人大工委办公室、工会、共青团、妇联、行政办公室（信访办公室）、社会事务管理科（社会管理综合治理办公室、安全生产监督管理科、物业管理办公室）、城市管理科（爱国卫生运动委员会办公室）、街域经济发展科、财务审计科。

**【街域经济】** 2017年，陈塘庄街深化“一助两促”，开展全程互联网式帮扶，走访企业56家，召开协调会4场，帮助协调解决问题20个，企业满意率100%。借助楼宇和众创空间资源，上报科技型中小企业材料10家，建立香年广场楼内企业服务档案，完善一楼一档、一企一册数据库，完善曲江路社区商业中心功能。

**【市容环境】** 2017年，陈塘庄街开展市容环境综合清理，清理堆物圈占1623处，拆除违章建筑83间、4252平方米，拆除私装地锁286个，清理废旧非机动车辆657辆，清理社区现存僵尸车20辆。开展大气污染防治工作，落实整改中央环保部下发的督查信访件31件，市环保督查信访件26件，重点解决棉四二废品回收站、四季馨园绿地违章圈占、海河沿线周边杂土等长期历史遗留问题。抓好散煤治理回收和餐饮企业油烟排查工作，协调电力、供热、发改委等部门对油毡厂宿舍、有机小二楼等平房小区进行集中供热及煤改电，办理集中供热补建盖章965户，煤改电签合同265户，对403户居民的128吨散煤进行回收处理。组织社区对餐饮企业进行排查，对249户餐饮商户统一安装油烟净化设施，覆盖率达100%。为社区安装减速带、长椅、地笼等基础设施，统一更换社区垃圾箱桶800余个，为泰山里、微山里等小区安装补建路灯30个，对瑞宝里、副食楼等4个重点小区72处点位进行立面整修，完成贵山里绿地提升车位改造任务，修建车位331个。推进河长制，按照实施方案要求落实巡视、报告、问责等10项工作措施，改善地区河道水质环境质量。

**【社区建设】** 2017年，陈塘庄街完善社区基础硬件建设，实现独立300平方米社区办公服务设施全覆盖。创建“美丽社区”秀峰里，完善“两评三会一公开”制度，举办“青春点亮社工梦”主题演讲活动，建成棉四二健身广场。救助困难居民349户，发放救助款59.20万元。完善居家托养服务需求，为186户重残家庭提供居家托养服务，为591名残疾人申请通讯补贴。建立街、社区两级复退军人联络服务站13个，帮扶结对49对。落实劳动保障服务各项措施，多渠道多层次开发就业岗位，新创就业岗位827个，提供创业培训、技能培训百余人，办理灵活就业补贴804人。开展免费查体、专项救助、走访慰问等活动。

**【安全稳定】** 2017年，陈塘庄街做好全国“两会”“一带一路峰会”“市第十一次党代会”“十三届全运会”“厦门金砖会议”“党的十九大”等重要会议期间维稳工作，排查调处矛盾纠纷514起，矛盾化解率保持100%。开展平安社区创建活动，社区发案率下降，彭山里社区完成市级重点治理任务，双山新苑社区被评为平安创建优秀社区。推动普法依法治理工作，依托公共法律服务平台，开展普法宣传33次，接待来访群众法律咨询220人（次）。开展安全生产隐患大排查大整治专项行动，重点抓好对高层建筑、群租房、三合一场所、人员密集场所的隐患排查整治，排查点位2765处，发现隐患290处，完成整改223处，整改率76.9%。举办集中安全培训4次，培训各类生产经营单位人员300余人次，开展燃气爆燃事故应急处置演练，配合渤海无线电厂对其院内全部租赁户进行清理。

【群众文化】 2017年，陈塘庄街组织开展民俗踩街、市民学校成果展演等系列文化活动954次，开展学雷锋系列活动288次。发挥理论超市载体功能，通过专家授课等形式举办道德讲堂144次。做好创文复审迎检工作，整理创文档案62套件，发动志愿者450余人上岗执勤，对区文明办36件督办单全部按期完成整改。市民学校开设18个班（次），8个社区终身学习服务中心组织开展学习活动。

2月10日，陈塘庄街第十五届民俗踩街活动在曲江公园举行 （陈塘庄街提供）

【党建工作】 2017年，陈塘庄街各级党组织书记开展主题宣讲和讲党课167次，组织集中学习交流743次，发放学习资料1134册，各种形式送学1315人次。建立党建微信公众号，定期推送党建学习内容，组织党员干部现代远程教育集中学习63次，开展党员应知应会知识答卷30次，开展“踏访红色印记学习贯彻十九大精神”等党员实践活动1232次，党员参与率达80.8%，完成3个专题学习教育任务。各级党组织解决社区难题2008件，救助社区困难党员265人，全街593名在职党员到社区报到。完成3个党支部换届工作，创建五好党支部28个，新创建联合党支部5个，成立非公独立党支部2个，选配非公党建指导员19名，覆盖非公有制企业94家，覆盖率100%，重点打造四季馨园等6个党建标准化社区。

11月8日，陈塘庄街组织学习宣传贯彻党的十九大精神 （陈塘庄街提供）

【重点工作】 2017年，陈塘庄街完成小二楼79户和玛钢里16户的动迁任务。完成全运村体验、火炬传送、开幕式观礼等各阶段安保志愿服务任务和全运村周边的重点沿线道路17个点位服务志愿岗工作。

（岳惠民）

## 陈塘庄街社区联系表

| 社区名称 | 地址 | 电话 |
| --- | --- | --- |
| 陈塘庄社区居委会 | 大沽南路 975 号 | 15722078965 |
| 棉四一社区居委会 | 大沽南路 942 号增 2 号 | 15722078957 |
| 棉四二社区居委会 | 大沽南路秋润家园物业二楼 | 15722084882 |
| 幸福家园社区居委会 | 大沽南路 1386 号 | 15722084887 |

续表

| 社区名称 | 地址 | 电话 |
| --- | --- | --- |
| 东江道社区居委会 | 洞庭路海翔公寓平房2号 | 88271848 |
| 四季馨园社区居委会 | 东江道57号 | 15722084890 |
| 微山里社区居委会 | 东江道微山里37门旁 | 15722084881 |
| 天山里社区居委会 | 东江道天山里社区66栋对门 | 15722078961 |
| 华山里社区居委会 | 茂名道华山里2门旁 | 15722078963 |
| 双山新苑社区居委会 | 珠江道双山新苑社区内物业楼一楼 | 15722084883 |
| 秀峰里社区居委会 | 竹林路秀峰里23栋旁 | 15712252175 |
| 贵山里社区居委会 | 学苑路67门底商 | 15722218615 |

# 柳林街

**【概况】** 柳林街位于河西区东南部城郊接合部，东以双林引河与津南区为界，南沿泗水道与津南区为界，西沿微山路、学苑路、新会道与陈塘庄街道办事处为界，北至海河中线与东丽区为界，辖区面积约4.7平方千米。2017年，下设社区10个，居民26657户、71418人。辖区有中交一航设计院、港湾研究所、天津科技大学、天津财经大学等企事业单位。街党政机关内设：党工委办公室、党建办公室（挂组干科牌子）、宣传科、纪工委、武装部、人大工委办公室、工会、团工委、妇联、行政办公室、社会事务管理科、安监科、社会事业发展科、城市管理科、街域经济发展科、财务审计科、统计办公室、劳动保障服务中心、卫生和计划生育办公室。

**【街域经济】** 2017年，柳林街开展“双万双服”活动，对11家企业帮扶确认率、问题解决率、满意率均达100%。实现辖区散煤清洁化治理工作“全覆盖、全替代”。完成年度一套表企业定报、劳动力抽样调查、第一次海洋经济调查及人口变动抽样调查等统计工作。全面核查房屋租赁情况，与44家房屋租房签订租赁协议。

**【民计民生】** 2017年，柳林街提升社区为民服务活动中心环境，对东海里、景雅里2个社区为民服务活动中心进行修缮。全年救助低保户、边缘户1640户，救助困难群众498户，278余万元，为1012户低保户发放供热补贴44.38万元。为761户家庭落实廉租、公租住房优惠政策。城乡居民养老保险缴费196人，城乡医疗保险报销151人份，办理社保卡1349张，办理五七工申报3人。全年举办公益招聘会15场。继续实施失业人员中就业困难人员和高校毕业生一对一帮扶，完成创岗就业安置867人，全街失业率控制在1%以下。

**【市容环境】** 2017年，柳林街落实大气污染防治网格化管理，对施工、餐饮、汽修、物回等重点单位进行重点监管，建立动态管理台账，严防“小散乱污”企业。针对运输撒漏、运载渣土未使用密闭运输工具等易造成大气污染的违法行为加大惩处，处罚3起。开展“迎全运百日会战”城市综合整治、创文复审环境清整及拆违专项治理等活动，清理僵尸车60辆、废旧非机动车223辆，清理乱贴乱画2.8万余张、宣传布标3720余处、堆物9700余处、圈占934处，清运杂物垃圾3870余吨，拆除违建621处16381平方米，提升辖区整体环境。龙天园社区和景雅里社区获天津市美丽社区。

4月22日，柳林街进行社区卫生清整
（柳林街提供）

【安全稳定】 2017年，柳林街做好矛盾排查、信访维稳及应急事件处理工作，完成“两会”期间、一带一路高峰论坛、市十一次党代会、北戴河会议、全运会、国庆中秋双节及党的十九大召开期间的重点维稳工作，化解矛盾纠纷195起回复群众信访19件，信访积案交办件1件。完成平安社区创建工作，创建市级优秀平安社区1个，市级达标平安社区8个，区级平安社区10个。开展安全生产大排查工作，开展隐患排查治理体系建设，多次召开安全生产工作会议，进行安全生产风险分析，对辖区419家单位经营户全部进行排查，重点突出对龙博花园内的9处近3000平方米地下室经营的日租房、足疗、棋牌室、仓储、存车处进行彻底排查整治，在龙博花园召开现场会。

11月25日，社区志愿者义务参加辖区治安巡逻
（柳林街提供）

【群众文化】 2017年，柳林街结合创建国家公共文化服务体系示范城区的要求，围绕“文化365在河西”文化惠民活动，开展“我们的节日”主题活动、红歌传唱、民俗品牌建设、互助节等系列活动95场。抓好市民教育 ，开设30个班次，受教育人群达1200余人次。开展宣传报道工作，142篇新闻、信息被多种媒体和平台登载、报道，街微信公共账号“柳林微讯”发布图文信息21次，阅读量达3100余次、转发量达600余次。文明创建活动扎实推进，微山东里社区被评为2015—2017年度市级文明社区。完成创文复审迎检工作，制作迎全运迎十九大·讲文明树新风公益广告400余块，印发《致广大社区居民的一封信》26000余份。

12月，园丁公寓社区完成精品小区创建
（柳林街提供）

【拆迁工作】 2017年，柳林街完成海地小二楼

52拆迁户摸底调查、政策宣传、思想动员、现场动迁等相关工作，配合区建委做好造纸厂拆迁片后续的跟进。

**【党群工作】** 2017年，柳林街协调办结人大代表建议和政协提案15件。工会新增建会10家，职工会员45人。开展"活力空间"活动300余场，承办团区委的大型轮值活动"千里姻缘一线牵"相亲活动。开展"家庭建设月"等各类特色家庭创建主题活动。完成379名适龄青年兵役登记和年度征兵工作任务，对76处国防工事进行全面核查。

（胡开前）

**柳林街社区联系表**

| 社区名称 | 地址 | 电话 |
|---|---|---|
| 东海里社区居委会 | 学苑路东海里五栋增一号 | 15712250346 |
| 珠峰里社区居委会 | 珠峰里小区内小二楼 | 18649200084 |
| 微山东里社区居委会 | 微山路微山东里小区 43 门旁 | 15722275760 |
| 贺福里社区居委会 | 贺福里小区 31 门对面二楼 | 88190785 |
| 龙天园社区居委会 | 海地道与小双林路交口 | 15722280950 |
| 园丁公寓社区居委会 | 珠江道园丁公寓小区 8 号楼旁 | 28151363 |
| 龙博花园社区居委会 | 龙博花园小区物业一楼 | 28185496 |
| 景雅里社区居委会 | 珠江道雅致里 17 号楼旁 | 15722091965 |
| 腾华里社区居委会 | 大沽南路与五二路交口原灰堆二小院内 | 28121480 |
| 金海湾社区居委会 | 大沽南路 1069 号金海湾花园院内 | 18812576057 |

# 挂甲寺街

**【概况】** 挂甲寺街位于河西区中部偏东，东临海河、天津市第四棉纺厂西大道，西至隆昌路，南抵资水道、大沽南路，北迄津河末梢、湘江道，面积2.97平方千米。2017年，下设社区15个，居民32170户、82474人。辖区有天津医院、天津日报社、登发装饰城、第四十二中学、市成套设备局、市第二中级人民法院、市人民检察院第二分院、鸿起顺餐饮有限公司、桂发祥麻花总店等单位。街党政机关内设：党工委办公室、人大办、纪工委、组干科、宣传科、团工委、工会、妇联、武装部、行政办公室、城市管理科、社会事务发展科、劳动保障中心、人口与计划生育办公室、社会事务管理科、财审科、生产管理处、统计办、街域经济发展科、执法队等。

**【街域经济】** 2017年，挂甲寺街开展"双万双服"

活动，成立挂甲寺街“双万双服”工作组，走访企业38家，解决辖区内企事业单位问题需求18件。做好食品药品安全监管工作，开展街域内禽蓄水产品及副食调料清理清查、“迎全运百日会战”食品安全综合整治、幼儿园和校园周边食品安全专项整治等工作，开展食品安全检查600余次。

**【迎全运百日会战】** 2017年，挂甲寺街开展百日会战工作。拆除违法建设86处、3584平方米，清理楼内外堆物4422处，清理圈占78处、524.2平方米，清除小广告约2500余张，更换式清洗垃圾桶1500次，绿地捡脏1.44万平方米，清理废旧非机动车300辆，清运工程杂土及堆物605车、1712吨。机关干部和社区居委会在每周六集中清整的基础上，增加每周二、四上午的集中清整时间，清整38次。

**【市容环境】** 2017年，挂甲寺街做好大气污染防治工作和散煤治理，对难点问题因户施策、一户一策，完成散煤治理工作目标。中央环保督查期间，回复信访件49件。组织相关科室、社区居委会、街执法队、保洁队100余人，清运汇文名邸与美泉新苑小区之间堆放的工程土，并安装创文宣传橱窗。

**【民计民生】** 2017年，挂甲寺街对585户低保户进行低保调标，对561户低保户进行低保复审，实现应保尽保。对594户、935名低保户、低收入居民发放过节费84万余元，对114户困难家庭发放医疗救助和生活救助27万余元。开展慈善助困活动，对110户困难家庭发放善款3.24万元。为1042名重度残疾人发放护理补贴10万余元。成立16个复退军人联络服务站，对1133位复退军人进行登记，对5户困难复退军人家庭进行走访慰问。落实劳动保障政策，为122名居民报销医药费121万余元。创新推进民族宗教侨务工作，重华社区被评为“全国为侨服务示范单位”、鹤望里社区被评为“天津市民族团结进步示范社区”。

3月2日，“挂甲寺街2017年志愿服务大家庭启动仪式”现场 （挂甲寺街提供）

**【基础建设】** 2017年，挂甲寺街解决重华里、科艺里独立300平方米居委会办公用房。“美丽社区”创建工作与创建全国社区治理和服务创新实验区工作相结合，在各自然小区出入口张贴“便民服务指南”，重华、科艺里、鹤望里、麦格理、龙都花园成功创建“美丽社区”。对鹤望里等11个社区居委会主任和副主任进行补选，对新招录的专职党务工作者与社区工作者开展初任培训。

**【社区文化】** 2017年，挂甲寺街举办“喜迎全运，文明参与，我们在行动”暨“河西区西岸（挂甲寺地区）文化庙会”，举办6场“挂甲寺之夏”消暑纳凉文艺晚会。精选剪纸、烙画、风筝等作品在全运村接待中心进行布展。举办第九届民间民俗文化艺术节活动，开展“不忘初心，牢记使命”学习宣传贯彻十九大精神剪纸作品展、

4月28日，挂甲寺街举行“2017年志愿服务大家庭现场服务活动” （挂甲寺街提供）

丹青笔会、“不忘初心，匠心传承”民间手工艺烙画讲座、“工艺之美，传统手工艺的传承与创新”剪纸装裱讲座。实施街文化中心整体提升改造工程，建成后整体面积达700平方米，设立西岸书斋、非遗工作室、多功能室、志愿服务站、青少年活动室、文化展厅、瑜伽活动室、体验室等多个功能活动区域。

**【党建工作】** 2017年，挂甲寺街领导班子成员在社区和支部讲党课16人次，参加党员1026人。加强对支部书记和党务工作者培训，分批次开展党务业务专题培训5次。完善“两新”组织党建工作，全街非公企业619家、党员225人、联合党支部54个、独立党支部13个。制定“街学习宣传贯彻党的十九大精神实施方案”，每周系统学习党的十九大报告。开展送学上门活动，为4233名社区党员送去新党章和十九大报告。利用“当代学者大讲堂”“理论超市”载体，分别邀请天津市委党校教授张新华、党的十九大代表四十二中校长袁滨渤深入社区宣讲党的十九大精神。开展“五个一”系列学习宣传活动，绘制15米“图说价值观百姓话语墙”宣传党的十九大精神，为社区和地区两新组织制作横标82条、易拉宝25组150块、社区活动室亚克力宣传展牌22块、更换橱窗宣传牌52块，利用社区电子屏、广告机滚动播出十九大宣传口号，设计、制作3.5万张精美的十九大专题新年宣传挂图，送到居民家中。

**【全国文明城区创建】** 2017年，挂甲寺街开展志愿服务大家庭活动，设计制作“志愿服务大家庭活动纪实手册”“社区个性化折页”，举办志愿服务大家庭启动仪式暨“志愿服务之星”事迹宣传展示和“爱心联盟 全民公益日”现场志愿服务活动。开展“理论大讲堂”宣讲活动，共举办全区性宣讲活动13场。深入开展“我们的节日”主题系列活动，与区文化馆承办“家和万事兴我们的节日—春节”河西区迎新春文明家风进万家主题活动，中央文明办委托的第三方检查组分别对重华社区居委会进行创文档案资料和活动室实地考察。

1月22日，挂甲寺街举办“我们的节日·春节”主题活动　　（挂甲寺街提供）

**【安全稳定】** 2017年，挂甲寺街开展安全生产大检查、安全隐患大排查大整治，在全国两会、十九大、全运会和节假日期间开展安全专项检查以及特种设备安全检查工作，对辖区“六小”单位和“三合一”场所、人员密集场所、餐饮单位、高层住宅电梯的安全使用等方面进行重点和专项检查。出动检查组528次，出动检查人员1056人（次），检查1705家（次），查出228项安全隐患问题，整改完成221项，整改率96.93%。制作“警钟长鸣”安全提示牌，为社区楼门喷涂消防安全提示，为各社区更换、维修消防设施，组织居民开展消防演练等宣传活动。深刻汲取“11·18”和“12·1”事故的教训，查封4处人员密集场所，清理楼内外堆物165车，下达安全隐患告知书196份，发放消防安全宣传彩页及宣传册1.6万余份。在全国“两会”“十九大”等重要时间节点，制定维稳工作处置预案。化解信访积案，调处各类矛盾纠纷1300余起，矛盾纠纷调处成功率达95%以上。开展“平安河西”创建，出资60万余元，为新城小区、排水大楼、美泉新苑等小区安装监控设备，提高技防能力。筹建新的街综治服务中心。开展法制宣传工作，聘请法律顾问，为辖区居民提供法律咨询服务1500余次。编印发放《法律常识安全手册》3.7

万余册。做好社区矫正和安置帮教工作。

**【工青妇武】** 2017年，挂甲寺街新增建会企业41家，新增会员256人，累计建会487家，会员人数4444人。建制企业477家，覆盖职工4256人。在工资集体协商要约月工作中，签订意向书36份，覆盖职工人数为4256余人。推进“两新”组织妇联建设工作，成立妇联组织35家。深化文明家庭建设，开展“迎全运、绿色生活在我家”志愿服务活动。实现社区活力空间全覆盖，开展各类公益活动，丰富青少年生活。开展国防教育，做好民兵整组、兵役登记和征兵工作。

**【小二楼动迁】** 2017年，挂甲寺街对小二楼、岩峰路剩余户进行攻坚，依法以情拆迁，完成小二楼动迁、岩峰路棚户区动迁和科技大学片区的摸底调查工作任务。

（孔含宁）

**挂甲寺街社区联系表**

| 社区名称 | 地址 | 电话 |
| --- | --- | --- |
| 前程里社区居委会 | 隆昌路与中环线交口 | 28233167 |
| 新城小区社区居委会 | 南北大街与大沽南路交口 | 28233037 |
| 景兴西里社区居委会 | 利民道彩虹菜市场旁 | 28255810 |
| 滦水里社区居委会 | 尖山路滦水道 21 号 | 28234277 |
| 云广新里社区居委会 | 小围堤道河西文化中心西侧 | 28262243 |
| 鹤望里社区居委会 | 利民道鹤望里 5 门底商 | 28233103 |
| 景兴里社区居委会 | 利民道景兴西里供热站旁 | 28233015 |
| 麦格理社区居委会 | 大沽南路中段东侧澳景大厦底商 1 号 | 28230430 |
| 科艺里社区居委会 | 解放南路科艺里 6 门旁平房 | 28220461 |
| 美化里社区居委会 | 解放南路侨馨园 383 号 | 28236199 |
| 南北大街社区居委会 | 寺东路美宁公寓 6 号楼底商 | 28231441 |
| 美好里社区居委会 | 古海道美好里 33 号增 2 号 | 28233203 |
| 重华里社区居委会 | 龙都花园南园 8 号楼 06 号底商 | 28301303 |
| 海景雅苑社区居委会 | 海景雅苑 7 号楼 2 楼 | 59586240 |
| 龙都花园社区居委会 | 津河南道龙都花园 46 门后平房 | 28263316 |

# 桃园街

**【概况】** 桃园街地处河西区西北部，西北沿西康路、马场道与和平区交界，东至九龙路、广东路、隆昌路，南到津河，辖区面积1.09平方千米。2017年，下设社区9个，居民17130户、62547人。辖区内有中国银行、浙商银行、天津人力资源开发服务中心、天津外国语大学等单位。街党政机关内设：党工委办公室、纪工委、人大办公室、妇联、工会、武装部、宣传科、组干科、财审科、行政办、社会事务管理科、安监科、城市管理科、街域经济发展科、统计办、计生服务中心、劳动保障服务中心、社会事业发展科、综合执法大队。

**【街域经济】** 2017年，桃园街开展“双万双服”活动，指导36家限上“三类”企业登录“市政企互通服务平台”完成信息确认工作。收集街域企业提出问题27件、解决27件、企业满意评价27件。为空置的原渤海银行大厦、合众大厦、中银街3栋别墅进行推介、招租，跟进、做好服务工作。协调做好友谊北路“金河购物”超市空置商铺和广东路原“世纪联华”空置超市出租宣传和招商工作。做好街域统计工作，完成2016年年报和2017年各行业定报工作，完成桃园街数据资料册的编制印刷工作。

**【市容环境】** 2017年，桃园街完成“迎全运百日会战”环境清整工作，组织14次社区专项集中清整，发动8428人（次），出动车辆1928车（次），清理圈占170处1131平方米，清运渣土2023处5063吨，清运垃圾1669吨，清理堆物6627处，清理楼道1122个，清除乱贴乱画9755处，拆除私装地锁682个，清理废旧非机动车584辆，擦拭垃圾箱桶1256个，绿地捡脏5921平方米，发放“致桃园地区居民群众一封信”2.2万封。投入22万元为元兴新里小区加装天井钢板护网，为1、7号楼安装天井外窗护栏。做好环境污染防治工作，对19处2800平方米的裸露土地、汕头路与津河北道交口的4500平方米空地进行苫盖。对2000多平方米的裸露土地进行补绿，对500多平方米的裸露土地进行硬铺。回收散煤19.62吨，燃煤炉具148台。处置25件中央环保部督办件，通过中央环保巡视组在回头看工作中对“天津市小佬德顺餐饮有限公司”的抽查。圣德园小区被评为2017年市级环境友好型社区（绿色社区）。做好辖区环境治理，对社区垃圾进行全面清理，拆除违法建设75处1315.6平方米，清理圈占27处351平方米，治理外摆信息牌1052处(次)，占路宣传446处(次)，外摆LED灯箱530次，店外摆卖847处（次），马路餐桌41处（次），夜间烧烤炉外摊92处（次），清拖“僵尸车”19辆。在日常巡查过程中及时制止4处在建违法建设，面积48平方米。完成区民政局对连荣里新德里小区的复验。通过市级旧楼区长效管理考核验收，获市级“旧楼区长效管理示范街”称号。做好街域内河道巡视排查工作，制定《桃园街街级河长制实施方案》，成立街河长制领导小组，建立《桃园街河长制会议制度》等11项街河长制工作制度，组织召开街河长制会议5次，每天巡视河道基本情况，完善街河长工作信息，规范并推进桃园街河长制工作。

2月11日，桃园街开展迎全运百日会战清整
（桃园街提供）

**【民计民生】** 2017年，桃园街两节期间为各类困难群体发放救助金及慰问品56万余元，为210名低保困难残疾人发放大米和食用油。完成1.09万人的参保登记工作。为失独家庭和特扶困难家庭发放慰问金1.6万元。协调解决长安里小区下水管道堵塞问题。完成金达园小区4号楼自来水改造工程。完成盛瑞公寓120户居民二次供水改造任务。组织桃园街道2017年“春风行动”招聘会，吸纳参加企业40余家，现场咨询人数112人，达成意向15人。

**【社区建设】** 2017年，桃园街完成罗兰花园美丽社区创建工作。开展关于如何做好一名“小巷总理”、美丽社区建设和创建全国社区治理和服务创新实验区、数字化网络管理服务平台使用等工作培训。连荣里、庆荣里、照耀里、元兴新里、罗兰花园、广顺园、西楼北里等7个社区居委会独立办公用房面积达300平方米以上。庆荣里社区、元兴新里社区获2015—2017年度市级文明社区称号，连荣里社区、罗兰花园社区获区级文明社区称号。

**【全国社区治理和服务创新实验区创建】** 2017年，桃园街对9个社区进行好、中、差分类。在居民区楼门张贴户外宣传展板100块，网格员公示栏522块。以元兴新里、西楼北里社区为试点，结合开展安居节系列活动，使居民参与社区共治。

**【群众文化】** 2017年，桃园街围绕节日文化，举办“金鸡起舞舞新春　桃园居民一家亲”等大型文艺会演5场，开展街级重点文化活动8次，社区重点文化活动90次。开展“分享传统文化　分享佳节喜悦”青少年冬令营等特殊群体文化活动80余次。

11月9日，桃园街举办第十六届安居节
（桃园街提供）

**【安全稳定】** 2017年，桃园街在“两节”“两会”“一带一路”、天津市第十一次党代会、第十三届全运会、十九大等重大活动和重点时段加大安全宣传力度。开展安全检查，对辖区内经营单位进行多次拉网式隐患排查，排查1274家（次），排查整改一般隐患356项。开展新一轮安全事故隐患大排查大整治专项行动，重点排查辖区内人员密集场所点位823个，排查出隐患293个，整改269个，整改率91.81%。开展夜查20余次，排查出群租房69家，清理人员230人。协调整改消除金达园地下室存储布料安全隐患问题。悬挂安全宣传布标160余幅，张贴安全温馨提示2000份，发放《致居民群众消防安全一封信》和安全防火逃生知识2万余份，购买和更换灭火器56个，清运隐患堆物110余车。规范街信访接待室。接待来访群众105批132人（次）；区长信箱受理办结群众信访来件541件。

**【重点工作】** 2017年，桃园街通过全国文明城区复审工作。完成造纸厂旧城区改造剩余92户223间和小海地小二楼安江里8、9、15号院73户的房屋征收工作。完成12.1善后安抚工作。西楼北里社区通过市、区侨办的材料审核和实地考察，成功申报天津市民族团结进步创建活动示范社区。

**【党群工作】** 2017年，桃园街落实“两个责任”，加强制度建设，建立“主体责任工作台账”，修订《桃园街道党工委会议事决策规则》，制定《桃园街道党政主要领导不直接分管部分工作的暂行规定》《桃园街道党工委工作规则》《桃园街道规范“三重一大”事项决策工作实施意见》。推进全国文明城区建设，利用各类宣传媒体开展各种主题宣传，制作展牌665块，大型公益广告105块，条幅168条，发放市民文明手册2000余份，张贴发放“致河西区居民的一封信”23000余封。

11月24日，桃园街妇女第六次代表大会（桃园街提供）

（刘艳霞）

**桃园街社区联系表**

| 社区名称 | 地址 | 电话 |
| --- | --- | --- |
| 连荣里社区居委会 | 越秀北路连荣里小二楼 | 23278323 |
| 元兴新里社区居委会 | 绍兴道元兴新里文化站增1号 | 23278319 |
| 庆荣里社区居委会 | 永安道庆荣里9门对过 | 23278324 |
| 泰达园社区居委会 | 永安道泰达园38门旁 | 23278326 |
| 照耀里社区居委会 | 桃园村大街照耀里30号平房 | 23278104 |
| 西楼北里社区居委会 | 广东路西楼北里3号楼底商 | 23278330 |
| 广顺园社区居委会 | 广顺道2号增1号 | 23278325 |
| 罗兰花园社区居委会 | 黄浦北路18号 | 23278332 |
| 津港路社区居委会 | 津港路津港里8门旁平房 | 23278322 |

# 越秀路街

**【概况】** 越秀路街位于河西区中部，辖区东起隆昌路，西至友谊路，南起平江道，北至津河，占地面积3.69平方千米。2017年，下设社区10个，居民24650户、65762人。辖区内有天津自然博物馆、天津科学技术馆、新桃园酒店、天津一商友谊有限公司、天津市城市规划设计研究院等企事业单位，商务楼宇18座。街党政机关内设：党工委办公室（维稳办公室）、组干科、宣传科（网络安全和信息化办公室）、纪工委、人大工委办公室、工会、团工委、妇联、武装部、行政办公室（信访办公室）、社会事务管理科（社会管理综合治理办公室、安全生产监督管理科、物业管理办公室）、社会事业发展科（社区管理工作科、卫生和计划生育办公室）、城市管理科（爱国卫生运动委员会办公室）、街域经济发展科、财务审计科。下属事业单位：统计办公室（参照公务员法管理）、劳动保障服务中心、计划生育服务中心、越秀路街综合执法大队。

**【街域经济】** 2017年，越秀路街开展“双万双服”活动，走访鑫银大厦等商务楼宇企业200余家。以楼宇党建为引领，发挥楼宇社区平台作用，举办“民俗文化超市”“喜迎三八，烘焙进楼宇”“遇见”楼宇企业青年联谊派对等多项活动。搭建政企对接平台，召开政企对接会，开展“政务直通车进楼宇”活动，指导企业使用政企互通平台，汇总企业需求，实现动态管理，帮助企业协调和解决实际问题。

**【市容环境】** 2017年，越秀路街开展“迎全运百日会战”活动，对辖区10个社区、56个自然小区的市容环境进行全面清整，清理堆物杂物2000余处3800余吨，清理楼道1500余栋，拆除违章23处47间2306平方米，清理地锁900余个，

2月18日，越秀路街开展百日会战清理恩德里社区　（越秀路街提供）

改善社区整体面貌。开展扬尘、油烟和散煤的专项治理，按照“六个百分百”的要求对6个地铁和8个建筑施工工地扬尘、出土车辆的车轮及车身水洗情况、洒漏情况进行定期检查。在中央环保督察组督察期间，全街受理各类问题28件，办结率100%。全年回收散煤252户，10万余块，炉具160套，“煤改电”民用与商用共登记204户。对长期存放的废旧弃用机动车进行整治，彻底清理49辆。全年拆除违法建设41处58间2306平方米，坚决杜绝新建违法建设。

12月1日，越秀路街举办“志愿易起来”项目爱心商户签约仪式　（越秀路街提供）

8月31日，越秀路街治理四新里摆卖　（越秀路街提供）

**【安全稳定】** 2017年，越秀路街做好“两节”“两会”“一带一路”“全运会”“十九大”会议期间维稳工作。组织平安志愿者参与全国“两会”“一带一路”高峰会议、党的十九大期间巡逻执勤工作。深刻汲取“12·1”火灾事故教训，进行安全隐患排查。与辖区705家驻街单位、10个社区、12个科室签署安全生产、消防安全责任书，在重点单位实行跟踪签署。全年走访检查属地单位3000处点位，发现安全隐患496处，其中490处已整改完毕，6处挂牌督办。6月，完成市安委会安全生产巡查工作。9月，完成国务院安委会督查迎检工作。成立越秀路街道网络安全和信息化领导小组，统筹开展属地网络意识形态、网络安全和信息化工作。建立健全网络文明传播队伍，及时转发信息761条5574次，跟帖63条，撰写网评文章6篇。

**【社区建设】** 2017年，越秀路街开展为民服务“双百活动”，为民办实事100件，开展各类活动100场。指导惠阳里社区设立“惠民阳光议事厅”，探索形成“N+3+6”社区事务民主议事协商工作模式。开展“惠老连心桥”“悦享夕阳”“便民驿站”等志愿服务项目。建设完成街道老年人日间照料服务中心，成功引进聚康社区服务中心作为运营方实现市场化运营。建立街、社区两级复退军人联络服务站。增强楼、红波里社区被评为2017年天津市“美丽社区”。

**【民计民生】** 2017年，越秀路街享受低保、低收入、特困待遇的家庭553户、815人，全年发放低保金66.56万元。为629户困难家庭办理住房保障“三种补贴”。为126人办理“残疾人两种补贴”，发放重度残疾人护理补贴和生活补贴16.13万元。春节期间开展“携手慈善 与爱同行”慈善救助活动，启动“爱·共助”“爱·筑梦”和“爱·延续”三类慈善认捐项目，社会各界捐赠慈善款物10.35万元。发临时救助金42.04万元，救助586人924户，慈善救助款物11.9万元，救助272人217户。从康复、医疗、就业、助学、出行、日常生活等方面帮扶残疾人1000余人（次），向贫困残疾人703人发放物资14万余元。吸纳社会各界爱心人士参与助残事业，志愿者队伍发展到102人，与区特殊教育中心、越秀路派出所等8家单位签订共建协议，全年组织学员各类文体和社会实践活动20余次，志愿者服务活动300余次。阳光家园及志愿服务团队获2016年区志愿服务品牌项目、2016年区学雷锋志愿服务品牌项目和2017年市级优秀志愿者团队称号。为462名无业人员和外来务工人员办理养老保险征缴手续，为329人办理就业特困家庭认定，签订帮扶协议，制定帮扶计划。

1月12日，越秀路街举办“真情送温暖 严冬不惧寒”慈善捐赠大会　　（越秀路街提供）

**【公共文化服务】** 2017年，越秀路街以“爱心联盟·公益越秀”为主题，开展“七彩”志愿服务直通车进社区、清洁家园志愿服务活动。开

1月17日，越秀路街举办“金鸡迎春 福满家园”年俗文化超市　　（越秀路街提供）

展“迎全运”“我们的节日”“迎庆党的十九大”系列主题活动。举办“金鸡迎春 福满家园”年俗文化超市、“维护核心 铸就忠诚”庆祝中国共产党成立96周年主题大会、“忠诚担当有责，为民倾情解忧”小海地小二楼拆迁工作先进事迹宣讲会、高雅艺术进社区暨百姓大舞台街道专场演出等活动。在文明单位、文明社区评选中，越秀路街道办事处被评为国家和市级文明单位，惠阳里、港云里社区被评为市级文明社区。

**【党建工作】** 2017年，越秀路街社区党建“三抓三强”、社团党建“三聚三促”、楼宇党建“三联三动”联动发展的城市基层党建工作格局逐步形成，“红色版图”基本建立。提升“两新”党建工作水平，新建300平米楼宇社区办公载体，支部增加到19个，党员人数增加到124人。银河文化社团联合会党委“一方隶属、双重管理”党员管理模式的有效实施。银河文化社团联合会接待中组部调研3次、市委组织部调研5次、全国各地学访7次。银河文化社团联合会党委深化丰富拓展活动内容，打造“三聚三促”“五进五送”“五大员”特色品牌，成立核心党支部，党员21人。

**【群团工作】** 2017年，越秀路街新增建会52家，完成建制607家，申报工会经费322万余元。完成街域职代会换届工作，指导5个社区召开职代会及行业职代会。召开越秀路街道第十五届妇女代表大会，选举产生新一届妇女联合会执行委员会。完成142名18岁适龄青年网上兵役登记，完成率达100%。完成3个建制民兵连整组任务，完成2017年征兵工作任务。

11月13日，越秀路街在港云里社区举办爱心润春芽项目“阅读party”活动(越秀路街提供)

**【重点工作】** 2017年，越秀路街完成小海地小二楼72户和玛钢里51户173间拆迁任务。做好创建社会治理和服务创新实验区中期验收工作。完成全运村两次实战演练和全运会开幕式各项工作任务。

（戴学艳）

## 越秀路街社区联系表

| 社区名称 | 地址 | 电话 |
|---|---|---|
| 红波里社区居委会 | 利民道红波里 16 门对面平房 | 28273038 |
| 黄埔里社区居委会 | 黄埔北路黄埔里 14-109 | 28273033 |
| 恩德里社区居委会 | 恩德西里 31 门旁（暂时在黄埔里活动室办公黄埔里 22 门旁平房） | 88131650 |
| 珠海里社区居委会 | 珠海里社区 60 门对过 | 28308620 |
| 爱国里社区居委会 | 中裕园 7、8 号楼院内小二楼 | 88187658 |
| 增强楼社区居委会 | 越秀路 5 号 | 28267481 |
| 教师村社区居委会 | 越秀路教师村 27 门旁 | 28273044 |

续表

| 社区名称 | 地址 | 电话 |
|---|---|---|
| 惠阳里社区居委会 | 前进道惠州里12门对面二楼 | 28273051 |
| 港云里社区居委会 | 前进道港云里8号 | 28273042 |
| 祥和里社区居委会 | 永川路祥和里24门旁小二楼 | 28273041 |

# 梅江街

**【概况】** 梅江街东至白云山路卫津河中线，西起紫金山路友谊南路，南至外环线，北起郁江道，面积4.6平方千米。2017年，下设社区10个，居民12060户、32603人。辖区内驻有天津数字电视台、国家安全局、渤海职业技术学院、梧桐中学、梅江中学、中心小学、金融企业、邮政局、健康体检中心等单位。街党政机关内设：党工委办公室、纪工委、组干科、宣传科、武装部、行政办、社会事务管理科、社会事业发展科、城市管理科、财务审计科、统计办（含经济办）、计生、劳动保障服务中心、物业办、综合执法大队。

**【街域经济】** 2017年，梅江街落实帮扶中小微企业，通过电话沟通和深入企业走访等形式，在梅江地区开展对企业的“一助两促”活动。帮扶企业34家，解答企业问题6家，满意率100%。协调街域内95家企业完成年报工作，完成名录库新增单位核查及录入法人单位160家，开展天津市第一次海洋经济普查、农民工城市化调查、市民出行调查、全国1%人口变动抽样调查工作。

**【民计民生】** 2017年，梅江街为全街2334个楼门制作安装网格服务牌。对全体社工进行“城市社区建设”“社区党建”“社区文化”等专题讲座和培训。利用街道与社区QQ工作群、各社区微信平台宣传社区各项活动。定期将社区活动发布在网络平台。办理老年证、老年乘车卡，为芳水园社区办理百岁老人营养补贴。为听力言语残疾人安装可视门铃，发放通讯补贴，实物救助，免费查体，精神病免费服药4人。对低保户17户29人，进行经济核查和联审工作。办理38户限价房、6户廉租房补助申请。在“中元节”“寒衣节”期间各社区出动在职党员义务值班200余人，推进文明祭扫工作。办理独生子女证2277份，领取独生子女费73人，金额4230元。办理一孩服务证255份，二孩服务证203份，三孩服务证办理9件，为特扶家庭15户、21人办理暖心保险，为7名独生子女伤残家庭子女上保险。发放免费避孕药具7400份，组织36对育龄家庭参加检查。为70名享受社会保险补贴的人员办理相关手续。失业保险金确认手续283人，城职养老保险征缴369人，异地养老认证86人，办理医保卡336张。医保垫付报销62人，报销金额74.62万元。办理转入、转出档案49人，办理城乡退休3人。全民参保入户登记调查2789户。做好双拥优抚及精神残疾人员看护奖励工作。登记复退军人345人，掌握复退人员基本情况及存在困难。对31名精神残疾病人，逐一入户走访讲解政策，发放宣传资料，完成申领手续并进行日常管理10人，监护人自愿放弃并填写放弃声明5人，长期住院2人，不符合办理条件2人，外街居住9人，正在办理申请手续3人。

**【文化活动】** 2017年，梅江街街级综合文化服务中心、社区文化站聘请老师、志愿者为社区居民免费授课。市民学校开设声乐、英语提高班、计算机班等33门课程，760名学员参加学习，在学员中挖掘2名志愿者教师。在寒暑假期间，各社区开展青少年快乐营地以“学校放假 社区开课”为品牌特色，打造云水园社区为关工委关爱下一代教育基地。举办梅江街2017年文艺晚会、社区运动会、合唱京剧展演，各社区消夏晚会等活动12场。天涛园社区、天湾园社区、天浦园社区被评为美丽社区。

4月23日，梅江街在天涛园举办手绘风筝活动 （梅江街提供）

**【服务管理】** 2017年，梅江街完成玉水园、半岛蓝湾、溪水园社区物业服务企业选聘工作。做好畅水园、天潇园、溪水园、天涛园、卡梅尔、翠水园成立业委会工作。指导欣水园小区业委会换届及业委会成员增补工作。督促蓝水园、泉水园小区业委会换届工作。帮助天潇园、天澜园、玉水园、溪水园、云水园、天湖园、顺水园、天湾园等小区申请使用专项、应急解危资金。在微信上建立“梅江物业工作群”，分享优秀的物业管理经验及急难问题的处理方法。开展百日会战清整活动，对旧楼区区域进行定期检查，发动3053人次，出动车次450辆，清运渣土杂物、垃圾、堆物，清理乱贴乱画、废旧非机动车。加强病媒生物防治，售卖鼠药30箱，处置散养家禽40只。在中央环保督察天津期间，对24件中央环保督办件和市级信访件20件及时处置。完成大气污染防治工作，落实“电代煤”“气代煤”任务。清理民用散煤25户、7.25吨、民用取暖炉子45个。对集中供热覆盖区域内的建工宿舍58户居民采取供热补漏和治理。对辖区118家饮食服务单位，开展餐饮油烟专项整治，完成街域内自营2个菜市场的改造。落实河长制工作，对辖区内涉及的二级河道开展巡控，未发现辖区内二级河道受大规模污染情况。做好防汛应急响应以及清融雪工作。

4月13日，梅江街集中拆除香水园地锁 （梅江街提供）

**【安全稳定】** 2017年，梅江街完成全国两会、市两会、“一带一路”峰会、全运会、十九大以及元旦、春节、清明、国庆等重大节日期间的防范稳控工作。开展反邪教宣传活动，社区安装反邪教橱窗10个，制作宣传横幅30幅、宣传展板20块。接收社区服刑人员9人，期满解除16人，开展各类调查评估25次，社区服刑人员集中教育活动1次。接待居民法律服务咨询25件，社区开展法律讲座等活动9次。办理流动人口登记298人。坚持每月召开社区食品药品协管员例会，开展“黑工厂、黑窝点、黑作坊”拉网式排查工作，取缔黑加工点3处，违法经营物品4车。开展春季、夏季及国务院来津安全生产大检查、消防安全大检查，检查企业1562家次，排除隐患204个，约谈企业4家，协助河西消防支队关停整改企业1家。完成预防硫化氢中毒工作的排查，企业单位使用醇基燃料情况排查专项检查8次，排除重大安全隐患1个。

**【党建工作】** 2017年，梅江街利用‘大党委’联席会议制度，化解社区各类矛盾，利用“双报到”活动，指导社区搭建在职党员服务平台。开展不作为不担当和岗位廉政风险点排查工作。实现辖区内非公企业两新党组织全覆盖。组建基层工会38个，独立建会28家。完成街总工会换届选举、社区职代会和天浦园工会示范社区建设。开展困难帮扶及助学活动。为辖区非公企业会员办理工会会员服务卡686张，2名职工荣获区级五一劳动奖章，1名企业职工被评为工会优秀积极分子，1个企业获“工人先锋号”称号，街职工书屋被全国总工会评为先进荣誉。10个社区建成活力空间，开展区域化共建活动9次。落实应急连5支队伍整组上报工作，做好138名青年的兵役登记工作，按时完成兵役登记及政审工作。

2017年，梅江街开展志愿服务植树活动
（梅江街提供）

（李　晨）

## 梅江街社区联系表

| 社区名称 | 地址 | 电话 |
| --- | --- | --- |
| 芳水园社区居委会 | 梅江道芳水园27号楼 | 15712232782 |
| 香水园社区居委会 | 九华山路与韩江道交口香水园物业楼302室 | 15712232781 |
| 蓝水园社区居委会 | 九华山路梅江蓝水园24号楼蓝水园居委会 | 15712232779 |
| 云水园社区居委会 | 友谊南路与潭江道交口云水园7门3号楼101 | 15712232787 |
| 溪水园社区居委会 | 珠江道与九连山路交口梧桐公寓停车楼2楼 | 15712232785 |
| 景观花园社区居委会 | 梅江道18号景观花园19号楼301室 | 15712232784 |
| 天湾园社区居委会 | 天湾园1号楼底商2楼 | 15712246115 |
| 天涛园社区居委会 | 天涛园15号楼102室 | 15712246025 |
| 天浦园社区居委会 | 天涛园18号楼2门301室 | 15712246113 |
| 玉水园社区居委会 | 韩江道与九华山路交口老年大学玉水园居委会一楼大厅 | 15712232780 |

# 太湖路街

【概况】 太湖路街东起洞庭路，西至解放南路，南至外环线，北至浯水道及规划的潭江道。占地面积3.44平方千米，规划总人口约6.6万人。代管全运村区域，全运村占地面积2.32平方千米，规划居住人口6.4万人。截至2017年底已建成并入住小区7个，居民814户、1901人。辖区内有天津警备区、天津市人民检察院、河西中心小学梅苑学校、河西区花苗木管理所、连盛达园林绿化工程有限公司、弗里生（天津）乳制品有限公司等30余家机关企事业单位。8月18日挂牌成立街道，街党政机关内设：党政办公室、组干科、宣传科、社区事务管理科、社会事业发展科、城市管理科、社会综合治理办公室、安全生产监督管理科、财务审计科、纪工委、人大工委办公室、团工委、武装部。成立3个社区筹备组：仁湖里社区筹备组（管辖仁湖里和雅湖里）、秀江园社区筹备组（管辖秀江园、清湖花园、爱湖里）、雀榕园社区筹备组（管辖全运村）。

【挂牌成立】 2017年8月18日，太湖路街道党工委、办事处举办揭牌仪式，启动对辖区管理的各项服务和职能。区委书记贾凤山、区委副书记、区长李学义、区政协主席李耀进、区委副书记贺亦农等主要领导出席。区四套班子领导和区相关部门、13个街道主要负责人参观太湖路街道办事处整体办公环境和现代化设施，体验太湖路街道社区事务服务中心“一门式”受理模式，观看微信公众号平台及线上办公平台模拟演示。

8月18日，太湖路街举办揭牌仪式
（太湖路街提供）

【民生服务】 2017年，太湖路街完成社区事务服务中心整体建设，初步实现“前台业务受理、后台协同办理”的“一门式”服务功能。协调办理各项服务事项50余件。设立复退军人服务站，为复退军人提供相关服务。依托梅苑小学开办市民学校，对100余名家长和居民开展中式插花、古筝演奏、少儿国学等多项特色课程。社

10月27日，太湖路街举办重阳节活动
（太湖路街提供）

区居委会筹备工作有序开展，着力提升社工队伍的综合素质，组织“第一课”系列培训。采用“走出去”的培训方式，组织社工赴谊景村、三义大厦、园丁公寓、五一阳光和博兰社区参观学习。

**【市容环境】** 2017年，太湖路街开展环保督察转办案件整改“回头看”，针对2件中央环保督办件和3件市督办件，制定“回头看”检查工作清单，确保整改效果不反弹。做好全运会空气质量环境整治工作。加强全街域、全时段巡视，做到发现问题及时反馈、及时处置。打好秋冬季大气污染综合治理攻坚战。以工地、空地扬尘防治、餐饮油烟治理及散煤治理为重点，抽调人员组建大气污染防治工作巡查组，做到全覆盖、无遗漏。出动巡查人员1500人（次），发现安全隐患、大气环保问题536余处，整改530处，整改率98.9%。

**【安全稳定】** 2017年，太湖路街在全运会、国庆节、十九大等重要节点，开展对辖区施工工地、六小单位和社区消防安全大排查，对仁湖里、爱湖里楼栋堆物进行统计摸底和集中清整，对辖区危化品安全风险进行摸排。协调消防河西支队、派出所、综合执法及安监部门对连盛达、玻璃厂等进行多次联合大检查，抽调居委会、综合执法精干力量成立街专项巡查队伍，无假日、全天候开展巡查。做好十九大期间维稳安全工作，制定工作方案和应急预案。

**【党建工作】** 2017年，太湖路街先后9次召开党工委会，传达学习中央、市区关于全面从严治党方面的会议和文件精神，制定《关于深入学习贯彻落实党的十九大精神 在首善之区建设新征程中高标准高水平打造全市先进、全国一流街道的实施意见》《太湖路街道党工委进一步加强自身建设的意见》《太湖路街全面加强党建工作的实施意见》等6个党工委文件。创建《太湖路党建简报》，编发20期，刊发相关理论学习资料。创建《太湖路要闻》，编发9期，刊发街道工作动态及重点工作进展情况。选优配强3个社区党组织和社区筹备组“一把手”，成立机关和社区筹备组党支部，陆续接转党员的组织关系，建立健全“三会一课”等组织制度，研究制定社区管理机制，开展社工系列培训、观摩学访活动。12月，安排一周时间，邀请市委党校、市农学院教授，就习近平新时代中国特色社会主义思想、在发展中保障和改善民生、加强党的建设等内容进行专题授课。全年开展集中学习25次，交流研讨5次、撰写学习体会百余篇，书记讲党课1次，班子成员讲党章、中纪委报告3次，测试及知识竞赛2次。向区委、区政府、河西新闻中心等报送学习情况和特色亮点工作，《河西要闻》《政务信息》《天津日报·新河西》、北方网采纳报道7次。

**【正风肃纪】** 2017年，太湖路街制定《太湖路街道党工委议事决策规则》《太湖路街道党工委理论学习中心组学习制度》《太湖路街道党工委领导干部谈心谈话制度》《太湖路街道机关干部考勤管理规定》《太湖路街道机关干部值班制度》等30余项党工委、办事处工作运行管理制度。开展谈心谈话93人次，组织机关干部、社区党员集中观看《巡视利剑》《贪欲自毁人生》等专题片，开展交流研讨2次，撰写心得体会40余篇。举办《清正廉洁，勤政为民》第一课社工培训等教育活动3次。组织机关、社区筹备组党员集

11月28日，太湖路街参观“利剑高悬 警钟长鸣”天津市警示教育主题展（太湖路街提供）

体参观“利剑高悬 警钟长鸣”天津市警示教育主题展。围绕形式主义、官僚主义10种表现，组织领导班子、机关干部分组进行讨论，梳理汇总出8方面13条问题，制定整改措施，加强作风建设。

**【大走访】** 2017年，太湖路街为落实区委组织部“百千万固堡垒”工程，从10月18日开始，集中1个月时间开展“听民声、察民情、解民忧，搭建连心桥”党员干部大走访活动，将每月18日定为主题党日。活动期间，街领导、机关党员干部与社区居委会筹备组工作人员一同分组包户，以入户调查方式走访居民1036户，收集居民对社区建设、党建工作的意见建议31条。对涉及社区服务、公共服务、社区党建等9大类问题，领导班子分工负责，协调有关部门进行解决，做到件件有回声，事事有落实。

10月，太湖路街开展“听民声、察民情、解民忧，搭建连心桥”党员干部大走访活动

（太湖路街提供）

（马惠兰）

# 社区选介

## 【桂江里社区】

桂江里社区东起微山路，西至榆林路，南起涪水道，北至泗水道，占地面积12.17万平方米，社区内共有居民楼31幢，门栋155个，居民3285户，约8358人。其中，残疾人451人、老年人1956人、青少年472人、享受低保待遇168人、在管孕龄妇女1396人。桂江里社区居委会拥有300余平方米的社区便民服务中心，设有电子阅览室、图书阅览室、社区活动室，配备有电子钢琴、计算机、古筝、心理沙盘等各类文体设备。桂江里社区共有在册党员333人，下设9个党支部，社区积极开展各类党员活动，形成以党员教育为依托，特色党课相结合的社区党员活动。社区现有社区社团13个，志愿服务队8支，志愿者数百人，社区形成以社区社团为主体，志愿者为依托的社区公共文化服务体系。桂江里社区注重提升品质服务，在社工服务居民中开展评选“微笑之星”活动，力争用亲切的笑容和真诚的服务态度化解矛盾，温暖民心。充分挖掘文艺骨干，发展社区社团组织12支。包括声乐、舞蹈、评剧、京剧、越剧、服饰表演、少儿艺术团等多种文艺团队，常年活跃在社区文化大舞台。注重社区规范化建设，从规范社区资料档案管理入手，形成每周例会制度，做到社区开展工作规范化、制度化。

（东海街道提供）

## 【教师村社区】

教师村社区位于越秀路街中部，东起广东路，西至越秀路，南邻前进道，北抵中环线。

2017年，辖区面积达到0.12平方千米，由教师村、白云里、四新里、七建大楼四个自然小区组成。有居民楼栋155个，3102套房屋，居民3055户，人数8742人，其中残疾人453人，低保户63户，96人，低收入2户，2人，老年人2953人、孤老户3人，复退军人145人，优抚对象5人，隶属党员424人，社区党员335人，驻社区单位有西南楼房管站、鑫裕发展建设有限公司、风味食廊管理委员会等单位。多年来，社区党组织充分发挥核心作用，突出“民之所想，我之所思；民之所忧，我之所行”的理念，以党建带社建，紧紧围绕“和谐聚民心”工作品牌，突出“党员领岗位、居民提素质”工作特色，把实现群众的愿望，满足群众的需求，维护群众的利益，作为社区工作的出发点和落脚点，以河西区创建全国社区治理和服务创新实验区为平台，聚焦社区民主协商，积极探索从为民做主到由民做主，不断健全居民有序参与社区治理和服务创新的载体，释放社区居民的自治活力。夯实项目化运作方式，不断丰富服务载体，十件实事“暖”民心，切实解决居民的实际问题，满足居民的实际需求，确实做到服务居民零距离；十项活动“聚”民心，开展涉及精神文明、便民服务、文化教育、医疗卫生、传统节日等诸多方面，覆盖社区所有人群，提高居民的活动参与率，提升社区整体活动质量；政策落地“安”民心，让居民切实感受到党和政府的温暖，安心生活在社区。社区形成党组织指导监督，居委会具体实施，社区社会组织保障，全方位推进社区各项工作，把社区建设成为管理有序，服务完善、邻里和谐、环境优美、文明祥和的社会生活共同体。

（越秀路街道提供）

## 【谊城公寓社区】

谊城公寓社区东起友谊路，西至宾馆西路，南起黑牛城道，北至西园道，占地面积21.9万平方米，由育文里、育学里，谊城公寓、谊城高层、友谊花园、友谊路50号院，6个自然小区组成。2017年，社区共有196个楼门，现有居民3455户，1万余人。辖区内驻街单位200余个，个体经营117余个。志愿者千余人，社区共有社团组织20个。社区党委下设14个党支部，27个党小组，党员564人，在职党员社区报到178人。社区建有大党委，设置专职副书记，成员由社区居委会及4个共建单位组成。社区居委会工作人员13名，党委班子成员5人。居委会本着“以人为本，服务居民”的宗旨，全心全意为社区居民提供优质服务，社区建设得到长效发展得到社区居民的认可。在友谊路街党工委办事处的正确领导下，社区两委成员与社区党员、志愿者共同攻坚克难，齐心努力，完成各项艰巨任务；获“先进党组织”“区级党风廉政建设示范单位”“天津市美丽社区”“天津民主法治社区”“天津市无邪教社区”“区级优秀工会”“优秀市民分校”“快乐营地”“和谐社区”“创卫金牌社区”“天津市妇联系统先进集体”“河西区三八红旗集体”“消防宣传先进单位”“河西区优秀治保会”等光荣称号。结合自身实际，开展社区各项工作，推陈出新创品牌、出特色，扩大居民参与率。“邵刚普法工作室”的成立推动社区创新发展新局面，成为深受社区居民喜爱的党建服务品牌。社区适时召开党建联席会、社区居民代表大会、议事协商会，充分发挥社区社会组织职能作用，助推社区全面发展。社区全体党群上下一条心，整体联动，密切合作，积极探索社区服务、社区建设、社区综合治理的新路子，加强网格化管理工作的提升，进一步规范制度，努力开创社区工作新局面。

（友谊路街道提供）

## 【西楼北里社区】

西楼北里社区位于桃园街南部，东起隆昌路，西至广东路，南起津河，北至琼州道，由西楼北里、三元公寓、华义公寓3个自然小区组成。2017年，辖区面积0.10平方千米。辖区内共有86个楼门，2251户5089人。社区党委下设楼门党支部10个，隶属党员233人。低保、特困51户、边缘户83户；下岗、失业人员105人，外来务工人员9户。社区备案社会组织16个，志愿者786人。辖区内有桃园医院、西源大酒店、华宁中学等周边配套设施。社区居委会办公地址位于西楼北里3号楼底商。全力打好环境保卫战，积极开展“迎全运，双百会战”活动，社区全体工作人员放弃节假日，连续45周对社区楼内外堆物杂物、圈占花架构置物、违建等进行集中清整，以最佳面貌顺利通过全国文明城区复审工作。积极开展帮扶救助工作，坚持“精准服务、精准扶助、精准扶困”的“三精准”工作理念，紧紧围绕居民群众的困难和诉求，做好不同群体帮扶救助工作。创新社区管理方式，建立社区微信互动平台，居民只要登录手机“微信”，扫一扫“西楼北里社区”微信平台二维码，就能及时知道社区的大事小情，在职党员也能随时与社区“接头”，打造出全新的“掌上社区”，深化特色品牌服务，建立“北里情365”品牌项目，鼓励社区居民群众积极自助与互助，形成网格化管理与服务的工作体系，充分发挥网格内党员的楼门服务作用，由原先“给予式”服务向“参与式”服务转变。西楼北里社区获得天津市“民族团结进步创建活动示范社区”称号，西楼北里社区居委会集体获区级“三八红旗集体”称号，社区居委会主任苏宜获河西区“社区居委会主任十佳标兵”称号。

（桃园街道提供）

## 【光华里社区】

光华里社区居委会围绕全街发展大局，结合社区工作实际把创建美丽社区和治理实验区建设作为切入点和着力点，以开拓创新的思路，有针对性的开展各项工作，较好地完成各项工作任务。明确居委会的主要职责。严格管理、严格要求，全体社工按照工作规范、制度考核要求，落实好各自工作职责，完成好各项工作任务。并认真记载社区工作台账和个人工作日志。居委会配合区房管局进行老旧小区的房屋严损居民调查的入户实地考察工作。4月28日至5月31日，中央环保巡查组对河西区进行督导，涉及社区的各类问题，做到随时发现及时处理。加大老旧小区的卫生清整力度，对小区工程土进行集中清理。针对社区燃气管道老化问题，联系燃气公司，进行更换燃气管道工作，受益居民800多户。5月下旬，开展20项民心工程针对视力、听力、言语残疾的居民办理通讯补贴，共涉及辖区内211位残疾人。对困难家庭及低保特困等家庭将进行两节救助工作，其中包括15份医疗救助、17份生活救助、红十字大礼包10份、30多份物品救助等。完成辖区内视力残疾人员入户安装可视门铃。组织社区党员40余人到周邓纪念馆进行参观，规范党员廉洁自律，发挥好党员的先锋模范作用。积极开展党员奉献活动。组织党员进行清理社区环境卫生，义务理发，法律咨询等项活动。开展对孤老户、残疾人、重病党员等弱势群体进行“一帮一”活动。开展社区帮扶活动。充分利用社区宣传阵地，开展防灾减灾宣传教育，提高广大居民群众防灾减灾意识和技能。为社区青少年举办快乐营地、心理咨询、暖冬课堂和四点半课堂教育。社区定期组织居民参加消防安全知识讲座，针对居民日常生活中的防火防盗等安全知识进行普及。抓好社区安全稳定工作。在“两节”“两会”“一带一路”、十九大期间，完成社区维稳工作任务。

（尖山街道提供）

## 【九江路社区】

九江路社区居委会有户籍居民2230户，常住居民5168人；社区划分4个居民自治小组：无锡道大楼小区、安德里小区、祺寿里小区、积庆里小区，社区志愿者达644人；社区系党委建制，有隶属党员315人，下设7个支部，在职党员150名。辖区内有河西区人民政府大营门街道办事处，上海道小学，河西口腔医院，天津市冶金设计规划院，河西七幼，龙都写字楼。办公面积500平方米。九江路社区紧扣“社区先锋在线”这一党建品牌开展特色活动。确立以“手拉手、心连心、四式服务暖九江”即：窗口式服务“面对面”、亮牌式服务“实打实”、结对式服务“手拉手”、温馨式服务“心连心”为品牌的服务机制。积极开展“楼道邻里一家亲”活动，定制“争做文明市民规范守则”放置在楼门内，通过评选“五好家庭”、“文明楼门”，开展“弘扬雷锋精神”、“学习焦裕禄精神”等一系列主题活动，在楼门中形成尊老爱幼、家庭和睦、邻里互动的新型人际氛围，促进邻里关系的全面和谐。心连困难家庭送温暖。社区党委除在各个节点都会为困难家庭送去慰问品和温暖的问候之外，还积极发挥“大党委”制度的作用，定期召开有党代表、人大代表、政协委员参加的党建工作联席会。

（大营门街道提供）

## 【宾水北里社区】

宾水北里社区始建于20世纪80年代初期，东起环湖东路、西至环湖中路、南邻宾水道、北到环湖中道，面积0.17平方千米。2017年，辖区内共有87个楼门，居民1357户，3737人，隶属党员208人，社区党委下设5个党支部。

宾水北里社区党委以满足居民群众多样化服务需求为目的，以区域化党建为手段，大力挖掘整合辖区服务资源，创新社区服务模式，打造“五心凝聚力”工程，提升社区党委服务居民群众的能力。社区空间全面改造，增加党员之家，电子阅览室，图书室，青少年活动室等多功能活动室，社区综合服务载体面积达到345平方米，社区现有合唱团，京剧团，评剧团，编织团等多个文化团队。获“天津市美丽社区”称号。以“为老服务”为切入点，强化便民、利民、为民的服务宗旨，积极整合资源，拓宽渠道，结合社区实际情况，开展“雷锋在我身边”等一系列社区特色服务活动，华夏未来公益国际首个SEE社区青少年魔方计划活动基地在天塔街宾水北里小树苗快乐营地挂牌成立，携手为社区少年儿童引入外教英语及绘画课堂。与华夏未来集团合作开启长效定点的服务、优质教育资源与社区共享的新篇章。2017年完成精品社区的提升改造，安装智能停车系统，有效改善外来车辆过多的问题，完善智能监控系统，提高辖区物防能力，由广告公司设计，居民参与建设的文化楼门、文化宣传围挡体现社区居民邻里一家亲，浓厚的文化品位，为居民营造整洁的宜居环境，提升社区居民的幸福感。

（天塔街道提供）

## 【重华社区】

挂甲寺街重华社区东起解放南路，西至新重华大街，南起围堤道，北至爱国道，至津河广场止，辖区面积 0.255平方千米，管辖13个自然小区。2017年，辖区内共有楼门182个，户籍数3702户，户籍人口10050人，常住户数2856户，常住人口8051人。重华社区党委下属10个党支部，隶属党员共460名。已建立非公企业独立党支部1个，非公企业联合党支部3个，覆盖非公企业32家，在职党员159名。重华社区现有志愿者739名，有重华社区法律咨询志愿者服务队、重华社区合唱队等社区社会组织10个。重华社区探索社区建设和管理的新方法，以社区党支部为基础，强化社区管理，扩大基层民主，密切党群关系，维护社区稳定，全面履行工作职责。在创建全国社区侨务工作中，重华社区注重侨法宣传和为侨服务建设，积极探索社区侨务工作的新路子，侨务工作制度化、规范化和科学化建设不断推进，丰富为侨服务内容，扩大为侨服务供给，更好满足华侨华人和归侨侨眷在国内的公共服务需求。重华社区获得“全国为侨公共服务示范单位”荣誉称号，是天津市唯一获此荣誉的社区居委会。在创建全国文明城区复查工作中，重华社区把文明创建工作列入重要议事日程，制订社区教育工作计划和制度，明确指导思想，活跃社区文化，促进和谐社区发展，通过中央文明办巡查组的各项测评检查。在创建天津市美丽社区的工作中，重华社区紧紧围绕创建中心，按照美丽社区“六化”的标准，着重解决创建过程中出现的重点、难点问题，制定环境清整方案，积极开展社区拆违和环境清整活动，成为天津市第五批美丽社区。在治安保卫工作中，重华社区开展多种形式的宣传活动，提高广大群众自我防范意识，对流动人口、房屋租赁进行规范化管理，深入开展禁毒与反邪教警示教育。获2017年度区级先进治保会称号。

（挂甲寺街道提供）

## 【福建路社区】

开设“特色党课”巩固学习成果。社区党委与区委党校、政协、工业大学宣讲团等多渠道资源相结合，借势借力，开展“聚焦党的十八届六中全会”“党史看坚持党的群众路线的重要性”“学讲话，树家风，共迎全运会，献礼十九大”等特色党课，让广大在职党员结合自身优势和工作特点，认领社区志愿服务岗位，加入社区党员志愿服务队伍，通过政策宣讲、知识问答、主题联欢等形式，丰富社区党员的学习内容，营造良好的学习氛围。为充分贯彻落实非公有制经济组织基层党建工作，社区积极与企业联络，摸清底数，挂钩联系，与“百千万固堡垒”工程相结合与爱心企业、驻街单位一起对社区困难群体进行帮扶，对居民关心的问题积极反馈。在“五型党支部”的引领下，社区的文化娱乐、志愿服务、学习督导等志愿团队在“传统节日”和“重要节点”开展形式多样的活动；通过培养“一个优秀团队”，评选“一个优秀节目”，点赞“一位身边好人”的“三个一”工程，尝试“树立典型，突出重点、以点带面”的工作思路，社区涌现出以周淑华、杨希成、张辛波为代表的优秀支部书记和以王淑芳、朱秀芳为代表的孝老敬亲模范；社区在原有的18支社团的基础上组建一支以歌颂党歌颂祖国为主题的“诵读社”，在“十九大”期间成员们自发创造出以“十月放歌”为题的散文诗。社区党委以“河西区创建全国社区治理与服务创新”“迎全运百日会战”“大气污染环境治理”“创文复审”“美丽社区创建”“安全隐患排查”等一系列区街重点工作为契机，在下瓦房街党工委办事处的大力支持下，解决居委会周边3个楼院的路面坑洼问题、为1楼近60户居民安装“遮光板”、为福建路54号重新铺设绿地、为增延胡同长期无人维护的花坛得到养护，为辖区200余户居民解决冬季取暖问题、清理楼院楼道堆物消除安全隐患等大大小小民生问题百余件。加强社工队伍建设，坚持民主集中的原则，树立大局意识，工作中明确责任、条块结合，相互配合，取长补短，提高整体服务水平。加强党员队伍建设，将社工党员下沉到各支部中，协助支部书记开展支部工作。

（下瓦房街道提供）

## 【金海湾社区】

金海湾社区东至学苑北路，西至清湾路，南至大沽南路，北临海河占地面积47.8万平方米，6个自然小区，219个楼栋。辖区有居民3187户，9561人，低保71户、低收入10户、残疾人。社区隶属党员403人，文化团队10支197人，志愿者队伍8支312人。获2017年度河西区五四红旗团支部和文明社区称号。金海湾社区以加快“环境治理”打造“文明社区”实现“一站式受理”为目标，以民生保障为根本，迎接全国治理与社区服务创新实验区、全国文明城区复验、迎接国家大气污染督查、迎接国家安监局的检查等“攻坚检查”为抓手，社区各项工作任务完成圆满。推进“维护核心、铸就忠诚、担当作为、抓实支部”主题教育实践活动，开展党课30次，以政治生日、音乐党课、诗歌唱响中国梦、书画展文化自信等形式开展喜迎十九大和学习贯彻十九大精神主题党日活动12次。新建立两个非公党支部，实现非公企业党组织全覆盖，同时注重发挥非公党支部优势，开展中秋节志愿活动“走进军营”，为社区的居民开展义诊，与社区签署志愿服务协议，对社区困难家庭和老人进行帮扶。社区大党委志愿联盟继续发挥其志愿服务的作用，开展“学雷锋志愿服务活动”“助残月志愿者在行动”“迎七一志愿者活动”“志愿者服务日”。大力开展社区社团活动，在社区原有团队的基础上建立腰鼓队和民乐队，开展“迎新春联欢会”“邻里互助合家欢”“第五届海湾广场文化节”，为社区送上文化盛宴。开展“草根部落”公益行项目，全面开展迎全运百日清整和大气污染防治工作，每周对社区违章建筑、堆物、工程土、广告进行清理，改善社区居民生活环境卫生，提高居民幸福指数。解决社区卫生、旧楼区遗留问题等问题200余件。清理垃圾30多吨，清理共计103份工程土。拆除违章建筑3000多平方米。细致做实救助工作，建立长效管理机制，以网格为单位，加强小区五巡查和网格弱势群体如残疾人、独居、空巢老人的关爱。推进社区“爱心行动”“助残月”活动等开展困难家庭的救助，努力解决居民群众生活中的实际困难。抓实抓好安全维稳工作，加大重点时段和重要时期的安全、维稳巡查工作，加强对影响安全稳定因素的研判，多措并举解决矛盾纠纷56起，化解决信访积案3起，促进社区的平安、稳定、和谐。

（柳林街道提供）

## 【天涛园社区】

天涛园社区居委会东至解放南路；南至外环线；西至梅江湖；北至梅江南4号岛，所辖小区包括天涛园（南院）、天澔园、天淳园、天淼园，占地面积为44.92万平方米。天涛园商业街2万平方米，包含121个楼栋、333个门、2304户，常住居民2270人。居委会将服务居民、便利居民、带动居民参与社区治理与建设作为工作目标，针对不同年龄和需求的居民群体特点，开展和设立多种多样的社区活动与社区社团。为丰富社区老年居民的精神文化需要，社区组建模特队等多个文体类社团，社区书画社于2017年正式挂牌成为天津市老年大学书画班校外基地，积极探索社区党组织领导下新型物业管理模式，成立梅江“红色”物业党支部，开创天涛园社区治理服务新模式。社区获“2016年度河西区三八红旗集体”“五好关工委”“2016—2017年度五四红旗团支部”“2016年河西区优秀志愿服务团队”“河西区优秀学雷锋志愿服务团队”“市级文明社区”等荣誉称号。

（梅江街道提供）

## 【秀峰里社区】

秀峰里社区东起学苑路，南抵三水道，西傍微山路，北至陵水道。辖区总面积8.98万平方米，由秀峰里、元山里、彭山里三个自然小区组成。社区有楼栋101个，总居民2117户，5381人，残疾人216人，低保户65户，低收入12户，60岁老年人1346人，其中独居老人49人，空巢老人127户，孤老户1人，重点优抚对象3户，志愿者201人、社区党员322人。建筑面积430平方米，设有津城书吧、多功能活动室、青少年活力空间、电子阅览室、党员活动室等，功能齐全，面向广大社区居民免费开放。“阳光服务热线”志愿者积极发挥作用，依托“学雷锋志愿服务站”，坚持履行为居民服务的承诺。成功经验在河西区各社区推广，成为社区的特色品牌，在不断的发展中，通过更新拓展服务的渠道，实现24小时为民服务的承诺。加强社区居民的文化学习和素质教育。以“终身学习服务中心”为载体，根据居民群众文化需求，成立10支文化艺术学习班；开展志愿服务、文化体育、娱乐休闲、法律讲座等各类主题活动。以“关民意、听民生、办民事、解民难”为宗旨，以打造幸福秀峰为目标，开展各项工作，切实服务社区百姓。获天津市文明城区、天津市防范工作示范社区、天津市“十一五”残疾人工作先进单位、河西区“五好”关工委、河西区创先争优先进基层党组织、河西区先进党组织、河西区党建示范社区、陈塘庄街十佳文化先进集体等荣誉，并获2017年天津市“美丽社区”称号。

（陈塘庄街道提供）

## 【先进里社区】

先进里社区北起津河，南至宾水道，东起马场道，西至实验中学，由9个自然小区组成，是物业小区与准物业小区相结合的混合型社区。有144个楼栋，2215户，4703人。辖区内有天津市干部俱乐部、天津市科学技术信息研究所、实验中学、兴业银行、农业银行、天房物业、水利局节水中心、幼儿教研室等94个单位。社区坚持服务群众的宗旨，积极推进党建工作系统化标准化规范化，坚持构建平台与创新管理相适应，逐步提高党员及群众的参与热情，形成社区党建资源联动、载体共享，党建工作与群众需求相配套的良好氛围，坚持强化党员队伍与提升效能相衔接的原则，广泛调动力量，有效发挥基层党组织的战斗堡垒作用和党员的先锋模范作用。充分发挥“志愿服务”和“理论学习”的品牌特色，居民民主自治意识、学习意识、互助意识强，相继涌现出“相约你我他，说说心里话”聊天会、王老汉读书会、老同志理论学习组、健康万米行、“一分也是爱”志愿捐赠等品牌活动，为居民搭建参与社区建设的平台。学雷锋志愿服务队、老袖章巡逻队、老同志普法维权队等志愿服务家喻户晓。社区的特色社团包括合唱团、电脑班、京剧班、编制组、柔力球队、健身操队、太极拳队，社团常年活跃在社区，坚持周有固定课程、月有特色活动、季有庭院自演、节有文艺盛典，形成品牌与特色。在读书节活动中，先进里社区延续王老汉读书会的主题，开展“书香飘万家、相约读书会”活动，社区居民、原天津市社会科学院院长王辉做启动发言，居民交流读书读报心得体会。“一分也是爱”志愿捐赠活动掀起志愿服务新高潮，通过慈善义卖募集善款救助困难群众，传递温暖、传递希望。社区在美丽社区创建的基础上，以“迎全运百日会战”为契机，着力提升社区综合环境，打造精品社区，展示文明城区形象，巩固创建国家公共文化服务体系示范区成果，推进社区治理和服务创新试验区创建工作，努力打造文明社区。

（马场街道提供）

# 区域经济

# 招商引资

**【概况】** 河西区投资促进局加挂区人民政府区域经济服务办公室、区人民政府外事办公室牌子，内设：办公室、项目招商科、产业招商科、区域经济服务科、外资管理科（外事科）、合作交流科。

2017年，河西区投资促进局围绕建设"美丽河西，首善之区"的奋斗目标，研究新思路，适应新常态，拓宽招商引资渠道，建立律师、媒体2支新型招商队伍，聘任《光明日报》《经济时报》《证券日报》《新华社智库》等社会机构为河西区招商顾问。丰富招商手段，完善招商网站和新媒体招商网络建设。加强与新媒体结合，借助"微天津"等专业新媒体平台，发布区情，推介招商项目。全年完成区级国内招商引资实际到位额155亿元，同比增长10%；完成区级实际利用外资额1.643亿美元，同比增长3%。京津冀协同发展，多手段并举实施攻坚，对口帮扶取得阶段性成果。

**【招商引资】** 2017年，河西区投资促进局瞄准金融、文化教育、大健康、信息互联网等领域，明确114项支持企业发展举措，做好亚布力论坛组织服务工作，民营企业家代表到区走访调研，实现福中集团落地、注册、开业，与德龙集团、美巢装饰、阳光印网等3家知名民营企业达成或拟定战略框架协议。引进支付宝（中国）网络技术有限公司天津分公司、天津国耀明医医疗管理有限公司等10家500强优势企业，推动区域经济向互联网+、科技创新、大健康等方向转型升级。协助天津权健足球俱乐部有限责任公司由西青区转入河西区，借助中超足球俱乐部的蓬勃发展，提升河西区在国内的知名度和影响力。引进特斯拉汽车销售服务（天津）有限公司等知名外资企业，资金主要流向科技服务业和商贸进出口领域。协调服务一甲机电从河东区转入河西区，为科技创新，企业股改上市等储备项目。

**【京津冀协同发展】** 2017年，河西区投资促进局承接北京非首都功能转移，发挥在津央企作用，搭建协同发展新渠道，重点引进央企及京冀民营企业总部、产业龙头企业、高科技企业和产业引领作用强的高附加值项目。引进天津博雅置业有限公司投资北京大学文化艺术中心、长城国兴金融租赁有限公司购置汇雅商业中心等京冀企业141家，总投资额100.72亿元。

**【外资管理】** 2017年，河西区投资促进局结合新修订的公司法、实缴改认缴、审批改备案等新出台的相关政策，通过"全口径外资管理信息系统""天津市外资统计系统"，做好与市商务委的数据核对、修改、认定。应对年报制度的各项变化，修订工作流程和模式，通过专网申报外资企业177家，网上确认177家，通过率100%。

**【政策引导】** 2017年，河西区投资促进局制定《河西区投促局促进品牌建设工作方案》《营造氛围、优化服务、创造条件推动河西区民营经济实现跨越式发展报告》《河西区聘请北京招商顾问的实施办法》。与相关部门制定《关于进一步加快建设全国先进制造研发基地的实施意见》

《关于进一步加快建设北方国际航运核心区的实施意见的实施意见》《关于进一步加快建设金融创新运营示范区实施意见》方案。

【重点企业服务】 2017年，河西区投资促进局按照《市2017年“双万双服”活动企业三级领导包联工作方案》《河西区2017年“双万双服”活动工作方案》的总体要求，制定投资促进局“双万双服”活动工作方案，对各类企业的相关政策需求情况开展调查摸底。建立与企业的联系服务机制，帮助企业做好政企互通平台的上线登录、信息确认，走访天津产权交易中心、中交第一航务工程局、天津市宝轩渔府餐饮发展有限公司等重点企业26家，“双万双服”政企互通平台问题解决率100%，满意率100%。完成对天津嘉茂中环商用设施开发有限公司、宝洁天津分公司等38家外资生产型企业、餐饮型企业和大型卖场安全生产告知、存档工作，未发生安全生产事故。

【对口帮扶】 2017年，河西区投资促进局贯彻落实中央扶贫开发工作会议和东西部扶贫协作座谈会精神、天津市对口支援工作领导小组扩大会议精神，高度重视对口支援工作，列入重要日程，积极推动对口支援工作。2月17日，河西区成立对口帮扶工作领导小组，制定《河西区与卓尼县对口扶贫协作四年（2017—2020年）行动计划》《河西区与庄浪县对口扶贫协作四年（2017—2020年）行动计划》重点任务责任分解，细化责任细化目标。区委书记贾凤山和副区长刘惠杰带队，分别2次访问卓尼县和庄浪县，签署《天津市河西区与甘肃省卓尼县东西部扶贫协作框架协议》《天津市河西区与甘肃省庄浪县东西部扶贫协作框架协议》，建立对口支援关系。区财政支援庄浪县、卓尼县扶贫款1157.4万元。发动社会力量捐赠52.72万元支持贫困地区教育事业，向贫困地区学生捐赠文具、书籍5243件。选派2名副处级领导干部分别赴卓尼县和庄浪县挂职副县长，任期2年。6月，安排11名骨干教师组成团队开展为期7天的援教工作，实现幼儿园、小学、中学多层次对接，通过上示范课、教研、同课异构等多种形式交流学习，培训760人。10月，庄浪县教育局携33名教师到区开展为期7天的学访考察，交流教学经验。10月，卓尼县副县长带领教育代表团9人，到区对接教育工作，参观第四中学、滨湖中学和梧桐小学，进行交流等活动。7月，区政府与市眼科医院在卓尼县人民医院启动对口帮扶卓尼县实施“复明工程”活动暨设备物资捐赠仪式，区卫计委对接天津市眼科医院专家，实施56例白内障复明手术。区委、区政府向卓尼县人民医院捐赠价值15万元的用于白内障手术的超声乳化机，天津市眼科医院捐赠人工晶体。10月，区卫计委安排1名来自于卓尼县的医生到天津市眼科医院进行眼科专业进修。区卫计委帮助庄浪县采购100万元的医疗设备，产业合作帮扶。5月，举行“甘南藏族自治州招商引资项目的推介会”“天津市与甘南代表团对口帮扶座谈会”，协助卓尼县代表团宣传推介优势产业、特色产品及合作项目，促成天津陇福农业科技发展有限公司与卓尼县九天牧歌农畜产品公司签订战略合作框架协议。协助卓尼县非物质文化遗产“三格毛”藏族服饰、“四大名砚——洮砚”、高原农畜产品以及藏族刺绣等在“津洽会”上展示。协助平凉市委、市政府及庄浪县在津举办平凉“金果红牛旅游”走进天津系列推介活动。与甘肃商会银旺医药等企业联系与庄浪县对接，加强中药材产业合作。组织北方设计联盟成员单位天津建筑设计院及区内旅游公司等单位，赴庄浪县进行实地走访调研，做好旅游规划和旅游推介基础工作。区商旅局组织天津市电商协会考察庄浪的电商服务中心、万亩苹果园、冷储仓库和3个乡镇的电商服务网点，为庄浪县的电商从业人员300余人进行授课辅导。接待安排卓尼县及泥巴乡党政相关人员赴天津学访培训，每期6天 期40

人，共5期、200人。11月，卓尼副县长带队到区参加电商管理人员培训，培训36人。8月，区人力社会保障局组织14家用工企业赴卓尼县，与卓尼县人力资源和社会保障局合作举办招聘会，提供就业岗位646个，安置34名贫困地区和建档立卡贫困劳动者来津就业。9月，区人力社保局组织14家用工单位在庄浪县职教中心举行以"发挥职业教育优势，实施校企合作、订单岗前培训"为主题的座谈会，签订对口帮扶就业协作协议。以全运会为契机，在全运村商业中心宣传卓尼县和庄浪县的风土人情、文化底蕴、特色旅游等。区民政局、区慈善协会联合制定《天津市河西区对口帮扶甘肃省庄浪县爱心助学活动实施方案》，举办爱心助学活动启动仪式，向受助学生代表发放30万元助学金。

（刘东捷）

# 商贸旅游

**【概况】** 河西区商贸旅游局（简称：河西区商旅局）内设：办公室、财务审计科、市场建设管理科、服务管理科、行业管理科、对外贸易管理科、旅游监督管理科（综合执法科）、区企业职工托管中心。

2017年，河西区商旅局推动全区商贸旅游行业高质量发展，促进全区商贸旅游经济提升，为首善之区建设贡献力量。

**【内贸】** 2017年，社会消费品零售额完成527.14亿元，同比增长3.5%；商品销售额完成3531.38亿元，同比增长8.2%。银河国际购物中心、凯德国贸购物中心、阳光新业广场等大型商场实施差异化定位、精细化服务，增加体验型、服务型业态，引入老字号、国际国内品牌店、连锁店、特色店。市文化中心商业区高端商业中心基本功能逐步完善，新八大里商务商业区建设、解放南路综合商业区智能化水平提升。推动电子商务发展，津维融创等6家企业运用互联网技术带动传统销售模式创新。参展第24届津洽会。举办"共建小白楼航运服务集聚区推介会"等多场推介会和"激情全运·乐购津城"大型购物节以及"天津首届津菜文化节"。落实全市清新空气一号工程，加强散煤治理，完成14个街道、267个商业取暖用煤用户的摸排治理工作。

**【外贸】** 2017年，进出口额完成84.52亿元，同比增长13%，其中出口完成58.92亿元，受国际贸易形势影响，增幅比上年略有下滑。重点外贸企业加强国际经贸合作，带动国内大型装备、工程机械等出口。传统外贸企业稳增长促转型，外贸结构优化。加大政策帮扶力度，组织外贸政策培训，企业利用政策促发展能力明显增强。推动区域建外贸资源的合作共享，签订共建"小白楼航运服务集聚区"战略合作协议，实现天津口岸航运指数与小白楼航运服务集聚区的共建共享。

**【社区商业】** 2017年，河西区商旅局完成云江新苑菜市场配套建设，开业运营。投入资金80万元整治部分菜市场经营环境。扶持社区商业建设，为2家早餐示范店、3家社区商业中心申报资金政策支持。组织早餐车更新治理，更新早餐车233辆，规范早餐车流动商户管理秩序。

**【旅游】** 2017年，河西区商旅局参加2017年中国天津旅游产业博览会，获"优秀展台奖"。举办第二届都市旅游风情节，以"全运朋友圈天津印象"为主题，实现体育健身、天津乡土文化与都市旅游的融合发展。加快人民公园景区基础设施建设及公园管理提升工作。开展旅游营销，河西区都市游的知名度和影响力提升。

**【全运会保障】** 2017年，河西区商旅局承担运动员村住宿服务保障工作。完成10家住宿服务商招标，制定完善的服务管理制度和服务操作流程，对1400名服务人员进行培训，完成4241套公寓房的使用性验收，组织各类物资的采购租赁，完成大量的前期准备工作。全运村开村运行27天，接待各省、市代表团36个，入住客人1.56万人，高峰日一天入住2000余人，住宿接待和保障工作平稳、有序、安全、高效，做到零事故、零差错、零投诉。

（韩世春）

# 金融业发展

**【概况】** 河西区金融服务办公室（简称：河西区金融办）内设：综合科、联络科、防范和处置非法金融业务活动科。

2017年，河西区金融办围绕十九大报告中指出的“深化金融体制改革，增强金融服务实体经济能力”的要求，围绕建设“首善”金融、绿色金融奋斗目标，创新竞进、担当作为，完成市、区各项任务指标，推动金融工作取得新发展。

**【产业发展】** 2017年，河西区金融办贯彻落实区委十一届六次全会提出的“高标准建设友谊路金融服务聚集区、新八大里商务商业区”，巩固友谊路金融服务聚集区产业聚集优势，扩大辐射效应，多次组织金融机构和新八大里开发企业对接，促成农业银行河西支行、华夏银行河西支行等多家金融机构成功选址。联合市区有关部门，加大对金融机构的服务力度，建立健全促进金融发展的协调服务机制。全年实现金融业增加值约425.81亿元，同比增长3.4%，占全区GDP总量的50.1%。实现留区税收近14亿元，产业贡献率达26%。

**【招商引资】** 2017年，河西区吸引各类金融机构在区域设立法人总部和分支机构、核心业务部或专业子公司、直投类机构，鼓励金融机构开展综合化经营。全年新引进各类金融机构19家，完成任务的158%，注册资本金人民币4亿元，其中5家属于总部或地区总部级金融机构。引进以支付宝（中国）网络技术有限公司天津公司为代表的多家新型机构以及以太平洋证券天津分公司为代表的传统金融机构，增加全区金融行业的多样性和丰富性。

**【企业上市】** 2017年，河西区金融办制定《河西区支持企业上市工作实施意见》，实施“优秀企业上市（挂牌）培育工程”，建立企业上市资源储备机制和企业上市挂牌工作联动机制，分类分策抓好重点行业企业上市挂牌。全年完成上市挂牌企业6家，启动股改企业7家，完成股改企业7家，培训重点企业100余家，4项指标均提前超额完成，位居中心城区首位。

**【规划政策】** 2017年，河西区金融办完善全区金融产业发展规划，出台一系列金融产业支持政策。撰写《河西区服务实体经济防范金融风险深化金融改革加快金融产业发展实施意见》《河西区支持开展投贷联动试点工作实施意见》。发挥促进金融业发展专项资金的引导作用，兑付政策资金8000余万元。

**【金融监管】** 2017年，河西区成立区防范和处置非法集资领导小组，区委政法委书记任组长，分管金融、市场监管、公安的副区长分别任副组长，成员由28个部门组成。领导小组办公室设在区金融办。领导小组下设市场准入、监测预警、宣传教育、案件侦办、执行处置和信访维稳6个工作组。全年召开全体会、专题会、工作协调会20余次。完成黄金佳案第一次清退工作，为253人清退资金2000万元，清退比例40%，实现清退工作突破。完成1起案件2万余箱酒鉴定、评估、拍卖工作，拍卖515万元。完成公告登记案件25个，审计案件16个。着力构建处置非法集资工作长效机制，加快案件侦办进度与资产处置。

（王　丰）

# 民营经济和中小企业发展

**【概况】** 河西区民营经济和中小企业发展促进局（简称：河西区民企局）内设：综合管理科、平台建设科和办公室。

2017年，河西区新增民营经济市场主体7936户，新增注册资本金119.15亿元。区民营经济市场主体累计达到51175户，注册资本金累计达到880.68亿元。其中：新增民营企业3706户，新增注册资本金115.8亿元，区民营企业累计达到23566户，注册资本金累计达到863.95亿元；新增个体工商户4230户，新增注册资本金3.35亿元，区个体工商户累计达到27609户，注册资本金累计达到16.73亿元。全年民营经济实现增加值271.73亿元，同比增长9%，占全区GDP生产总值的32%；民间固定资产实现投资68.21亿元，占全区固定资产投资的33.1%；民营经济实现税收60.71亿元。

**【政策预研】** 2017年，河西区民企局按照全市民营经济发展工作会议部署和要求，调整区民营经济领导小组，强化对全区民营经济工作的指导。制定《关于大力推进民营经济发展的意见》。整理全区正在执行的近20个促进区域经济发展相关政策文件，梳理出适用于民营经济发展的114条政策，制定《落实〈关于大力推进民营经济发展的意见〉的若干政策》。为加快培育发展一批特色突出、市场竞争力强的民营企业，制定《河西区关于支持民营企业提升竞争力管理办法（试行）》，在民营企业扩大经营、兼并重组、提升改造、科技投入等方面予以政策上支持。

11月30日，河西区民企局召开政策宣讲会
（河西区民企局提供）

**【"双万双服"活动】** 2017年2月，河西区委书记贾凤山带领区相关部门负责人赴天津天复精密器件制造有限公司、东文高压电源（天津）股份有限公司等重点民营企业进行走访调研，拉开全区深入开展企业"双万双服"活动序幕。民企局对27家企业任务进行分解，领导分工，责任到科室，进行一对一的走访服务。帮助企业解决"双万双服"中提出的问题，解决率、满意率达100%。制定《关于开展对中小企业划型认定工作管理办法》，为中小微企业提供划型认定

服务。开展企业各类人才指导和培训，组织民营企业家参加当前经济形势分析与“一带一路”倡议解读报告会、企业职业经理人资格认证培训班，举办劳动法律法规、“金税三期”“云税贷”等各类培训，全年培训企业各类人员500余人（次）。组织感光空间现代雕塑艺术研究院陶艺原创赛、易创创业三板斧讲座、北方创客“五维资本—中小企业成长密码”讲座，电子仪表实验所“计量便民服务日”等系列双创活动。

4月6日，河西区民企局举办劳动法案例解读培训　（河西区民企局提供）

**【企业转型升级】** 2017年，河西区民企局推进新一轮中小企业创新转型。制定《河西区新一轮中小企业创新转型行动工作方案》，明确任务、细化措施。完成市下达101家企业创新转型工作任务，完成率100%。引导民营企业发展“专精特新”产品或技术，打造一批专注于细分市场、技术或服务出色、市场占有率高的“单项冠军”和“小而强”的民营企业，培育一批主营业务突出、竞争力强的“专精特新”产品或技术民营企业，真美联合、翔悦密封等4家企业获市“专精特新”产品认定。易遨网络技术、云中天传媒等6家民营企业实现股改挂牌上市，其中易遨（天津）网络技术股份有限公司成功登陆新三板。组织10家重点民营企业开展管理诊断咨询，帮助企业解决管理中存在的各种问题。引导民营企业“走出去”发展，组织8家民营企业参加中国天津第24届投资贸易洽谈会、天津市第五届全国民企贸易投资洽谈会、广州第十四届中国国际中小企业博览会，组织4家企业签约项目参加天津市第五届民洽会，项目总投资额56.5亿元。

**【服务平台】** 2017年，河西区民企局完善中小企业服务体系建设工作，利用中小企业微信公众号，发布有关政策信息，设置服务热线电话，为小微企业提供“5×8”小时在线用户服务。编辑4期《企业聚焦》杂志，宣传辖区优秀民营企业，共享发展成果，刊登国务院、市（区）政府扶持中小企业发展相关政策，寄送企业达220家。组织天津易创企业孵化器有限公司通过市小微企业创业创新示范基地认定，组织天津市电子仪表实验所通过国家中小企业公共服务示范平台认定。为化解中小微企业融资难问题，组织企业与中国银行天津分行、建设银行天津分行、浙商银行天津分行等区金融机构融资对接服务活动，浙商银行通过涌金票据池产品为真美联合电子、世纪力恒等民营企业融资1370万元。

10月12日，河西区民企局召开涌金票据池推介会　（河西区民企局提供）

（单守霞）

# 楼宇经济管理

**【概况】** 河西区楼宇经济管理办公室（简称：河西区楼宇办）内设：综合科、管理科、服务科。

2017年，河西区商务楼宇达到129座，建筑面积达486万平方米，入驻企业12000家，综合入驻率保持在85%以上。楼宇经济实现全口径税收200亿元以上。

**【提升改造】** 2017年，河西区楼宇办加大对商务楼宇硬件设施的提升改造力度，综合协调区财政局、审计局、楼宇单位在项目的立项、招投标、资金拨付、验收审计等各个环节加快进度，保证改造项目顺利进行，最大限度提高财政资金的使用效率。全年拨付专项资金2310万元，对28座楼宇的电梯、监控、消控、公共区域、外檐、餐厅、停车场等项目进行提升改造。商务楼宇全年实现留区税收40亿以上，对区财政的贡献率占60%以上，安排就业人数超10万人。

**【项目招商】** 2017年，河西区楼宇办组织多场次专业化、针对性的招商推介会及产业座谈会。组织招商部门与重点商务楼宇招商对接会、重点商务楼宇与知名中介机构对接会、新八大里地区新建商业项目与商业企业对接会、航运产业座谈会、创新创业平台座谈会等活动。开展商务楼宇招商APP平台线上招商，发布资源信息410条、7个方面的扶持政策及120多条招商服务信息，20多家企业通过平台找到适合的办公地点。建立一支专业化的招商引资队伍。采取“走下去”“请上来”的方式，定期组织楼宇单位交流招商信息、研讨招商经验，全员招商、专业招商的格局基本形成。

**【资源盘活】** 2017年，河西区楼宇办制定《楼宇经济提质增效三年（2016—2018）行动计划》，召开专题会议，对未来3年全区楼宇经济的发展目标、重点任务分工、盘活空置楼宇资源工作进行具体部署安排。对全区空置资源进行梳理，将任务指标分解到楼宇办、投促局、金融办、科委、商旅局、民企局、陈塘管委会7个部门，多次召开盘活空置资源工作推动会。组织有空置资源的楼宇单位召开工作部署会，盘活空置资源68万平方米。

**【物业服务】** 2017年，河西区楼宇办从楼宇设施与配套、楼宇管理与服务、楼宇招商与贡献、楼宇安全与应急4个方面，在全区商务楼宇开展星级楼宇评选活动，引导楼宇经营管理单位提升综合服务水平，全年21座楼宇被评为五星级楼宇。

**【平台服务】** 2017年，河西区楼宇办整合工商、国地税、楼宇单位数据信息，完善楼宇经济数据采集、统计分析、汇总工作，便于政府部门、楼宇单位及时动态了解楼宇经济运行情况。贴近楼宇业主与入驻企业的需求，以“规范楼宇物业管理、降低楼宇经营成本、方便楼宇入驻企业”为基本原则，协调各类社会机构服务商务楼宇。

（刘　艳）

# 陈塘科技商务区

**【概况】** 陈塘科技商务区管理委员会(简称:陈塘管委会)内设:办公室、财务审计科、规划建设科、经济发展科。

**【经济指标完成情况】** 2017年,陈塘管委会累计实现销售收入352.32亿元,全口径税收22.38亿元,留区税收7.4亿元,非税收入511.48万元,实现一般公共预算收入7.45亿元,其中留区税收7.4亿元。自创区核心区(陈塘科技商务区)累计销售收入192.06亿元,全口径税收13.47亿元。

**【招商引资】** 2017年,陈塘管委会新增工商注册企业907家,新增工商注册资本341.93亿元。完成科技型中小企业认定89家;新增规模超亿元科技型企业4家。自创区有科技型中小企业932家,实现销售收入100.12亿元,实现全口径税收4.88亿元,留区税收1.3亿元。拥有高新技术企业33家,规模超亿元科技型企业23家,实现销售收入85.52亿元,实现全口径税收4.03亿元,留区税收1.14亿元。盘活自创区空置楼宇,实现销售收入202.36亿元,实现全口径税收15.52亿元,实现留区税收5亿元。

**【开展双万双服】** 2017年,陈塘管委会走访自创区内15家企业,帮助企业登陆平台,企业登录100%、信息采集100%。全过程实行实时跟踪,帮助企业解决实际困难。1月25日,天津陈塘海天创业投资合伙企业(有限合伙)完成工商注册设立。

**【北方设计联盟】** 2017年,北方设计联盟有40家设计、工程类企业。联盟企业实现营业收入418亿元,实现税收14.59亿元。5月22日,打造"北方设计之都"写入天津市第十一次党代会报告,北方设计之都的建设上升至天津市全市战略层面。全年为联盟单位兑现扶持奖励1850万元。完成联盟实体注册、LOGO设计、网站注册设计等工作。凭借津洽会时机,通过宣传视频、"一带一路"重点项目展板、展厅沙盘模型、"天鲸号""通途号"挖泥船模型、印制联盟LOGO的宣传品等宣传河西区打造"北方设计之都"的战略布局和"北方设计联盟"的发展成果。通过《天津日报》、天津电视台主题节目"津彩一带一路""河西新闻"等多种宣传渠道与形式助推"北方设计之都"建设介绍。成功注册联盟网站并与IP地址关联,"北方设计联盟"展厅投入使用。联盟对接异地经营的盟内企业回迁,将中国市政工程西北设计研究院天津分院落户陈塘科技商务区。完成首次异地经营的河西设计企业回迁。

北方设计联盟展厅

(陈塘管委会提供)

**【南京理工大学北方研究院】** 2017年，南京理工大学北方研究院累积注册科技产业化公司及相关服务公司8家。对接社会资本介入，按照“研发总部+生产基地”模式在天津周边区县合作打造激光产业园。光纤光栅是全国唯一一家可稳定生产供货的公司。组建南理工中高（天津）知识产权管理有限公司。配合相关机构，建立与国外名牌高校在知识产权及专利技术交易平台建设方面的合作，全方位建立健全知识产权服务体系。建立新能源研发中心，以全固态薄膜锂电池项目产业化公司产品的发展方向为研发方向。建立智能装备研发中心，以市场需求为导向，采取订单式或合同式研发。成功研发“全地形智能采样机器人”，开发基于北斗导航系统和激光SLAM技术的“多功能巡逻机器人”。

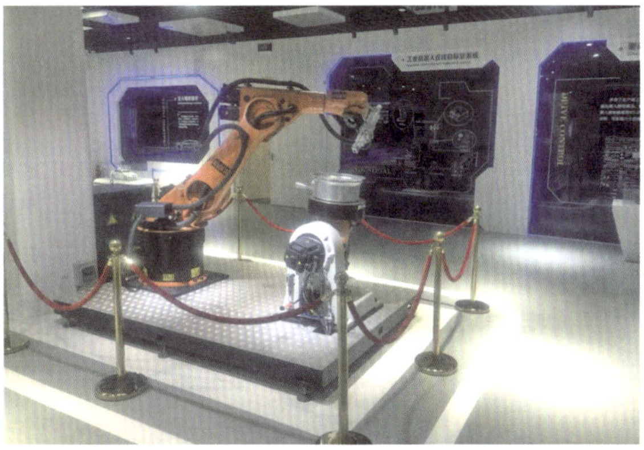

南理工北方研究院激光装备
（陈塘管委会提供）

**【棚户区改造】** 2017年，陈塘科技商务区重点推动东江道、岩峰路、郁江道3个片区的棚改工作。7月25日—8月18日，完成东江道片区、岩峰路片区房屋征收及扫尾工作。郁江道片区启动征收前期入户调查、项目立项、政府购买服务等工作。

**【土地出让】** 2017年，陈塘科技商务区四至范围东至微山路，南至珠江道，西至规划中央绿轴，北至复兴河。总占地面积2.78平方公里。3月15日，取得天津市人民政府关于河西区解放南路地区02单元陈塘科技商务区控制性详细规划的批复。所形成的“16版”控制性详细规划规划总可建设用地面积87.10公顷，总建筑规模285.70万平方米，住宅地块与商业地块占地面积之比约1:1，建筑规模之比约3:7。W2地块和3号地块完成《供地前不动产权证》《规划条件通知书》《场地环境调查及风险评估报告》等委托出让所需的全部要件，具备出让条件。

**【大气污染治理】** 2017年，陈塘科技商务区内新铺设及修补36.9万平方米的苫盖网，砖墙修葺187.44延米，临时蓝板47.5延米，临时围挡502.95延米，聘请无人机团队对商务区地块进行整体航拍，专人24小时巡回检查确保商务区整理地块苫盖完整、围墙无缺漏。施工过程中全程采用雾炮等设备降尘降噪。

**【企业混改】** 2017年4月，天津津燃西岸能源建设发展有限公司完成工商手续变更工作，更名为天津西岸能源建设发展有限公司。推进陈塘科技商务区供热前期准备工作，完成天房美棠13万平方米住宅项目按时供暖。启动陈塘能源公司经营陈塘商务区物业管理业务，9月28日全面接管陈塘科技商务区服务中心物业项目及商务区储备地块看管工作。

（刘成程）

# 重点企业

## 国有资产经营投资有限责任公司

【概况】 河西区国有资产经营投资有限责任公司（简称：河西区国投公司）下属控股公司6家（其中全资企业2家），参股企业4家，分支机构1个。

【地下书库工程】 河西区国投公司组织实施建设的区图书馆地下书库工程项目于2016年10月10日启动，该项目位于解放南路与围堤道交口渤海明珠大厦地下2层，建设规模1149平方米。2017年，相继进行该项目的设计招标、监理招标、设计图审、消防图审、施工招标、项目施工等工作。4月10日竣工，4月24日交付区文化局使用。

【“新三馆”划转及减资】 2017年，河西区国投公司启动“新三馆”资产划转工作。召开党支部工作会议和董事会扩大会议，制定“新三馆”划转及公司减资的工作方案，报请区国资委批准，在《工人日报》刊登减资公告。配合进行房产评估，完成地税局的核税工作，按照财政局要求，完成租金测算。

【公务用车改革】 2017年，河西区国投公司配合区公车办落实好公车改革工作。严格履行处置程序，对退回的各企事业单位用车，以公开拍卖方式进行处置。按照《区属国有企业公务用车制度改革实施意见》和区国资委要求，公司实施公务用车改革，公务用车停驶封存，严格履行处置程序，进行车辆处置。

【菜市场管理与改造】 2017年，河西区国投公司规范市场证照，帮助60多家商户办理及更换证照，注销100多家重复证照。启动区重点工程、民心工程——南昌路商业步行街提升改造工程，将三义庄菜市场进行提升改造。派专人常驻大营门南昌路地区城市管理办公室，保障南昌路商业街项目周边综合管理协调工作。

【全国文明城区复审迎检】 2017年，河西区国投公司以市场内环境、市场外宣传工作为重点，制定工作方案。瑞泽公司大沽路菜市场是复查重点单位之一，复审期间部门员工加班加点维护良好的市场环境，通过复审。

【北方创客体验中心】 2017年，河西区国投公司通过设立“北创创新券”优惠政策、制定创业项目考评制度、定期约谈企业等形式，不断完善升级孵化服务体系，提高创业者的创业热情，全年服务创客100余人、创业团队61支，入驻企业24家。推动专利成果转化，开展“北创专利合伙人”计划，协助创客进行专利申请、模型制造等工作，获标准5件，研发与转化技术成果数量7个，申请知识产权15件。中心依托自身资源优势组织策划创业教育讲座、文化体验、科技创新等11场活动，配合政府部门主办5场公共文化服务活动。成立“北方创客教育联盟”，合作开展23场主题活动及周末体验课，为百余名5—12岁的小创客提供动手DIY、科学实验、趣味编程等领域课程，初步形成常态化、可持续的创新创意普及基地。

8月11日，北方创客教育联盟代表向科教仪器等传统企业介绍创客教育产品

（河西区国投公司提供）

**【全运村服务】** 2017年，河西区国投公司6人先后抽调至全运村村委会参与财务审计中心、商业服务中心和交通服务中心的相关工作。3人被授予第十三届运动会全运村突出贡献个人。公司被授予突出贡献单位。

**【安全生产】** 2017年，河西区国投公司成立安保部，制定安保部管理制度，全年培训计划、部门岗位安全生产责任制，建立安全消防微信群，登记公司隐患台账、安全记录台账。制定安全工作方案22个，去网点检查118家（次），上报国资委报表53次。加大安全设备投入，为大沽路菜市场、三义庄菜市场、北方创客体验中心配备微型消防站、更换灭火器、购置防汛用品，为员工购买防暑降温药品。组织安全培训5次，其中联系消防支队为职工安全培训2次，组织员工参加区国资委系统安全培训1次。

（魏　笑）

# 天津市南楼商贸集团

**【概况】** 天津市南楼商贸集团(简称：南楼集团)内设：党建部、办公室、财审部、劳动人事部、资产营运部、保卫部、工会。集团公司下属企业：河西百货商场有限公司、津华五金交电商场、佟楼百货商场有限公司、采购配送有限公司、海地五金交电商场、天津市同乐食品厂、天创巨元广告公司。

**【经营管理】** 2017年，南楼集团继续做好各租赁网点日常经营、安全监督等相关工作，与商户的合同签订和租金收取工作。完成同乐食品厂、河西商场网点到期商户重新签订合同工作。与区建委签订38处网点托管协议，完成托管网点合同的签订及租金收取工作。同乐食品厂效益、网点年租金整体提高。完成营业总收入2000万元，利润总额9万元，工资增长10%。

**【安全保卫】** 2017年，南楼集团与基层单位签订“消防安全责任书”，制定“春季防火工作安排”“夏季消防安全检查方案”，组织特种操作人员和安全管理人员进行10次安全培训。开展安全生产隐患大排查大整治工作，对红旗饭庄违规使用的传菜机进行封停，对检查出来的5处老电闸箱进行改造，消除安全隐患。对消防安全重点监督单位广东路布料市场的每个商户配备灭火器，与消防部门联合对商户进行灭火器使用方法培训，提升防火意识和灭火能力。每周组织开展一次安全检查，每月组织一次拉网式检查，防患于未然，杜绝事故的发生。对商户电线线路、燃气罐使用、夜宿店内人员、杂物堆放、消防器材摆放、消防标志配置，危化品管理进行定期或不定期的专项隐患巡查百余次，各类专项整治和节假日例行检查18次，检查并整改安全隐患20余项。

（王妍妍）

## 天津市桂发祥麻花饮食集团有限公司

**【概况】** 天津市桂发祥麻花饮食集团有限公司（简称：桂发祥集团）下设综合管理部、财务部、人力资源部、安保部、运营管理部。下属企业：土城饮食总店、上苑餐饮管理有限公司。桂发祥十八街麻花食品股份有限公司（简称：桂发祥股份公司）为桂发祥集团公司相对控股公司。

**【经济发展】** 2017年，桂发祥集团完成各项经济指标，实现国有资产的保值增值。桂发祥股份公司向子公司桂发祥十八街麻花食品（天津）有限公司增资1亿元，用于募投项目空港生产基地的建设。空港经济区生产基地建设项目新建的3条麻花生产线投产。近万平方米的桂发祥食品广场试营业，成为新食品品类综合零售体。桂发祥股份公司以麻花品类作为传统支柱产品，培育糕点成为新支柱，利用品牌优势、渠道优势，成为天津传统糕点市场的一大品牌。其他健康、休闲类自产或OEM产品作为成长业务，在“桂发祥”母品牌下开发更多产品系列。全年公司新取得15项专利，其中4项为发明专利。

**【服务工作】** 2017年，桂发祥集团开展服务“迎全运百日会战”活动。在全运村内的运动员村、官员村、媒体村开设3家形象店。完成对口支援庄浪县和卓尼县的各项工作。协助举办甘肃·平凉“金果红牛旅游”走进天津主展馆开馆仪式以及庄浪县农副产品直销窗口揭牌仪式。桂发祥十八街文化馆接待来访的5批卓尼县代表。

**【安全保卫】** 2017年，桂发祥集团结合“两节”和党的十九大期间等重要时间节点，开展安全隐患排查和专项治理工作，重点检查厂区，直营网点、经营性餐馆，出租房等场所。集团公司组建安委会，进一步完善《天津市桂发祥麻花饮食集团有限公司安全生产责任制》。在桂发祥食品广场完成消防演练活动。

11月9日，桂发祥集团在桂发祥食品广场举行消防演练　　（桂发祥集团提供）

（王志慧）

## 天津风味食廊管理委员会

**【概况】** 天津风味食廊管理委员会为经营性自收自支事业单位。所辖商业载体23000平方米，开办、经营管理乐园家具广场、乐园窗帘布艺市场、天津厨具城3个专业市场。天津市盛丰商业管理有限公司为注册全资子公司。

**【商城改造】** 2017年，天津风味食廊管理委员会投资30余万元对所辖布艺门头和布艺城、厨具城一厅内部电路排查改造，排除安全隐患。结合安全巡视大排查、大整治、大检查工作部署，对各专业市场特别是布艺城、厨具一城电线管网进行全面改造提升，布艺城完成电线穿金属管槽改造，剔除冗余线头，规范化布设线路。

**【市场管理】** 2017年，天津风味食廊管理委员会实行商城动态巡视管理，督促窗帘布艺、厨具商户经营场地升级改造，提高对客商的服务水平。走访调研各区布艺同业市场，一线科室负责人前往广州进行调研，确保布艺、厨具、家具专业市场的相对稳定，确保出租率和收费率。对年内撤场的家具城场地、布艺城场地及时招商引进新商户。

【全运会服务】 2017年，天津风味食廊管理委员会抽调4人进入全运村工作，领导干部带头参与全运村2次实战演练，参与全运村开幕式。为确保全运会开幕式期间安全无事故，所属厨具城、布艺城停业休整2天，家具市场停业休整5天，直接减免租金15万余元。

【转制工作】 2017年，天津风味食廊管理委员会贯彻落实区政府、区国资委经营性事业单位转企工作部署，单位资产做好清点，清核债权债务，致力推进经营性事业单位改制，征求汇总职工诉求，积极解决历史遗留问题。

【安全生产】 2017年，天津风味食廊管理委员会彻查安全隐患，堵塞管理漏洞，组织员工、物业人员、各商城客商进行消防知识答卷和灭火器材使用专题培训，请消防安全专家杜国伟分4期为全体职工和客商进行消防安全培训，提高预防、扑救、自救能力。对各专业市场消防安全工作采取多种防控措施，进行全方位实时监控。加大管理和巡视力度，安全领导小组每周进行拉网式大检查、大排查、大整治，对查出的隐患和薄弱环节，逐一梳理，制定整改落实方案，做到整改、责任、措施、资金、时限和预案“六落实”，确保各专业市场整改到位，不留盲区、不留死角，安全运营。

（马守玉）

## 天津市煤业建筑器材河西公司

【概况】 天津市煤业建筑器材河西公司（简称：煤建河西公司）内设：党建工作部、综合办公室、人力资源部、财务部、安全保卫部、资产管理部、物业经营部、市场经营部。下属公司：天津市煤业建筑器材河西供销一公司。

【经营工作】 2017年，煤建河西公司租赁收入实现应收尽收。整体收回并租赁琼州道87号办公楼及场院给天津市美德美康生物科技有限公司，全年增加经济效益近百万元。海麦士商贸停止租赁关系，撤出陵水道秀峰里1号2158平方米载体，为保证未来租赁效益和网点安全生产，与天津市大国企、上市公司多方开展招商工作，初步敲定合作意向。

【企业管理】 2017年12月，煤建河西公司搬迁新办公地点，承租市政运行中心所属位于河西区同善里18号增1号整体房屋和场院，减少办公费用成本。改革领导班子公务用车实物供给方式，保留一辆经营用车，专职司机岗位转岗安置。有3人配合进行全运村的建设和运营保障工作。成立公司改革改制工作领导小组，制定方案。根据经营管理和新老衔接的需要，面向社会招聘新员工，对部分科室的负责人和工作人员进行调整并完成交接工作，强化对人、财、物关键环节的管控，完善“内控管理制度”“货币资金管理制度”“固定资产管理制度”，建立收入预算台账，实现会计电算化，对工资结构性改革方案进行初步探索，补办16本土地证，实现网点证件的两证合一，解决公司网点权属不清的问题。制定《2017年安全生产工作安排》《煤建河西公司“安全生产月”活动方案》《煤建河西公司夏季消防检查工作方案》等制度。针对利民道服装市场安全重点隐患，采取相关措施，通过法律途径收回该网点。由公司投资为市场配置微型消防站，承租方更新监控设备，在消防重点部位、人员密集区域加装监控摄像头，将消防安全预案、市场管理制度制作KT板上墙，清理消防和疏散通道上的杂物，并在通道明显地方悬挂告知牌，在重点部位悬挂禁止吸烟警示牌，在人员疏散路径上加装应急灯，加大管理力度，增加管理巡视人员。

（于学斌）

河西年鉴
2018

# 经济管理

# 经济社会发展

**【概况】** 河西区发展和改革委员会(简称:河西区发改委)内设:办公室、发展规划科、政策研究科、综合经济科(区经济工作目标考核领导小组办公室)、投资管理科、工业工作科、服务业工作科、节能工作科(区节能减排办公室)、绩效管理科、粮食工作科(区国民经济动员办公室)、价格管理科、价格检查科。下挂粮食办公室、服务业办公室牌子。下属全额拨款单位:河西区价格认证中心。

2017年,河西区发改委坚决执行区委、区政府各项决策部署,紧紧围绕区第十一次党代会确定的目标任务,牢牢把握河西发展的历史性窗口期,充分发挥综合经济部门作用,忠诚担当,履职尽责,团结带领全委干部奋力拼搏,迎难而上,开拓创新,锐意进取,圆满完成全年各项工作任务,为全区经济社会持续健康发展做出贡献。

**【经济工作】** 2017年,河西区发改委建立区经济运行分析月调度机制,加强经济运行的统计监测和预警。定期召开全区经济运行座谈会,跟踪分析经济数据,汇总、更新指标数据库,对未按合理进度完成或浮动比较大的重要指标做出预警判断,协同全区各经济部门,咬定目标不放松,提质增效挖潜力。实现地区生产总值849亿元,居民人均可支配收入增长8.5%,服务业增加值占地区生产总值比重达95%以上。

**【重点任务】** 2017年,河西区发改委持续推进京津冀协同发展。召开小白楼航运服务集聚区推介会,为全区600余家航运物流企业开展服务,引进京冀企业141家,总投资额100.7亿元。通过"双万双服"活动帮助企业解决问题392个,解决率、满意率、15日内办结率均达到100%。为泰达大厦房地产开发有限公司、鑫瑞工贸有限公司、肿瘤医院等单位申请国家电力需求侧管理和节能专项资金280余万元,支持企业发展。

**【民生工作】** 2017年,河西区发改委开展涉企收费、医药收费和全运期间价格监管等专项检查。完善"12358"价格举报平台建设,办理价格举报和投诉422件。完成各类价格定期采集上报3960余价次,撰写价格分析报告12篇。办结涉刑事案件物品价格认定案件633件,标的额达510万余元。开展年度社会粮油供需平衡调查,落实成品粮储备等粮食工作区长负责制相关任务。

**【节能降耗】** 2017年,河西区发改委开展节能降耗工作,制定《河西区2017年节能减排工作方案》《2017年散煤清洁化行动整治方案》,召开2017年节能工作推动会,做好迎接中央环保督查组检查工作,实现商业散煤清洁化治理全覆盖、全替代,完成万元GDP能耗下降任务,进行迎全运天津中心城区烟囱拆除美化工作和工业燃煤锅炉清零现场抽查和取缔"地条钢"专项监督检查工作。

**【项目建设】** 2017年,河西区发改委牵头做好项目推动工作,对到区落户的大项目、好项目建立台账,做好一对一的针对性服务,盯紧重点项目推进情况,使新落地的大项目尽快投入运营。推动小白楼、黑牛城道两侧、解放南路以东等重点地区开发建设，加快推进全运村、新八大里等52个在建项目，启动建设9个新建项目，完成全社会固定资产投资206.09亿元。

**【规划调研】** 2017年，河西区发改委完成35个专项规划的编制工作，制定《落实市委、市政府“一基地三区”建设实施意见的行动方案》《关于激发重点群体活力带动群众增收工作方案》《关于落实生态保护补偿机制的实施方案》《关于深入推进供给侧结构性改革的实施意见》等政策文件。

**【巡查整改】** 2017年1—3月，河西区委第三巡查组进行现场巡查，指出的党组织领导核心作用弱化等3方面、10个问题。6—8月，进行“机动式”专项巡查，指出的政治意识不强、学习贯彻党的十八届六中全会和市十一次党代会精神不到位、不深入等4方面、10个问题。成立整改工作领导小组，围绕反馈意见，以问题为导向，制定59项具体整改措施和“落实巡查反馈意见的整改台账”，明确责任领导、责任科室、责任人、完成时限，实行定人定岗定责，层层分解责任，按期完成整改任务。在巡查整改的过程中，引领党员干部切实增强“四个意识”，教育干部始终听从党中央和习近平总书记的指挥。将加强党建和巡视、巡查整改工作同“双万双服”等业务工作有机的结合好，发动党员干部深入群众、深入企业、深入基层开展服务。

（付志刚）

# 市场和质量监督管理

**【概况】** 河西区市场和质量监督管理局(简称:河西区市场监管局)内设：办公室(新闻宣传科、基层工作科)、党建工作科(党委办公室、机关党委)、法规科(执法监督科)、行政审批科、企业监管科、市场监管科(合同监管科、网络商品交易监管科)、消费者权益保护科、反垄断与反不正当竞争执法科(直销监管科)、商标广告监管科、质量监督管理科(认证认可科)、计量标准化科、特种设备安全监察科、食品安全综合协调科、食品安全监管科、药品化妆品监管科、医疗器械监管科、信息档案科、组织人事科(基层教育科、老干部科)、行政财务科、纪检监察科。直属事业单位：区个体私营企业协会、区消费者协会、区市场监管局信息中心、区市场和质量监督稽查大队、区市场监管局投诉举报中心。下设友谊路街、下瓦房街、大营门街、尖山街、马场街、梅江街、柳林街、东海街、陈塘庄街、越秀路街、桃园街、挂甲寺街、天塔街13个市场和质量监督管理所，加挂“食品安全委员会办公室”主要负责街道食品安全委员会的日常工作。

2017年，河西区市场监管局按照2017年全市市场和质量监督管理工作会议部署安排，全面深入推进“放管服”改革，一手抓服务、促发展，一手强监管、保安全，各项工作取得明显成效。

**【重点工作】** 2017年，河西区市场监管局按照“学懂、弄通、做实”的要求，通过强化组织领导、创新学习方式、营造宣传氛围。成立学习宣传贯彻党的十九大精神活动领导小组和办公室，下发《关于认真组织学习党的十九大会议精神的通知》《关于深入学习宣传贯彻党的十九大精神的实施方案》，指导学习活动。召开党委中心组(扩大)学习讨论会、举办副科级以上十部集中培训班，局党委成员到所在支部和分管部门宣讲十九大精神。各党支部通过召开党员大会、主题党课、主题党日、“微党课”等形式开展集中学习讨论十九大报告。在局《党建工作动态》简报开辟“十九大学习专栏”反映各党支部、各部门开展学习宣传的情况、刊发党员干部的学习体会、学习辅导材料等内容。在局党建工作微信群和党支部微信群中推送十九大学习资料、信息，丰富学习形式。编发《十九大精神学习摘要》“口袋书”，全局干部职工人手一册，实现宣传学习全覆盖，被《天津日报》和“天津党建”“天津市场和质量监管”微信公众号等媒体报道。将“政治站位、政治担当、政治反响”贯穿全运会保障全程，开启“全局齐动员、全力抓保障”模式，构建餐饮食品“工作筹划、风险评估、全程监督监测、三位一体培训、外围保障、保障力量”6大保障支撑体系。辖区所有药店适时摄录监控，对有机食品、体育用品、车用汽柴油开展专项抽检，确保餐饮、食品、药品、油品、商品、电梯保障零失误零事故。被评“第十三届全运会全运村突出贡献单位”，6人获“第十三届全运会全运村突出贡献个人”称号。以友谊路所为试点，组织开展食品快检进社区活动。采取为居民免费提供食品快检服务、编写风险提示、公示检测结果、曝光问题食品经营者等手段，创新食品安全监管机制，丰富市场监管手段，被《中国工商报》、天津电视台等新闻媒体报道。积极开展消费维权、保健品、食品、药品宣传进社区等活动，把消费维权关口前移，通过化解消费纠纷和矛盾促进社会和谐。为中国天津外轮代理有限公司拟申请制定“国际海运出口单证申报EDI报文标准、国际海运出口单证基础代码”2项地方标准争取时间，促成该企业与标准化院直接对接，完成申报材料和标准创制工作。12月7日，2项标准纳入2017年天津市地方标准制修订计划（第四批），彰显“统一管理、各司其职、合力推进”的标准化工作新机制。

9月2日，河西区市场监管局驻全运村食品安全保障人员检查食品安全

（河西区市场监管局提供）

**【创新服务】** 2017年，河西区市场监管局注重发挥“专业+”优势，开展服务社会、服务企业、服务百姓活动，制定《河西区市场监管局投诉举报处置工作实施方案》，刊发《消费维权交流指导专刊》，开展集中培训。督导企业落实消费者维权第一责任人责任，指导企业落实小额消费纠纷快速解决暨无障碍退换货、消费环节经营首问和赔偿先付制度，全区新增首问和赔偿先付企业3个，总量达6个，消费维权服务站总数17个，1个站点新设调解室。受理市投诉举报中心转办投诉举报7754件，办结7329件，办结率94.51%，其中投诉6408件，办结6071件，办结率94.74%，为消费者挽回经济损失684.16万元，举报1346件，办结1258件，办结率93.46%。将商事制度改革作为服务企业的重要手段，以“规范登记行为、夯实业务基础”为主线，严格落实“简易注销”“名称自主申报”“全程电子化登记”“容缺后补”等新规，提高商事服务质量。受理“容缺后补”登记材料128份，为“必胜客”等20家企业开展团体化登记服务，办理简易注销登记82户；新设立各类市场主体8009户，注册资本（金）122.03亿元；全区实有各类市场主体53882户，注册资本（金）1427.57亿元。按照“双万双服”工作要求，制定《河西区名牌产品企业奖励办法》，鼓励辖区企业争创

品牌。推荐4家企业参评2017年度天津市名牌产品，2家企业参与2017年品牌价值评价，2家企业发布2017年度企业质量信用报告。召开区重点企业商标工作交流会，表彰市著名商标认定企业，确定天津市桂发祥麻花饮食集团有限公司为2017年示范企业。调研广告业发展情况，指导企业做好公益广告发展工作。开展送法进企业活动，继续强化《直销条例》《禁止传销条例》《广告法》等法律法规的宣传教育。对重点用能单位开展能源计量走访服务，指导辖区54家企业开展产品执行标准自我声明，强化市场主体计量管理意识。开展“3·15”系列宣传活动，与天津市第一烟草专卖局、河西区网信办、区发改委、中钢集团天津地质研究院等单位，设立9个咨询台开展消费维权知识讲解，提供免费商品鉴定，接受消费咨询投诉，受理咨询500余人（次），消费投诉5件，发放各类宣传资料4600余份。开展食品药品投诉举报工作宣传活动，向百姓宣讲食品药品投诉举报渠道，讲解食药法律法规常识，解答食品药品质量、医疗器械安全使用、化妆品真伪识别等问题。开展“5·20”世界计量日宣传服务活动，开展民生计量工作，免费为28家菜市场检定1473台电子计价秤。开展“质量月”活动，以“大力提升质量共治，建设质量立市战略”为主题，强化组织领导，发挥企业作用，创新宣传形式，联合兄弟部门积极筹划、精心组织，开展丰富多彩的质量月活动。

**【执法监管】** 2017年，河西区市场监管局强化销售环节食品安全日常巡查监管工作，巡查监管食品经营商户6100余户（次）。开展销售环节食品安全示范店规范清理工作，飞行检查保健食品专营体验店。开展食品安全专项清理清查等行动，捣毁19个食品制售黑窝点。开展春季学校食堂专项检查，全面检查辖区114家学校、托幼机构以及集中配餐单位，联合区教育局引导辖区63个民办幼儿看护点实施食品安全建设标准化。约谈网络食品交易第三方平台，下线处理365户违法违规经营者。推进“明厨亮灶”工程，新增示范店83家，建成示范街3条，示范单位达220家。推动早餐车（亭）规范经营，组织落实食品摊贩备案工作。完成“两会”、市第十一次党代会等大型活动保障任务24次，保障37230人（次）用餐安全。加强药品执法监管，深入推进药品安全“6103”工程建设，组织开展药品安全清理清查等5项专项检查，检查药品经营使用单位800家（次），抽验药品化妆品422批（次），立案8件，没收非法收购药品2578余盒，移送公安机关涉嫌假药犯罪案件1件。开展放心药店创建活动，组织对药店进行量化分级评定，评选出A级药店8家，B级药店135家，C级药店14家，D级药店1家。组织开展器械生产企业量化分级管理工作，评选出A级生产企业1家，B级生产企业3家。组织开展角膜塑型硬性透气接触镜检查、无菌和植入性医疗器械等4项专项整治，检查医疗器械生产经营使用单位800余家（次），立案4件，监督抽验13个批（次）。加强不良反应监测工作，上报药品不良反应报告167例，医疗器械不良事件143例。开展安全生产隐患大排查大整治，完成春节特种设备安全专项检查等8个专项任务，检查特种设备使用单位755家（次），检查特种设备2670台（套），下达指令书241份，立案查处12起，办结12起，罚款46.1万元，约谈1家，依法处理特种设备一般事故1起。变更审批设备注册申请87件，注册设备617台（套），变更登记23件，审批企业维修资质10家。搞好居民电梯评估工作，完成远年商品房电梯评估120台，老旧居民电梯评估297台，配合推动441台电梯维修工作。加强质量计量执法监管，拟定《河西区名牌产品企业奖励办法》，助推企业转型升级。组织完成年度质量工作考核。强化强制性认证产品、工业产品生产许可证产品、食品相关产品生产企业监督检查，巡查覆盖率

100%。强化机动车检验机构监督检查，参与安达机动车检测站计量认证现场评审2次，开展专项检查2次。完成流通领域产品抽查11个品种82个批（次），依法查处2家抽查不合格产品单位。完成辖区1137家电线电缆商户摸底排查。加强计量监管，检查84家单位，检查计量器具415台件，立案6起。开展能效标识检查，检查3家单位，涉及8家生产企业的52种型号产品。推进企业标准监管新模式，完成54家企业236项标准自我声明，涵盖314种产品，完善企业标准信息公共服务平台建设。加强企业诚信建设，574户企业依法列入经营异常名录，23户个体工商户被标记为经营异常状态，依规将679户企业和268户个体工商户移出失信“黑名单”。组织清理僵尸企业，核定僵尸企业428户。组织开展企业年报工作，发送年报提示短信16446条，同比增长2%。推进“守合同重信用”建设，督导38家守合同重信用企业完成自查工作。严格拍卖监管，受理备案55次，备案委托拍卖合同331份，成交委托合同275份，委托合同金额11.84亿元，成交金额13.93亿元。加强展会监管，完成津洽会暨PECC博览会等多个展会监管任务。推进网络商品交易监管，组织完成农膜及汽车企业摸底调查。开展打击侵犯知识产权和制售假冒伪劣商品工作，“3.15”活动期间集中销毁327瓶假白酒、326件汽车配件、161袋食品、228个箱包、68桶防冻液等侵权假冒伪劣商品。在重点领域开展广告专项整治工作，检查各类房地产广告160条（次），查处违法广告案件20件，罚没款93.37万元。开展打传规直活动，严防非法集资风险，严禁传销漏头冒泡，筛查金融类企业465户，河西区连续3次被评为天津市“无传销区、县”。

4月20日，河西区人大代表、政协委员在大梅江菜市场检查食品安全工作

（河西区市场监管局提供）

**【专项整治】** 2017年，河西区市场监管局以中央环保督查为契机，加大对辖区煤炭、餐饮油烟扰民问题治理力度，完成环保督办件112件。按照“标本兼治以本为主、疏堵结合以疏为主”的原则，把无证无照治理与环境卫生清理紧密结合起来，检查餐饮经营单位273户，治理无证照餐饮295户，责令关停289户，依法取缔6户，依据新规备案335户。核查煤炭经营企业285户，签订不再经营承诺书60户，列入异常名录220户，依法取缔利用散煤制作白酒黑窝点1个。加大殡葬市场治理力度，检查殡葬用品经营户20余户，教育劝诫3户。组织开展汽车三元催化器产品集中执法检查，检查企业商户395户（次），下达责令改正通知书1份，立案查处违法行为2起。开展“迎全运商标专项检查”，检查商户40余家，检查商品150余件。协助区政府完成陈塘热电铁路沿线违章建筑拆除工作。全运会保障工作，注重食品保障机制建设，构建完善六大保障体系，做好餐饮服务商、食材供应商招投标工作，指导完成全运村餐厅整体布局的设计和施工，开展食品安全快速检测培训，提高保障整体水平。开展1.70万余项次现场检测、2.11万余种菜品留样、3万余次表面与温度测试，安全保障55.53万余人（次）现场就餐、完成4800人（次）食品配送，实现“零事故、零隐患、零投诉”。开展迎“全运百日会战”专项治理工作，配合区政府对迎宾道附近的违章建筑和违法违规经营户进行地毯式清理。开展药品类兴奋剂经营专项检查，指导辖区所有药店安装摄像，实施全时段、全过程

监管。检查药品批发企业11家（次）、药品零售企业115家（次），对3家药品零售企业予以警告，收回3家药品零售企业的药品GSP证书，在市场监管委和局网站进行曝光。开展全运村、全运会接待酒店医疗卫生、安全防护计量器具检定工作，完成全运村3个餐厅和3家接待酒店152个可燃气体探测器的现场检定工作。完成全运村内体温计、血压计等医疗卫生计量器具检定工作。建立3个一线电梯保障机制，组织筹划全运村电梯应急演练，确保全运会期间194部电梯安全运行32000小时、无故障起停200余万次。联合质检机构，完成流通领域有机食品、体育用品、车用汽柴油等38个批次产品的抽检工作。

6月29日，全运村电梯安全应急演练现场
（河西区市场监管局提供）

**【后勤保障】** 2017年，河西区市场监管局解决基层监管所办公用房难题，完成2个市场监管所基础设施建设，用房面积930平方米。为新成立的餐饮稽查执法队配齐办公设备和执法车辆，确保餐饮食品安全监管工作正常开展。对完成标准化建设的3个基层市场监管所进行服务标准再升级。

**【宣传报道】** 2017年，河西区市场监管局做好政务网页更新维护工作，及时更新各栏目内容，新闻、动态、行政处罚等各类信息更新498条；完成市场主体登记档案查询量3122户，电子档案查询打印份数为3900份；编发政务信息220条、简报17期、工作动态4期，在《中国工商报》《中国质量报》《天津日报》《今晚报》等报纸发表新闻信息120余条，被天津政务网、北方网、天津网、新闻117、问津等网络媒体和新媒体转载。

**【队伍建设】** 2017年，河西区市场监管局组织百余名干部参加全国工商、市场监管部门基层市场监管综合业务网络培训班；组织处级干部、人事干部参加党的十八届六中全会精神网上专题培训和2017年度专题研修工作；组织处级干部参加环境保护网上专题培训；完成非公党建培训。

（秦　沛）

# 审　计

**【概况】** 河西区审计局内设：办公室、法规科、社会保障审计科、财政审计科、行政事业审计科、经济责任审计科、固定资产投资审计科、资源环保审计科、企业审计科、联网审计科、内部审计指导科、审计执行监督科。下设全额拨款公益一类事业单位：河西区审计事务服务中心。

2017年，河西区审计局对区财政收支和法律法规规定属于审计监督范围的财务收支的真实、合法和效益进行审计监督，按规定对区管处级党政主要领导干部和国有企业领导人员实施经济责任审计，依法对审计监督对象单位的内部审计工作进行业务指导和监督。通过审计工作形成倒逼态势促进各项政策措施落实落地，促进提升区域经济社会发展的质量和效益，助力党风廉政建设和反腐败工作。

**【审计成果】** 2017年，河西区审计局开展审计项目6大类31项，其中预算执行审计实现一、二级预算单位全覆盖，其余项目涉及全区44个单位部门，延伸基层单位183个，审计发现各类违规及管理不规范问题41个，合计金额54969705.65元，针对违规发放津贴补贴，私设"小金库"问题，依法移送相关部门处理。完成公共投资政府建设项目审计28项，累计节约财政资金3376.88万元。提出审计建议18条，报送各类审计信息67篇，向市审计局报送专题调研1篇，向区主要领导报送审计专报2篇。区审计局拟稿，以中共河西区委办公室、河西区人民政府办公室名义印发《河西区关于完善审计制度若干问题的实施方案》，为河西区加快推进审计制度改革，更好发挥审计在党和国家监督体系中的重要作用奠定坚实基础。

11月27日，河西区审计局召开"河西区四季度国家重大政策落实情况审计审前工作会议"（河西区审计局提供）

**【政策落实跟踪审计】** 2017年，河西区审计局围绕河西区推动国家创新驱动战略政策措施落实情况、"双万双服"活动、培育科技企业"孵化器"及建设"众创空间"相关政策落实情况、2016年至2017年中央及市重点投资项目基本建设及资金监管情况、2017年财政预算执行率情况开展审计，反映问题，分析成因，提出建议，对2016年政策跟踪审计中发现问题的整改情况进行反馈。

**【本级财政预算执行审计】** 2017年，河西区审计局开展2016年区级财政收支及部门预算执行全覆盖审计，客观反映本级财政预算管理和专项资金管理使用中存在的14类问题，改革区级财政预算执行报告固有撰写模式，提出改革机制体制方面的审计意见和建议，发挥审计工作助力于深化财政体制改革、提升预算管理水平方面的作用。

3月7日，由天津市审计局组织，在河西区审计局召开"天津市经济责任审计工作座谈会"（河西区审计局提供）

**【经济责任审计】** 2017年，河西区审计局深入推进河西区党政领导干部和国有企业领导人员年度经济责任自查制度，督促全区60个经责审计单位开展自查。接受区委组织部委托对22个单位处级领导干部开展经济责任审计，编写《河西区经济责任审计要点问答手册》和《实用案例》。

**【区重点项目资金审计】** 2017年，河西区审计局开展社区服务群众专项资金审计，从规范资金使用、发挥资金效益方面提出审计建议。开展陈塘科技商务区建设项目资金管理使用情况跟踪审计，反映土地出让速度严重滞后等问题，揭示融资成本高的风险隐患。完成公共投资政府建设项目审计28项，累计节约财政资金3376.88万元，对《河西区政府投资建设项目审计监督办法》进行重新修订。

**【联网实时审计】** 2017年，河西区审计局在预算执行全覆盖审计中，24名业务干部组成7个审计组，根据资金体量和资金流合理调配力量，专项资金审计覆盖率达95.38%。12月12日，市审计局召开全市联网审计总结交流会，区审计局作专题发言，经验在全市推广。受市审计局委派，区审计局佘江岩同志赴甘肃省大数据审计培训班任授课教师。

（赵日强　赵广超）

# 统　计

**【概况】** 河西区统计局内设：办公室、综合统计科、专业统计科、普查中心。

2017年，河西区统计局坚持以提高数据质量为中心，充分发挥统计职能作用，促进河西区经济平稳增长。

**【统计监测】** 2017年，河西区统计局根据各行业、各部门、各企事业单位上报数据进行综合汇总统计，经天津市统计局快报数据反馈，全年，实现地区生产总值849.82亿元，按照可比价格计算，同比增长1.9%。服务业（第三产业）实现增加值819.25亿元，增长2.1%，比重达到96.4%。实现人均可支配收入47770元，同比增长8.5%。

**【企业一套表】** 2017年，河西区统计局按照联网直报的要求，开展一套表软件应用培训，提高企业统计工作能力。建立IP地址动态监控，加大直报、直验率的监测，规范一套表工作流程，确保独立真实上报数据。

**【名录库建设】** 2017年，河西区统计局动态更新维护名录库，按照“先进库、后有数”原则，规范工作制度和流程，严格执行“四上”企业（规模以上工业企业、资质等级建筑业企业、限额以上批零住餐企业、限额以上服务业企业）调查单位的新增、变更、退出审批流程。全区法人单位名录库中有法人企业21924个，全年新入库4869家，“四上”企业申报102家。

7月27日，河西区统计局召开企业一套表自查会议　（摄影：边伟）

**【统计分析】** 2017年，河西区统计局加强对经济形势的分析研判，发布《河西区2016年国民经济和社会发展统计公报》，组织编印2016年度《天津市河西区社会经济统计资料汇编》及编印季度的《河西经济综合统计信息》，撰写各类统计分析资料35余篇。

11月29日，河西区统计局指导2017年人口变动调查事后质量抽查工作　（摄影：边伟）

**【专项调查】** 2017年，河西区统计局完成12个街道办事处36个社区居委会的劳动力调查工作和就业服务需求调查工作。完成12个街道办事处24个社区居委会人口变动情况抽样调查工作。

**【依法统计】** 2017年，河西区统计局完成“七五”普法启动工作，对32家重点企业统计执法检查工作，对59家企业进行双随机统计执法检查。

（文翠翠）

1月12日，河西区统计局召开2016年商业单位年报培训会（摄影：李树涛）

# 安全生产监督管理

**【概况】** 河西区安全生产监督管理局（简称：河西区安监局）内设：办公室、安全生产监督管理科、危险化学品监督管理科、职业健康科、中小企业安全生产监督管理科、教育培训科、治超监察科和安全生产执法监察大队。

2017年，河西区安监局强化安全红线意识，推动落实安全监管责任和企业主体责任，深化隐患排查治理和安全生产隐患大排查大整治，持续加强安防网建设和安全监管队伍建设，严格安全监管执法，遏制各类安全生产事故，做好安全生产各项工作，为全区经济社会发展创造安全稳定环境。

**【责任制落实】** 2017年，河西区委常委会就安全生产工作进行3次专题研究，区政府召开常务会7次，研究部署安全生产工作。召开全区安全生产工作会议18次，对安全生产工作进行部署推动。每逢节假日和重点时期，区委、区政府主要领导、分管领导亲自带队对重点场所、高危行业企业进行安全生产大检查。区政府主要负责人亲自担任安委会主任，分管副区长任副主任，充实、调整和完善区安全生产委员会委员。20个负有安全生产监管责任的安委会成员单位、13个街道办事处与区政府签订安全生产责任状，各街道办事处与街内相关科室、社区居委会和驻街重点企业签订安全生产责任书，各职能部门与监管重点单位签订安全生产责任书，确保安全生产责任制的层层落实。制定《2017年河西区安全生产责任制考核细则》，科学设定安全生产考核指标，考核范围扩大至13个街道办事处、20个签状委办局、13个其他委办局和32个党群部门。加大巡查考核力度，制定《安全生产工作督查制度》，对20个签状委办局和13个街道进行专项检查4轮次，对巡查中发现的问题进行梳理，呈报区领导，并反馈给相关单位进行整改。制定《关于开展安全生产隐患大排查大整治工作方案》和《关于开展新一轮安全生产隐患大排查大整治工作的通知》，17个签状委办局及14个街道办事处结合自身实际情况，制定工作实施方案，成立以主要负责同志为组长的领导小组，对重点排查整治的生产经营单位明确时间表、路线图、责任人。相关部门、街道组织生产经营单位召开专题部署会，积极推动、督促检查生产经营单位抓好企业主体责任落实。自2016年10月至2017年9月底，全区排查企业33426家次，查出安全隐患13122项，全部整改完毕。对存在严重隐患的企业立案处罚98件，罚款387.6488万元，对157家存在问题的企业进行警示谈话165人次，行政处分人员4名。市级督办的13项突出隐患、市安委会安全生产第四巡查组巡查发现的46项问题、国务院安委会第五督查组督查检查4家企业发现的20项隐患均在整改期限内完成。深入开展安全生产大检查，共计排查企业6024家，查出安全隐患3793项，全部整改完毕。打击严重违法违规行为29起，停产整顿3家，对22家企业实施行政处罚39.45万元。制定《关于开展火灾隐患大排查大整治的通知》和《区安委会关于开展新一轮安全事故隐患大排查大整治专项行动实施方案》，报区委常委会、区政府常务会专题进行研究。召开6次会议进行部署推动、协调解决重点难点问题。推动各部门结合各自工作职责，制定专项方案，重点对出租公寓、高层建筑、施工点位（含装饰装修）、老旧小区及远年住房、医院学校、养老院、商场市场等重点场所进行排查整治。推动各街道积极落实属地责任，主动上手，召开协调会解决疑难问题，采取领导包片，组织属地派出所、消防、市场监管所深入重点点位有针对性地开展联合执法。全区展开地毯式排查，排查点位53394个，发现隐患21693项，完成整改19786项，整改率为91.21%，查封群租房380处，清理“三合一”场所722处，清理违规居住群租房和三合一场所5214人，清理堵塞消防通道堆物5249处，拆除违章建筑4783平方米，投入整改资金129.042万元，实施行政处罚7.5万元，约谈123人次，行政拘留11人。做好全运会及重要时间节点安全检查工作，将全运村（河西区洞庭路涪水道绿城房地产运动员村、技术官员村、媒体村3个板块）、全运会场馆（天津财经大学体育馆）、接待酒店（万丽天津宾馆、津利华大酒店、喜来登大酒店、水晶宫饭店、迎宾馆、金皇大酒店、世纪酒店）及周边的加油站作为检查重点，检查单位73家次，发现安全隐患191项，全部进行整改。对于国庆、中秋、元旦等重要时间节点，加强人员密集场所、道路交通、消防安全等领域的检查，检查企业1371家次，查出安全隐患160项，全部整改。开展危险化学品安全综合治理，制定《河西区危险化学品安全综合治理实施方案》，明确30项重点工作内容和19个相关部门、14个街道的职责分工。制定《进一步推动全区危险化学品安全风险摸排工作的通知》并下发全区各安委会有关成员单位及各街道办事处，全面开展摸底排查。与第三方服务机构中国安科院积极对接，建立全区危险化学品风险分布档案，绘制完成区域危险化学品安全风险电子分布图。区内14家加油站全部接入危险

10月3日，河西区安监局对天津华润万家生活超市有限公司友谊路分公司进行执法检查

（河西区安监局提供）

11月23日，河西区安监局对天津国美电器有限公司南楼店进行执法检查

（河西区安监局提供）

化学品企业在线监测平台，安排专人值守，24小时实时在线监控，每日进行日报表报送、视频画面定时巡检和定时点名。推进安全生产隐患排查治理体系建设，325家企业完成隐患排查治理系统注册，在线运行，进行隐患上报及隐患整改工作。建立安全风险分级管控体系，制定《城市安全风险评估工作实施方案》和调研资料清单，组织中国安科院对12个部门、14个街道及28家重点危化、工贸企业开展现场走访和调研，全面收集全区安全生产、公共安全等方面相关底账、材料和数据等基础性信息资料，开展现场评估。完成全区城市安全风险评估报告初稿。新增70家企业全部完成分类分级，在2016年基础上对中、差级企业提升改造50家。

11月24日，河西区安监局对宾西路加油站进行执法检查　（河西区安监局提供）

【安全生产保障】 河西区安监局建立健全安全值班制度和事故快报制度，畅通信息渠道，严格执行领导干部到岗带班，实行24小时值班值守。重新修订生产安全事故综合应急预案，推动企业应急预案编制备案，建立健全应急培训、应急演练机制，配齐必要的应急救援装备，开展事故应急演练，增强各类突发事故应对能力。119家企业进行应急预案报备。开展安全生产宣教和培训，组织区安委会成员单位、各街道办事处及有关单位人员共计3190人次，开展《安全生产法》《天津市安全生产条例》和危化品及醇基燃料辨识、消防知识、“职业健康”、应急管理等相关安全知识的专项培训，提升相关单位负责人的安全意识和安全管理能力。组织全局干部参加网上学法用法培训，通过学习、考试均取得合格证书。加强执法装备建设，投资11万余元为执法人员集中采购个人防护装备、通用监督检测装备、现场执法调查取证装备3大类、19种落实党政领导干部安全生产“党政同责、一岗双责”。在考察党政等领导干部、党员代表、人大代表、政协委员时，相关单位向局征求意见，完成书面回复达229人次。制定《关于进一步明确和规范安全生产工作职责的意见》，明确各有关部门安全生产工作职责。制定《中共河西区委河西区人民政府关于推进安全生产领域改革发展的实施意见》，健全落实安全生产责任制，改革完善安全监管监察体制，大力推进依法治理，建立安全预防控制体系，加强安全基础保障能力建设，加强各级党委对安全生产工作的领导，强化安全监管力量，理顺监管体制机制。

（王　娣）

# 国有资产监督管理

**【概况】** 河西区国有资产监督管理委员会(简称：河西区国资委)内设：政策法规科、财务审计监督科、产权管理科、企改投资管理科、业绩考核科、办公室。

2017年，河西区国资委以提高发展质量效益为中心，以持续推进国企改革，着力完善国有资产监督管理体系，提高国有资本运行效率，促进国有资本保值增值为奋斗目标，全力推动区属国有企业高质量发展。狠抓巡视整改落实，规范完善制度，着力加强全系统党风廉政建设，积极推动国企党建工作与生产经营深度融合，开创国资监管工作新局面。

**【资产规模】** 2017年，河西区管国有企业资产总额为353.57亿元，同比增长4.32%，所有者权益80.35亿元，同比增长21.29%。实现营业收入12.21亿元、实现利润总额2.18亿元，交税金1.39亿元。

**【国企改革】** 2017年，河西区国资委按照国有企业混改工作的需要，对区属国有企业经营现状和经营项目资产情况进行调查。对区属企业出清情况进行汇总统计，完成9家区属低效运营企业退市工作。拟定《关于全面落实国企混改“一二三”总要求的工作方案》，经区深化国有企业改革领导小组通过，报区委审议。深入区国资委直接监管的9家一级企业进行调研，向企业转发市里国企混改工作流程等配套文件，督促、指导各国有企业制定改革初步方案。推进风味食廊管理委员会的“事改企”工作。

**【监管措施】** 2017年9月，天津市深化国有企业负责人薪酬制度改革领导小组对区管国有企业负责人薪酬制度改革方案进行批复，抓好方案落地实施。推进区级国有资本经营预算制度的实施，直接监管企业业绩考核。参照国有资产管理相关政策法规，针对企业的投融资计划、重大事项申请等不同情况，完善审批程序、细化上报资料。对“企业国有资产管理系统”进行功能提升，加强对各国有企业资产和运营的常态化、动态化监管，为产权管理等工作提供基础数据支持。

**【重点任务】** 2017年，河西区国资委牵头组成天津市船厂处置工作小组，对市船厂的资产现状、债权债务、职工诉求、职工安置等情况进行调查，解决企业出现的各种问题。组织国资系统干部、运营服务商、志愿者200余人。完成全运会交通服务中心日常循环线路、迎宾线路、迎送线路、应急任务的运行，26天运载乘客18万余人次，运行5万多千米，为全运会提供交通服务保障。

**【安全维稳】** 2017年，河西区国资委按照“管行业必须管安全”的原则，组织对直接监管企业进行安全检查2113家(次)，生产教育培训15次，建立微型消防站25座，确保各企业严格按照安全生产法律法规进行生产经营活动。认真履行社会责任，为7名退役军人安排工作。

(赵　菁)

# 城市建设与管理

# 规划管理

【概况】 天津市规划局河西区规划分局（简称：河西规划分局）内设：办公室、综合业务科（地名管理科）、规划管理科（测绘地理信息科）、建设用地科、建设管理科（市政工程科）、执法监察科（信访办公室）。

2017年，河西规划分局坚持稳中求进的工作基调，做好全区总体城市和重点地区城市设计工作。配合做好河西区下放地块规划调整陈塘科技商务区土地出让工作。做好市政项目审批工作，为城市建设打好基础。推进河西体育场项目控规调整，配合区政府完成污染企业搬迁利用工作。开展“问题地图”核查工作。

【控制性详细规划】 2017年，河西规划分局会同卫生、教育、民政、文化、环卫、体育、邮政、停车、人防、消防等部门，组织规划院对上述各专项规划进行认真核对，向各专业部门征求意见，获书面认可，区政府审批后将专项规划纳入。中心城区控制性详细规划深化方案，发挥规划对城市建设的引导和服务作用。为陈塘园区控规调整做好规划服务，结合地铁线位优化、窄路密网、海绵城市要求，优化园区规划，完成控规调整工作。完成广东路三角地和小二楼地块2个下放地块的控制性详细规划调整工作。

【专项规划】 2017年，河西规划分局组织编制教育、医疗、民政、环卫、文化5个专项规划，结合控规深化，将各专项规划成果进行衔接落位，为全区社会服务资源优质发展做好规划服务保障。

【保护规划】 2017年，河西规划分局配合区政府完成国家历史文化名城检查工作，完成第二次中心城区14篇历史文化街区保护规划方案征求意见工作。配合市局完成天津市拟公布第四批保护性建筑名录和中心城区历史建筑紫线划定征求意见工作，完成历史文化街区划定和历史建筑确定工作。

12月27日，河西规划分局赴安全局解决干警宿舍规划验收问题　　（河西规划分局提供）

【城市设计】 2017年，河西规划分局组织规划院编制完成总体城市设计成果，通过区政府常务会审查。结合地铁站点、边角地块、危陋平房片区等类型，梳理重点地区，编制初步城市设计方案。梳理全区100块、用地面积150公顷重点策划地块。配合市局做好海河后5千米地区、科技大学片区、德才里片区城市设计编制工作。

【综合业务管理】 2017年，河西规划分局召开业务案件会审会37次，研究各类业务案件398件，办结403件，印发会议纪要37期。落实审批制度改革要求，指派专人进驻区审批局，做到一窗受理，统进统出。

**【建设用地规划管理】** 2017年，河西规划分局承担全市用地管理优化试点工作，加强控规修改必要性论证和征求规划地段内利害关系人意见等管理工作，市规划局向全市各区推广河西区规划分局做法。对“生态红线”范围内项目进行严格管控，有效控制保护河西区界内280万平方米的河道、城市绿地、公园等生态环境。办理各类业务案件30余件，业务案件涉及解放南路U型地、陈塘物资组团W2地块、陈塘3号地和7号地南等重点项目。

**【建设工程规划管理】** 2017年，河西规划分局制定市、区重点工程工作计划，建立服务热线，责任到人，全程跟踪，及时促办，无缝服务。分别对中钢友谊路综合楼项目、友谊路融邦大厦工程、解放南路绿地公园（汽车园）工程、自来水浯水道抢修站工程、天津市警示教育中心工程、天津医科大学肿瘤医院门诊医技楼和二期扩建B地块转化医学与个体化肿瘤治疗研究中心、C地块肿瘤早期预防及体检中心、污水处理站工程、天津新四中迁址扩建工程、解放南路39号地区医疗卫生养老综合设施等重点工程进行现场服务，保证重点工程的建设。完成市局和区政府部署的危化品排查、不作为不担当整治，“双万双服”、民心工程、全国环境治理大检查、控规核查、档案上报等工作。保障全运村主体工程及配套小学、邻里中心、幼儿园、绿轴公园、围墙大门等项目建设。配合证后部门，服务建设单位，主动梳理验收前置要件中的前期规划手续，依法依规及时高效办理相关完善手续，全流程保障全运村的建设开发。

**【基础设施规划管理】** 2017年，河西规划分局对新八大里配套道路、尖山路、内江路等重点道路工程及管线，组织协调，研究论证，为项目完善配套提供有力保障。配合汛期的排水、供暖期的供热、架空线入地等工程以及煤改燃工程的建设，美化市容环境，完善市政基础设施建设。

**【“一书两证”核发】** 2017年，河西规划分局核发“选址意见书”18件、“建设用地规划许可证”6件、“建设工程规划许可证”67件、“市政建设工程规划许可证”37件。

**【地名管理】** 2017年，河西规划分局核发标准地名证书(门牌)9件、标准地名证书(公建)1件、标准地名证书（其他）1件，核发门牌启用通知书3件、出具地名证明26件、依申请公开查询地名件8件。

**【证后管理】** 2017年，河西规划分局对全运村项目全程跟踪、提前介入、集中办理，加大服务力度、提高审批效率。6月，全部完成所涉及项目的验收工作，保障全运会的顺利召开。对居民反映强烈的景观花园多年没有产权证问题，分局组织业务部门多次现场核实、调查取证、组织协调，对历史原因造成的问题立案查处，依法履行程序结案后，及时办理规划验收合格证，为居民取得产权证提供关键要件。配合开展全市房屋建筑安全大检查，梳理存在隐患项目160个，逐步开展调查取证工作，隐患项目进行整改。

11月17日，河西规划分局在全运村现场服务
（河西规划分局提供）

**【测绘管理】** 2017年，在河西区注册的测绘单位增至20家，其中甲级测绘单位4家、乙级测绘单位6家、丙级测绘单位9家、丁级测绘单位

8 月 29 日，河西规划分局开展测绘法宣传
（河西规划分局提供）

1家。为3家单位核发测绘作业证，共计26个。配合市规划局组织开展测绘法宣传日活动，完成年度测绘管理巡查工作和河西区年度统计报表工作。

**【执法监察】** 2017年，河西规划分局验收项目30件，竣工建筑规模177.7万平方米。立案查处违法案件4起，结案3起。协助综合执法调查案件86起。

**【信访工作】** 2017年，河西规划分局建立畅通、有序、务实、高效的信访工作新模式。对于咨询类问题，当场给予解答，耐心解释现行法律法规和技术规范。对于查询类问题，严格按照《政府信息公开条例》的法定程序办理。对于需要复议、诉讼类问题，给予相关指导，建议群众运用司法途径保障合法权益。

**【档案管理】** 2017年，河西规划分局整理440卷605盒，建设管理档案359卷428盒，用地档案36卷36盒，验收档案30卷126盒，地名档案15卷15盒。

**【规划行政许可与审批】** 2017年，河西规划分局办理建设用地规划管理事项201项，其中市政规划条件18件、规划设计方案2项、规划总平面图10件、市政工程规划设计方案规划项目22项、建筑设计方案27项、市政工程规划设计方案建设项目18项，核发“建设工程规划许可证”67件，核发“市政建设工程规划许可证”37件。

（王　帅）

# 建设与开发管理

**【概况】** 河西建设管理委员会（简称：河西区建委）内设：党委办公室、行政办公室、组织人事科、财务审计科、综合计划科、重点工程科、房地产科、节能科技科、市政建设科、公用事业科、市政管理科、排水管理科、招投标科。

2017年，河西区建委按照“四个全面”战略布局，坚持五大发展理念，面对市、区多项重点工作安排时间紧、任务重、难度大的局面，以深入开展“两学一做”学习教育常态化制度化为契机，紧紧围绕建设天津市中心活动区、创新驱动先行区、和谐优质生活区、打造全市经济社会发展首善之区的工作目标，凝心聚力，尽职履责，完成各项工作任务。

**【重点地区提速建设】** 2017年，河西区建委推进重点地区、重点项目开发建设，全运村项目实现竣工；新八大里各项目按照施工节点要求加快建设，益发里实现开工，双迎里、三诚里、七贤里进行装修施工，四信里开展配套验收工作，五福里、六合里进行主体施工；陈塘自主创新示范区栖塘佳苑、美塘佳苑实现竣工，郡都大厦主体施工；小白楼地区平安泰达国际金融中心实现开工；海河沿线琥珀花园、博岸名邸项目进入装修施工阶段；新梅江地区秀江园二期实现竣工。全年实现开工面积540万平方米，为年计划的103%。竣工面积134万平方米，为年计划的111%。

【城区路网完善】 2017年，河西区建委积极配合市有关部门推进解放南路地区、黑牛城道两侧等重点地区道路基础设施建设，澧水东道、墨江道、嘉江道实现开工。推动公交场站建设，解放南路39号地公交场站完工。推进新八大里地区黑牛城道地下通道、七里东侧下沉广场等4座地下结构空间建设，解放南路下穿浯水道地道工程完工。做好东江道、怒江道等51条市政道路改造工作。南昌路综合提升改造工程竣工，全面提升南昌路及周边5条道路和9个社区的地区服务效能。扎实推进无主产道路维修改造工程，延水道、河西有线电视台旁甬路、林业局旁街坊路、古海里后甬路均改造完工。推进解放南路起步区内太湖路、沂山路、规划支路、添彩道等5条市政设施的移交接管工作。

2017年，河西区建委进行南昌路地区提升改造项目施工　（河西区建委提供）

【海绵城市规划实施】 2017年，河西区建委推动海绵城市建设工作，制定《河西区海绵城市建设工作方案》《河西区海绵城市建设实施方案》，明确2017-2020年总体建设目标任务，推进解放南路、新八大里地区海绵城市建设项目制定改造计划，提升城市生态系统功能，确定幸福家园、复兴门北里、世芳园等6个小区作为试点小区，完成2017年河西区里巷社区海绵城市建设项目招标工作。

【“迎全运”推进基础设施建设】 2017年，河西区建委完成环湖中道、桂江里、华江里等115条市政道路养护维修工作，维修面积12.4万平方米，完成全年计划的100%。完成教师村、景兴西里等271个社区里巷及三水道等144条市政道路排水设施养护工作，疏通管道102.15万米，完成全年计划的101.8%；掏挖检雨井36.08万座，占全年计划的100%，维修检雨井2164座，占全年计划的100.8%；翻修管道504米，占全年计划的100.5%。稳步实施美丽社区破损甬路提升改造工程，完成港云里、美满里等36个小区市政甬路改造，改造面积为12.2万平方米。完成8个精品小区（市政部分）工程改造，改造面积5.7万平方米，改造排水管道1.05万米。完成河西区架空线缆入地工程，涉及管网通讯切改工程5个，电力入地切改工程21个。

【公共设施提升】 2017年，河西区建委对区内路名牌开展综合治理，完成宁波道、金华路、白云路等90余条市政道路共860块路名牌的擦洗整修工作。完成全部11座烟囱拆除美化工作，其中拆除瑞津供热站、长城里供热站等6座烟囱，美化纪庄子供热站、小海地供热站等5座烟囱，全面提升城市“美化、绿化、亮化、净化、序化”水平。

【家用散煤治理和供热管网改造工程】 2017年，河西区建委在全市率先完成散煤治理任务，有效控制散煤污染，切实改善空气环境质量，为秋冬季节大气污染治理工作提供有力保障。完成家用散煤回收3159户，集中供热补建任务数731户，实际完成安装8109户，电力改造更换及新建变压器15台，低压电缆敷设1052米，低压线路改造85000米，更换及新装表具1836具。电暖器安装任务数为1587户，实际安装2484户，合计完成10593户。推进海地供热站、香江花园供热站、先达供热站、市房信公司卫星里供热站及佟楼供热站5座供热站的供热旧管网改造工作，改造管网长度10千米，改变老旧供热管网锈蚀严重、超期运行的状况，提升供热管网输送效率和安全运行水平。

**【节水型区县复查通过】** 2017年，河西区建委在节水型区县复审迎检工作中获得“98+6”分，通过2017年节水型区（县）复查。积极创建节水型居民小区和节水型单位，完成创建节水型单位12家、节水型居民小区22个。

**【房屋征收】** 2017年，河西区建委完成造纸厂旧城区改建项目房屋征收收尾工作，涉及有证房屋53户，违章房屋756间，另有2004年拆迁遗留户14户。积极解决拆迁（征收）历史遗留问题，解决历史遗留户15户，其中拆迁遗留户7户，征收遗留户8户。完成科技大学棚户区改造项目资金测算、入户调查工作等前期工作。基本完成对历年私产房屋进行产权注销，所有拆迁（征收）档案陆续实现电子化管理。

**【路灯补建和二次供水改造工程】** 2017年，河西区建委完成华江一委、龙海公寓一委等5个小区的路灯补建施工改造，新建补建路灯517具。完成紫桂苑、新会里、盛瑞小区、罗马花园二次供水设施提升改造项目。

**【公益性配套设施建设】** 2017年，河西区建委推动新梅江39号地区河西区医疗卫生养老综合服务设施项目建设，推动人才公寓改造整修项目建设。天津师范大学第二附属小学（渌水道校区）综合楼改扩建项目完成土地产权证办理工作；新梅江U型地块北侧小学项目完成招标代理招投标工作；对新八大里地区五福里、七贤里配套小学进行主体施工；七贤里配套幼儿园办理移交手续，五福里配套幼儿园进行基础施工。推动解放南路起步区东区邻里中心、小学、幼儿园项目回购工作。推进环卫、市政载体设施建设，完成排水三工段改造，解放南路起步区东区垃圾站项目建设办理规划审批手续。天津医科大学肿瘤医院新建二期工程、天津市儿童医院改扩建一期工程项目进行主体施工。

**【市政基础设施养护】** 2017年，河西区建委完成31片低洼积水片小区排水设施改造工作，铺设管道1.1万米，恢复路面14.2万平方米，维修各型井1131座。完成房管产排水设施污水外溢局部更新改造工作，改造小区市政道路及绿化面积3.58万平方米，排水管道4200米。做好夏季防汛工作，健全防汛组织机构，完善防汛预案，做好防汛物资储备，组织开展防汛应急演练，应对汛情迅速出动，科学调度，团结协作，防汛应急保障水平提升。加大执法巡视力度，对巡查中发现的市政设施问题，督促相关管线单位进行维修。全面推行河长制工作，制定《河西区河长制实施方案》《河西区河长制会议制度》等10项制度，在全区6条河道及8个景观湖设立30块“河长制公示牌”，明确各级河长和责任单位，组织召开例会，加强对区内河道、湖泊的巡查排查，保障河湖保护管理和河长制各项目标任务顺利完成。

7月15日，河西区建委对川江里进行防汛抢险（河西区建委提供）

**【建筑工程质量和安全管理】** 2017年，河西区建委出动质量安全执法检查人员560余人（次），下达质量安全责令整改通知书37份。提出整改意见146条。责令暂停施工通知书27份，提出停工意见122条，处罚通知书4份，组织开展各类安全专项检查22项，受理质量安全类投诉11件，全部解决落实。在全区范围组织开展建筑市场专项检查14项，涉及建设单位12家、监理单位7家、施工单位10家。针对检查中发现的问题，下达责令整改通知书12份，提出整改意见41条。加强对桥下空间安全隐患排查，对区内11座桥梁、50个点位的桥下空间进行安全巡查，消除安全隐患。

**【扬尘污染防治】** 2017年，河西区建委落实中央及天津市环保督查要求，抓好施工现场扬尘污染防治监管，对重点区域进行全天候全覆盖无死角的监督检查，加强对挖掘城市道路施工现场的管理。建立长效机制，利用信息平台、视频监控等手段，研究探索防治措施，不断加强施工现场扬尘污染防治，完善扬尘污染防治监管台账，对发现的问题严格执行挂账销号制度，做到发现一项挂账一项，整改一项销号一项。对市管工程67项、地铁工程26项、区管工程17项实行全面监督，出动执法人员21618人（次），检查项目11831项（次），下达责令整改通知书508份；下达责令暂停施工通知书293份；约谈项目负责人105次；依法进行行政处罚11项。

（张　伟）

# 市容与园林

**【概况】** 河西区市容和园林管理委员会（简称：河西区市容和园林委）内设：党委办公室、行政办公室、组织科、宣传教育科、劳动人事科、安全生产管理科、环境卫生管理科、社区卫生指导科、考核监督科、环境秩序协调科、审计科、财务科、计划合同管理科、街景管理科、设备设施管理科、工程管理科、园林养护管理科。下属事业单位：绿化监理所、滨湖公园管理所、公园管理所、绿化管理所、花苗木管理所、人民公园、珠江园林管理所、绿化工程队、环卫一——五队、监察队、机扫队、渣土管理所、修建队、退管中心。

2017年，河西区市容和园林委以市容环境综合整治为重点，推进“美丽河西、首善之区”建设，发挥市容环境管理部门职能作用，进一步提升市容环境科学化、精细化、长效化管理水平，营造干净整洁、安全有序的城市环境。

**【园林绿化】** 2017年，河西区市容和园林委完成洞庭路等49条道路，微山路与珠江道交口等8个街头街心游园，长泰河等3处河岸绿化提升改造工程。完成宾水北里等14个精品社区提升改造工程和金地菜市场、小二楼2个临时绿化项目以及全运村等11处大型立体草雕花卉景观。新建提升绿化面积112.9万平方米。

2017年，提升改造后的友谊公园
（河西区市容和园林委提供）

**【街景美化】** 2017年，河西区市容和园林委完成卫津南路等20条道路、儒林园等5个社区及南昌路周边地区500栋建筑，140万平方米立面综合整修工程，完成友谊路等8条重点道路的188栋建筑和13.24万平方米绿地、海河后2千米堤岸的夜景灯光建设项目。完成11座烟囱和1座水塔的拆除和8座烟囱的美化工程。

1月，整修后的卫津南路

（河西区市容和园林委提供）

【市容环境清整】 2017年，河西区市容和园林委组织全区各单位和社区居民，开展14次社区和道路市容环境集中清整日活动，出动8.9万人（次）、车辆1.2万台（次），清除卫生死角2375处、圈占堆物2.43万处、各类乱贴乱画、涂鸦小广告10.24万处，擦拭垃圾箱桶4.44万个次，拆除地锁3667处，绿地内捡脏80.55万平方米，清理各类渣土垃圾杂物近5万吨。启用延水道渣土中转站解决渣土卸地问题。对184条可机扫水洗道路实行全覆盖，垃圾清理日产日清，垃圾无害化处理率100%，对公厕、垃圾转运站进行巡查和清洗保洁作业。推动街道社区环境卫生大清整，为各街购置电动三轮垃圾收运车104辆、轻型自卸货车13辆、垃圾箱桶5000个。修饰城市家具，对市政府机关周边、友谊路等重点地区的33条道路两侧座椅、果皮箱、护栏进行清洗修缮。清洗维护果皮箱1400个，油饰座椅108个，清洗护栏8.2万延米，安装座椅坐凳400余个，果皮箱1200余个。

【市容环境管理】 2017年，河西区数字化城管系统平台受理上报案卷13.9万件，处置率94.74%，结案率89.56%。完成大气污染防治协同平台处置案件1374件，处置率97.15%，结案率82.89%。完成中央环保督察组督办件60件，推进环境保护突出问题整改落实办公室督办件168件，中央环保督察组和天津市推进环境保护突出问题整改落实办公室督办件243件。

【精细化管理】 2017年，河西区市容和园林委完成企事业单位公务用车改革工作。受理人大建议、政协提案24件，满意率、办结率达100%。接待群众信访200余人（次），来信12件，处理专网51件。严格财务管理，加强大额资金使用管控，强化内部审计。加强国有资产管理，防范国有资产流失。规范各类工程项目的立项、招投标、申报预结算及审核工作，规范合同管理。严格落实“党政同责、一岗双责”安全生产责任制，深化安全生产长效机制。开展安全生产大排查大整治活动。对重点道路停车场进行重新调整和规划，新增公共停车场4处，停车泊位1050个，社区新规划停车泊位246个。完成重大活动市容环境综合保障200余次，完成党的十九大、第十三届全运会等大型活动保障任务。

【精品工程】 2017年，河西区市容和园林委完成小二楼临时绿地景观项目，完成30余万平方米的新建临时绿化用地。绿化设计采用疏林草地风格，植物高低错落、色彩丰富，形成良好景观效果。提升南昌路精品街区，打造城市新景观。实施建筑立面整修，建筑造型和色彩焕然一新。增植行道树、花池花坛，提升街景绿化效果，新置果皮箱、垃圾桶等环卫设施，在社区内安装座椅、自行车停车架和健身设施，增加人车护栏，新增隔离墩等交通设施，提升

8月，整修后的南昌路

（河西区市容和园林委提供）

改造三义庄菜市场。完成全运村内外环卫作业，为全运会召开保驾护航。对全运村内8条道路，约10万平方米进行清扫水洗，清洗擦拭垃圾桶，完成垃圾清运和全运村内6个公厕的清扫保洁工作，清理淥水道、结合部地区的环境卫生。

（肖洪涛）

# 环境保护

**【概况】** 河西区环境保护局（简称：河西区环保局）内设：办公室、综合科、污染防治科、宣传教育科和法规监察科。下属事业单位：环境监察支队、环保监测站、机动车排污检控站。

2017年，河西区环保局落实“美丽天津·一号工程”目标任务，以解决中央环保督查和天津市突出环境问题整改为重点，大力开展秋冬季大气攻坚行动，加强污染防治精细化管理，深化污染减排工作，完成全年目标任务，各项工作取得显著成绩。

**【大气污染防治】** 2017年，河西区环保局环境空气质量明显改善，$PM_{2.5}$平均浓度达到65微克/立方米，同比改善9.7%，综合指数6.66，全市排名第7位，较2016年第12名上升5个位次。在秋冬季攻坚行动中，$PM_{2.5}$平均浓度62微克/立方米、同比下降41.5%，超额完成全市既定的$PM_{2.5}$平均浓度70微克/立方米的目标。投入150万元进行污染源解析，共排查施工工地、餐饮企业、工业企业、医院及加油站等15大类3827处有可能产生污染的点源。其中，施工工地110处、市政工地91处、拆迁及裸露地面31处、餐饮3122家、烧烤71家、工业企业15家，医院64家、加油站及4S店37家、燃气锅炉房28座。推行“1+X+Y”治污模式，建立完善任务清单，细化台账，销号管理，提高大气污染防治精细化管理水平。强化大气污染防治网格化管理，在全区范围内建立“横向到边、纵向到底”的4级网格化环境监管体系，实现管理无死角、巡查无空白。

**【清新空气和综合治理攻坚行动】** 2017年，河西区严控燃煤污染，完成家用散煤治理任务10532户，其中集中供热补建完成安装8094户，电暖器安装2438户，实现全区城市居民生活散煤“无煤化”目标。严控扬尘污染，对全区110个施工工地严格执行扬尘控制措施。对所有裸露地块要求采用1500目以上的密目网进行苫盖。严控机动车污染，淘汰黄标、老旧车辆12550辆。全年抽测重型、中型等柴油车429辆、抽测汽油车299辆。遥感监测车检测机动车31530辆，固定式门站遥测机动车504892辆，筛选超标车辆4402辆。检查非道路移动机械540辆，对其中51台下达责令改正，78台责令撤场。严控工业污染，加大“散乱污”治理力度，对2家污染企业实现“两断三清”。以汽修、包装印刷等行业为重点，开展挥发性有机物（VOCs）污染综合治理，对辖区完成VOCs治理的9家企业加强监管。做好餐饮油烟治理，辖区内餐饮企业共3122家，完成油烟净化设备治理任务3115家，剩余7家，完成率为99.77%。妥善应对重污染天气，坚持联防联控联治，统一应急措施，应急响应，施工工地停止土石方作业，督促2家企业落实限产措施，全年发布重污染天气应急响应12次38天。

**【水污染防治】** 2017年，河西区环保局落实区、街、社区三级河长制制度，加强辖区水域管理，定期完成地表水监测，完成四化河仁爱家景断面水质自动监测站建设，辖区范围内配套管网均进入环城的污水处理厂，城镇污水处理率100%。辖区内有14座加油站56个地下油罐，完成13个双层油罐改造任务，4个地下油罐开工改造。

**【土壤污染防治】** 2017年，河西区环保局编制印发《河西区土壤污染防治工作方案》和《河西区土壤污染治理和修复规划》，推动洞庭路复兴九里南侧地块土壤污染治理工作，明确治理主体，完成场地调查，落实修复资金，做好与群众沟通工作，海河公司启动该地块修复工程招标程序。对已搬迁关闭重点行业企业开展用地再开发利用工作自查自纠。

**【整改工作】** 2017年，河西区环保局持续推进中央环保督察案件整改落实，接收转办案件387件，全部完成整改验收和四级联签，完成彻底整改371件，剩余的16件取得阶段性成果。继续推进全市环境突出问题转办案件整改落实，接到市整改办转办环保类案件300件，完成整改299件，办结率99.7%。

**【专项执法】** 2017年，河西区环保局按照《天津市清新空气行动方案》有关要求，组织对供热锅炉、企业燃煤设施、餐饮行业等专项执法检查。加大环境执法力度，完成排污申报107家，涉及征收排污费企业33家，排污费征收1931余万元。查处环境违法案件76起，处罚金额136万余元（入账119万元）。其中涉及大气类案件29起，涉及噪声类案件21起，涉及建设项目类案件19起，涉及水类案件7起，相比2016年立案增长443%。加大环境违法行为执纪问责力度，环境问题累计问责89人。

**【群众环境权益维护】** 2017年，河西区环保局畅通信访渠道，持续改善民计民生。保持热线电话24小时不间断人工值守、关注各类环保热线办理系统和《政民零距离》平台，及时受理、转办、处理群众举报问题。加大局信访领导小组工作力度，着重解决群众反映强烈、环境污染严重、影响社会稳定的环境问题，从源头上预防和减少不稳定因素。全年处理信访2697件，人大、政协提案3件，回复率和处理率100%，满意率逐年提高。

**【监测和执法能力提升】** 2017年，河西区环保局培养一专多能全面发展的复合型人才，监测站11人顺利通过理论闭卷考试、样品盲样考核、比对试验、演示试验110项的持证考核。参加环保部标准样品研究所组织实施的能力验证，通过氟化物、汞、硫化物的比对考核和市监测中心组织的水中总磷、高锰酸盐、水中挥发酚的实验室间比对，提升监测人员的监测能力。规范行政执法行为，加大行政问责力度，拓宽社会公众和民间组织参与环保工作的渠道，加强与监察、公安、检察院、法院等部门的协作联系，完善行政决策程序，加强行政权力运行公开，深化查处分离。加强法规教育业务培训，开展环境执法大练兵，提升执法人员法律意识和依法行政能力，确保严格执法、公正执法、规范执法、文明执法。

**【宣传教育】** 2017年，河西区环保局通过区有线电视台、新河西报、社区电子屏等多种媒体，大力宣传新环保法和《天津市大气污染防治条例》，宣传美丽天津一号工程。开展绿色社区、绿色学校、环境教育示范基地创建活动，3个区级绿色社区参加全市《绿色社区》培训，2个社区申报成功市级绿色社区。与区有线电视台合作，开辟每月一期的《聚焦环保》电视专栏节目。完善微信、微博等新媒体宣传平台，将“政务双微”打造成为传播环保政策、工作动态、环境知识及公众参与环保工作的重要阵地。开展低碳生活进社区、环保宣传进校园以及臭氧层保护、依法治国、永久性生态保护等宣传教育活动。

**【安全生产】** 2017年，河西区环保局健全责任体系，狠抓安全生产，结合环保自身职能和具体实践，研究制定安全监管的权责清单，明确具体分管领导、责任单位、责任人及安全工作联络员。始终坚持以问题为导向，认真查找解决工作中、制度上存在的薄弱环节和短板，深化隐患排查治理和重点领域专项治理，实行联动联控、群防群治。

（肖　原）

# 房地产管理

**【概况】** 河西区房地产管理局（简称：河西区房管局）内设：行政办公室（党委办公室）、组干科、宣传教育科、保卫科（武装部）、人力资源和劳动保障科、窗口信访办公室、计划财务科（设备科）、审计科、法制科（房地产监察科）、房产管理科、房地产市场管理科、物业管理科、住房委员会办公室、住房保障科、房屋租赁管理科、房屋征收与补偿办公室（拆迁管理办公室）。下属财政补助（全额拨款）事业单位：住房保障中心、房地产登记制证中心。差额拨款事业单位：供热服务中心、大营门房管站、下瓦房房管站、东楼房管站、尖山房管站、西南楼房管站、友谊路房管站、谦德庄房管站、三水道房管站、小海地房管站、纪庄子房管站、天塔房管站、马场房管站、珠江道房管站。自收自支事业单位：公用房屋管理所、房地产器材供应站、房屋维修中心、房屋经营管理中心、房产服务中心（公共租赁服务中心）、城市房屋征收服务中心、房屋安全鉴定中心。

2017年，河西区房管局坚持稳中求进工作总基调，解放思想、创新竞进、忠诚担当，完成全年经济指标和重点工作任务。全年代征各类税收约10.96亿元，推动区域经济发展。

**【棚户区改造】** 2017年，河西区房管局完成小海地小二楼、海地路、新会道、岩峰路、东江道、造纸厂宿舍6片剩余户清户工作，共计5.89万平方米，超额完成全年任务。用4个月时间，完成小海地“小二楼”剩余3142户拆迁任务。推进保障性住房建设，纯皓家园、龙瀚南园主体竣工。

2017年，河西区小二楼拆迁告捷新闻的报道
（河西区房管局提供）

**【老旧小区及远年住房改造】** 2017年，河西区房管局在对全区老旧小区及远年住房现状情况进行反复调查和数据核对的基础上，确定全年102个小区、512.88万平方米改造计划。12月25日，完成首批57个小区，270.44万平方米改造任务，第二批45个小区开工，6.35万户居民受益，改善居民居住条件。

**【民生住房保障】** 2017年，河西区房管局落实住房保障政策，受理并完成“三种补贴”捆绑1501户，完成“三种住房”发证8761户。完成小海地小二楼、造纸厂、东江道片棚户区改建项目等多片拆迁家庭申请经济适用房的现场打证工作，完成五金城、东王台、天泰路3个公共租赁住房项目的受理审核工作。全区累计有5.2万余户家庭享受不同种类的住房保障政策。

**【房地产市场管理】** 2017年，河西区房管局落实房地产调控政策，认真做好市场监管和服务。全年商品房、二手房成交量103万平方米、11499套，完成税收约10.96亿元。高质量完成新建商品房销售许可证和预售资金拨付现场查勘任务，实现查勘零失误。加大对全区37个在售商品房项目、213家中介机构及24家评估机构的巡查监管力度，严厉打击房地产市场违法违规经营行为，净化全区房地产市场环境。坚持执行月度房地产市场分析制度，对房地产市场进行客观分析及监控，为区域经济运行提供数据支持。

**【物业管理服务】** 2017年，河西区房管局完成98个小区物业服务等级化考评检查工作，加强对物业企业进入、退出项目的管理，完成49家物业服务企业资质等级监督检查及2016年度105家物业服务企业信用等级评定工作。推动使用专项维修资金和应急解危资金共78批（次）、2475万元，帮助住户解决各类修缮难题。

**【公产房屋经营管理】** 2017年，河西区直管公产房屋掌管面积149.76万平方米，比上年同期减少6.75万平方米，综合累计收缴租金4485万元。掌管供热面积104万平方米，收费率达到98.21%。完成市房产总公司下达的16.7万平方米直管公房大中修修缮任务。完成对新海大厦、玫瑰花园、新城小区、安德公寓4个小区消防设施的改造。完成对南昌路地区、宾水北里等8个小区的围墙、大门、楼宇对讲门、外檐、物业用房等11个项目进行排查修缮，涉及95幢楼、43.81万平方米。牵头对尖山八大里地区25个小区、228幢楼、77.06万平方米的房屋进行维修改造，投资7657.39万元，完成屋面防水、雨水管更换、外檐、楼道、下水管、电线等改造工程。

**【安全隐患整治】** 2017年，河西区房管局坚持“隐患就是事故、事故就要处理”理念，以既有建筑房屋安全为重点，制定工作方案，加强组织领导，建立投诉举报、督查督办、信息反馈等工作机制。全面开展安全生产隐患大排查大整治及既有建筑房屋安全大排查大整治工作，排查各类点位933个，整改各类安全隐患880个，整改完成率达85%。

3月31日，河西区房管局召开安全生产工作会议 （河西区房管局提供）

**【房屋安全保障】** 2017年，河西区房管局组织开展既有房屋结构安全冬季查勘工作，完成老旧房屋和既有玻璃幕墙安全隐患大排查大整治工作，对存在不同程度损坏的1045处玻璃幕墙，督促产权单位整改、排除安全隐患。汛期前系统安排房屋查勘工作，对四、五类及存在安全隐患的房屋结构逐一排查、妥善处理，推动排除安全隐患53起。加快完善街域房屋管理中心工作，完成房屋管理指挥中心建设和综合业务平台二期建设。

**【拆房扬尘和渣土运输治理】** 2017年，河西区房管局落实拆房扬尘及渣土运输撒漏工作方案，配备30余人，对全区25处共60块拆迁工地及裸地进行现场巡查和值守。进行各类应急响应7次，迎检10余次。重新苫盖空地、裸地1.8万平方米，清理生活垃圾1620吨。

**【供热生产服务】** 2017年，河西区房管局完成2016—2017年度供热服务，保障万余户、104万平方米管片居民温暖过冬。室外供热管网及户内采暖系统升级改造工程顺利进行。合理利用自身资源扩大维修范围，大力推动节能降耗，完成友谊路站低氮改造，做好夏季供热系统的维修和改进工作，2017—2018年度供热服务得到保障。

**【信访工作】** 2017年，河西区房管局全力推进窗口服务标准化建设，受理解决各类信访事项，全年共计受理信访问题6657件。化解市下达信访积案8件、局信访积案33件。制定专项维稳预案，采取有效措施，完成全国“两会”“一带一路”高峰论坛、第十三届全运会和党的十九大期间安保维稳任务。

**【全运村物业维保】** 2017年，河西区房管局牵头组织全运村物业与维保中心的运营准备工作，完成13项重点专项工作方案和流程编制。完成全运村住宿用房“使用性验收”任务，与绿城集团、住宿服务中心进行对接，完成对4241套住宿用房和100套商业网点的验收。

（周美晓）

# 综合执法

**【概况】** 河西区城市管理综合执法局（简称：河西区综合执法局）内设：办公室、法制科、人事教育科、执法协调科和2个直属队。

2017年，河西区综合执法局按照建设美丽河西和首善之区的工作要求，履行城市管理综合执法职能，落实精细化管理要求，开展“维护核心、铸就忠诚、担当作为、抓实支部”主题教育实践活动，发扬团结一致、顾全大局、敢为人先、勇于担当的优良传统，以扎实的作风和拼搏的精神，完成全年各项任务。

**【文化中心执勤】** 2017年，河西区综合执法局维护市文化中心及周边市容环境秩序，城市管理水平进一步提升。加强文化中心值守力量，采取定点值守和流动巡查相结合的方式，重点对乐园道、宾水道、友谊路、宾西路等道路实施早、中、晚不间断巡查，确保文化中心及周边道路无摆卖、散发传单、涂鸦贴画等影响市容环境的行为。查处市容市貌问题4018起、违法占道问题291起、配合管控处理相关问题57起、完成各级来访保障任务103次。对乐天百货、银河国际购物中心、彩悦城及刘老根大舞台违规外檐装修、户外广告设置及户外宣传活动进行监督检查，处理火灾等突发事件，帮助游客处理问题千余次，保证执法不留盲区、盲点，维护文化中心及周边的市容环境秩序。

**【专项整治】** 2017年，河西区综合执法局制定《关于开展道路市容环境秩序综合整治实施方案》，协调推进各街道执法大队全面清理辖区内主次干支道路、居民小区出现的乱摆乱卖、乱搭乱盖、乱堆乱放、乱拉乱挂、乱贴乱画等违章现象。重点对全运村及周边占路经营、店外摆卖、堆物、外摆灯箱LED灯、窗贴信息牌等影响直观效果的市容环境秩序突出问题进行集中治理。配合友谊路街执法大队对芜湖道、宾馆西路、宾馆南道、西园道、紫金山路等重点

5月24日，河西区综合执法局拆除新海大厦违章建筑（河西区综合执法局提供）

道路窗改门进行集中封堵。发现并督促属地大队治理各类违法问题8000余处。开展街容秩序和废旧弃用机动车专项治理工作，清理道路、社区废旧弃用机动车911辆。成立夜间巡查小组，重点对露天烧烤、马路餐桌、运输撒漏、车轮带泥、车辆未苫盖等情况进行巡察督查，在中央环保组督查重点时期，出动执法人员13460余人（次），车辆3100余辆（次），督查点位5487余处，发现并督促属地大队治理问题200余件。

**【拆迁拆违】** 2017年，河西区综合执法局制定《违法建设专项治理五年行动方案》，整合全区综合执法队伍，以全运村周边为治理重点，集中组织6次大规模行动，出动执法人员1100余人（次），重点对微山路沿线、南昌路地区、中石油桥地区“顽疾”进行清理，拆除洞庭路、延水道沿线近2.6万平方米违法建设。采取“自拆+帮拆”的方式，拆除铁路陈塘支线铁路保护区内违法建设6万平方米，解决洋兰鲜花、微山路公交车站违章棚亭、延水道5间房等多年未能解决的难点、热点问题。严控新建在建违法建设生成，协助、支持梅江街对天睐园、天汐园等7处在建违法建设进行查处。协同相关部门对曙光里、玻璃厂宿舍、棉四二宿舍、新海大厦、龙瀚东园、天澜园等群众反映强烈的废品回收点和占路集装箱等展开清理，恢复占地面积近3000平方米，累计拆违21.29万余平方米，清除圈占24392平方米，堆物6685处，地锁1708个。

5月24日，河西区综合执法局在陈塘铁路支线拆除违章建筑　　（河西区综合执法局提供）

**【依法行政】** 2017年，河西区综合执法局开展法制培训，规范执法程序，定期开展法制培训和指导，提高全体人员依法行政能力。定期召开案卷评查会，对执法案件从立案、调查、处罚、执行等各个环节从严审批，做好行政复议的答复以及行政诉讼的应诉工作。扎实开展普法宣传，强化法制考核力度，充分发挥法制考核促进执法、规范行为的作用，通过修订法制工作考核评分细则，采用审核案卷、现场检查等方式，不定时、多频次对案卷制作、执法监督、执法证件管理、法制培训等方面的23个子项内容进行考核，提高执法工作规范化水平。

（单红伟）

# 天津文化中心区域管理

**【概况】** 河西区天津文化中心区域管理办公室（简称：文化中心区域办）内设：秘书科、综合协调科和监督管控科。

2017年，文化中心区域办在区委、区政府的正确领导下，聚焦全面从严治党，加强党的领导，改进工作作风，深入开展“两学一做”学习教育，围绕全区中心工作，以巡视、巡察整改为契机，强化落实、固化成果，确保园区载体设施优质运行，社会秩序安全有序、生态环境优美宜人。

**【园区建设】** 2017年，文化中心区域办提升景观设施，完成“大C”亲水平台、园区雕塑、4800平方米木栈道、44个座椅坐凳、430.2延米自行车地龙、360套垃圾箱桶、763个监控杆、标识牌的整修翻新，对中心湖北岸450延米亲水景观灯带提升改造，全年维修各类灯具808组，将夜景灯光分区控制由13路升级细化为85路，灯光运行完好率始终保持在98%以上。优化环境卫生，结合迎全运大干100天活动安排，开展市容环境卫生专项清整，清理园区各类垃圾杂物90余车（次）。加强日常扫保力度，对广场、道路实现清扫率、水洗率100%。提升公厕清洁标准，细化保洁人员作业规程，做到随用随清。美化园林景观，组织补植雪松、柳树、国槐银杏等乔木87株，补植金银木、锦带等灌木900余株，补植各类草皮1.6万平方米。完成树穴水圈的提升改造项目，新增摩奇材料覆盖树穴490株。栽植矮牵牛、角堇、孔雀草、夏堇等草花2.7万平方米。强化文明施工管理，对地铁在建工地做到每日2次巡检，发现问题及时下达整改通知。维修市民广场、天鹅湖广场、博美图广场等路面石材8.7万平方米，石材完好率在98%以上。完成雨水管道疏通养管2.64万延米，清掏检查井800个。对园区6个泵房、16台水泵进行保养大修，更换各类水泵8台，各类水循环系统设备完好率100%。落实河长制工作，制定《文化中心区域办河长制工作制度（汇编）》，每周监测水质，投放杀菌剂、除藻剂等各种药物700公斤，全年新补充自来水6万余方。全年累计接待和表演喷泉310场次。增设2套游客引导标识牌，150套公厕文明公益宣传提示牌。完成3座公厕12个蹲便器、3个小便器改造，新增冲水水箱18套。安置防撞石球38个、升降隔离墩79个。加强以“养护标后监管、巡查考核、秩序管理”为重点的日常考核监管，努力实现建设精品园区目标。下达整改任务单362次，考核扣除各企业经费84400元。

7月29日，迎宾广场污水跑冒管道修复施工（文化中心区域办提供）

**【综合协调服务】** 2017年，文化中心区域办接待参访团队307批（次），15250余人（次）。机动车入园管理工作平稳运行，保障3198车（次）进出文化中心，其中“利剑高悬，警钟长鸣”天津市警示教育主题活动展达424个团体、43515人（次）。大型活动协调保障高效有序，严格进行活动前置审核，完成全运会火炬传递等46场（次）的大型活动服务保障任务。对群众团体做好引导服务，组织银河文化社团联合会开展夏季巡防巡控和秩序维稳工作，完成62次重要夜景灯光保障，积极协调各载体做好外檐景观备案手续18件。加强与文化中心区域内各企事业单位的密切沟通，对载体与外部作业部门之间

11月15日，文化中心银河南广场木栈道提升项目施工现场（文化中心区域办提供）

出现的业务问题，积极给予协调解决，园区各类综合性问题137件。密切与市文化中心管理办公室在公益讲堂、惠民演出、艺术培训等文化惠民项目上的协同配合，让更多市民群众走进文化中心，感受艺术熏陶，提升文化自信。开展“扮靓枫叶——关爱老年人活动”“红领巾公益岗”“市民学雷锋志愿服务基地”等公益活动。深化与团区委共建文化中心“蜜蜂家园——城市青年志愿者”项目。

**【安全生产监管和反恐防暴】** 2017年，文化中心区域办深化安全维稳体系建设，依托公安专业力量，强化日常安全维稳巡控，坚持“1+N”群防群控工作机制，调动驻区载体和作业部门积极参与安全维稳工作。完成全运会，全国、市区两会和十九大期间安全保障任务，确保天津文化中心的安全稳定。制定《“安全生产月”活动实施方案》《火灾防控工作方案》《安全事故隐患大排查大整治专项行动实施方案》等14个安全工作指导性文件，组织开展安全生产大检查、地下空间专项治理等临检、抽检活动，重大节日和季度巡检等例行安全检查工作落实到位。吸取北京大兴11·18和天津市12·1火灾事故教训，联合文化中心派出所对文化中心区域的所有单位进行拉网式安全隐患排查，清理美术馆地下非法占用留宿人员、拆除地铁地下施工违规住人等安全隐患，建立隐患排查整改台账，进行督促整改，集中安全检查10次，下达整改通知书80份，召开整改落实推动会19次，约谈相关单位20家。通过会议推动、集中检查、重点复查和个别约谈并举的方法，全面推动安全专项整治工作深入开展，区域安全状况得到优化改善。严格落实安全工作责任制，与驻区域内16个单位以及8个参管作业部门签订“安全责任单位安全生产目标管理责任书”“社会治安综合治理目标管理责任书”，为文化中心平安运行奠定基础。组织开展《天津市安全生产条例》《中华人民共和国反恐怖主义法》讲座等安全教育培训7次，培训企事业单位法人、安全管理人员、特种作业人员1000余人，有效提升从业人员业务素质。开展反恐演练、消防演练、防汛演习等应急演练4次，参与活动和受训人员近2000人（次）。报送安全工作信息36篇，反映文化中心区域安全工作最新动态。推进文化中心区域安全工作专业化进程，率先启动第三方安全技术服务项目，通过政府购买服务形式，引进专业机构参与文化中心安全监督管理工作，提升专业水平，奠定科学监管基础。完成市安委会安全生产巡查和国务院安全生产督查迎检工作，对督查检查中提出的反馈意见，督促相关单进行整改，整改措施全部落实到位。巩固完善安全管理工作联合联动机制，分别与市文化中心管理办公室、越秀路街办事处、文化中心派出所、消防河西支队驻文化中心警务室以及区反恐办等职能部门建立协调沟通机制，定期组织研究文化中心区域安全管理工作。

6月16日，文化中心区域办举行安全生产月活动　　（文化中心区域办提供）

（冯　涛）

# 重点企业

## 河西房地产开发有限公司

**【概况】** 河西房地产开发有限公司内设：企划部、项目管理部、经营管理部、财务部、审计部、资产管理部、办公室，员工86人，其中13人拥有专业高级职称。下属企业：恒华房地产开发有限公司、西建房管所（恒众房屋经营有限公司）、恒华物业管理有限公司、西源大酒店。

**【项目开发】** 2017年，河西房地产开发有限公司在建项目为陈塘创智天地项目，创智东园二号楼出租率达到70%以上，三号楼出租率30%以上。创智西园，昊淼股权转让经区常务会议通过，进行预披露、房产评估审计工作后，根据水投集团的回复情况进行挂牌。

**【质量管理】** 2017年7月，河西房地产开发有限公司顺利通过ISO9000系列质量管理体系认证审核组对质量管理体系的运行情况以及体系的有效性的现场审核。专家组通过听取汇报、座谈、查看工作记录和抽样取证等方式，对公司管理层和各科室进行全面审核。

**【党建工作】** 2017年，河西房地产开发有限公司做好组织发展工作，全年发展2名党员，党员总数达44名。进一步巩固"维护核心、铸就忠诚、担当作为、抓实支部"学习教育成果。加强干部队伍建设，从政治素质、业务水平等全方面考核衡量，建立健全选人用人制度体系。

**【注重服务】** 2017年，河西房地产开发有限公司开展各项管理服务工作，确保房屋租金收缴率。公司产房屋和代管房屋收费率分别为98.42%和94.67%。恒华物业提高天嘉湖项目管理，改善小区环境，强化安全管理，促进销售回款。巩固提升恒华大厦及住宅小区项目的管理服务，重点排查电梯运行、用气用电安全、危化品存储使用等安全隐患。加强档案管理，细化分工，落实责任人，做到认识到位，组织到位，措施到位。将以前历史遗留的档案逐渐进行整理归档，接待拆迁户300余人（次），查询并开具拆迁证明100多件（次）。

2月，河西房产开发有限公司服务现场
（河西房产开发有限公司提供）

（江　欣　李研激）

# 天津市西京建设开发有限公司

【概况】 天津市西京建设开发有限公司（简称：西京建设公司）内设：项目部、综合部、党办、财务部4个部门，下设房管所、盛源物业2个辅业部门。

2017年，天津市西京建设开发有限公司上缴各项税金582万元，实现净利润702万元。公司所有者权益比上年同期增加619万元，实现国有资产的保值增值。

【主业平稳发展】 2017年，西京建设公司推进新四中学代建项目运作。以园林景观设计方案、装修方案、实验室、操场设计和智能化设计及各分包专业方案深化为主，全面开展各项设计工作。对天津市档案局改扩建项目、天津小学、北师大附小项目、长江道小客车厂商品房项目进行调研分析。开展流程体系建设工作，将房地产开发全过程管理体系9大模块分组落实，完善由“管理体系表”“业务分解表”“工作动态表”等三级管理文件构成的房地产开发管理体系，用于指导房地产开发项目管理的实施。以新四中学项目为模板，成立代建模式研讨小组，主要针对代建模式中的代建资质、代建成本管理、代建资料管理以及代建项目的实际运作等方面进行深入探讨和研究，将前期接洽、签订合同、建立管理组织以及代建管理工作系统化、标准化、制度化。

2017年，新第四中学代建项目整体图
（西京建设公司提供）

【辅业部门效益提高】 2017年，西京建设公司每月至少召开一次维修协调会，加强房屋养护，提高住户的满意度。加强置业资产的巡查，确保保值增值。妥善推进改制后的资产过户问题的解决，完成自管产房屋过户手续。盛源物业公司以减亏增盈为目标，以管理为根本，夯实团队基础，提升管理水平。在市国土房管局物业服务企业信用信息等级评定中，获得2016年度天津市物业服务企业信用考评AAA级物业服务企业荣誉。与业委会续签3年期白楼仕嘉项目物业服务合同。

【企业基础管理夯实】 2017年，西京建设公司做好制度流程的自查和专项检查工作。开展体系化建设，健全、完善部门管理体系，组织季度流程自查，及时修改、完善相应流程。组织中高层管理人员开展“国有企业混合所有制改革”专项培训。组织开展“同心协力·共享竞进”主题拓展训练等活动。与各部门负责人、企业员工签订年度岗位安全责任书，健全突发事件的报送制度。开展常态化的安全教育培训、定期安全检查、消防应急演练。开展安全生产大检查活动，确保全年无任何安全责任事故发生。解决原谦德庄拆迁户的拆迁安置遗留问题。

（洪钰鑫）

河西年鉴
2018

# 财政 · 税务

# 财　政

【概况】 2017年，河西区财政局内设：办公室、人事教育科、综合计划科、预算科、国库科、行政事业科、社会保障科、基本建设科、国有资产管理科、政府采购科、会计管理科、财政监督科、信息科。下设：会计进修学校、政府采购中心、财政集中支付中心、财政预算编审中心和财政投资评审中心。

2017年，河西区财政局在经济下行压力不断加大的形势下，坚持稳中求进工作总基调，坚持收入质量与效益并举，不断推进财政体制改革，着力保障和改善民生，严控债务风险，完成全区确定的财政预算目标。

【财政收入与支出】 2017年，河西区十七届人大常委会第七次会议审议批准的2017年一般公共预算收入为57.78亿元。加上市对区各项结算补助收入、上年结余、调入资金，减去应上解市财政支出，2017年一般公共预算财力为87.85亿元。区十七届人大常委会第七次会议审议批准的2017年一般公共预算支出为87.85亿元。2017年预算执行结果可实现收支平衡，支出项目包括：一般公共服务支出68.88亿元；国防支出120万元；公共安全支出6.57亿元；教育支出17.57亿元；科学技术支出1.63亿元；文化体育与传媒支出2.79亿元；社会保障和就业支出15.84亿元；医疗卫生与计划生育支出6.99亿元；节能环保支出8403万元；城乡社区支出12.91亿元；农林水支出463万元（反映人力资源和社会保障方面创业担保贷款贴息的支出）；交通运输支出16万元；资源勘探信息等支出1628万元（反映安全监管和国有资产监管方面的支出）；商业服务业等支出2007万元；援助其他地区支出1600万元；国土海洋气象等支出879万元（反映规划方面的支出）；住房保障支出14亿元；粮油物资储备支出592万元（反映粮食风险基金等方面的支出）；其他支出9002万元；地方政府一般债务付息支出1716万元(2016年天津市政府债券利息）。

【组织协调】 2017年，河西区财政局加强财政收入管理，全年实际完成一般公共预算收入59.56亿元。积极配合全区各相关部门推动产业结构调整，将经济转型升级作为稳定财政收入的重要支持。深入推动非税收入管理规范和制度化建设，严控收费项目、收费范围和收费标准。全年一般公共财政预算收入中，完成税收收入53.02亿元，税收占比89.02%，位居全市前列。

【加强预算管理】 2017年，河西区财政局全面贯彻预算法和预算审查监督办法，完成政府预决算、部门预决算和“三公”经费预决算公开。加强全口径预算管理，开展2018年国有资本经营预算编制工作。制定《区级预算单位财政拨款结余结转资金管理办法》，对单位结余资金实行定期清理，超过2年的项目结转资金收回财政统筹利用，进一步盘活财政存量资源。完善区级预算绩效管理工作管理办法和实施细则，确保区级财政预算绩效管理重点工作目标任务高质高效完成。

【加强国库管理】 2017年，河西区财政局强化银行账户管理，做好全区预算单位银行账户审批和备案。完善财政支出动态监管机制，及时监控止付违规资金，确保资金安全合规。

**【推动财政改革】** 2017年，河西区财政局完成全区行政事业单位国有资产年度报表工作，初步建立资产管理台账。组织全区行政事业单位开展国有资产清查，确保国有资产完整。完成资产系统与财务平台对接，推动国有资产动态管理。强化“收支两条线”管理，将河西区教育行政事业性收费全面纳入非税收入收缴管理系统，加强国有资本收益收缴，进一步扩大非税收入收缴系统覆盖面。制定《区级非税收入退库工作管理相关办法》，规范和完善非税收入退库审批流程，确保财政资金安全完整。加强政府采购制度建设，规范采购程序，强化过程监管及培训宣传。严格执行政府集中采购目录和采购限额标准，全年实施政府采购活动1296次，节约资金6799万元。落实财政性资金基本建设项目财政投资评审制度，完成77个项目的财政投资评审，直接节约财政资金1.04亿元。

**【信息化与内控体系建设】** 2017年，河西区财政局研发财政大数据分析平台，全面整合收入、支出信息，实现数据实时动态分析。完善信息共享机制，深化财政大数据分析平台应用管理，建立区人大常委会预算联网监督系统、区纪检委治理预算执行方面不担当、不作为监督系统，运用信息化大数据分析手段强化预算执行监督管理。大力推动全区行政事业单位内部控制体系建设，聘请会计师事务所，为全区行政事业单位提供专业技术指导，推动全区行政事业单位实施内控体系建设，从源头和机制上防范腐败风险，确保财政资金安全。

**【教育优先发展】** 2017年，河西区财政局落实教育生均公用经费政策，大力支持学校现代化提升改造及校舍安全隐患整改，投入7800万元用于新四中、师大附小等新建校建设；投入4425万元用于9家幼儿园提升改造工程；投入2236万元对中小学校舍安全隐患问题进行整改；投入4925万元用于教育信息化提升；投入1973万元用于教育系统设备购置，提升教育教学条件；投入2716万元用于校园德育文化建设等特色活动，支持素质教育开展；投入校园安全专项资金5098万元，加大对校园反恐、防恐工作的保障；严格落实国家各类补贴资金及资助政策，投入3125万元用于民族班生活补贴及家庭经济困难学生补助工作；投入教育中心教科研活动、名校长培养工程、名师工作室等科研培训资金529万元，进一步提升教育教学水平。

**【提高社会保障水平】** 2017年，河西区财政局落实最低生活保障制度及社会救助制度，城市低保标准由每人每年780元提高到860元；落实退役士兵安置补贴，提高优抚对象抚恤补助标准；增设困难退役军人帮扶专项资金300万元；提高居家养老服务（护理）补贴标准，将轻度、中度、重度居家养老服务（护理）补贴标准调整为200元、400元、600元；投入160万元用于因病支出型困难家庭救助；投入2549万元用于困难残疾人四项补贴；支持区婚姻登记服务中心新址装修改造及设备购置900万元；投入9846万元用于“美丽社区”及精品小区建设，促进社区环境治理水平不断提升，百姓居住环境不断优化；投入6684万元用于加强区旧楼区提升改造后长效管理。

**【推进医疗卫生体制改革】** 2017年，区级财政将城乡居民医疗保险财政补助标准由每人每年730元提高至800元，全年投入补助资金10363万元；支持公立医院建设6337万元；按每万人口60万元标准，投入6066万元提供18类80项社区基本公共卫生服务；按每万人口4万元标准，投入351万元提供区级特色4项服务；投入730万元用于推进家庭医生签约服务；安排计划生育特别扶助补助专项资金1846万元；支持应急综合示范区、肿瘤防治示范区和慢性病防控示范区建设工作442万元；投入专项资金132万元用于艾滋病防治、结核病防治等重大公共卫生事项。

**【支持文化体育事业发展】** 2017年，区级财政投入718万元用于巩固文明城区创建成果；投入1335万元用于中国梦宣传教育，加强与人民日报、天津日报等国家级、市级媒体的合作，提高舆论引导能力；投入667万元用于图书馆、少儿图书馆评估定级工作；投入536万元用于基层公共文化服务体系建设及文化馆、图书馆免费开放；投入395万元用于数字文化馆建设和图书馆图书购置；投入472万元用于举办文化惠民演出、西岸图书节等文化活动；投入17941万元用于体育事业发展专项资金，全力做好全运村运营保障工作；投入273万元用于全民健身活动的开展和社区健身器械的维修保养。

**【完善公共安全保障机制】** 2017年，区级财政投入5088万元用于公安系统信息化建设和技防网高清摄像头租赁；投入2127万元用于社区警务室建设、警用车辆和装备购置；投入6381万元用于加强公安巡防人员、文职人员、公益岗人员等治安辅助力量建设；投入1164万元用于社会综合治理工作；投入572万元用于加强社区矫正力量、法律援助、人民调解、两劳帮教等方面的支出。

**【促进城市功能环境提升】** 2017年，区级财政投入9.05亿元，支持区“迎全运百日会战”10项工程实施，推进城市综合整治提升；投入1.2亿元用于南昌路综合整治工程项目；投入1.85亿元启动老旧小区及远年住房改造工程，对涉及居民住房安全的功能设施进行提升改造；打好市容环境管理“三年行动”收官战，投入5295万元对区内11条城市道路和8个居住小区的园林绿化、路面质量进行提升改造。继续加强城市管理工作，安排4995万元用于社区保洁、垃圾箱桶购置、街道社区清整以及界外绿地养护等；结合首善之区建设，新增投入1444万元，将道路扫保标准由每平方米13元增至15元；落实大气污染防治有关工作，安排7155万元用于餐饮油烟治理、散煤治理、工地扬尘治理以及大气污染防治能力建设等项目；加强生态保护力度，投入2200万元对解放南路地区进行海绵城市试点改造。

（王融乔）

# 国家税务

**【概况】** 河西区国家税务局（简称：河西区国税局）内设机构11个，直属机构：河西区国家税务局稽查局，派出机构7个、事业单位2个。

2017年，河西区国税局以党的十九大精神为指引，按照“围绕一个目标、突出三个关键、推进五大建设”的工作思路，深化改革、注重集成、创新竞进、激发活力，努力完成“干好税务、带好队伍”的各项工作任务，为促进税收事业和区域经济发展作出积极贡献。

**【组织收入】** 2017年，河西区国税局全面落实加强税源管理、主体税种管理、纳税评估、税务稽查等堵漏增收措施，实现税收收入稳步增长。全年组织总局口径税收收入同比增长12.91%，区级税收收入同比增长11.32%，完成市局和区政府下达的全年税收收入任务。

**【依法治税】** 2017年，河西区国税局强化权力监督和制约，严格税收执法考核。注重依法依规组织收入。在坚持组织收入原则，坚决防止“空转”、收“过头税”等违规行为，全面贯彻落实各项税收政策规定，采取措施确保惠及小型微利企业的增值税、所得税优惠政策落实。对重点税源企业、实施营改增企业、出口退税企业等进行专项稽查，整顿规范税收秩序，打击涉税违法行为。实施纳税信用管理和黑名单制度，营造守信激励、失信惩戒的氛围，鼓励纳税人依法诚信纳税。

**【征管改革】** 2017年，河西区国税局以贯彻落实总局、市局深化放管服改革，优化营商环境为重点，切实落实好简政放权的减法、后续管理的加法、优化服务的乘法等工作任务。继续深化国地税合作，落实“实名办税制”“五证合一”等改革，开展好变更纳税人识别号，推行免费CA数字证书升级等工作。全年国地税联合为5555户纳税人办理设立登记，联合为25028户纳税人办理变更登记，协同为2511户纳税人办理注销登记，对9952户纳税人联合开展信用评价，联合开展税收宣传和政策解读培训工作，营造企业家创业发展的良好环境。

**【纳税服务】** 2017年，河西区国税局建设完成全市最大的独立的功能齐全的自助办税厅，在办公楼一楼设置18台新购置的自助服务机，功能包括发票领用、发票代开、发票认证、金税发行、抄报税、清卡、查询等纳税人需求量大的业务。开展“双万双服”和“服务走访问计问需”活动，通过召开座谈会、入户走访重点税源企业等形式，征集意见建议，列出整改清单、明确责任人、时间表，强化整改，优化营商环境，改进税收工作、提高纳税人满意度。围绕“国务院六项减税政策”等阶段性重点工作，结合新办企业服务需求，通过纳税人学校开展政策宣讲，依托门户网站和办税大厅宣传栏、滚动屏，借助短信提示和申报提醒系统，整合宣传服务资源，帮助纳税人详细了解相关的最新税收政策规定、发票开具、纳税申报等重要内容。

4月，河西区国、地税在珠江装饰城联合开展税收宣传活动

（河西区国税局提供）

4月，导税员在河西区国税局办税服务厅进行纳税引导 （河西区国税局提供）

（李雪梅）

# 地方税务

**【概况】** 河西区地方税务局（简称：河西区地税局）内设20个科所和1个非独立外派驻区行政许可审批服务中心窗口。

2017年，河西区地税局以从严治党为根本，着力加强和完善党的建设，坚持以组织收入为中心，加强收入预测分析，以强化征管为抓手，强化税源管理，以优化服务为指引，不断提高纳税服务质效，各项税收工作有效推进。

**【税收收入】** 2017年，河西区地税局受房地产系列调控政策及“营改增”因素影响，全年税收收入前高后低，整体较上年呈回落态势。全年完成全口径税收收入63.60亿元，同比减少27.06亿元，减幅29.84%，剔除“营改增”影响，减幅达到18.84%。其中，完成公共财政收入45.8亿元，同比减少25.26亿元，减幅35.55%，剔除“营改增”影响，降幅29.45%。完成区级收入35.63亿元，同比减少19.46亿元，下降35.33%，剔除“营改增”、同期非即期税款、直属局划转等不可比因素，可比降幅为19.53%。

**【残疾人保障金和工会经费】** 2017年，河西区地税局征收残疾人保障金13.47亿元，为河西区总工会代收工会经费（筹备金）15.69亿元。

**【税收收入预测和分析比对】** 2017年，河西区地税局结合区域经济形势和产业结构特点，关注重点产业、重点行业发展动态及变化趋势，每月进行税收收入预测及分析比对，提高组织收入的前瞻性。针对下半年区域经济增速放缓的情况，多次对房地产行业情况进行摸底，对全年税收收入进行预测，税收预测准确率不断提升。与区国税局共同开展税收收入分析。利用区国税数据，开展增值税与附税的比对分析，确保税收应收尽收。积极为区发改委、统计局、财政局等有关经济部门提供各项税收统计和数据分析，为各级领导决策提供参考。

**【重点税源管理】** 2017年，河西区地税局加强对重点税源企业、楼宇经济、科技服务型企业的监控，充分发挥重点税源对税收的支撑作用。坚持每月对重点税源企业的税收收入分税种、分行业进行分析预测，密切跟踪重点税源变化，监控244户总局级和市级重点税源企业，年税收累计实现50.77亿元，占全部税收收入的79.82%。加强对重点项目税源监控，及时跟进招商引资项目和重大项目进度，加强对新八大里、全运村等重点房地产业的监控。房地产业（含契税）税收收入41.29亿元，占全部税收收入的64.91%。

**【重点税种管理】** 2017年，河西区地税局加强两处及以上收入个人所得税征管，申报两处或两处以上工薪所得837人，补缴税款329万元；年所得12万元以上自行申报1.78万人，同比增长13%。强化个人所得税申报管理，个人所得税电子明细申报率达到99.86%，准确率达到100%，个人所得税实现11.75亿万元，同比增长7.56%。加强房产税征管工作，落实房地属地化管理规定，做好税源的迁转工作，认真落实房产税、土地使用税困难减免，全年房产税45804万元，同比增长6.60%。开展土地增值税清算和清算复核工作，清算入库6户，累计入库土地增值税清算税款34135万元。

**【环境保护税征前准备】** 2017年，河西区地税局与区环保局建立联席沟通机制，与8家排污费重点企业座谈，对2016、2017年缴纳排污费的179户（次）企业进行户源清分，建立一户一档。

12月，河西区地税局税务干部实地走访企业开展环保税开征的前期调研

（河西区地税局提供）

**【税收专项核查】** 2017年，河西区地税局组织开展对印花税、附加税费、地热资源税、2015年度残保金、增值税普通发票专项整治行动5项税收专项核查，共涉及企业2889户（次），补缴各类税款及滞纳金2000余万元。

**【税收执法】** 2017年，河西区地税局围绕行政许可、行政处罚、行政征收、行政检查4类税收执法活动，全面推行行政执法公示制度、执法全过程记录制度、重大执法决定法制审核制度试点工作，成立试点工作领导小组，制定工作方案，明确工作步骤，开展工作自查，着力解决执法不严格、标准不统一、程序不规范等问题，维护纳税人合法权益，优化营商环境，提升税收治理能力，加快税收现代化步伐。

**【税收优惠】** 2017年，河西区地税局落实国家6项减税政策，特别是扩大小微企业税收优惠范围、提高科技型中小企业研发费加计扣除比例等减税政策的实施，有效减轻中小企业的负担。573户小型微利企业享受优惠减免，减免税款532.72万元，13户企业享受高新技术优惠减免，减免税款404.36万元。

8月7日，河西区地税局组织开展国务院六项减税政策专题培训　（河西区地税局提供）

**【纳税等级评定】** 2017年，河西区地税局坚持客观性和公正性原则，对评价指标进行细分，利用金税三期系统筛选数据，确保信用评价工作成果真实有效，与区国税部门共评定纳税人10074户(次)，评出纳税信用A级纳税人1994户。

4月1日，河西区地税局联合区国税局组织开展“局长接待日”活动

（河西区地税局提供）

**【纳税评估与税务稽查】** 2017年，河西区地税局对396户评估企业开展评估，入库税款及滞纳金5798万元，风险应对命中率达到93.35%。推动“国地税联合、征管查联动”，大力开展稽查工作，对268户企业开展检查、自查及调查，查补税款滞纳金罚款合计23376万元。

**【国地税合作】** 2017年，河西区地税局继续推进国地税互派干部、联合窗口办税，联合开展税法宣传培训、信用评价、税收分析、税务稽查等工作，强化信息共享，开展国地税单管户对比核实及调整工作，推进国地税征管体制改革进一步深化。

**【纳税服务】** 2017年，河西区地税局落实税务总局深化税务系统“放管服”改革和“双万双服”工作部署，聚焦纳税人需求，加大简政放权力度，推进办税便利化改革。合理配置办税服务厅资源，强化导税服务作用，设置应急窗口、绿色通道、组建应急小组以缓解征期压力，提高涉税件转办频率，压缩办税时限，简化办税流程，推进免填单服务，为纳税人提供便利。

**【税收宣传】** 2017年，河西区地税局围绕“深化税收改革 助力企业发展”的主题，组织开展全国第26个税收宣传月活动，开展局长接待日、税企座谈会、税法进校园、税法进商城、税收大讲堂等活动。利用微信公众号、纳税人学堂、重点辅导等，进行政务公开、热点问题答疑和税收宣传，提高纳税人税收法治意识和税法遵从度。全年举办纳税人学堂12期，发布政务微信和微博300余条，阅读量达90000余次。

4月27日，河西区地税局召开民营企业座谈会（河西区地税局提供）

**【绩效考评】** 2017年，河西区地税局落实绩效管理各项制度规定，积极开展绩效管理，落实好各项绩效指标制定和考评工作，明确工作责任，落实指标任务，强化过程监督，按季度开展指标考评和重点指标讲评，强化绩效考核结果运用，推动各项工作任务完成，发挥绩效管理“指挥棒”作用。

（孙桂荣）

河西年鉴
2018

# 社会事业

# 教　育

**【概况】** 河西区教育局内设：党委办公室、组织干部科、宣传科、统战科、行政办公室、人事科、财务科、审计科、德育科、教育督导室（区人民政府教育督导室办公室）、中学教育科、小学教育科、学前教育科、民办教育科、体育卫生与艺术教育科、教育科研与信息化办公室、对外交流科、政策法规与保卫科、武装部。下属事业单位：天津市河西区教育中心、天津市河西区教育系统财务中心、天津市河西区教育招生考试中心、天津市河西区教育房屋管理站、天津市河西区教育局中小学后勤管理服务中心、天津市河西区社区教育中心、天津市河西区职工大学、天津市河西区少年宫、天津市河西区教学研究室、天津市河西区劳动技术教育中心。

2017年，河西区内各类型幼儿园41所，其中国办园22所，机关企事业园8所，民办园11所。各类型小学34所，其中公办小学30所，民办小学4所，特殊教育学校1所。各类型普通中学18所，其中公办中学16所，民办中学2所。中等职业学校和成人教育院校2所，民办职业学校2所。社区终身学习服务中心114个，社区青少年快乐营地144个，社区早期教育资源中心48个。1所国际学校。非学历培训机构61个。在校学生小学40907人，中学25047人，幼儿园13742人，合计79696名。现岗教职工6111名，专任教师4917名。

（石　坚　郭　妍）

**【教育经费收支】** 2017年，河西区教育经费总收入21.35亿余元，较上年减少5.08亿余元。其中，上级教育转移支付1.25亿余元，较上年增加1.04亿余元，教育费附加5300万元，较上年减少1.99亿元；上级补助收入0万元，较上年减少1.00万元；事业收入5107.63万元，较上年增加2785.91万元；经营收入2477.15万元，较上年减少2772.45万元；附属单位缴款674.58万元，较上年减少8674.90万元；其他收入2975.90万元，较上年减少1562.48万元，区正常经费18.44亿余元。事业支出20.15亿余元，较上年减少3.59亿余元。其中：工资福利支出9.36亿元，对个人和家庭补助支出5.5亿余元，商品和服务支出3.06亿余元，基本建设支出7508.45万元，其他资本性支出1.08亿元，对企事业单位补贴1779.45万元，经营支出2246.30万元。

（张　彬）

**【党的十九大精神学习贯彻】** 2017年，河西区教育系统170个党支部、3500余名党员收听收看十九大开幕式。加强中心组学习、党员教师理论学习。召开教育局机关科长会，与十九大精神对标对表，结合岗位查找短板和不足，提出改进措施和工作设想。成立区教育局机关青年党校，举办成立仪式暨学习贯彻党的十九大精神青年干部座谈会。举办党的十九大精神宣讲报告会，邀请党的十九大代表袁滨渤为全体党员、校级干部400余人宣讲。通过举办党组织书记专题研讨班、后备干部研修班、新入职新发展党员培训考试等形式，分级分类抓好学习培训。全系统178个党支部，以“三会一课”

为基本形式，开展专题学习。196位党组织书记围绕学习宣传贯彻党的十九大精神，为所属党支部全体党员讲党课。在“河西教育”“河西师德建设”微信平台上，开辟专栏，宣传对党的十九大的热烈反响和积极评价，宣传各级、各校学习贯彻的具体举措和实际行动。开展“诗赞十九大　逐梦新时代”原创诗词征集活动，围绕学习十九大精神，联系教育教学实际和工作感悟，创作120首诗歌。编辑出版《河西教育》“十九大”专刊。

（门宇恒　周亚辉）

**【社区早期教育发展中心】** 2017年5月31日，河西区教育局将区社区早期教育发展中心迁入新建的第八幼儿园隆昌路分园，建立“以社区为依托、以园所为基地、整合各方资源、指导家庭教育”的社区早教发展模式，对全区各早教资源中心提供培训、指导和示范，研发及推广亲子教育的课程、教育方案，为全区13个街道提供0—6岁儿童多种教育服务，通过互联网app方式向家长提供亲子教育、讲座和宣传资料，向社会提供特殊儿童教育服务；向散居婴幼儿提供亲子游戏活动，基本实现社区早教的全面覆盖。

5月31日，河西区早期教育发展中心迁入新建的河西八幼分园　（河西区教育局提供）

（李玉珍）

**【集团化办学机制】** 2017年，河西区教育局扩大中心小学集团化办学规模，接收解放南路起步区西区配套小学，开办中心小学·梅苑学校。将新华中学优质资源注入全运村新建配套学校，组建第二新华中学。组建北师大天津附中中小衔接、公民联合的办学集团；8月，北师大天津附中办学集团成立仪式在北师大天津附中报告厅举行。9月，新会道小学部分年级迁入北师大天津附中，共享优质教育资源设施设备。7月，区教育局与新华中学合作办学签约仪式在全运村村委会举行。第二新华中学是隶属于区教育局的公办完中校，委托给新华中学办学，借鉴使用新华中学办学理念、学校文化、办学特色等优质资源，实行“总校统筹管理，分校相对独立，教育资源共享”的集团化办学管理模式。

7月13日，河西区教育局与天津市新华中学举行合作办学签约仪式　（河西区教育局提供）

（石　坚　郭　妍）

**【队伍建设】** 2017年，河西区教育局调整充实15个领导班子。选拔任用干部21名，15名校级干部平职交流。组织区教育系统140余名基层单位党政主要领导、机关科长参加天津师大核心素养提升专题培训班封闭研修；选派51名35岁以下优秀青年干部赴东北师大参加高端研修。开展名校长培养工程，组织31名名校长培养对象和工作室成员赴北京参加教育部学校规划建设中心主办的第二届基础教育创新论坛，实施名校长工作室品鉴读书计划；组织2批（次）、75人的党建工作专题培训班赴杭州参加轮训；

组织58名35～45岁后备干部培训班赴上海华东师大参加教育管理创新专题培训班。与天津师大合作完成区中小学校（园）长绩效考核评价指标体系。召开区教育人才工作会议，推出《教育系统人才发展规划（2017—2021）年》。评选第五届“希望之星”47人和第二届“教坛新秀”27人，遴选90名骨干教师参加华东师大高端培训，推进9个名师工作室60名新学员培养，评选出10名未来教育家奠基工程学员和36名学科领航教师培养工程学员。建立导向机制，6人通过正高级教师评审。公开招聘157人。

（门宇恒　李恩建）

**【信息化建设】** 2017年，河西区教育局投入信息化专项资金4774万元用于192个信息化项目建设。建成“互动教学”“未来课堂”等特色教室29间，5所学校建设“智慧教室”。完成四十一中学走班制试点建设。推进“一师一优课、一课一名师”活动，全区4181名教师晒课10448节，占市内六区24.6%，排名第一。配合市普通高中综合素质评价、市基础教育学生人人通空间建设，建立河西区学生学习个人发展空间，为学生提供个人电子成长记录足迹、资源存储、微课程、电子错题本等服务，帮助学生在生活和学习中利用空间分享学习。制定《关于推进教育信息化建设实施意见》。

1月9日，河西区教育局在第41中学召开2017年河西区教育信息化推动会

（河西区教育局提供）

（温晓川　冯　健）

**【社区教育】** 2017年，河西区教育局推进社区0～3岁散居婴幼儿早期教育“快乐宝贝”计划，区社区早期教育指导中心迁入新址并投入使用。144个社区快乐营地提升为“五爱”教育阵地，开展主题活动1080场，参与未成年人达3200人。开展青少年科普活动494场，2900余名社区未成年人受益。社区心理辅导室开展活动及讲座272场，参与未成年人及家长630人。启动校区终身学习联合体，市民学校建设进一步规范，引进优秀教育资源，开发10本区级社区教育特色课程系列教材。开展全民终身学习周活动，其中1个项目被评为全国“终身学习品牌项目”，2个项目被评为市“终身学习品牌项目”，12个部门开展教育活动156次，听课人数达6500人。街道市民学校本学年开设16大类、270门课程，8000班次，参与学习达60万人（次）。社区终身学习服务中心建设稳步推进，探索终身学习的信息化管理，开发出终身学习管理系统及手机app。全年开设课程1128门，参与34087人，开课课次129617次，参与2704438人（次）。河西区在天津市社区教育项目评估中，获1个一等奖，6个三等奖，获奖数量和质量稳居全市之首。

12月2日，2017年河西区全民终身学习活动周启动仪式暨天津市校区终身学习联合体项目成果展示活动在太湖路街市民学校举行

（河西区教育局提供）

（尚晓梅）

**【初中学校办学品质提升】** 2017年11月，“河西区初中提升学校品质五年行动计划（2017—

2021年）”启动会在滨湖中学报告厅举行，行动计划由指导思想、目标任务、建设原则、行动策略、保障措施5大方面构成，其重点是学校品质建设规划行动、现代学校管理建设行动、特色文化品牌提升行动、办学体制机制创新行动、课程体系建设提升行动、信息化建设提升行动、教师专业成长提升行动、学生幸福成长促进行动等8大行动策略，构建首善教育生态体系，成为让学生享受有高品质教育的蓝图。

11月23日，河西区初中提升学校品质五年行动计划启动会在滨湖中学举行

（河西区教育局提供）

（陶子福）

**【高考改革应对】** 2017年，河西区教育局深入落实《河西区推进高考制度改革实施方案》，召开普通高中创新实验室建设情况交流会，推进创新实验室的建设速度，强化建设中应注意的包括财务审计在内的敏感点位。组织论证并通过2018年16间创新实验室建设方案，涉及金额965.07万元。3月，组织全区各中学校长、完中校教学校长赴上海学访，召开学访交流会。对照改革实施方案中的项目清单。9月，召开高考制度改革实施方案项目推进会，分析各项工作的到达度，查找问题，明确后期工作。11月，组织学校课程建设交流会，对课程建设进行专业培训、交流，完善学校课程建设方案，形成符合学校特色发展的课程体系，规划三年课程实施的操作方案，为学生提供更多的选择性。

（陶子福）

**【平安校园建设】** 2017年，河西区教育局招聘校园保安180余人，对全区中小学幼儿园实行24小时专职保安值守。启动校园安防提升工程，在全市率先开展反恐地标试点工作。投入1000余万元为36个单位提升改造视频监控系统。加大消防设施维保投入，投入160万元专款对21个单位的消控室和消防泵房进行维保，投入460余万元聘请102名专业人员对15个单位的消控室进行24小时值守。提升安全管理信息化水平，使用河西区学校安全管理网络平台。排查安全隐患388项，整改完成322项，投入资金560余万元。教育系统7人获市公安局个人嘉奖，教育局政策法规与保卫科被市公安局授予“集体三等功”称号。

（张继军）

**【无证托幼看护点管理】** 2017年4月，河西区教育局建立民办托幼点联动会议制度，制定《河西区幼儿看护点基本要求（试行）》和《关于印发河西区民办托幼点（看护点）管理办法的通知》，明确相关部门的责任，区教育局负责日常教育教学指导，街道办事处负责辖区内民办托幼点（看护点）的审核备案和日常管理工作，区市场和质量监督管理局负责食品安全，区卫计委负责进行卫生指导，公安河西分局负责治安防控工作，区消防支队负责消防安全工作。全区按照街道分成13个检查组，排查无证托幼机构60个，其中25个在街道办事处备案。将排查发现的托幼机构纳入监管范围，完善日常点位检查、每月例行检查和集中联动检查三级检查制度，各职能部门不定期深入民办看护点进行实地检查，对存在的问题以书面形式提出限期整改，做好回访。全区13个街道的47名社区教育老师包保到人，对辖区内看护点每月进行一次例行检查，做好检查记录，发现问题及时书面提出并反馈至相关部门；发挥联查联动齐抓共管机制，每季度进行一次集中检查，督促看护点做好安全、卫生等工作。

（刘向梅）

**【校企改革】** 2017年，河西区教育局根据区国有资产管理委员会《进一步深化固有资产企业改革的实施方案》，推动校办企业改革。对企业实施集中监管，做实昱中（天津）科技有限公司资本，成为由区教育局后管中心控股的集团公司，实现企业与主管学校脱钩。确定首批3家企业划归昱中公司监管，做到人财物统一管理。对企业进行资产优化整合，统一调配。根据各企业的优势，协调洽谈适合企业的新项目。成立企业改制专项资金账户，在昱中公司建立企业改制专项资金银行账户，将企业注销后的剩余资金全部划归专项资金账户。注销停产企业，对已停产的“空壳”或“僵尸”企业进行认真分析研究，积极协调解决注销工作中的各种难题，全年完成5家企业的工商注销工作。对3家企业进行清产处置工作，年节省资金60万元。对3家公司进行人员安置、库存物品和固定资产的处置、债权债务清理。对持有车辆的13家企业进行公务用车改革，企业共有车辆45辆，消减车辆35辆。规范公务用车和业务用车制度。

（毛　宏）

**【教育对口帮扶】** 2017年，河西区教育局与甘肃省庄良县、卓尼县对口进行教育帮扶。制定《河西区与庄浪县对口扶贫协作四年（2017—2020年）行动计划》《河西区与卓尼县对口扶贫协作四年（2017—2020年）行动计划》。利用区优势教育资源对庄浪县进行教育帮扶，助推当地教育事业发展。区教育系统讲师团赴甘肃省庄浪县、卓尼县援教培训。6月30日—7月4日，区教育系统选派优秀教育管理干部和骨干教师22人组成讲师团，深入庄浪县和卓尼县，举办专题讲座、示范课等，传播共享、发挥优质教育资源的示范辐射作用。10月，甘肃省庄浪县教育系统管理干部代表团32人进行为期5天的与区教育系统交流学习，先后参观4所中学、听课观摩、与校长座谈研讨。区教育中心专家为庄浪县教育代表团分别做2场专题讲座。

（石　坚　郭　妍）

**【优化教育资源配置结构】** 2017年，河西区新四中建设实现主体竣工，完成十一幼分园建设工程，对20所中小学进行绿化改造。全年新增3所幼儿园，分别为四幼分园、六幼分园、八幼分园。3处园所原为教育房屋管理站、河西煤建公司、原第四中学艺体馆，总计投入1300万元进行装修改造，采用“名园办新园”的模式，输入区四幼、六幼、八幼优秀管理团队和骨干教师团队。为解决解放南路起步区居民小学入学问题，为缓解梅江地区教育资源紧张问题，接收配套教育资源开办梅苑小学，为青湖小区配套建设项目，配置规模为24个教学班。该校与区中心小学采取集团化办学模式，中心小学输出优质教育资源，将优秀管理团队和骨干教师植入新建校，实现学校的高端起步，扩大区优质教育资源覆盖面。

8月，梅苑小学投入使用
（河西区教育局提供）

（石　坚　郭　妍）

# 科学技术

**【概况】** 2017年12月，河西区科学技术委员会（简称：河西区科委）机构变革，内设：办公室、综合科技管理科、科技企业管理科、知识产权科。河西区科学技术协会（简称：河西区科协）内设：办公室、创新服务部、普及部。

2017年，河西区科委按照习近平总书记“科技创新、科学普及是实现创新发展的两翼，要把科学普及放在与科技创新同等重要的位置”的重要要求，按照区委、区政府的统筹谋划，初步形成“十三五”期间河西区推动科技创新发展的完整政策体系，陆续出台的相关政策和实施细则，从不同角度对科技型企业在发展历程和所处阶段中开展的科技创新活动给予相应支持。不断优化与区内相关部门的协同协作，更新完善重点帮扶企业数据库。实行“一企一策”，根据企业需求，有针对性地进行对接服务，在产学研合作、人才引进、知识产权申报等方面给予帮助和指导，深化科普工作，推进科学技术工作的稳步进展。

**【机构变革】** 2017年12月，河西区科委内设机构4个，分别为办公室、综合科技管理科、科技企业管理科、知识产权科。河西区科委按照区编办《关于印发〈天津市河西区科学技术委员会主要职责内设机构和人员编制规定〉的通知》，将信息化办公室职责、信息化项目管理科和信息化应用推进科划转至区委网信办，区科委不再加挂区信息化办公室牌子。按照区委《河西区科协深化改革实施意见》和区编办《关于印发〈天津市河西区科学技术协会机关机构改革方案〉的通知》，内设机构共3个，分别为办公室、创新服务部、普及部。

**【载体建设】** 2017年，河西区科委多次走访驻区众创空间、科技企业孵化器和科研企业，就如何更好地推动大众创业、万众创新工作进行深入的交流，积极主动为企业办好载体和科研平台出谋划策。新增众创空间3家，指导1家众创空间通过市级众创空间备案，组织2家科技企业孵化器申报市级科技企业孵化器，推荐4家企业申报技术工程中心，2家获批准筹建。4月，对河西区5家区级科技企业孵化器进行2016年度考核。5月，配合审计部门对4家市级众创空间和2家科技企业孵化器进行审计，与市科委创业孵化协会一同对存在问题的载体进行辅导，指导整改，至10月底，全部整改完毕。8月，按照市科委要求对全区10家科技企业孵化器和8家生产力促进中心进行核查。9月，对8家众创空间2016年度绩效进行评估；10月，组织全区市级科技企业孵化器和市级生产力促进中心参加年度绩效考核。至2017年底，全区有众创空间18家、科技企业孵化器13家、重点实验室7家、工程中心14家，完成科技载体平台建设任务。

**【高新技术企业】** 2017年，河西区科委提前筹划高新技术企业认定工作，按照时间节点，邀请市科委专家到区为申报企业授课，现场答疑解惑，为申报工作打下基础。2批23家企业通过市级高新技术企业认定工作；组织专家对申报国家级高新技术企业的30家企业资料进行论证，审议并确定河西区2017年首次申报国家级高新技术企业名单和财政资助资金发放及调整的建议，推荐企业29家。全年需要再认定的8家国家级高新技术企业全部通过，通过率100%；25家企业新认定为国家级高新技术企业（31家申请新认定，其中2家2016年再认定未通过的企业），新认定通过率达到80.64%，比2016年提高6.64%，全区国家级高新技术企业达80家，超额完成全年工作任务。

4月6日，河西区科委召开高企推动会
（河西区科委提供）

**【股改上市】** 2017年，河西区科委认定科技型企业310家，累计达到3603家，规模过亿元9家，累计达73家。严密补贴申领程序，不断优化申报流程。组织专家对申请股份制改造备案的科技企业提交材料进行评审并公示。组织专家对申请股份制改造补贴的科技型企业进行实地走访，并对其申报材料进行评审公示，推荐3家企业申请补贴。全年，科技型企业股份制改造新增8家，完成全年任务的133.3%；4家科技型企业在各类资本市场挂牌，其中1家新三板、2家天交所、1家OTC。

**【知识产权】** 2017年，经国家知识产权局批准，河西区成为全市中心城区唯一在建的“国家知识产权试点城区”，试点主题为“专利申请质量提升”。围绕“试点城区”建设，制定《河西区国家知识产权试点城区建设工作方案》，从健全体系、完善机制、推动创造、促进转化、强化保护等方面，努力将企业在科技和资源等方面的优势转化为知识产权优势，以知识产权工作带动企业自主创新能力与核心竞争力的提升，推动区域经济的转型发展和提质增效。按照《河西区专利资助办法》和市局相关文件精神，开展专利资助工作，高质量的服务企事业单位和专利权人。办理专利面上资助519件，累计发放市级补贴金额26.958万元。对2016年第二批知识产权专项资金给予区级资金匹配，累计发放区级匹配资金120.4765万元。秉承“量质并重、质量优先、授权在先、部分资助、扶优扶强”的要求，委托市发明协会组织专家对申报2016年区级专利试点的单位开展评审工作，确定15家专利布局企业和2家首发明企业。确立科技大学、光电通信、建筑设计院、东文高压电源、海盛泵业、四十一中学等6家单位为市级专利试点。第四中学获批2017年市级知识产权示范校，推荐四十一中学申报国家级知识产权示范校并成功获批，推荐天津桂发祥十八街麻花食品股份有限公司申报知识产权保护百家优势企业。组织光电通信申报2017年国家知识产权优势企业，指导东文高压成功通过年度考核。天津市水利工程有限公司成果获批2017年天津市专利优秀奖。东文高压电源（天津）股份有限公司成为河西区第一家知识产权贯标企业。推荐南京理工大学北方研究院“中国高校知识产权北方运营交易中心”、天津光电集团有限公司“天津光电激光打印机产业规划”2个项目申报专利导航试点。

**【科技成果与奖励】** 2017年，河西区科委组织区内重点科技企业申报市级科技进步奖4项。2016年1项科技成果获得市科技进步二等奖、奖金3万元。组织申报2016年度区科技进步奖29项，其中17项获奖。年底办理完成科技成果登记43项，结项验收20余项，督促50余家未结项的企业完成2017年度检查报告。全年完成技术合同登记774份，合同交易额27.09亿元。

全年34家科技企业申报市科委的各类科技计划项目，获得资金支持约500万元。其中杀手锏项目1个，领军小巨人企业培育计划项目1个。6月，组织专家对创新券补助申请企业提交材料进行评审并公示，推荐6家企业申请创新券补助。

**【青少年科学素质行动】** 2017年，河西区科委与区教育局合作，利用校本课程、社团活动等载体开展丰富多样的创客活动，提升中小学生综合素质。区内8所中小学校获“天津市科学素质教育先进学校”称号。与天津市青少年科技中心合作，承办第32届天津市青少年科技创新创业大赛，区科协被评为全国创新大赛“基层赛事优秀组织单位”奖。组织全区中小学生参加第四届天津市青少年科技创意设计竞赛以及“无线电”“无人机”等竞赛活动。组织全区部分高中校参加青少年高校科学营活动。引导并支持中小学开展知识产权教育活动，四十一中学、第四中学、实验中学被评为市青少年知识产权教育示范学校。组织参加第十三届宋庆龄少年儿童发明奖评选活动。

**【劳动者科学素质行动】** 2017年，河西区科委组织推动区内企业加强“院士专家工作站”建设，影响和带动企业科技人员参与科技创新活动。组织推动区内企业积极参与2017年天津市创新创业大赛暨第六届中国创新创业大赛（天津赛区）活动，嘉信技术工程公司作为获奖企业获得市级打包贷款补贴支持。制定出台《河西区促进科技创新体系建设资助管理办法》，企业技术中心、工程实验室、工程研究中心、重点实验室等高端研发平台、院士专家工作站、创新创业大赛、新型企业家培养工程、天津青年科技奖、天津市创新人才推进计划等方面给予不同程度的资金支持。东文高压电源（天津）股份有限公司总经理刘申、中国机房设施工程有限公司总经理李军入选天津市第五批新型企业家培养工程。天津光电久远科技有限公司总经理牛贺群被评为天津市创新推进计划—创新创业人才。天津瑞晟先发激光技术科技有限公司高志山带领的先进激光技术与应用创新团队被评为天津市创新推进计划—重点领域创新团队。天津瑞晟智通新能源科技有限公司胡文斌带领的车桩位网一体化智慧交通瑞晟智通团队入选特支计划。南理工北方研究院引进的何清（加拿大籍）博士入选千人计划—创新人才短期项目，同时入选国家外专局专家项目。

**【科普益民工程】** 2017年，河西区科委加强社区科普宣传工作的指导和服务，实施基层科普益民计划。评选20个区级科普示范社区，尖山街尚城社区和越秀路街港云里社区被评为市级科普示范社区，天塔街五一阳光社区被评为国家级科普示范社区。与区社区教育办公室合作，在各社区依托“星期二快乐驿站”等载体开展“社区青少年科享汇”活动，普及科普知识。

**【科普基础设施工程】** 2017年，河西区科委按照《市科委关于开展2017年天津市科普基地认定工作的通知》要求，组织推荐区内科普基地参与2018—2020年周期认定工作。按照天津市科技周活动组委会的统一部署，面向全区征集重点活动。科技周活动期间，安排各类活动60余项。河西区科技周专题筹划的天津市全民科学素质电视大赛河西区总决赛和天津市第三届科普微视频大赛两项重点活动。被列为天津市科技周10个市级重点活动之一。

**【共建共享】** 2017年，河西区科委加强与科技型企业的共建。河西区13家设计、工程领域的领军企业作为发起单位，共同签署创建“北方设计联盟”战略协议，开启探索“北方设计之都”建设的步伐。区政府与市科委达成共建“北方设计之都”共建合作协议。依托市级单位平台，推动“北方设计之都”建设，组织天津建筑设计院、中交第一航务勘察设计院、中水北方勘测设计研究院等“北方设计联盟”重点企业申报一系列重大专项。陈塘科技商务区获批国家火炬特色产业基地，成为天津市第9家、中心城区唯一的火炬特色产业基地。按照“科技创新为源、政府引导为媒、资本投入为核、产业发展为本”的发展模式。研究院组建6家产业化公司和2家服务型公司，形成新能源和激光两大产业方向，其中光纤光栅、全固态薄膜锂离子电池等技术均属国际先进水平。高功率光纤激光器及核心器件等产品已定型生产并得到市场认可，以研究院为核心的创新生态系统逐步形成。研究院的“全固态薄膜锂电池项目”申报市科委“支持国家级院所来津发展项目”，助力企业突破关键技术环节，加快产业化进程。

（张　祺）

# 文　化

**【概况】** 河西区文化局内设：党委办公室、行政办公室、社会文化科、文化产业科、文化市场管理科、财审科。

2017年，河西区文化局巩固深化国家公共文化服务体系示范区创建成果，不断提升公共文化服务效能，大力扶持发展富有地区特色的文化产业，为全运村组织系列丰富多彩的文化服务，扎实推进区图书馆和少儿图书馆申报国家一级馆，做好文化市场监管和行政执法检查，加强党的建设和队伍建设取得新的进展。

**【公共文化服务示范区创建成果巩固】** 2017年，河西区文化局优化全国公共文化服务设施布局，加强基层公共文化设施网络化建设。在13200平方米区文化中心的基础上，着手建设1.17万余平方米的梅江文体中心。整合公共文化服务资源，利用10大院团等市级资源，打造专家指导人才库，加强文物和非遗保护。组织开展文化惠民活动，以“文化365•快乐在河西”为主题，组织开展文化惠民活动千余场。推进公共图书馆升级达标，区图书馆、区少儿图书馆在全国第六次图书馆评估中被评为一级馆。创新公共文化服务形式，推出“西岸文 e”微信公众平台，有效整合区各类文化服务资源，积极响应“互联网 +”服务新模式，多渠道将文化咨询信息推送给居民。

**【文化品牌丰富】** 2017年，河西区文化局继续做大做强西岸品牌国家级、市级大型文化活动。举办市第三届西洋器乐大赛、西岸文化惠民广场演出季、第十二届西岸社区文化擂台赛、第六届西岸“打开悦读之门”读书活动、“读书　爱书　藏书”第六届西岸中小学师生藏书票活动暨藏书票作品展、西岸文化庙会、西岸文化大讲坛、西岸图书漂流等具有影响力的系列文化活动，推出一系列文化产品，形成常态化的运作模式。为丰富西岸品牌文化活动内容，开展天津市“西岸之声”合唱艺术系列展演活动。13个街道在西岸品牌的引领下，按照“一街一

5月，河西区文化局举办春季书展

（河西区文化局提供）

品牌、一社区一特色”的原则，贴近百姓生活实际，打造出天塔街“邻居节”、马场街的“读书节”等特色活动品牌。

**【为全运村提供公共文化服务】** 2017年，河西区文化局承担全运村宣传文化活动的策划和具体实施任务，打造运动员村、媒体村和技术官员村的文化设施（文化驿站、西岸书斋、休闲空间），设立文化体验区，策划摄影、非遗项目互动、图书阅览、主题讲座等在内的文化项目，为“村民”们营造舒适、温馨的生活环境，共接待万余名“村民”。以“精彩全运，文化河西”为主题，精心组织“魅力天津”“四季情韵”“国际歌声”“乐动国风”“流金岁月”“津沽笑谈”“一品百绝”“华韵新风”等系列主题专场演出及两场电影，服务观众上万人（次），宣传美丽天津、首善河西的丰厚文化底蕴，传播社会正能量，30余家媒体进行报道。

9月5日，全运村文艺演出——杂技表演
（河西区文化局提供）

**【文化产业发展】** 2017年，河西区文化局加大服务企业力度，对三一文化产业中心等20余家辖区文化企业进行走访服务。配合市委宣传部、市新闻出版局，举办2017书香天津春季书展，参展读者5.1万余人（次），销售码洋570余万元。落实“天津市繁荣演出市场专项资金”申报工作，配合区委宣传部完善《河西区文化产业发展专项资金管理使用暂行办法》。加大招商引资力度，促成总部位于上海的中国诺亚方舟集团到区建设芭比奥斯卡酒吧项目。在北京大学等16所高校组织的中国文化产业学院奖评选中，河西区获2017年度中国十大文化影响力奖项。

12月，河西区获2017中国年度文化影响力城市
（河西区文化局提供）

**【文化市场管理】** 2017年，河西区文化局做好文化市场行业管理工作，组织开展文化经营企业年检工作，完成全国文化市场技术监管与服务平台的安装操作、演出场所备案工作，做好职能转变工作，组织开展法制教育。严格执行文化行政法规，推进文化市场综合执法改革，加大对辖区内的各类文化经营场所监管力度，针对重点部位、重点环节的突出问题开展重点监管和治理，先后开展多个专项行动。深入开展“扫黄打非”工作，检查图书音像店、报刊亭、农贸市场、大型超市等销售出版物经营场

9月27日，河西区文化局执法现场
（河西区文化局提供）

所和单位300余家（次），查扣销售侵权盗版和含有国家明令禁止内容的音像制品、计算机软件2000余盘，非法出版物1000余本（册），办理相关案件近20件。

（刘革学）

# 卫生与人口

【概况】 河西区卫生和计划生育委员会（简称：河西区卫计委）直属卫生机构29个，其中二级医院5个、社区卫生服务中心11个和口腔医院、疾病预防控制中心、卫生计生综合监督所、保育院、第二保育院、结核病防治所、妇女儿童保健和计划生育服务中心、卫生学校、健康教育所、社区卫生服务管理中心、计划生育药具管理站（人口与家庭公共服务中心）、除害消毒服务管理站、卫生和计生后勤保障中心。卫生人员1760人，其中卫生技术人员1358人，包括执业（助理）医师534人、注册护士398人。其他技术人员148人，管理人员177人，工勤技能人员79人。民营医疗卫生机构190个，在职人员4532人。

2017年，河西区卫计委以改革发展统揽工作全局，围绕“大健康”理念，对应首善之区定位，全力推进卫生计生各项任务。党建工作扎实推进，医疗机构服务能力得到稳步提升，公立医院建设工作全面推进，强化基本医疗服务水平，延伸医养结合服务新模式，完善医联体服务功能，加强公共卫生及卫生应急体系建设，法制及卫生计生监督工作扎实开展，计划生育服务工作稳步推进，圆满完成全运会医疗卫生保障工作。

【卫生改革】 2017年，河西区卫计委推进河西医院建设，健康管理中心稳步运营，对原址12000平方米载体进行装修。提升改造康复医院、柳林医院，推进区医疗卫生养老综合服务设施建设。开展健康河西建设工作，围绕“大健康”理念，对应首善之区定位，制定推进健康河西建设工作任务清单，明确责任分工和指标任务，确保各项指标落实到位。公立医院综合改革顺利开展，全区公立医院服务性收费增加544万元，平均药占比同比下降41.2%，各公立医院药占比均在30%以内，百元耗材均在20元以内，医院诊疗总收入的增幅控制在8%以内，减轻群众就医负担。完善医联体服务功能，促进优势资源下沉基层，河西医院、康复医院、中医医院、妇产科医院等二级医院分别与市第二儿童医院、市肿瘤医院和医大二院开展儿科、肿瘤科、产科等专业建立医联体。马场街、天塔街、陈塘庄街等6家社区卫生服务中心分别与市属医大二院、环湖医院、天津医院、第二儿童医院、第四医院建立不同学科医联体。规范药品配送管理，制发《社区卫生服务机构家

4月27日，天津市河西区肿瘤防治示范区项目在天津市肿瘤医院启动（河西区卫计委提供）

庭医生签约服务工作药品目录》，在保留原有药品统一配送企业基础上，遴选出区内纳税药品配送企业加入区药品配送序列中，形成4＋N开放模式。

**【医政管理】** 2017年，河西区开展临床路径管理工作、护理及院感专项督导工作、检验室间质评工作、医师定期考核工作、首席糖尿病教育护士培训工作等。新设“河西区临床实训室”。优化预约诊疗、无假日门诊等便民服务措施。区内13家医疗机构总门诊量为1829043人（次），共接待预约诊疗患者519096人（次），占总门诊量的28.38%。二级医疗机构总门诊量为316887人（次），其中节假日门诊量达到46727人（次），占总门诊量的14.75%。

**【中医药管理】** 2017年，河西区卫计委学习贯彻中医药法，推进实施中医药发展战略规划纲要，落实“十三五”基层中医药服务能力提升行动，加快推进深化中医药改革，提升中医药服务能力和水平。开展中医药适宜技术培训，完成5家基层国医堂服务能力项目建设和区中医医院综合诊疗区建设。开展全区各级各类医疗机构中药饮片自评和考核工作。高分通过“全国基层中医药工作先进单位”国家级复核评审工作。

**【疾病预防控制】** 2017年，河西区卫计委加强疫情报告工作管理，做好艾滋病及各类重点传染病防控工作。全区无甲类传染病报告，共报告乙类传染病1678例，发病率158.79/10万，比2016年同期上升9.76%。健全预防接种服务网络，推进预防接种工作规范化建设。儿童计划免疫接种率均达到99%以上，安全接种率达到100%。做好非传染病监测工作和慢性非传染性疾病综合防控示范区建设工作。开展手足口（CoxA16、EV71、通用型）、风疹麻疹、诺如病毒等项目的PCR检测，研发4种植物生长调节剂，达到市卫计委3年实验室建设的要求和食品风险监测要求，采用液相质谱联用仪对鸡蛋鸡肉样品进行氟虫腈及其代谢产物的4个指标残留的理化检测，完成全市18个区（县）36份鸡蛋及10份鸡肉样品的“毒鸡蛋”应急检测和复检工作。

**【妇幼保健】** 2017年，河西区卫计委实施妇女儿童健康促进计划，健全母婴安全、控制缺陷、妇儿健康3个公共卫生服务体系。制定《河西区危重新生儿抢救工作实施细则》和《〈出生医学证明〉管理办法》等。持续对乙肝、梅毒、艾滋病母婴阻断等相关工作进行专项检查。开展危重孕产妇医院监测工作。被国家卫计委评为“国家级妇幼健康优质服务示范区”。全区全年活产数5621人，总活产数6839人，孕产妇系统管理人数5486人，孕前传染病筛查率达94.73%。5岁以下儿童死亡25人，死亡率3.66‰。其中，婴儿死亡21例，死亡率3.08‰；新生儿死亡18例，死亡率2.64‰。全区儿童孤独症筛查4494人（次），异常复筛35人（次），发现异常转诊31人。持续深入推进国家免费孕前优生健康检查项目，为1201对目标人群提供服务，为3813对夫妇提供随访服务，跟踪随访率达到100%。筑牢人口出生缺陷的第一道防线。

**【卫生执法监督】** 2017年，河西区卫计委监督检查相对单位2206户（次）；完成全运会等10次大型活动和会议卫生安全保障；完成快速检测数据指标5559个，合格率100%；完成双随机监督检查124户（次）。查处各类违法案件90件，罚款金额16.6万元。对431家公共场所和52家二次供水单位从业人员开展培训考试并颁发培训合格证。完成120户（次）生活饮用水经常性卫生监督检查，对45户中小学教学机构进行教学环境监督。对辖区154家消毒产品经营单位开展监督检查，对128户医疗机构开展依法执业专项检查，开展打击非法医疗美容专项行动，对全区60家放射诊疗机构进行全覆盖检查，对240户医疗机构开展违法违规应用人类辅助生殖技术专项查处行动，对246家医疗机构开展传染病防治监督检查。

【卫生应急】 2017年，河西区卫计委部署诺如病毒、人感染H7N9禽流感疫情防控工作，严控流感疫情传播，确保应急反应及时、措施果断、处置合理。对卫生应急人员实施动态管理，对全区处置突发公共卫生事件卫生应急专家库、专家咨询委员会和卫生应急处置队伍进行人员调整和充实，提高卫生应急处置能力，在天津市及国家卫生应急技能竞赛中取得优秀成绩。完成中华人民共和国第十三届运动会卫生应急保障工作。

【社区卫生】 2017年，河西区代表天津市接受2016年度国家基本公共卫生服务项目绩效考核，取得全国第一名。延伸医养结合服务新模式，在天塔街社区卫生服务中心开设医养结合床位30张，尖山街社区卫生服务中心与邻近养老机构探索医养结合新模式，为入驻的老年人建立健康档案、提供基本公共卫生服务、社区基本医疗服务、健康管理服务以及家庭医生签约服务。与区残联联合，在基层6家社区卫生服务中心开展医养结合康复服务，由区残联投入181万元购置康复设备，为残疾人提供康复服务。全年共建立电子健康档案81万余份，建档率为84.75%。为辖区内9.3万余名60岁及以上常住居民免费提供1次健康查体服务，健康管理率76.52%。启动家庭医生签约服务，制定《家庭医生签约服务实施意见》，成立由分管区领导担任组长，相关委办局和街道办事处为成员的领导小组。组建178个家庭医生签约服务团队，区政府财政资金投入729.88万元，对签约服务费个人承担40元部分进行补助，其中28元由区政府承担，个人承担12元，对特困、孤老等6类特殊人群进行免费签约。采取通报约谈、落实责任、召开例会、挂图作战、签约上门、服务入户、签订责任书等举措，确保完成签约工作。签约人数301932人，签约任务完成率104.15%，常住人口签约率覆盖率31.25%。

【科研与教育】 2017年，河西区卫计委组织全区各级各类医疗机构口腔科负责人及区口腔质量控制中心相关人员开展口腔专业质量控制培训，组织基层全科医生、护士参加继续教育学习班3期，参加培训的专业技术人员达3450人次，合格率达90%以上。

【队伍建设】 2017年，河西区卫计委抓好后备人才队伍建设，发现、培养优秀年轻干部，组织卫计委青年干部座谈会，各单位通过培训、考试等方式让优秀人才脱颖而出，形成梯次配备。制定引进及外聘专业技术人才专项经费使用暂行办法，争取财政资金，为公立医院引进和聘任人才提供政策资金保障。

【计划生育指导】 2017年，河西区卫计委落实生育登记服务制度，开展生育登记网上办理试点工作，简化办证流程，畅通办事通道。推进基层基础管理规范化，对新婚、孕期、产后育龄妇女开展随访，提供全程优质服务。完成12个样本点240份问卷的全国生育状况抽样调查工作。开展基层网络队伍情况调查和分析，组织街、居两级计生专干业务培训。严格按程序和标准对历年政策外生育征收社会抚养费，全年共收征13例，缴纳社会抚养费46.5万元，全部上缴国库。落实全员系统运转的规范要求，加大出生信息采集数据比对、审核等工作力度，确保全员人口数据完整性和准确率。各业务子系统规范运转率达100%，全员人口个案信息主要数据项准确率达94%以上，出生信息采集到位率达97%以上。

【家庭发展】 2017年，河西区卫计委加大对计划生育特殊家庭的帮扶力度，为特扶家庭3491人发放共1845.6万元的计划生育家庭特别扶助金。筹措资金对特扶家庭开展帮扶救助、“暖心计划”保险、“居家保·及时通”养老服务、大病救助、家政服务、健康查体及各种心理慰藉、慰问等活动。开通计划生育特殊家庭就医“绿色通道”并享受家庭医生签约服务的全覆盖。

9月22日，河西区卫计委在下瓦房街社区卫生服务中心举办失独家庭中秋活动
（河西区卫计委提供）

组织开展国家新家庭计划——家庭发展和青少年健康发展项目。推进创建幸福家庭活动。制定《打击“两非”行动做好出生人口性别比治理工作有关规定》等制度，加强出生人口性别比综合治理。开展“圆梦女孩志愿行动”。实施国家级计划生育基层群众自治示范区项目，被中国计划生育协会评为示范单位。

12月8日，河西区卫计委在区老干部活动中心举办贯彻十九大精神美好生活你我共享计划生育协会宣传活动　（河西区卫计委提供）

**【流动人口服务与管理】** 2017年，河西区卫计委推进流动人口卫生计生基本公共服务均等化服务，开展流动人口宣传服务月和流动人口健康服务年活动。投入资金7万元，对288名流动人口开展已婚育龄妇女健康查体。完成400例流动人口动态监测和14506例跨省流动人口信息核查工作。开展流动人口关怀关爱活动，投入35万元对流动人口家庭和子女进行慰问。完成为期2年的尖山街红山里流动人口聚集地项目工作。

**【爱国卫生】** 2017年，河西区卫计委落实全运会病媒生物防制、迎全运“百日会战”工作，加强H7N9禽流感防控工作，开展爱国卫生运动65周年系列宣传活动，开展首轮医疗卫生服务单位督查，推进街道病媒生物防治示范街创建。

**【献血工作】** 2017年，河西区卫计委组织全区52个单位的116名新录用国家工作人员献血23200毫升。启动应对季节性缺血应急献血队伍实战演练，31个单位的71人成功献血，献血量为14600毫升，应急献血演练采血量在市内6区排名第一。启动全运会保障应急献血队伍实战演练，65个单位的74人成功献血，献血量为1430毫升，圆满完成无偿献血任务。

**【信息化建设】** 2017年，河西区卫计委完成区域电子病历、卫生信息平台、医联体系统建设，推进区域卫生信息平台建设工作，构建区整体规划“2+1”区域卫生信息化平台建设项目，完成区域卫生信息平台招标及项目监理工作，完成14家医疗机构电子病历配套硬件部署并整合信息化系统，实现区域内电子病历等数据共享，形成区域医联体检查检验结果互认、上下转诊，通过手机APP开展远程医疗、家庭医生等移动端应用，保障家医签约信息化工作，助力分级诊疗制度落实。

**【行风建设】** 2017年，河西区卫计委成立党风廉政建设和政风行风建设工作领导小组，制定《区卫计委党委关于深入贯彻和严格执行中央八项规定精神实施意见》，开展扶贫助困领域不正之风和腐败问题专项治理和违规公款购买消费白酒和潜入地下违规吃喝问题集中排查整治工作，持续用力整治“四风问题”。开展“着力推动卫生计生担当作为落实见效”活动和开展“加强职业道德建设，严厉整肃行业不正之风”专项工作，坚持“管行业必须管行风”，规范医疗服务行为，控制医疗费用不合理增长。聚焦招标采购、基建工程、专项经费、财务管理、选人用人、职称评定等重点领域和关键环节，推进廉洁风险防控管理。配合区纪委、驻委纪检组认真开展群众举报信件核查工作。

**【宣传思想教育】** 2017年，河西区卫计委完成创建文明城区复审各项工作。5个单位申报天津市文明单位。在全系统开展学习宣传第四届河西区道德模范先进事迹和“感动365—讲述身边好人”活动。培育和践行卫生计生行业社会主义核心价值观，开展“我们的节日”主题活动。加强卫生计生节日、纪念日宣传，倡导计生家庭文化宣传。结合迎接党的十九大、全运会等重要时间节点，在机关和各基层单位内部开设宣传区域，张贴宣传图，制作宣传展牌，利用LED电子显示屏滚动播放宣传口号，抢占宣传教育阵地。围绕意识形态工作，完善宣传手段，突出宣传重点，全方位、多层次、立体化地宣传正能量价值观。加强网络舆情信息收集、分析、研判、反馈和引导工作，提高网络舆情监测和危机化解能力。

12月4日，河西区卫计委在宪法广场举办宪法日主题活动　　（河西区卫计委提供）

（刘思萱）

# 体　育

**【概况】** 河西区体育局内设：办公室、业务科。下属区体育场、河西体育馆。

2017年，河西区体育局贯彻落实《天津市全民健身实施计划（2016-2020年）》，以筹备第十三届全运会各项准备工作为重点，迎全运河西在行动全民健身活动为抓手，以争创国家高水平体育后备人才基地为基础，为促进全区社会民生事业发展做出贡献。

**【全运村服务】** 2017年8月7日至9月8日，天津市举行第十三届全运会，河西区承担管理运行任务，区体育局主要承担全运村抵离中心的职责。认真细致研究编写各专项工作职责、工作方案、工作流程、工作预案，采取多种方式进行业务培训；与组委会竞赛组织部保持联系，在竞赛日程、报名信息不确定的情况下，对竞赛日程版版追踪，及时作出相应反馈、调整、发布；在无信息处理推送的情况下，以手工传统方式紧追数据，在保证人、房兼顾，人、项兼顾的前提下，制作、编制楼盘分配、住房分配方案15版。全体工作人员在村口为运动员搬

9月，河西区体育局为全运村服务　　（河西区体育局提供）

运行李、为技术官员开辟私车迎送通道，为媒体记者制作园区引导牌和住宿位置小传单。调动发挥各运动项目竞委会驻村工作人员和各代表团联络员、村委会联络员的作用，解决好工作人员的食宿、运动员称重、运动员送餐和代表团自主分房，为代表团提供保姆式、全方位的贴心服务。

**【舞龙比赛、火炬传递】** 2017年，第十三届全运会新增群众体育比赛项目19个，河西区承接舞龙比赛项目，来自全国16支舞龙代表队的208名运动员参加传统套路和自选套路的角逐。区体育局与第十三届全运会组委会群体工作部密切配合，按照相关的比赛要求，组建组织机构，反复研究论证工作方案，整修、改造和装点赛场馆内部、外部及周边环境，保障比赛涉及的安保、医疗、宣传、竞赛组织的每一环节，安排好运动员、技术官员的食宿，在环境装点上利用现有条件，为每一支参赛队伍制作宣传专版，获得最佳赛区的称号。成立火炬传递组委会，在确保火炬传递活动安全、顺畅的前提下，以“最适宜、最能表现区域形象特点，突出河西区政治活动、国际交往，文化交流、经济发展、和谐建设特色，最大限度降低对人民群众出行影响”3个关键点为规划火炬传递路线的原则，确定天津大礼堂至天津文化中心3千米的火炬传递路线。制定“面向全区基层单位，最具有先进性、典型性和代表性”的火炬手推选原则和火炬手推选方案，召开火炬手推选工作部署会，明确火炬手推选工作要求，在全区各行各业和驻区单位中进行层层推选、层层选拔，并经公示、报审，推选出火炬手20名，候补火炬手2名。精心编制起跑仪式、庆祝活动的流程和安全保卫流程。

7月，河西区体育局举办舞龙比赛
（河西区体育局提供）

**【群众性体育活动开展】** 2017年，河西区体育局开展“健身大拜年”“全民健身日”等示范性群众体育活动，利用场、馆设施承办“区中小学游泳比赛”“7.16全民游泳健身周”等多项健身比赛活动。组织开展天津市“我是棋王”快棋赛、区职工羽毛球大赛等各项比赛。

2月，河西区体育局开展健身大拜年活动
（河西区体育局提供）

**【社会体育指导员培训】** 2017年，河西区体育局加大社会体育指导员培训力度，重点培养健身指导型、技能传授型的社会体育指导员，在全民健身各领域实现社会体育指导员培训全覆盖。发挥国家级、一级社会体育指导员指导培训、业务交流的作用，定期举办培训辅导班，提高管理能力、组织能力和技能传授能力。充分发挥优秀教练员、运动员在社会体育指导服务活动中的引领作用，形成志愿服务长效机制。全年申报国家级12人、一级10人，二级67人、三级186人。

**【健身设施建设】** 2017年，河西区体育局在有条件的居民小区、公园安装体育健身器材，更新和新建社区健身路径28处。加大健身器材维修力度，对破损老化的体育器材委托第三方开展设施巡检和维修，完成检测450件。

**【行政执法】** 2017年，河西区体育局将游泳项目列入高危性体育项目并实施许可。对全区20余所池馆负责人进行国家标准的培训，制定从业人员登记表，深入到每一个单位对地面、灯光和专业人员执证上岗等严格按照国家标准进行执法检查，对暂不合格的池馆，下达整改通知书，督促整改。

**【竞技体育】** 2017年，河西区体育局深化业体校建设，运动项目合理布局，训练质量不断提升。组织“8421”工程学校开展体育活动，普及启蒙体育知识，扩大参训、选优规模。鼓励社会培训机构，丰富运动项目，多渠道培养运动人才。

**【业余训练基地】** 2017年，河西区体育局通过天津市专家团复审评估，区少儿业余体校被命名为2017—2020周期国家级高水平训练基地。全年为市输送后备人才15名。输送的运动员郑木岩在第十三届全运会女子200米蛙泳的比赛中获得亚军。

**【“8421”工程学校体育训练】** 2017年，河西区体育局按照市“8421工程”学校体育训练的总体要求，针对学校体育特色，选派业体校优秀教练员深入校园开展体育训练，启蒙普及运动知识，培养学生运动兴趣和习惯，帮助组建校队，组织参加比赛，为选育苗子队员打下基础。

**【青少年校园赛艇活动推动】** 2017年，河西区体育局依托市学生赛特联盟，选取第四十二中学，市海河中学为试点，在全市率先开展赛艇运动训练。深入学校普及赛艇运动知识，选优培养组织开展专项训练，采取暑期水上和寒假室内测功仪训练方式，提升学生运动员水平，其中第四十二中学获市学生赛艇比赛中学组第一，获国际名校中学赛第二名、第六名、第七名。

11月，河西区体育局举办赛艇冬令营
（河西区体育局提供）

（王　强）

河西年鉴
2018

# 社会管理

# 民　政

**【概况】** 河西区民政局内设：办公室、计划财务科、优抚安置科、双拥科、社会救济科、基层政权和社区建设科、社团登记管理科、婚姻殡葬科、社区物业管理科。下属事业单位：区老龄工作委员会办公室、区军队离退休干部休养所、区低收入家庭经济状况核对中心、区福利生产办公室（区民政生产服务中心）、区福利彩票发行中心、区社区服务中心。

2017年，河西区民政局以保障和改善民生、创新社区治理为着力点，牢固树立和积极践行“民政为民、民政爱民”理念，理清思路、落实责任，攻坚克难、开拓创新。通过实验区和双拥模范城中期迎检评估，美丽社区创建增量和总量全市第1名，旧楼区长效管理连续2年获全市示范城区，救助工作考核连续3年获全市第1名。全市复退军人三级联络站建设现场会在河西区召开。

**【社会救助】** 2017年，河西区民政局发挥全区救助联席会议作用，整合救助资源，健全“贫困人群综合救助管理系统”，开展“救急难”工作，成立低收入家庭经济状况核对中心。社会救助绩效考核连续3年全市第1名。全年享受最低生活保障待遇7.25万余户（次）、1.09万余人（次），享受低收入家庭8474户（次）、17617人（次），享受特困人员供养703户（次）、703人（次），共计支出最低生活保障金1.017亿元。发放春节一次性补贴、饺子费、电价补贴、取暖费等一次性生活补贴1371.01万元，发放临时救助金899.72万元，救助困境儿童2.73万余人（次），支出546.36万元，为低保、低收入加救助标识835人（次），发放特殊困难人员大病医疗救助金211.12万元、166人受益，残疾人生活补贴、护理补贴支出2133.41万元。对全区近8000份低保材料进行大规模复审，做到应保尽保，实现全面覆盖。加强对住房保障的规范管理，办理保障性住房家庭收入和财产核定6847件。

**【慈善工作】** 2017年，河西区民政局开展慈善募捐活动，募集善款78万余元，支出善款101万余元，救助低收入家庭1500余户。启动对口支援扶贫工作，对甘肃省庄浪县贫困学生进行捐助，支出善款30万元。

**【社区建设】** 2017年，河西区民政局通过全国社区治理和服务创新实验区创建中期评估。区委副书记、区长李学义代表河西区在民政部召开的全国基层社会治理示范培训班上作典型发言。抓好社区工作者队伍建设，面向全市公开招聘259名社区和“两新”组织专职党务工作者。与区委党校、知名专家和专业机构合作，分层次做好社区一把手、新入职社工、精品班等培训。完善《区社区工作者管理办法》，建立健全综合评价体系，选派优秀代表到武汉市进行交流学习。举办区第二届社工节暨创新全国社区治理和服务创新实验区优秀社区工作者风采展示活动，宣传优秀社区工作者事迹。全年26个社区命名为市第五批美丽社区，创建成效继续领跑中心城区。启动年度“美丽社区”居委会综合性服务设施达标建设工程，对9个街道13个社区的设施进行提升改造。完成太湖路街道挂

5月16日，河西区民政局举办第二届“社工节”暨创建全国社区治理和服务创新实验区优秀社工风采展示会 （摄影：王卓）

牌成立工作。组织区编委办等部门赴上海、武汉等先进地区学访，创新提出“6+2”街道运行模式，指导太湖路街道办事处成立社区事务服务中心，打造成“前台一口受理、后台协同办理”的“一门式”服务试点。

**【社区物业管理】** 2017年，河西区民政局制定《旧楼区提升改造后长效管理专项资金管理办法》《关于进一步加强精品小区建设的指导意见》等制度措施，对全区243个成片及139个散片旧楼区进行全面巡查考核，联合区政府督查室向有关街道下发“整改告知书”138份，发放年度成片及散片旧楼区市、区基础及奖励补助资金。新增旧楼区设施设备保修期外维修养护资金760余万元。组织全区“迎全运百日会战”14次周末集中清整和为期2个月的社区垃圾大清理大检查大整改活动。投入6000余万元打造柳林街园丁公寓、天塔街宾水北里等8个精品小区。设计制作旧楼区长效管理宣传展牌，在全区基层社区组织巡展，参观居民达32000余人（次）。1000万平方米以上旧楼区市级考核中位列第1名，被评为“2017年旧楼区长效管理示范区”。

**【优抚安置】** 2017年，河西区民政局贯彻落实市委、市政府关于做好军队退役人员有关工作的20条措施，建立复退军人三级联络服务站159个，实现退役人员服务全覆盖。建立300万元困难复退军人帮扶解困资金。调整各类抚恤优待标准，发放各类抚恤补助金4300余万元。将新增优抚对象纳入居家养老服务范围。为300余名无军籍职工调整和发放工资。组织307名无军籍职工和96名“两参”优抚对象体检。在春节、“八一”等重要时节，逐户走访慰问老复员军人、“三属”“两参”等重点优抚对象和“老功臣”。启动夏、冬令救济工作，对60余名困难优抚对象进行救济。发挥区民营企业家拥军协会作用，对20多名困难优抚对象进行入户帮扶。区、处级领导与176名困难复退军人结成帮扶对子。以订单式培训与技能型就业相结合的新模式，面向退役士兵开展免费职业教育和技能培训。组织开展2次区退伍军人专场招聘会，协调40余家企事业单位、近400个岗位，形成鼓励自谋职业、推荐就业和安置工作相结合的安置方式。

**【双拥工作】** 2017年，区委、人大、政府、政协主要领导在元旦、春节和“八一”期间，带队走访慰问驻区部队。紧贴时代主题，协调军地各单位开展“双拥在基层　融合促发展”“纪念建军90周年”“法律进军营”等系列双拥文化活动。与区人武部、工商联共同开展以“助强军·促融合”为主题的“十送拥军行”和“六进”军营活动，成为区双拥创建新品牌。支持“93688”部队办公设施建设、修缮官兵宿舍楼，支持空军天津尖山路干休所营房和燃气改造，支持公安消防河西支队训练保障任务，为官兵配备训练靴，协调相关部门为海军天津干休所进行集中供热改造，为驻区部队规划和设立军事管理区。紧密协调区人武部，配合部队做好转隶换防、军事设施保护、停止有偿服务等。先后挖掘和推荐复退军人40余名，其中1人获2016年《中国双拥》年度人物入围奖。

**【军休工作】** 2017年，河西区民政局召开“中国共产党河西区军队离休退休干部休养所第一次代表大会”，选举产生第一届党委。与甘肃卓尼县完冒中心学校开展共建助学对口扶贫工作。

完成军休大厦外檐、内部改造工程，完善基础设施建设。加强微信公众号建设，建立党支部、兴趣小组微信群，深化“互联网+服务”新模式。引入“社会优质服务资源”，签订“服务合作协议”，推进军休服务管理向社会化、标准化方向延伸。开展走访慰问、住院看望、健康体检等1100余人（次）。办理军休干部丧葬殡仪服务事宜14人（次）。关工委深入部队、学校、社区开展爱国主义教育宣讲32场（次）。军休干部捐资助学助教助医等11.5万余元。为甘肃卓尼县完冒中心学校10名藏族贫困学生捐助2万元，捐赠价值7.5万元的“五爱教育阵地”终端设备。成立老战士艺术团，开展“四方共建”活动20余场（次），各兴趣小组全年活动近500次。

12月11日，河西区军休所与甘肃卓尼县完冒中心学校共建助学 （摄影：杜艳）

**【社团管理】** 2017年，河西区民政局规范社会组织年度检查，加强社会组织监督管理，对88个单位依法发送《行政告诫书》，对21个2年或者2年以上未年检的社会组织进行撤销。召开社会组织培训会。参加“第三届天津公益行”活动，广泛征集公益典型事迹，与市慈善协会、区慈善协会、环渤海金岸集团联合开展“爱心成就梦想”慈善助学暨“爱在环渤海”公益行活动。全区登记的社会团体47个，民办非企业单位188个，备案社区社会组织2983个。深化推进社会组织党建工作，实现社会组织中党的组织全覆盖和党的工作全覆盖。

**【婚姻登记】** 2017年，河西区民政局与区财政局、区审批局、区建委多方沟通协调，7月，区婚姻登记服务中心新址建设项目开工。全年办理结婚登记7760对，补领结婚登记1470对，离婚登记3747对，补领离婚登记361人，出具婚姻证明54份，查阅婚姻档案2807份，合格率均达100%。现场、来电接待咨询群众约2万人（次）。

**【殡葬管理】** 2017年，河西区民政局完成3大祭奠节日工作，清明节与市第二殡仪馆共同举办第十届居民“都市文明、集体共祭”活动。中元节，组织108场集体文明共祭活动，参加3227人（次）。落实丧葬补贴政策，发放补贴665人、119.7万元，实现丧葬补贴全覆盖；慰问丧户2478户，支出24.78万元。

**【收养登记管理】** 2017年，河西区民政局接待收养登记咨询60人（次）。根据民政部及市局婚姻处的相关规定，暂停办理收养登记（弃婴收养）。

**【老龄工作】** 2017年，河西区民政局加大政府普惠程度，扩大居家养老覆盖面，制定《河西区关于做好特殊困难老年人居家养老服务政府补贴工作的实施意见》。全年投入600余万元，为1272名符合条件的老年人提供居家养老政府购买服务。加强社区养老服务设施建设，建成2个市场化运营的老年日间照料中心。加强安全管理，坚持专项整治和例行性检查相结合，对

5月31日，河西区民政局举办养老机构消防演练活动 （摄影：傅遴文）

全区养老机构进行6轮安全隐患排查检查，并聘请第三方安全公司组织2轮检查和复查。对养老机构服务质量情况进行检查抽查，申请500万专项改造资金，开展养老机构整体提升改造和安全隐患整改。将百岁老人营养补贴标准由每人每月1000元提高至2000元，全年为百岁老人发放营养补贴120.1万元。加强老协队伍建设，丰富老年人的精神文化生活。于曼被全国老龄工作委员会授予“全国老龄系统先进工作者”称号。

（王一雁）

# 人力资源和社会保障

**【概况】** 河西区人力资源和社会保障局（简称：河西区人力社保局）内设：办公室（法制科）、组织人事科、财审科、劳动就业管理科、劳动服务管理科、劳动关系科、劳动监察科、职业能力建设科、养老保险科、失业保险科、医疗工伤保险科、工资福利科、考试录用科、专业技术人员管理科（人才资源开发科）、事业单位人事管理科、公务员管理科。所属事业单位有：劳动人事争议仲裁院、劳动保障监察大队、公共就业（人才）服务中心、引进人才综合服务中心、职业服务中心和劳动就业训练中心。所属企业有：巨才人力资源开发服务有限公司、金茜劳务服务有限公司和平江商场。

2017年，河西区人力社保局围绕全区中心工作和重点任务，牢牢把握“民生为本、人才优先”的工作基调，完成全年各项工作任务，服务和改善民生取得新成效，人才队伍建设取得新突破，公共服务形象得到新提升。

**【就业和再就业】** 2017年，河西区人力社保局完成新增就业4万人的指标任务，城镇登记失业率为3.6%。审批小额担保贷款申请金额1240万元。通过举办招聘专场、开展职业介绍、实施就业援助等措施，提供就业岗位1796个，帮助912名大学生实现就业，就业率达到90%以上。发挥区内14家青年就业见习基地作用，吸纳748名高校毕业生进行就业见习；做好就业困难群体帮扶工作，开展就业困难人员认定工作；做好零就业家庭、单亲家庭等9类人员的就业帮扶工作，认定5109人并落实灵活就业补贴政策，保持全区“零就业”家庭动态为零；开发公益性岗位，最大程度安置困难失业人员；发挥就业服务平台作用，采取日常推荐就业、定期举办招聘专场、开辟微信招聘等措施，多渠道推进就业。

3月10日，河西区人力社保局举办2017年河西区女性免费专场招聘会

（河西区人社局提供）

**【百万技能人才培训福利计划】** 2017年，河西区人力社保局向区百人以上企业和街道、社区，发放宣传材料，宣传福利计划，多次为街道劳动保障中心、民办培训机构、企业劳资人员进

2月28日，河西区退伍军人专场招聘会
（河西区人社局提供）

行集中业务知识培训。为辖区失业人员和在职职工开办贵金属首饰、钻石、宝玉石检验员、维修电工、焊工、工业设计师、保育员、制冷工等354个技能培训班次，总计培训学员16391名。其中，为下岗失业人员开办培训班次48个，培训学员2331人，为企业职工开办培训班次306个，培训学员14060人。

**【社会保险扩面工作】** 2017年，河西区人力社保局完成全民参保入户登记80681人，全区基本养老保险、基本医疗保险、失业保险、工伤保险、生育保险和城乡居民保险参保人数分别达到243567人、297385人、255503人、253868人、245139人和807人，均超额完成指标。

**【劳动维权】** 2017年，河西区人力社保局科学指导企业合法用工，实现合同签订、履行、解除和终止、社会保险缴纳等情况从“入口”到“出口”的动态监管。做好和谐企业创建活动，推进工资集体协商，做好企业薪酬调查及国有企业薪酬实施方法的拟定，多方位收集企业信息，建立信息档案库，搭建信息平台，利用短信群发等方式宣传相关政策，为其提供多元化的服务，完成45家和谐企业的创建工作，全区和谐企业累计有304家。加大劳动保障监察力度，创建和谐监察执法新模式，树立“双护”（即：保护职工的合法权益和维护企业的合法利益）理念。在案件查处中，推进“自行和解”“改正不罚”等和谐调处机制。以区劳动监察举报投诉中心为依托，畅通劳动者维权渠道，立案246个。做好劳动执法工作，通过现场检查与行政处罚相结合的方式，对辖区内用人单位履行劳动保障法律法规的情况进行监督，受理各类举报投诉案件352件，完成行政执法检查1141次，实施行政处罚2次。针对农民工工资治欠保支的重点工作，坚持综合施策、精细化管理，建立长效机制，落实500万元专项应急周转金，督促用人单位补发拖欠农民工工资86.64万元，涉及农民工人数176人。做好劳动人事争议仲裁调解工作，受理劳动人事争议案件2085件，调解率69.36%，时限内结案率100%，为劳动者挽回经济损失1992.85万元；妥善解决10起群体性劳动争议案件，涉及劳动者154人。

**【干部队伍管理】** 2017年，河西区人力社保局严格执行考录各项政策规定，为全区招考公务员66名，事业单位公开招聘工作人员248名。注重基层公务员、一线执法公务员能力提升，扎实开展四类规范化培训，培训学员人数的四分之三以上是面向街道、窗口单位和一线执法等直接服务人民群众的公务员。深入推进行政机关公务员不作为不担当治理工作，提高广大公务员履职意识。考核工作深入推进，及时做好各项配套人事服务。

**【人才工作】** 2017年，河西区人力社保局工作重点放在陈塘自主创新示范区建设、北方设计联盟、南京理工大学北方研究院、友谊路金融服务带和“460”国际设计园等重点区域，紧紧围绕融入京津冀协同发展、“双万双服”和“美丽河西”需求，创新引才育才方式，打造聚才留才环境，形成聚集人才的强大“磁场”，万康源薛成海博士入选天津市“千人计划”创业专家，第四十一中学袁滨渤、方标世纪沈勇鬼入选国务院政府特贴专家，徐书剑进入天津市“131”创新型人才第一层次人选。新增认定“460”国际设计园区、市政工程华北设计研究总院等16家企业进入天津市“千企万人”支持计划，37

4月6日，河西区人社局举办双万双服法规政策培训　（河西区人社局提供）

家单位进入该计划。落实人才“绿卡”制度，组织开展人才服务月、参与海外人才津门行等系列活动。结合“双万双服”工作，加强对区内重点企业、重大项目的人才服务，依托人才服务绿色通道，解决企业在人才引进、落户、社保、存档等方面的需求。开展专业技术人员职称评审认定工作，推荐企事业单位509名专业技术人员参加职称评审，其中高级117人，中级290人，初级102人；认定企事业单位435名专业技术人员职称，其中中级18人，初级417人。

**【公共就业服务平台建设】** 2017年，河西区人力社保局以区公共就业（人才）服务中心为依托，加强公共就业服务平台建设，发挥招聘平台功能，做好与市、区重大项目的对接，主动跟进贴身服务，不断开发新的就业岗位，为企业和求职人员搭建平台，举办不同专业的招聘会33场，联合区内相关部门举办专场招聘会6场，提供就业岗位4800余个。做好西部对口扶贫县的帮扶工作，组织28家企业赴甘肃举办招聘会，提供岗位1200余个，落实庄浪县和卓尼县的30多名大学生在河西区企业工作。

（于　笑）

# 民族　宗教　侨务

**【概况】** 河西区民族宗教事务办公室（简称：河西区民宗办）、侨务办公室（简称：河西区侨办）合署办公，内设：民族宗教科、侨务科。

2017年，河西区民宗办、侨办贯彻落实党的十八大以来的路线方针政策和十九大精神及全国宗教会议精神，以民族团结、宗教和顺、侨界和谐为目标，以创建活动为载体，圆满完成全年的工作任务。

11月9日，民族宗教侨界代表学习贯彻党的十九大精神座谈会　（河西区民宗办提供）

**【民族工作】** 2017年，河西区民宗办组织社区4名干部参加市第二期民族团结进步创建工作专题培训班，组织专题工作会，指导档案材料的规整和活动开展。结合民族团结进步宣传月活动开展2次民族知识答题，发放试卷600余份。为社区制作宣传展牌，购置书籍，制作民族团结进步宣传扇7000余把、宣传提袋4500个。重点指导梅江街、桃园街、友谊路街、挂甲寺街所属的4个社区开展创建活动，获天津市民族团结进步示范单位称号。加强民族教育，与教育局、微山路中学、北师大附中内高班开展共建活动，给予2万元资金支持。在“七一”前夕，组织内高班教师、学生入党积极分子参观周邓纪念馆。为355名高、初中毕业生少数民族学生办理加分证明手续，办理民族身份变更手续8件。管理规范清真食品市场，利用市清真食品管理网络平台，细化清真食品市场管理，通知210家清真食品生产经营企业符合条件的自愿在网上办理备案手续。发挥区清真食品监管工作成员单位作用，定期召开协调会，加大对清真食品市场的联合执法检查，保证各大节日和日常清真食品市场的监管到位。发挥区伊协作用，对受理的7件群众反映的清真食品经营户相关问题进行现场检查指导，妥善解决问题。指导备案清真食品餐饮企业进行网上年检，更换新的清真标识牌。

6月27日，七一党日活动，内高班学生代表与民宗办干部一起到周邓纪念馆参观
（河西区民宗办提供）

【宗教工作】 2017年，河西区民宗办依法管理宗教事务，稳步推进和谐宗教活动场所创建工作。河西清真寺、柳林清真寺、挂甲禅寺、天主教小海地宗教活动场所各项制度进一步完善，内部管理更加规范。做好清真寺教职人员依法登记备案工作。开展法律法规宣传进场所活动，对佛教、道教、基督教、天主教、伊斯兰教广大信众进行广泛宣传。协助挂甲禅寺在重建20周年期间举办系列活动，市宗教局领导和区四套班子参加座谈。在春节期间和夏季走访慰问宗教界，发放慰问金和慰问品，为全区23名宗教教职人员义务体检。积极引导宗教界做好社会慈善事业，天主教、基督教春节前分别慰问困难群众6户，每户送去千元慰问金。挂甲禅寺通过红十字会向区残联捐赠稻米2000斤。与社区对接，为3户困难居民、困难侨眷、困难学生每户发放资助金。搞好宗教活动场所安全防范，加强对宗教活动场所安全管理，重点对各场所履行消防职责、消防及电气设施、安全制度、安全措施等方面进行排查。落实宗教活动场所安全制度，与消防、公安、反恐部门对接，在人防、物防、技防上下功夫，创造良好的安全环境，防范事故发生挂甲禅寺举办消防和防爆培训培训，聘请渤海消防部门和国保支队干部授课，14名宗教教职人员和义工参加培训。协助挂甲禅寺设立微型消防站和防爆设备、摄像头，实现人防与技防有机结合。督促指导河西清真寺、柳林清真寺更换灭火器，天主教小海地教区全部更换灭火器，为河西清真寺、柳林清真寺更换监控设施。制定佛教腊八节、浴佛节，天主教、基督教复活节、圣诞节，伊斯兰教开斋节等重大宗教节日活动的预案，召开协调会，开展现场服务，确保各项活动的安全有序。

春节前夕，河西区民宗办对大卖场进行清真食品检查
（河西区民宗办提供）

【侨务工作】 2017年，河西区侨办推进为侨公共服务体系建设，走访慰问困难归侨、侨眷，办理侨界人士来电、来信、来访50余件，解答归侨、侨眷身份认定、归侨子女就学加分咨询

6件，组织开展街道侨务工作干部业务培训。与北京盈科（天津）律师事务所签订协约，聘请律师为侨公共法律服务顾问。加大社区侨务工作推进力度，在挂甲寺街重华社区建立并依托“侨之家”为侨综合服务平台，开展为侨公共服务示范单位创建活动，开展系列服务活动。指导友谊路谊景村社区开展侨法宣传暨庆重阳迎中秋侨界联谊，重点指导挂甲寺街重华社区开展为侨综合服务活动。协调挂甲禅寺和区侨商会与重华社区签订共建协议，开展共建活动，救助困难归侨侨眷4户。完成困难归侨侨眷精准扶贫申报和困难归侨侨眷救助补助申报工作，对全区8户困难归侨侨眷扶贫救助，对7户困难归侨侨眷实施帮困救助。侨务接待各类政策咨询20人（次）。结合“12.4”国家宪法日，指导各街积极开展侨法宣传活动，为各社区制作宣传展牌，印制宣传手册，与区司法局共同在法治公园开展普法活动，市侨办给予2000元奖励经费。挂甲寺街重华社区被国务院侨务办公室确定为“全国为侨公共服务示范单位”。发挥区侨商会服务社会的引导作用，为社区办实事3件，走访企业7家，帮助企业解决难题2件。推荐区内优秀侨商企业参加“华博会”科技产品展示会，为侨商提供企业合作交流的机会。挂甲寺街重华社区被国务院侨办评为“全国为侨公共服务示范单位”。

（张　妍）

河西年鉴
2018

# 统计资料

# 2017年河西区国民经济和社会发展统计公报

2017年，全区各部门、各单位在区委、区政府的领导下，高举习近平新时代中国特色社会主义思想伟大旗帜，全面贯彻学习党的十九大精神，以习近平总书记对天津工作提出的“三个着力”重要要求为元为纲，认真贯彻落实市第十一次党代会精神，紧紧围绕建设天津市中心活动区、创新驱动先行区、和谐优质生活区，高水平打造经济社会发展首善之区的目标，各项事业蓬勃发展，人民生活水平持续改善。

## 一、经济发展

### 经济总量

根据2017年统计快报数据，我区实现生产总值849.82亿元，按可比价计算，同比增长1.9%。其中，第二产业实现增加值30.57亿元，同比下降3.1%；第三产业实现增加值819.25亿元，同比增长2.1%，第三产业增加值占全部地区生产总值比重达到96.4%。

### 财政收入及支出

全年实现区级财政收入59.56亿元，同比下降29.11%，其中，增值税13.34亿元，增长14.57%；企业所得税10.70亿元，下降12.42%；契税8.17亿元，下降50.7%；土地增值税7.78亿元，下降4.03%；房产税4.58亿元，增长6.6%。

全年财政支出87.85亿元，同比增长1.59%。其中，教育支出17.76亿元，下降17.47%；社会保障和就业支出17.60亿元，增长29.05%；住房保障支出14.00亿元，增长131.81%；城乡社区事务支出12.00亿元，增长56.88%；一般公共服务支出6.87亿元，下降50.54%。

### 固定资产投资

加快重点区域、重点项目开发建设，全年实现全社会固定资产投资206.09亿元，同比下降21.7%。推进全运村、新八大里等52个在建项目，启动建设9个新建项目，全年实现开工面积540万平方米。

### 招商引资

全年完成招商引资实际到位额155亿元，同比增长10%。实际利用外资额1.643亿美元，同比增长3%。加快区域经济转型升级，引进500强优势企业10家；推进京津冀协同发展，引进京冀企业141家，总投资额100.7亿元。

### 民营经济

全年实现民营经济增加值271.73亿元，占全区生产总值比重达到32%。全年新增民营经济市场主体7936户，其中：新增民营企业3706户，新增个体工商户4230户；新增注册资本金119.15亿元，其中：民营企业新增注册资本金115.8亿元，个体工商户新增3.35亿元。

民营企业发展质量逐步提高。全年新增规模超亿元民营企业4家，规模超亿元民营企业累计达到32家；新增高新技术民营企业23家，高新技术民营企业累计达到63家；新增挂牌上市民营企业6家，挂牌上市民营企业累计达到28家。

**陈塘自主创新示范区**

全年自创区新增工商注册企业907家，新增工商注册资本31.07亿元；完成科技型中小企业认定89家，新增规模超亿元科技型企业4家，科技型中小企业累计达到932家；全年实现销售收入352.33亿元；全口径税收22.38亿元，留区税收7.4亿元。

**科技创新**

截止12月底，全区新增规模超亿元科技型企业9家，总数达到73家；新增科技型企业310家，总数达到3603家；科技型企业股份制改造新增8家；2家科技型企业在各类资本市场挂牌（2家OTC）；完成5家市级众创空间推荐备案工作；完成2批次、23家市级高新技术企业认定备案，推荐国家级高新技术企业认定备案30家。河西区被国家知识产权局确定为国家知识产权试点城市（城区）。

**楼宇经济**

深入贯彻落实《河西区楼宇经济提质增效三年（2016—2018）行动计划》的各项工作任务，楼宇经济取得了稳定的发展。全年盘活空置资源27万平方米，累计完成68万平方米；全年楼宇内新注册企业达到1972家，同比增长9.5%，占全区新注册企业的51%；楼宇经济全年实现留区税收29.48亿元（不包含在直属局纳税企业缴纳的税收），全年留区税收在1000万元以上的楼宇40座。

## 二、主要行业

**商贸服务业**

商贸旅游、社区服务等生活性服务业发展水平不断提升。现代商贸业转型加快，大型商场实施差异化定位、精细化服务，增加体验型、服务型业态，引入老字号、国际国内品牌店、连锁店、特色店；市文化中心商业区高端商业中心基本功能逐步完善；电子商务推动提速，津维融创等6家企业运用互联网技术带动了传统销售模式的创新。全年实现社会消费品零售额527.14亿元，增长3.5%；实现商品销售额3531.38亿元，增长8.2%；住宿餐饮营业额56.23亿元，增长11.8%；外贸进出口额完成84.52亿元，同比增长13%。

**房地产业**

全年商品房、二手房成交量约103万平米、11499套左右，完成税收约10.96亿元。全区共有物业管理小区274个，面积达到1820.84万平米。

**金融业**

全年新引进各类金融机构19家，累计注册资本金人民币3.5亿元，增加了我区金融行业的多样性，为我区金融产业发展带来了活力。

全年共完成上市挂牌企业6家，启动股改企业7家，完成股改企业7家，8家新三板挂牌企业经营良好，安正路生产力促进有限公司股票融资，实现做市工作的突破。

**其他服务业**

以“北方设计联盟”为抓手，着力打造“北方设计之都”。设计联盟单位达40家，实现营业收入432亿元，税收14.68亿元。出台《关于加快推动“北方设计之都”建设的扶持办法》相关政策，全年为联盟单位兑现扶持奖励1941万元。南京理工大学北方研究院累积注册科技产业化公司及相关服务公司8家，组建了“南理工中高（天津）知识产权管理有限公司”，实现更多更好的科技成果在河西落地。

加快小白楼航运服务聚集区建设，全区航运货代企业总数达850家。引进支付宝（中国）网络技术有限公司天津分公司、天津国耀明医医疗管理有限公司等10家500强优势企业，天津权健足球俱乐部有限责任公司搬入河西，引进天津博雅置业有限公司投资北京大学文化艺术中心、长城国兴金融租赁有限公司购置汇雅商业中心等京冀企业共计141家，总投资额100.72亿元。

## 三、城市建管

### 城区改造

全面完成小海地小二楼、海地路、新会道、岩峰路、东江道、造纸厂宿舍6片剩余户清户工作，共计完成5.89万平米；确定列入全年改造计划的小区有102个、512.88万平米。截止12月25日，首批57个小区、270.44万平米改造任务已完成，第二批45个小区已开工，累计6.35万户居民受益。

### 市政基础设施

加强市政设施日常巡查，完成环湖中道、桂江里、华江里等115条市政道路养护维修工作，维修面积12.4万平方米；完成教师村、景兴西里等271个社区里巷及三水道等144条市政道路排水设施养护工作，疏通管道102.15万米；掏挖检雨井36.08万座，维修检雨井2164座，翻修管道504米。

### 市容环境

完成卫津南路等20条道路、儒林园等5个社区及南昌路周边地区500栋建筑，共140万平方米立面综合整修工程；完成友谊路等8条重点道路的188栋建筑和13.24万平方米绿地、海河后2公里堤岸的夜景灯光建设项目；完成11座烟囱和1座水塔的拆除和8座烟囱的美化工程。城市管理科学化、精细化、长效化水平不断提高。

### 绿化建设

完成洞庭路等49条道路、微山路与珠江道交口等8个街头街心游园、长泰河等3处河岸绿化提升改造工程；完成宾水北里等14个精品社区提升改造工程和金地菜市场、小二楼2个临时绿化项目，以及全运村等11处大型立体草雕花卉景观，全年新建提升绿化面积112.9万平方米。

### 环境保护

全区空气质量明显改善，全年PM2.5平均浓度达到65微克/立方米，同比下降9.7%，综合指数6.66。10月份秋冬季攻坚行动以来，PM2.5平均浓度62微克/立方米，同比下降41.5%，实现我区历史最好水平。

加大环境执法力度，全年完成排污申报107家，涉及征收排污费企业33家，排污费征收1931余万元。全年查处环境违法案件76起，其中涉及大气类案件29起，噪声类案件21起，建设项目类案件19起，水类案件7起，相比2016年立案增长443%。同时加大环境违法行为执纪问责力度，截止目前环境问题累计问责89人。

## 四、社会事业

### 教育

教育综合改革取得实效。公办幼儿园网上报名、初中免试就近入学政策平稳实施。完成公办幼儿园等级评定，5所幼儿园被推荐参加天津市示范幼儿园评定。大力开展文明校园创建，6所学校被评为市级文明校园，上海道小学被评为全国文明校园。针对2017高中课程改革，为做好全区新高一教师培训，举办56场专题讲座。强化干部教师流动过程管理，研究制定《河西区校长、教师交流轮岗工作中长期规划》，570名教师参与流动，其中骨干教师达40.5%，有力推动区域教育优质均衡发展。

### 卫生

医疗机构服务能力得到稳步提升。河西医院健康管理中心已正式运营，完成干部体检、征兵体检和中考体检等79个单位7000余人的健康体检工作。整合提升康复医院、柳林医院，持续推进河西区医疗卫生养老综合服务设施建设。公立医院改革工作的平稳推进，服务性收费累计增加511万元，平均药占比同比下降41.2%。医院诊疗总收入的增幅控制在8%以内，进一步减轻了群众的就医负担。

**文化**

优化公共文化服务设施布局，加强基层公共文化设施网络化建设，在已有13200平米河西区文化中心的基础上，改造提升街道综合文化服务中心和社区文体活动室，装修改造新梅江文体中心，启动西岸书斋建设满足人民群众日益增长的文化需求，获得2017年度中国十大文化影响力城市。

**民政**

进一步加大社会救助力度，做好常态救助。及时启动低保调标扩面工作，将最低生活保障标准调整到860元，城乡低收入家庭救助标准调整为每户每月258元，全区有6906名困难群众受益。全区享受最低生活保障待遇的有5867户、8734人，享受低收入家庭救助的有654户、1344人，享受特困供养待遇的78户、78人，累计支出各类低保救助资金1.016亿元。启动了救助困境儿童活动、呵护蓓蕾行动，支出救助款418.4万元，20920名困境儿童受益。加大了临时救助力度，救助困难家庭3780户，支出临时救助资金626.23万元，使困难群众面临的各种突发性、阶段性困难得到及时有效解决。进一步扩大分类救助病种范围，重新调整了救助标准，对低保家庭进行医疗救助共计385人，支出救助金199万元。因病支出型困难家庭医疗救助17户，支出救助金36.6万元。发放残疾人生活补贴31551人次，发放重度残疾人护理补贴91546人次，支出1599.45万元。

## 五、人民生活

**人口发展**

年末全区常住人口98.92万人，全区户籍人口82.21万人，其中，男性40.00万人，女性42.21万人。出生人口数6765人，出生率7.05‰；死亡人口数4616人，死亡率4.81‰；人口自然增长率2.24‰。

**收入与消费**

人民收入持续提高。全年实现人均可支配收入47770元，同比增长8.5%。其中，工资性收入27929元，经营净收入1225元，财产净收入3458元，转移净收入15158元。全年人均消费支出34555元，同比增长9.5%。其中，食品烟酒支出11412元，衣着支出2576元，居住支出6402元，生活用品及服务支出2012元，交通通信支出3082元，教育文化娱乐支出3886元，医疗保健支出3805元，其他用品和服务支出1380元。

**社会保障**

全年全区实现新增就业52754人，城镇登记失业率始终保持在3.6%以下。充分发挥大学生创业孵化基地搭建创业平台拉动就业的作用，全年新增创业孵化基地2家，新增孵化企业12家，截至目前我区共有6家孵化基地，累计孵化企业100家，共拨款300万元，带动大学生就业390人。在推动大学生创业过程中，为91家大学生创业企业发放房租补贴124.56万元，开展送政策、送岗位进大学校园活动，提供就业岗位1796个。同时对符合帮扶条件的948名大学生进行实名登记问需，实现精准帮扶，帮助912名大学生实现就业，就业率达到90%以上。积极发挥我区14家见习基地作用，今年共吸纳748名高校毕业生进行就业见习，为促进大学生就业发挥了重要作用。扎实做好零就业家庭、单亲家庭等十类人员的就业帮扶工作，目前已认定5190人并落实灵活就业补贴政策，并始终保持了全区“零就业”家庭动态为零。

## 2017 年河西区城市建设用地情况统计表

单位：平方公里

| 种类 | 面积 |
|---|---|
| 居住用地 | 15.03 |
| 公共管理与公共服务用地 | 5.13 |
| 商业服务业设施用地 | 4.37 |
| 工业用地 | 1.95 |
| 物流仓储用地 | 0.21 |
| 交通设施用地 | 6.49 |
| 公用设施用地 | 0.93 |
| 绿地 | 2.03 |
| 公共设施用地 | 9.5 |
| 对外交通用地 | 0.15 |
| 道路广场用地 | 6.34 |
| 特殊用地 | 0.79 |
| 总计 | 52.92 |

## 2017 年河西区河湖明细表

| 河湖名称 | 起止断面（位置） | 岸别 | 长度：千米（面积：公顷） |
|---|---|---|---|
| 海河 | 徐州道－双林引水河 | 右岸 | 7.29 |
| 复兴河 | 紫金山路与郁江道交口－五号堤路 | 左右岸 | 5.7 |
| 卫津河 | 卫津南路聂公桥桥中－外环线 | 左岸 | 6.5 |
| | | 右岸 | 4.09 |
| 津河 | 卫津河八里台桥桥中－解放南路与河沿路交口以西 30 米 | 右岸 | 4.73 |
| | 马场道佟楼桥－解放南路与河沿路交口以西 30 米 | 左岸 | 3.2 |
| 长泰河 | 复兴河郁江东道桥南侧－外环线 | 左右岸 | 7.5 |
| 四化河 | 紫金山路与陈塘支线交口－中石油桥东侧 | 左右岸 | 1.37 |
| 先锋河 | 海河段－柳林桥 | 左岸 | 1 |
| 滨湖公园湖 | 环湖中路与环湖南道华夏未来儿童艺术中心 | | 3.67 |
| 天塔湖 | 卫津路与紫金山路交口 | | 22 |

续表

| 河湖名称 | 起止断面（位置） | 岸别 | 长度: 千米(面积: 公顷) |
|---|---|---|---|
| 人民公园湖 | 广东路与琼州道交口人民公园内 | | 3.3 |
| 迎宾馆湖（水晶宫湖） | 宾水道与友谊路交口水晶宫饭店内 | | 24.92 |
| 燕园湖 | 喜来登大酒店后燕园内 | | 0.746 |
| 太湖路公园湖 | 解放南路起步区西区西南部太湖路公园内 | | 1.2 |
| 卫津河公园湖 | 微山路与外环线交口卫津河公园内 | | 2.3 |
| 银河广场中心湖 | 乐园道银河广场内 | | 9.74 |
| 大岛湖 | 梅江大岛酒楼后小区景观湖 | | 16.7 |

## 2017 年河西区地区生产总值表

| 指标 | 绝对数（亿元） | 比上年增长（%） | 比重（%） |
|---|---|---|---|
| 地区生产总值 | 849.82 | 1.9 | 100 |
| 按产业分 | | | |
| 第一产业 | 0 | 0 | 0 |
| 第二产业 | 30.57 | -3.1 | 3.6 |
| 第三产业 | 819.25 | 2.1 | 96.4 |
| 按行业分 | | | |
| 农、林、牧、渔业 | 0 | 0 | 0 |
| 工业 | 19.17 | 0.5 | 2.3 |
| 建筑业 | 11.40 | -9.1 | 1.3 |
| 批发和零售业 | 87.07 | 4.1 | 10.2 |
| 交通运输、仓储和邮政业 | 21.38 | -14.2 | 2.5 |
| 住宿和餐饮业 | 22.44 | 5.8 | 2.6 |
| 金融业 | 425.81 | 3.4 | 50.1 |
| 房地产业 | 67.66 | 4.1 | 8.0 |

## 2017 年河西区社会消费品零售总额

| 指标 | 零售额（亿元） | 比上年增长（%） |
| --- | --- | --- |
| 社会消费品零售总额 | 527.14 | 3.5 |
| 按消费形态分 | | |
| 餐饮收入 | 56.23 | 11.8 |
| 商品零售 | 3531.38 | 8.2 |

## 2017 年河西区户籍人口及构成表

| 指标 | 人数（万人） | 比重（%） |
| --- | --- | --- |
| 户籍人口 | 82.22 | 100 |
| 按城乡分：城镇 | 82.22 | 100 |
| 乡村 | 0 | 0 |
| 按性别分：男性 | 40 | 48.65 |
| 女性 | 42.21 | 51.35 |
| 按年龄组分：0-14 岁 | 9.23 | 11.22 |
| 15-59 岁 | 49.81 | 60.58 |
| 60 岁及以上 | 23.18 | 28.20 |
| 其中：65 岁及以上 | 14.73 | 17.92 |

# 人　　物

# 全国性荣誉获得者

## 全国“五一劳动奖章”先进个人

陈宝峰（女） 振华物流集团有限公司天津分公司

## 全国职工安全卫生消防应急知识普及竞赛活动组织优秀个人

朱仲伦 天津市河西区总工会

## 全国职工安全卫生消防应急知识普及竞赛活动个人三等奖

王 楠（女） 天津市河西区工会工人俱乐部

# 天津市先进集体、先进个人

## 天津市“五一劳动奖状”先进单位
（排名不分先后）

天津市河西区中心小学

天津政测工程项目管理有限公司

天津津建工程造价咨询有限公司

## 天津市“工人先锋号”先进集体
（排名不分先后）

天津市公安局河西分局禁毒支队

天津市河西区新闻中心新闻采编部

天津市金丰兆业有限公司工程部

天津桂发祥十八街麻花食品股份有限公司麻花车间搓制班组

天津市华泰建设监理有限公司天津地铁四号线南段工程土建施工第十合同段项目监理部

## 天津市“五一劳动奖章”先进个人
（按姓氏笔画排序）

丁 蕊（女） 天津市河西区人民检察院

王艺钧（女） 天津市河西区大营门街蚌埠道社区居委会

王洪德 天津桂发祥十八街麻花食品股份有限公司

刘 军 中共天津市河西区委政法委员会

李国君 天津市河西区市场和质量监督管理局

李国强 天津市河西区人民法院

杨春慧（女） 天津坤鹏律师事务所

初福军　天津市河西区环境管理机扫队

张　磊　天津市河西区下瓦房街社区卫生服务中心

郭增柱　天津市河西区市政设施运行管理中心道路里巷养管一所

谈　昊　天津市河西区审计局

## 天津市保密工作先进工作者

史连新、王晓东

## 天津市劳动竞赛“十大创新示范单位”

天津珠江投资（控股）集团有限公司工会

## 天津市劳动竞赛典型单位

天津市河西区卫生和计划生育委员会工会

## 2016年度天津市示范街镇（园区）工会
（排名不分先后）

天津市河西区马场街总工会

天津市河西区桃园街总工会

## 天津市推动厂务公开民主管理工作先进单位

天津市河西区总工会

## 天津市厂务公开民主管理工作示范单位

天津瑞澄大药房连锁有限公司

## 天津市厂务公开民主管理工作先进单位
（排名不分先后）

天津市河西区第一幼儿园

天津瑞澄大药房连锁有限公司

天津市家宝散热器有限公司

振华物流集团有限公司天津分公司

天津国际经济贸易中心工会联合会

## 天津市推动厂务公开民主管理工作优秀工作者

谭　爽（女）　天津市河西区总工会

## 天津市厂务公开民主管理工作优秀工作者
（按姓氏笔画排序）

冯振利　天津市新华中学

张丽梅（女）　天津市立川物业管理有限公司

张晓文（女）　天津市河西区越秀路街惠阳里社区居委会

李　罡　天津红星美凯龙国际家居广场有限公司

蔡　及（女）　天津政测工程项目管理有限公司

# 区级先进集体、先进个人

## 河西区“五一劳动奖状”先进单位
（排名不分先后）

天津市第四十一中学

天津市河西区卫生和计划生育委员会

天津津建工程造价咨询有限公司

天津美年投资管理有限公司

四六零（天津）装饰设计有限公司
天津市远成景观建设发展有限公司
天津华威新桃园投资发展有限公司酒店
维迈（天津）商贸有限公司

## 河西区“工人先锋号”先进集体
### （排名不分先后）

天津市河西区教育中心信息技术部
天津师范大学第二附属小学语文学科组
天津新华中学国际部
天津市河西区公园管理所工程部
天津市河西区环境卫生管理第五队德望里分队
天津市河西区妇产科医院妇产科病房
天津市公安局河西分局禁毒支队
天津市公安局河西分局下瓦房派出所
天津市河西区人民政府督查室
天津市河西区文化馆文艺部
天津市河西区建设管理委员会建设工程质量安全监督管理支队
天津市河西区城市管理综合执法局法制科
天津市河西区新闻中心新闻采编部
天津市规划局河西区规划分局工会
天津市新起点菜市场管理有限公司大梅江菜市场
天津市华泰建设监理有限公司天津地铁四号线南段工程土
建施工第十合同段项目监理部
天津河西坤如玛丽妇产医院有限公司产科团队
天津河西区华夏医院行政部
天津华昌企业管理有限公司招商部
深圳市汇勤物业管理有限公司天津分公司安保部
天津金侨置地房地产开发有限公司行政人事部
东莞徐记食品有限公司天津分公司销管部
振华物流集团有限公司天津分公司运营二部
天津市登发实业有限公司电工组
天津市河西区挂甲寺街道办事处社会事业发展科
天津樱旭企业管理服务有限公司人力资源管理部
天津天财天地科技有限公司综合管理部
北京城建勘测设计研究院有限责任公司天津分公司综合办公室
天津市锋泽市政工程有限公司行政办公室
天津富一祥餐饮有限公司营业部
天津市华夏未来教育集团优咪国际婴幼儿成长家园
天津宝丽金大酒店保安部
天津恩纳社环保有限公司突击队班组
天津祥云皮肤病医院行政办公室
天津国药普济医药有限公司办公室
天津市力源永春科技发展有限公司生产技术部
天津长瑞华通科技发展有限公司客户服务部
天津桂发祥十八街麻花食品股份有限公司标准化生产车间
天津桂发祥十八街麻花食品股份有限公司老店
天津市恒众房屋经营有限公司收费管理组
天津南楼商贸集团有限责任公司集团办公室
天津市煤业建筑器材河西公司综合办公室
天津市西京建设开发有限公司项目部
天津市食为天快餐食品有限责任公司大沽路快餐店
天津市西泰家政服务有限责任公司居家养老扶贫助残服务管理部
太平财产保险有限公司天津分公司客户服务部
天津中审联有限责任会计师事务所业务五部

天津麦当劳食品有限公司永安餐厅

天津红星美凯龙国际家居广场有限公司顾客服务部

天津宏瑞集团有限公司综合管理办公室

## 河西区“五一劳动奖章”先进个人
### （按姓氏笔画排序）

丁　蕊（女）　天津市河西区人民检察院

于　军（女）　天津市第四中学

于　亮　东文高压电源（天津）股份有限公司

于　鋆（女）　天津市河西区人民政府天塔街道办事处

于凤华　天津市河西区三水道房管站

于振环　天津市河西区马场街保洁队

马　忠　天津市河西区市容和园林管理委员会

马　颖（女）　天津市河西区总工会

马等社　天津市河西区环境卫生管理第三队

王　健　天津市河西区房地产管理局城市房屋拆迁管理办公室

王　悦　天津市河西区天塔街社区卫生服务中心

王　晨（女）　天津市左岸电影城有限公司

王　蕾（女）　天津市河西区梧桐小学

王　璐（女）　天津市河西区天津小学

王　璐（女）　天津市河西区人民政府陈塘庄街道办事处

王付安　天津市河西区越秀路街保洁队

王莉娜（女）　天津市中山小学

王继东　天津华耐立家建材销售有限公司

巴进元　天津市河西区商贸旅游局

巴秀宾　天津珠江投资（控股）集团有限公司

叶亚琪（女）　天津市河西区行政审批事务服务中心

史　萌（女）　天津市双水道中学

付　星（女）　天津市枫林路中学

白玉玮　天津市河西区市政设施运行管理中心排水养管所

白玉环（女）　天津宏瑞集团有限公司

朱　磊　天津陈塘园区建设投资有限公司

朱天羽（女）　天津市河西区闽侯路小学

乔明魁　天津市河西区尖山街保洁队

任如凤（女）　厦门金利航国际货运有限公司天津分公司

华明明　天津华钢投资发展有限公司

刘　杰　天津市河西区新闻中心

刘　娜（女）　天津市河西区第一幼儿园

刘　琦　天津红星美凯龙国际家居广场有限公司

刘　毅　天津智造星教育科技有限公司

刘　霞（女）　天津市河西区妇产科医院

刘玉鑫　天津市河西区挂甲寺街社区卫生服务中心

刘秀娇（女）　长城物业集团股份有限公司天津分公司

刘贵珊　天津市河西区人民政府信访办公室

孙　涛　天津市海河中学

孙喜雪（女）　中国共产党天津市河西区委员会党校

苏　青（女）　天津瑞澄大药房连锁有限公司

杜　娟（女）　天津市河西区上海道小学

杜　鹏　天津市河西区梅江街玉水园社区居委会

杜　颖（女）　天津市河西区越秀路街港云里社区居委会

杜怡平（女）　天津市河西区投资促进局

杜雪莹（女）　天津美年投资管理有限公司

李　英（女）　天津桂发祥十八街麻花食品股份有限公司

李　松（女）　天津市河西区第八幼儿园

李　莹（女）　天津市河西区中心小学

李　硕　天津市河西区人力资源和社会保障局

李　强　天津金丰兆业有限公司

李　鑫(女)　天津市河西区审计局

李凤海　天津市河西区人民政府挂甲寺街道办事处

李红波(女)　天津市河西区少年宫

李国奎　天津市梧桐中学

李国强　天津市河西区人民法院

李晓霞(女)　天津巨川律师事务所

李雪梅(女)　天津市河西区财政局

杨　阳(女)　天津浩远人才开发有限公司

杨伟云(女)　北京师范大学天津附属中学

杨丽艳(女)　天津市河西区恩德里小学

杨贺君(女)　香港阿联酋船务(中国)有限公司天津代表处

时德安(女)　天津市第四十二中学

何　丽(女)　天津市鑫晟耀商贸有限公司

宋　阳(女)　天津市河西区工会工人俱乐部

张　蕾(女)　天津市河西区新会道小学

张丽伟(女)　阳光一家家庭综合保险销售服务有限公司天津分公司

张明荃(女)　天津市河西区第二十七幼儿园

张建川　天津市公安局河西分局桃园派出所

张建刚　天津市白寿瑞齐宁医疗器械有限公司

张树江　天津市河西区市容和园林管理委员会

张艳婷(女)　天津市河西区东海街儒林园社区居委会

张凌峰　天津市河西区人民政府办公室

张海华　中顺(天津)市政园林建设发展有限公司

张宾松　天津桂发祥十八街麻花食品股份有限公司

张梓成　天津市精雅餐饮管理咨询服务有限公司

张甜甜(女)　天津市河西区启智学校

张媛媛(女)　天津市河西区第四幼儿园

陈　朋　天津市河西区桃园街保洁队

陈凤芹(女)　天津市亮乐翔建筑装饰有限公司

陈劲瑞　天津市河西区环境保护局

陈耀轩　天津市河西区工商业联合会

苗　毅　天津市河西区卫东路小学

范　军　天津市河西区市容和园林管理委员会

周　静(女)　天津市河西区尖山街道行政服务中心

周庚梅(女)　天津市万顺通暖通设备安装工程有限公司

庞　周　天津市登发实业有限公司

郑洪霞(女)　天津市师范大学第二附属小学

孟　玥(女)　天津西贝莜面村餐饮有限责任公司

孟珊珊(女)　天津市河西区人民政府金融服务办公室

赵丽丽(女)　天津市陈塘科技孵化器有限公司

赵宗庆　天津市河西区康复医院

郝俊燕(女)　天津永和大王餐饮有限公司

胡　珀(女)　天津市河西区名都小学

胡孝明　天津市河西区文化局

姜国庆　天津市实验中学

顾世平　天津市河西区友谊路街浏阳里社区居委会

铁维桂(女)　天津市立川物业管理有限公司

徐秀华(女)　天津市河西区市场和质量监督管理局

徐春晖　天津市新华中学

郭　妍(女)　天津市河西区人民政府马场街道办事处

郭　毅　天津市河西区卫生学校

郭莉莎(女)　天津市河西区天津文化中心区域管理办公室

黄　帆　中国共产党天津市河西区纪律检查委员会

曹卫芳(女)　天津市第四十一中学

曹庆华　天津市君怡物业管理有限公司

曹菲琳（女）　天津市河西区司法局

梁莉晶（女）　天津市三佳怡科信息技术有限公司

随永亮　天津市河西区友谊路街保洁队

董　猛　盛京银行股份有限公司天津分行

董汉平　天津政测工程项目管理有限公司

韩　爽（女）　天津市河西区国有资产投资经营管理有限责任公司

韩延龙　天津市公安局河西分局刑侦支队七大队

程卫博　天津市河西区军队离休退休干部休养所

曾凡良　天津市河西区人民政府挂甲寺街道办事处

谢　津　天津市公安局河西分局指挥室情报中心

魏玉如（女）　天津富一祥餐饮有限公司

樊润佳（女）　天津恩华企业孵化器有限公司

黎承军　天津市河西区人民政府梅江街道办事处

廖桂敏（女）　天津市河西区太真眼镜店

## 2016年度河西区示范社区工会联合会
（排名不分先后）

天津市河西区越秀路街增强楼社区工会联合会

天津市河西区越秀路街爱国里社区工会联合会

天津市河西区友谊路街平江南里社区工会联合会

天津市河西区友谊路街纯正里社区工会联合会

天津市河西区友谊路街谊城公寓社区工会联合会

天津市河西区尖山街光明里社区工会联合会

天津市河西区尖山街光华里社区工会联合会

天津市河西区桃园街罗兰花园社区工会联合会

天津市河西区桃园街照耀里社区工会联合会

天津市河西区陈塘庄街双山新苑社区工会联合会

天津市河西区陈塘庄街棉四一社区工会联合会

天津市河西区梅江街天涛园社区工会联合会

天津市河西区梅江街芳水园社区工会联合会

天津市河西区天塔街立达博兰社区工会联合会

天津市河西区天塔街环湖南里社区工会联合会

天津市河西区挂甲寺街麦格理社区工会联合会

天津市河西区挂甲寺街重华里社区工会联合会

天津市河西区马场街先进里社区工会联合会

天津市河西区马场街文静里社区工会联合会

天津市河西区大营门街浦口道社区工会联合会

天津市河西区大营门街东莱里社区工会联合会

天津市河西区下瓦房街福建路社区工会联合会

天津市河西区下瓦房街南华里社区工会联合会

天津市河西区柳林街珠峰里社区工会联合会

天津市河西区柳林街东海里社区工会联合会

天津市河西区东海街云江新苑社区工会联合会

天津市河西区东海街华江一委社区工会联合会

## “我为河西发展献一计”金点子优秀组织单位
（排名不分先后）

天津市河西区教育局

天津市河西区房管局

天津市河西区人民政府挂甲寺街道办事处

天津市河西区人民政府天塔街道办事处

天津市河西区人民政府马场街道办事处

### “我为河西发展献一计”金点子一等奖

王洪德　《麻花车间降耗增效改造项目》

### “我为河西发展献一计”金点子二等奖

武　丹　《项目运营中的节能减排策略》

### “我为河西发展献一计”金点子三等奖

李鹏、王履庆　《卸轮胎风炮支架》

### “我为河西发展献一计”金点子优秀奖
（排名不分先后）

李　刚　《供热管网节能新方法》

晁利莹　《关于在园内推广使用娃娃APP的建议》

杨彦杰　《河西区房屋管理综合业务平台系统》

王月华　《员工管理的技巧》

张书军　《厨房去污》

常丽霞　《开拓思路焕发生机》

王瑾　闫冬　《麻花车间安全节能源改进项目》

## 现岗政府特贴专家

袁滨渤（女）、沈勇嵬

## 区属现岗正高级职称

年云娜（女）、李奇（女）、王宝玉、袁滨渤（女）、王新兵、姜腾（蒙古族）、魏瑞江、杨玉东、王海兰（女）、刘琮蔚（女）、郝瑞军、卢燕（女）、李小玲（女）、张萍（女）、李春迎（女）、史勇、徐心（女）、李迎国、姜利国（女、满）、庄希瑶（女）、徐平（女）、马秀玲（女）、李建新（女）、陈桂珍（女）、杨东平（女）、温来欣、郑鸿庆、解民（女）、张晨光（女）

## 博士后人员

龚科家

河西年鉴

2018

# 附　录

# 河西区人大代表当选名录

按照《中华人民中和国地方各级人民代表大会和地方各级人民政府组织法》《中华人民共和国选举法》和《中华人民共和国全国人民代表大会和地方各级人民代表大会代表法》的规定和程序，常委会认真做好河西区出席天津市第十七届人民代表大会代表选举工作，圆满举行区十七届人大二次会议，依法选举河西区出席天津市第十七届人民代表大会代表61名。

当选代表名单（按姓名笔画为序）：

于同群、马超龙、王中鹏、王平、王丽萍（女）、王秋莅（女）、王淑梅（女）、毛雁俊（女）、毛雅君、邓小文、白玫（女，满族）、冯仲武（回族）、刘欣（女）、刘春雷、刘艳华（女）、刘智、江先学、安平（女，回族）、孙卫东（满族）、孙文魁、运如广、苏智、李孝振、李国君、李学义、李洁（女）、李宪奇、杨威（女）、何琳、张国栋、张国柱、张玲（女）、张毅、陆军、陈向理、陈法春、陈春（女）、易娟梓（女）、金凡晴（女，回族）、庞长春、孟广禄、赵强、赵婷（女）、郝奎刚、郝润明、胡振兰（女）、钟文炜、贾凤山、凌熙（女，满族）、高嘉勇、郭金利、唐承秀（女，满族）、黄克力、曹学良、梁宝全、敬成贵、韩洪涛、温玉芳（女）、臧献甫、演龙、潘林

（河西区人大提供）

# 2017 年中学校名录（公、民办）

| 校名 | 校长 | 教职工数 | 专任教师数 | 年级数 | 班级数 | 学生数 | 校址 | 邮政编码 | 电话号码 |
|---|---|---|---|---|---|---|---|---|---|
| 新华中学 | | 318 | 259 | 6 | 60 | 2401 | 马场道 99 号 | 300204 | 23285967-8001 |
| 实验中学 | 杨静武 | 328 | 244 | 6 | 60 | 2189 | 平山道 1 号 | 300074 | 23354658-8059 |
| 海河中学 | 钱丽梅 | 295 | 210 | 6 | 54 | 2088 | 南京路 5 号 | 300202 | 58688015 |
| 四十二中学 | 袁滨渤 | 384 | 305 | 6 | 56 | 2213 | 大沽南路 837 号 | 300200 | 58688311 |
| 四十一中学 | 魏芙蓉 | 248 | 192 | 6 | 52 | 1958 | 马场道 195 号 | 300204 | 23255323 |
| 第四中学 | 王洪花 | 331 | 276 | 6 | 50 | 2166 | 爱国道 5 号 | 300211 | 28323157 |
| 北师大天津附中 | 杨伟云 | 251 | 200 | 6 | 56 | 2101 | 大沽南路 1010 号 | 300222 | 28190669 |
| 徵山路中学 | 温玉芳 | 177 | 144 | 6 | 40 | 1562 | 双水道 14 号 | 300222 | 28341550-8036 |
| 环湖中学 | 杜惠荣 | 89 | 83 | 3 | 16 | 592 | 体院北环湖中道 4 号 | 300060 | 23514901-8066 |
| 滨湖中学 | 刘　春 | 91 | 74 | 3 | 16 | 593 | 体院北环湖北道 1 号 | 300060 | 23358843 |
| 枫林路中学 | 田占杰 | 83 | 75 | 3 | 18 | 634 | 珠江道枫林路 2 号 | 300222 | 28114217 |
| 汉水道中学 | 张　洁 | 95 | 85 | 3 | 17 | 638 | 双水道 31 号 | 300222 | 28340573 |
| 佟楼中学 | 田　玮 | 108 | 91 | 3 | 18 | 647 | 围堤道 145 号 | 300074 | 28359929 |
| 梅江中学 | 邹积华 | 163 | 123 | 6 | 32 | 1290 | 紫金山路与韩江道交口 | 300221 | 88363455 |
| 卓群中学 | 王小红 | 70 | 60 | 3 | 15 | 602 | 白云路 37 号 | 300221 | 28223261 |
| 培杰中学 | 邢　坚 | 37 | 37 | 6 | 42 | 1452 | 泰山路 26 号 | 300211 | 28312113 |
| 自立中学 | 宋世升 | 10 | 7 | 6 | 32 | 1344 | 琼州道 111 号 | 300203 | 23288278 |
| 梧桐中学 | 安　媛 | 54 | 49 | 3 | 15 | 577 | 九连山路 206 号 | 300221 | 83767599 |
| 实验华冠学校 | 周保民 | 21 | 15 | – | – | – | 梅江道 69 号 | 300221 | 88381187 |

## 2016 年中职校名录（公办）

| 校名 | 校长 | 教职工数 | 专任教师 | 年级数 | 班级数 | 学生数 | 校址 | 邮政编码 | 电话号码 |
|---|---|---|---|---|---|---|---|---|---|
| 电子计算机职专 | 徐长群 | 177 | 161 | 3 | 102 | 2368 | 利民道 48 号 | 300201 | 28307362 |

## 2016 年小学校名录（公办、民办）

| 校名 | 校长 | 教职工数 | 专任教师 | 年级数 | 班级数 | 学生数 | 校址 | 邮政编码 | 电话号码 |
|---|---|---|---|---|---|---|---|---|---|
| 台湾路小学 | 张家琪 | 49 | 48 | 6 | 15 | 433 | 台湾路 1 号 | 300202 | 23392224 |
| 湘江道小学 | 郑兆燕 | 103 | 83 | 6 | 46 | 1740 | 湘江道 50 号 | 300202 | 28328727 |
| 上海道小学 | 范伟敏 | 189 | 180 | 6 | 70 | 2684 | 绍兴道 226 号 | 300204 | 23259430 |
| 闽侯路小学 | 姚　煜 | 208 | 191 | 6 | 98 | 3744 | 闽侯路 1 号 | 300202 | 83833062 |
| 马场道小学 | 徐晓春 | 83 | 78 | 6 | 20 | 572 | 马场道津港路 4 号 | 300204 | 23280881 |
| 平山道小学 | 于少纯 | 85 | 80 | 6 | 25 | 944 | 气象台路 87 号 | 300074 | 23557653 |
| 师大附小 | 刘　芳 | 74 | 69 | 6 | 26 | 839 | 平山道西口 | 300074 | 23341700 |
| 中山小学 | 王莉娜 | 71 | 67 | 6 | 24 | 766 | 环湖中道 1 号 | 300060 | 23358337 |
| 滨湖小学 | 王　强 | 61 | 57 | 6 | 21 | 651 | 环湖北道 6 号 | 300060 | 23359180 |
| 四号路小学 | 杨　茹 | 51 | 39 | 6 | 21 | 649 | 越秀路健春里 2 号 | 300201 | 28134491 |
| 恩德里小学 | 韩洪涛 | 46 | 38 | 6 | 19 | 608 | 越秀路 2 号 | 300201 | 28318500 |
| 中心小学 | 孙希雯 | 236 | 205 | 6 | 92 | 3533 | 梅江道 121 号 | 300221 | 88360551 |
| 东楼小学 | 王　琳 | 47 | 36 | 6 | 20 | 723 | 景兴里 6 号增 1 号 | 300200 | 28334388 |
| 友谊路小学 | 葛　莉 | 50 | 47 | 6 | 23 | 800 | 友谊路友谊东里 55 号 | 300211 | 28130049 |
| 师大二附小 | 周　静 | 257 | 251 | 6 | 118 | 4632 | 泰山路 2 号 | 300211 | 28302930 |

续表

| 校名 | 校长 | 教职工数 | 专任教师 | 年级数 | 班级数 | 学生数 | 校址 | 邮政编码 | 电话号码 |
|---|---|---|---|---|---|---|---|---|---|
| 土城小学 | 魏庆钡 | 67 | 53 | 6 | 31 | 976 | 大沽南路 935 号 | 300210 | 28224668 |
| 卫东路小学 | 薛　梅 | 79 | 77 | 6 | 27 | 955 | 平江道 65 号 | 300201 | 28334902 |
| 灰堆一小 | 何晓硕 | 67 | 65 | 6 | 26 | 963 | 灰堆南北大街 1 号 | 300222 | 28341456 |
| 陵水道小学 | 邵　洁 | 62 | 50 | 6 | 19 | 679 | 小海地泰山里 34 号 | 300222 | 28346627 |
| 珠江道小学 | 陈军美 | 66 | 63 | 6 | 23 | 840 | 梅林路平江里 21 号 | 300222 | 28179942 |
| 新会道小学 | 刘洪英 | 63 | 53 | 6 | 26 | 890 | 小海地新会道 27 号 | 300222 | 28159908 |
| 东海里小学 | 冯　刚 | 83 | 72 | 6 | 35 | 1230 | 小海地茂名道 1 号 | 300222 | 28124790 |
| 天水道小学 | 张卫华 | 134 | 117 | 6 | 37 | 1489 | 小海地天水道 2 号 | 300222 | 28195107 |
| 华江里小学 | 刘晓冬 | 64 | 59 | 6 | 25 | 954 | 小海地三水道华江里 | 300222 | 88120306 |
| 西湖小学 | 刘健丽 | 39 | 38 | 6 | 17 | 582 | 环湖中路富有道 1 号 | 300381 | 23384357 |
| 水晶小学 | 张　蕾 | 84 | 74 | 6 | 38 | 1284 | 解放南路与浯水道交口 | 300221 | 88151450 |
| 纯真小学 | 张宝红 | 40 | 39 | 3 | 16 | 486 | 黑牛城道纯真里 119 号 | 300211 | 88333186 |
| 同望小学 | 齐鸿恩 | 119 | 51 | 6 | 22 | 717 | 绍兴道 298 号 | 300074 | 23377082 |
| 华夏未来 | 尹俊明 | 67 | 33 | 6 | 14 | 573 | 围堤道 85 号 | 300201 | 28277627 |
| 艺术小学 | 尹俊明 | 67 | 40 | 6 | 14 | 611 | 围堤道 85 号 | 300201 | 28277627 |
| 天津小学 | 张红葵 | 100 | 95 | 6 | 52 | 2227 | 大沽南路 977 号 | 300220 | 88323677 |
| 启智学校 | 沈冬梅 | 33 | 24 | 10 | 16 | 91 | 挂甲寺湘阳大街 37 号 | 300210 | 28258811 |
| 梧桐小学 | 孙垣 | 68 | 65 | 6 | 27 | 992 | 河西区右江道 2 号 | 300221 | 83852326 |
| 名都小学 | 胡珀 | 57 | 53 | 6 | 20 | 723 | 河西区解放南路 442 号增 1 号 | 300022 | 83852029 |
| 梅苑小学 | 贾月萍 | 14 | 10 | 1 | 3 | 93 | 内江路 1568 号 | 暂无 | 88385376 |

## 2016 年幼儿园校名录（公办、企事业办、民办）

| 校名 | 校长 | 教职工数 | 专任教师 | 年级数 | 班级数 | 学生数 | 校址 | 邮政编码 | 电话号码 |
|---|---|---|---|---|---|---|---|---|---|
| 一幼 | 李　奇 | 106 | 94 | 3 | 41 | 1289 | 宁波道 2 号 | 300202 | 23263293 |
| 二幼 | 高　洁 | 58 | 43 | 3 | 18 | 542 | 宁波道 50 号 | 300202 | 83833708 |
| 四幼 | 唐晓岩 | 43 | 36 | 3 | 14 | 393 | 广东路与利民道交口 | 300201 | 28307435 |
| 五幼 | 范　文 | 35 | 24 | 3 | 10 | 288 | 马场道崇敬里 9 号 | 300204 | 23282476 |
| 六幼 | 杜晓华 | 35 | 28 | 3 | 12 | 341 | 土城太湖路 4 号 | 300210 | 28248345 |
| 七幼 | 王鸿志 | 36 | 18 | 3 | 6 | 173 | 苏州道安德里 35 号 | 300203 | 23250231 |
| 八幼 | 杨　莉 | 57 | 47 | 3 | 22 | 646 | 景福里 28 号增 1 号 | 300200 | 88227922 |
| 十幼 | 鲍学茹 | 40 | 20 | 3 | 9 | 288 | 小海地微山东里 33 号 | 300222 | 28343313 |
| 十一幼 | 朱　红 | 30 | 22 | 3 | 8 | 235 | 小海地榆林路 2 号 | 300222 | 28349371 |
| 十四幼 | 崔玉梅 | 33 | 23 | 3 | 10 | 313 | 南北大街北洋新里 25 号 | 300210 | 28324017 |
| 十六幼 | 涂红春 | 67 | 54 | 3 | 23 | 702 | 黑牛城道柳江路清秀园小区旁 | 300061 | 88358326 |
| 十七幼 | 马敬雯 | 30 | 19 | 3 | 8 | 200 | 体院北环湖中路 1 号 | 300060 | 23526770 |
| 十八幼 | 刘　方 | 29 | 22 | 3 | 6 | 181 | 体院北环湖中道 2 号 | 300060 | 23551210 |
| 二十一幼 | 鲁　丽 | 41 | 33 | 3 | 14 | 456 | 洞庭路 43 号 | 300222 | 88121217 |
| 二十二幼 | 卢　荣 | 59 | 52 | 3 | 17 | 469 | 小海地双水道 12 号 | 300222 | 28341560 |
| 二十四幼 | 李立新 | 80 | 45 | 3 | 14 | 349 | 小海地学苑路 10 号 | 300222 | 28340477 |
| 二十五幼 | 朱凤君 | 28 | 23 | 3 | 7 | 241 | 友谊路友谊东里 22 号 | 300211 | 28376935 |
| 二十六幼 | 谢　晖 | 42 | 35 | 3 | 13 | 374 | 体院北宾水西里 49 号 | 300060 | 23386813 |
| 二十七幼 | 李冬梅 | 26 | 23 | 3 | 7 | 209 | 体院东环湖东路 | 300060 | 23385207 |
| 二十八幼 | 陈　蔚 | 25 | 14 | 3 | 7 | 193 | 小海地茂名道东江南里 | 300222 | 28341268 |

续表

| 校名 | 校长 | 教职工数 | 专任教师 | 年级数 | 班级数 | 学生数 | 校址 | 邮政编码 | 电话号码 |
| --- | --- | --- | --- | --- | --- | --- | --- | --- | --- |
| 二十九幼 | 陈　乐 | 24 | 20 | 3 | 7 | 203 | 小海地田林路 5 号 | 300222 | 28343490 |
| 三十三幼 | 蔡文瑞 | 21 | 16 | 3 | 7 | 210 | 黑牛城道可园里 40 号增 1 号 | 300061 | 88297816 |
| 市直机关幼儿园 | 王月季 | 118 | 83 | 4 | 29 | 919 | 宾馆路 6 号 | 300074 | 83605779 |
| 警备区一幼 | 祝　燕 | 43 | 18 | 4 | 9 | 317 | 平江道平江北里 2 号 | 300211 | 28333329 |
| 少年宫艺术幼儿园 | 张　清 | 42 | 28 | 3 | 9 | 261 | 解放南路 357 号 | 300210 | 58181991 |
| 天津基督教女青年会幼光幼儿园 | 陈　宏 | 25 | 12 | 3 | 10 | 306 | 小海地东江道 47 号 | 300222 | 28173518 |
| 河西保育院 | 张　淼 | 57 | 20 | 4 | 10 | 349 | 利民道恩德东里 | 300201 | 28310927 |
| 兰园保育院 | 高文纳 | 42 | 21 | 4 | 11 | 315 | 体院北宾水北里 36 号 | 300060 | 23359171 |
| 六一保育院 | 徐淑秋 | 29 | 15 | 4 | 7 | 219 | 气象南里 37 号 | 300060 | 23351507 |
| 蓝天幼儿园 | 杜　虹 | 21 | 9 | 4 | 4 | 134 | 气象台路 46 号空军大院 | 300074 | 84680697 |
| 华夏美天幼儿园 | 王月芳 | 18 | 7 | 4 | 4 | 54 | 梅江九华山路与珠江道交口 | 300221 | 88364397 |
| 华英星辰幼儿园 | 郑　宇 | 41 | 19 | 4 | 10 | 301 | 解放南路瑞江花园内 | 300221 | 88360426 |
| 华夏未来双语幼儿园 | 贾　萧 | 135 | 74 | 4 | 36 | 971 | 体院北环湖中道 3 号 | 300200 | 23371888-8506 |
| 华兰国际幼稚园 | 鄂学清 | 50 | 18 | 3 | 9 | 131 | 西青区梅江环岛东路 7 号 | 300221 | 58329096 |
| 启明幼儿园 | 殷亚洁 | 46 | 19 | 4 | 9 | 249 | 解放南路 518 号万科水晶城小区内 | 300221 | 88152667 |
| 生生幼儿园 | 冯　秀 | 55 | 32 | 4 | 11 | 223 | 吴家窑大街 57 号 | 300074 | 23376566-801 |
| 华夏阳光幼儿园 | 蒋笑然 | 27 | 9 | 4 | 9 | 147 | 闽侯路 60 号增 3 号 | 300202 | 83834663 |

续表 1

| 校名 | 校长 | 教职工数 | 专任教师 | 年级数 | 班级数 | 学生数 | 校址 | 邮政编码 | 电话号码 |
|---|---|---|---|---|---|---|---|---|---|
| 励童幼儿园 | 高俊芬 | 42 | 19 | 4 | 8 | 130 | 广顺道 2 号增 4 号—增 6 号 | 300201 | 83283599 |
| 新起点幼儿园 | 冯元凤 | 14 | 4 | 4 | 4 | 100 | 枫林路 4 号 | 300222 | 28187373 |
| 艾毅水岸公馆幼儿园 | 付　岩 | 37 | 11 | 4 | 6 | 111 | 友谊南路与潭江道东南侧水岸公馆天涛园 7 号楼 | 300221 | 58897705 |
| 杰夫幼儿园 | 杨学雯 | 24 | 13 | 3 | 5 | 62 | 台儿庄路 51 号 | 300202 | 23288797 |

# 河西区市场监管局基层市场监管所联系方式

| 市场监管所名称 | 办公地址 | 邮政编码 | 联系电话 |
|---|---|---|---|
| 马场街市场监管所 | 河西区平山道佛山里40号 | 300074 | 23559435 |
| 大营门街市场监管所 | 河西区解放南路301号新兴大厦院内 | 300202 | 23252191 |
| 下瓦房街市场监管所 | 河西区西楼后街19号1-3层 | 300200 | 83815305 |
| 东海街市场监管所 | 河西区怒江道8号二层 | 300220 | 28173202 |
| 尖山街市场监管所 | 河西区黑牛城道47号增1号 | 300221 | 28232330 |
| 友谊路街市场监管所 | 河西区平江道文玥北里38号 | 300211 | 28232071 |
| 柳林街市场监管所 | 河西区曲江路3号 | 300222 | 88194608 |
| 挂甲寺街市场监管所 | 河西双水道嫩江里33号增1号 | 300222 | 28365173 |
| 梅江街市场监管所 | 河西区珠江道涟水园商业广场9号楼B区107 | 300221 | 28403630 |
| 天塔街市场监管所 | 河西区郁江道71号增1号底商 | 300221 | 88252715 |
| 越秀路街市场监管所 | 河西区广顺园4增201-204，301-304 | 300204 | 88227135转201 |
| 桃园街市场监管所 | 河西区湛江路1号 | 300204 | 28365170 |
| 陈塘庄街市场监管所 | 河西区怒江道8号一层 | 300220 | 88227105 |

## 公安河西分局窗口单位及派出所地址和电话

| 单位名称 | 单位地址 | 单位联系电话 |
|---|---|---|
| 东海派出所 | 天津河西区辰水道 1 号 | 88127900 |
| 柳林派出所 | 天津河西区大沽南路 1041 号 | 28341282 |
| 陈塘庄派出所 | 天津市河西区怒江道 5 号 | 28345950 |
| 土城派出所 | 天津河西区大沽南路红云里 9 号 | 28331809 |
| 挂甲寺派出所 | 天津市河西区大沽南路麦格里晨星园 1 号楼 | 28333992 |
| 下瓦房派出所 | 天津市河西区解放南路龙海公寓 24 号 | 88216148 |
| 大营门派出所 | 天津河西区芜湖道 25 号 | 23395336 |
| 桃园派出所 | 天津市河西区广顺道 12 号 | 23253885 |
| 越秀路派出所 | 天津河西区越秀路 20 号 | 28134451 |
| 马场派出所 | 天津市河西区吴家窑大街 20 号 | 23376139 |
| 天塔派出所 | 天津市河西区环湖南道 1 号 | 23358105 |
| 友谊路派出所 | 天津河西区紫金山路 75 号 | 88293369 |
| 梅江派出所 | 河西区珠江道 99 号 | 88366161 |
| 太湖路派出所 | 河西区梅江金桥壹号销售中心对面 | 58536779 |
| 人口服务中心 | 小围堤道明珠大厦二楼 | 28275258 |

## 河西区律师事务所名单

| 事务所名称（中文） | 住所 | 邮编 | 办公电话 |
|---|---|---|---|
| 北京德和衡（天津）律师事务所 | 天津市河西区友谊路 5 号北方金融大厦 13H | 300201 | 28357520-817 |
| 北京高朋（天津）律师事务所 | 天津市河西区马场道国际经济贸易中心 A 座 1106 | 300203 | 83865168 |
| 北京恒都（天津）律师事务所 | 天津市河西区大沽南路与奉化道交口东北侧晶采大厦 2-1502 | 300202 | 57600587 |
| 北京盈科（天津）律师事务所 | 天津市和平区大沽北路 2 号 7001-7016、7101-7116 | 300022 | 60903811 |
| 北京中咨（天津）律师事务所 | 天津市河西区解放南路中段西侧富裕大厦 2-1601A | 300202 | 28223561 |
| 北京重光（天津）律师事务所 | 天津市河西区江西路与合肥道交口西南侧富润中心 2-3804 | 300203 | 88351518 |

续表

| 事务所名称（中文） | 住所 | 邮编 | 办公电话 |
|---|---|---|---|
| 北京鑫兴（天津）律师事务所 | 天津市河西区友谊北路与绍兴道交口广银大厦 1-2203 | 300074 | 58780086 |
| 内蒙古建中（天津）律师事务所 | 天津市河西区解放路与绍兴道交口东北侧海汇名邸 3-1514、1608 室 | 300204 | 58373986 |
| 上海江三角（天津）律师事务所 | 天津市河西区解放南路 256 号泰达大厦 5 层 G 座 | 300042 | 23201145.1146 |
| 天津安泽海森律师事务所 | 天津市河西区紫金山路 9 号楼 | 300074 | 58535255 |
| 天津奥德律师事务所 | 天津市河西区南北大街 1 号 814 | 300200 | 022-28139969 |
| 天津奥林律师事务所 | 天津市河西区南京路 35 号亚太大厦 16 层 06 单元 | 300381 | 87831268 |
| 天津奥鲲律师事务所 | 天津市河西区友谊北路与绍兴道交口广银大厦 1-1510 | 300074 | 23193150 |
| 天津百策律师事务所 | 天津市河西区永安道 217 号二楼 | 300070 | 23249150 |
| 天津保旭律师事务所 | 天津市河西区大沽南路与琼州道交口东南侧恒华大厦 2-1-707 | 300202 | 022-28219861 |
| 天津本源律师事务所 | 天津市河西区宾水道宾西路天宾公寓 4 门 701-705 | 300061 | 28353335 |
| 天津宾大律师事务所 | 天津市河西区永安道北侧罗马花园戊座 4 门 302 | 300074 | 87456955 |
| 天津渤海律师事务所 | 天津市河西区越秀路越秀大厦 A 座 501 室 | 300201 | 28365815 |
| 天津昌朋律师事务所 | 天津市河西区越秀路与乐园道交口西北侧银河大厦 -2305 | 300201 | 88270768 |
| 天津长实律师事务所 | 天津市河西区宾水道 11 号宾泰公寓 C-1801 | 300061 | 28362635 |
| 天津朝尚律师事务所 | 天津市河西区大沽南路与琼州道交口东南侧恒华大厦 1-1-2209 | 300000 | 58636318 |
| 天津德度律师事务所 | 天津市河西区宾水道欧亚花园 6-1202 | 300062 | 022-88160553 |
| 天津德水律师事务所 | 天津市南开区新产业园区华苑产业区榕苑路 4 号天发科技园 2 号楼 1 门 802 | 300384 | 83712115 |
| 天津德彰律师事务所 | 天津市河西区宾水道欧亚花园 1-1205 | 300061 | 88355500 |
| 天津东方律师事务所 | 天津市河西区友谊北路广银大厦 22 层 2201、2208 | 300204 | 23379299 |
| 天津度权律师事务所 | 天津市河西区环湖中路 59 门 702-13A | 300000 | 58926587 |

续表1

| 事务所名称（中文） | 住所 | 邮编 | 办公电话 |
| --- | --- | --- | --- |
| 天津度睿律师事务所 | 天津市和平区大理道 106 号 3 层 | 300050 | 88131188 |
| 天津恩胜律师事务所 | 天津市河西区洞庭路 20 号陈塘科技商务服务中心 406 | 300000 | 86879598 |
| 天津法商律师事务所 | 天津市河西区湘江道 47 号五矿大厦 804 室 | 300210 | 28333316 |
| 天津法睿律师事务所 | 天津市河西区浦口道 22 号汇通大厦 A 座 601 | 300203 | 23119880 |
| 天津方度律师事务所 | 天津市河西区江西路与合肥道交口西南侧富润中心 1-3704 | 300000 | 23853165 |
| 天津枫畔律师事务所 | 天津市河西区友谊北路银都大厦 65-1502 | 300202 | 23237008 |
| 天津国鹏律师事务所 | 天津市河西区友谊北路 51 号合众大厦 C 座 1903 | 300204 | 83281129 |
| 天津海畅律师事务所 | 天津市河西区湘江道香江花园 2-B 1702 | 300210 | 60320171 |
| 天津海津律师事务所 | 天津市河西区大沽南路与琼州道交口东南侧恒华大厦 2-1-1806 | 300000 | 58317177 |
| 天津和瀛律师事务所 | 天津市河西区围堤道 100 号 629 室 | 300200 | 022-28360698 |
| 天津华凯律师事务所 | 天津市河西区解放南路与新围堤道交口东北侧侨馨园 2-404 | 300210 | 23284429 |
| 天津华声律师事务所 | 天津市河西区紫金山路 31 号增 3 号瑞金花园 C7 别墅 | 300074 | 58535259 |
| 天津华盛理律师事务所 | 天津市河西区解放南路中段西侧富裕大厦 2-1601B | 300202 | 28327888 |
| 天津汇川律师事务所 | 天津市和平区岳阳道 87 号赛顿中心 VIP 商务广场 314-1-1 | 300051 | 23336218 |
| 天津汇英律师事务所 | 天津市河西区环湖中路华昌大厦 B 座 5 门 702 | 300060 | 23520888 |
| 天津嘉邦律师事务所 | 天津市河西区友谊路 35 号君谊大厦 2-1804B | 300211 | 23258689 |
| 天津嘉德恒时律师事务所 | 天津市河西区马场道 59 号天津国际经济贸易中心 A 座 1009 室 | 300203 | 83865255 |
| 天津嘉信律师事务所 | 天津滨海新区滨海高新区梅苑路 5 号金座广场 3120、3121、3123 | 300384 | 88373188 |
| 天津嘉滢律师事务所 | 天津市河西区东江道与内江路交口南侧香年广场 2-2-306 | 300210 | 23231551 |
| 天津建嘉律师事务所 | 天津市河西区友谊南路华厦津典泉水园 5-1-802# | 300221 | 88126858 |

续表2

| 事务所名称（中文） | 住所 | 邮编 | 办公电话 |
|---|---|---|---|
| 天津江岸律师事务所 | 天津市河西区友谊路与平江道交口东南侧大安大厦A座-1001 | 300074 | 59650612 |
| 天津皆美律师事务所 | 天津市河西区友谊南路与潭江道交口天汐园35-01 | 300203 | 23288661 |
| 天津杰文律师事务所 | 天津市河西区江西路与合肥道交口西南侧富润中心2-1405 | 300203 | 022-87937777 |
| 天津津安信律师事务所 | 天津市河西区大沽南路857号国华大厦1711 | 300200 | 58195738 |
| 天津津通律师事务所 | 天津市河西区南京路与浦口道交口汇通大厦1-1-1401 | 300203 | 23297376 |
| 天津津一律师事务所 | 天津市河西区永安道45号 | 300204 | 23287469 |
| 天津津澍律师事务所 | 天津市河西区解放南路中段西侧富裕大厦2-1401A-32 | 300202 | 83830691-8026 |
| 天津劲柏律师事务所 | 天津市滨海新区滨海高新区华苑产业区海泰发展六道6号海泰绿色产业基地M3座 | 300381 | 022-23521893 |
| 天津巨川律师事务所 | 天津市河西区南昌路112号101、102、103室 | 300203 | 23255578 |
| 天津钧兴律师事务所 | 天津市河西区越秀路越秀大厦1201 | 300201 | 27315479 |
| 天津君恒律师事务所 | 河西区台儿庄路118号海景广场204 | 300074 | 23539999 |
| 天津君利律师事务所 | 天津市河西区友谊北路银都大厦65-1805 | 300070 | 27820128 |
| 天津君朋律师事务所 | 天津市河东区六纬路神州花园18-4-902 | 300170 | 24140841 |
| 天津康诺律师事务所 | 天津市河西区江西路与合肥道交口西南侧富润中心2-1611 | 300203 | 23466069 |
| 天津坤鹏律师事务所 | 天津市河西区气象台路凤凰城89增11号 | 300074 | 23525001 |
| 天津磊通律师事务所 | 天津市南开区红旗南路与陈塘庄铁路支线交口东南侧阳光壹佰北园13-2-505 | 300204 | 23591273 |
| 天津理铭律师事务所 | 天津市河西区友谊路5号北方金融大厦15F-F | 300201 | 88350277 |
| 天津廉立律师事务所 | 天津市河北区君临大厦2829 | 300010 | 27124460 |
| 天津凌宇律师事务所 | 天津市河西区友谊路与围堤道交口友城名居5-3门 | 300201 | 28372080 |
| 天津路亚律师事务所 | 天津市河西区南京路39号天津国际贸易中心办公楼第20层03-04单元 | 300000 | 58536236 |

续表3

| 事务所名称（中文） | 住所 | 邮编 | 办公电话 |
|---|---|---|---|
| 天津诺和律师事务所 | 天津市河北区君临天下 3012 | 300010 | 26331623 |
| 天津奇迹律师事务所 | 天津市南开区滨海高新区华苑产业区工华道壹号 IT 园 -507 | 300384 | 23857701 |
| 天津荣邦律师事务所 | 天津市河西区解放南路中段西侧富裕大厦 1-2211 | 300202 | 23237090 |
| 天津融拓律师事务所 | 天津市河西区台儿庄南路 118 号 220-120 | 300210 | 23309383 |
| 天津入云律师事务所 | 天津市河西区湛江路 20 号浙昆大厦 3 号楼 1015 | 300204 | 23250309 |
| 天津三月风律师事务所 | 天津市河西区马场道 188 号燕园别墅 16 栋 | 300074 | 23523433 |
| 天津沙原律师事务所 | 天津市河西区广东路广顺园广顺道 7 号 | 300204 | 23236995 |
| 天津世川律师事务所 | 天津市河西区黑牛城道与紫金山路交口新世纪城 23-4-901 | 300061 | 88480168 |
| 天津世杰律师事务所 | 天津市河西区南京路 66 号凯旋门大厦 A-22C | 300042 | 23393667 |
| 天津思丹德律师事务所 | 天津市河西区马场道 59 号天津经济贸易中心 A 座 2505 | 300021 | 23263007 |
| 天津天仁律师事务所 | 天津市南开区卫津路 154 号师北里 2-907 | 300073 | 27374573 |
| 天津天元律师事务所 | 天津市南开区卫津南路 76 号创业环保大厦 1306 室 | 300381 | 27233508 |
| 天津万聚律师事务所 | 天津市和平区睦南道 64 号 3 层 | 300201 | 23287711 |
| 天津万钧律师事务所 | 天津市河西区越秀路越秀大厦 1202 | 300201 | 28365820 |
| 天津文顾律师事务所 | 天津市河西区绍兴道与永安道交口西南侧罗兰花园 6-2-702-802 | 300204 | 022-58374899 |
| 天津贤达律师事务所 | 天津市河西区越秀路 68 号银河大厦 1007 | 300201 | 022-58376158 |
| 天津星聚律师事务所 | 天津市河西区黄埔南路与围堤道交口西南侧峰汇广场 3-2-602 | 300201 | 28366690 |
| 天津星鹏律师事务所 | 天津市和平区新华路 1，3，5 号，多伦道 23，25 号，佳木斯道 18 号十二层 1203 室 | 300204 | 59005353 |
| 天津行安律师事务所 | 天津市河西区大沽南路与琼州道交口东南侧恒华大厦 2-1-1307 | 300202 | 022-58373055 |
| 天津修信律师事务所 | 天津市河西区江西路与合肥道交口西南侧富润中心 2-3002 | 300203 | 13323336865 |

续表4

| 事务所名称（中文） | 住所 | 邮编 | 办公电话 |
|---|---|---|---|
| 天津言若律师事务所 | 天津市河西区东江道南侧青林大厦 3/4-1401 | 300222 | 022-81314056 |
| 天津易盈律师事务所 | 天津市河西区黑牛城道中段南侧伟业大厦 701 | 300210 | 58139651 |
| 天津益天律师事务所 | 天津市和平区荣业大街与福安大街交口西南侧新丽居 2-D-1303 | 300204 | 27302710 |
| 天津迎贝律师事务所 | 天津市河西区友谊路 5 号北方金融大厦 9 层 D 座 | 300201 | 24591919 |
| 天津盈佳律师事务所 | 天津市河西区黄埔南路 2 号黄埔经联大厦 513A | 300201 | 28366012 |
| 天津优法律师事务所 | 天津市河西区黄埔南路与围堤道交口西南侧峰汇广场 A 座 805 室 | 300201 | 28352158 |
| 天津佑航律师事务所 | 天津市河西区南京路 20 号 36 层 01、25 单元 | 300042 | 58783398 |
| 天津誉仑律师事务所 | 天津市河西区卫津南路君禧华庭配建 7-16 号底商 | 300211 | 23354117 |
| 天津元庆律师事务所 | 天津市河西区九龙路金达园 3-5-701 | 300204 | 88376295 |
| 天津岳恒律师事务所 | 天津市河西区友谊南路东侧天澜园 9-3-601 | 300000 | 23523677 |
| 天津云汉律师事务所 | 天津市河西区黑牛城道与紫金山路交口新世纪城 23-3-1003 | 300221 | 88264690 |
| 天津允公律师事务所 | 天津市和平区马场道 140 增 2 号 | 300050 | 23255723<br>23255721<br>23256543 |
| 天津则立律师事务所 | 天津市南开区水上公园北路凯祥别墅 22 号 | 300191 | 28015516 |
| 天津张扬律师事务所 | 天津市河西区黄埔南路与围堤道交口西南侧峰汇广场 1-1005-2 | 300201 | 88376766 |
| 天津张盈律师事务所 | 天津市河西区友谊北路广银大厦 M 层 | 300204 | 85585288 |
| 天津哲科律师事务所 | 天津市河西区东江道与内江路交口南侧香年广场 1 号楼 -2-903 | 300220 | 28219631 |
| 天津臻恒律师事务所 | 天津市河西区友谊路广银大厦 904、905-2 | 300204 | 23102576 |
| 天津臻金律师事务所 | 天津市河西区友谊北路合众大厦 D-702 | 300200 | 27721142 |
| 天津致信律师事务所 | 天津市河西区南京路 66 号凯旋门大厦 B 座 12E | 300040 | 59067769 |

续表5

| 事务所名称（中文） | 住所 | 邮编 | 办公电话 |
| --- | --- | --- | --- |
| 天津卓川律师事务所 | 天津市河西区下瓦房晶采大厦 2 号楼 2107 | 300202 | 022-59193430 |
| 天津子敬律师事务所 | 天津市河西区南京路 39 号天津国际贸易中心 1-3806 | 300203 | 59195560 |
| 天津子矜律师事务所 | 天津市河西区马场道 188 号内燕园别墅联体 5 号 | 300074 | 23512181 |
| 天津坻京律师事务所 | 天津市河西区大沽南路与奉化道交口东北侧晶采大厦 1-2401 | 300202 | 83869798 |
| 天津茗杉律师事务所 | 天津市河西区宾水道 15 号 2 号楼 14B | 300000 | 022-88274009 |
| 天津宸寰律师事务所 | 天津市滨海新区滨海高新区华苑产业区海泰发展二路 2 号 5-409 | 300384 | 23770830 |
| 天津琮庸律师事务所 | 天津市河西区大沽南路 857 号麦收大厦 2-1-301 | 300000 | 28328698 |
| 天津韬鼎律师事务所 | 天津市河西区友谊路 32 号津利华大酒店 6688 | 300000 | 83812015 |
| 天津煦朗律师事务所 | 天津市河西区黄埔南路与围堤道交口西南侧峰汇广场 1-2105 | 300070 | 58714928 |
| 天津睿明恒实律师事务所 | 天津市河西区宾水道宾泰公寓 4-1101 | 300061 | 88353081 |

河西年鉴
2018

# 索　　引

# 索 引

注：本篇索引重复条目只取第一个

## 一、条目

## H



## J

## K



## L

## M



## N



## P



## Q

## R



## S

## T



## W



## X

## Y



## Z

## 二、表